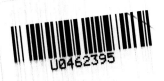

艺术鉴藏丛书

范景中 主编

吴湖帆师友书札 中册

梁颖 整理

中国美术学院出版社
CHINA ACADEMY OF ART PRESS

目录

CONTENTS

中册·第五卷

CONTENTS

中册·第六卷

罗振玉（1866—1940）

王季烈（1873—1952）

王季点

章　钰（1864—1937）

袁励准（1876—1935）

陈曾寿

溥　侗（1877—1952）

湖帆仁兄大人阁下 敬啟者前

此缄修复图画楮以

奉书又帖已写寄

陈君洎清楷再写寄

上乞偏手奶茅图以为尝一俟诸事已毕之

东路出游去年冬间

暑流 中正再川

大吉

新弟沈有问曰

陶栖底
文曰大
吉殆漢
代物庚
帆新雪
翁记

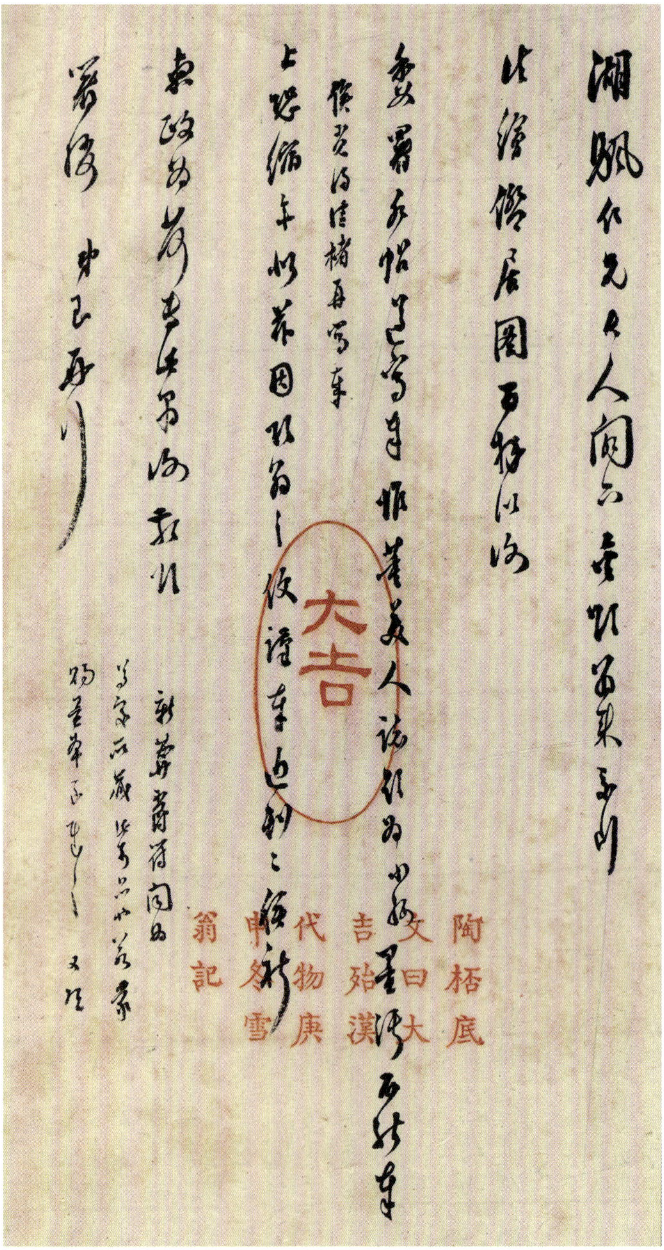

湘帆仁兄蕣席一兩次發申江接

書四、十餘日到沪……中時報道沍朋苦多疏遠向中東者頗欲酌

從者沍涯此如……

厳道……吉……歲……

陰雨……大抵雨淋……

……運申沍苦況

忠江當真……破碎卯凡不得天交申……照照

……即此生時適吉人……乃此地……宗務中宮以急眼

客今日本内……兄……誰先幸

主向……然上姚如……陟隆兄曰……電兄……甚~辭吴新

……

為中政言拘懇……申卯羽

署凌附

故寄海宝子弟弟~
中极正春行

以下又

忠作上房扯杠龇兄弟弟政嘉者
郊外郲傍報顺拔秦町三番抛房食盎潤海
獨……蔵京……閤兒媳發扯……說此二節查……車搭……云四绖洄葬其

三件不幸 又及

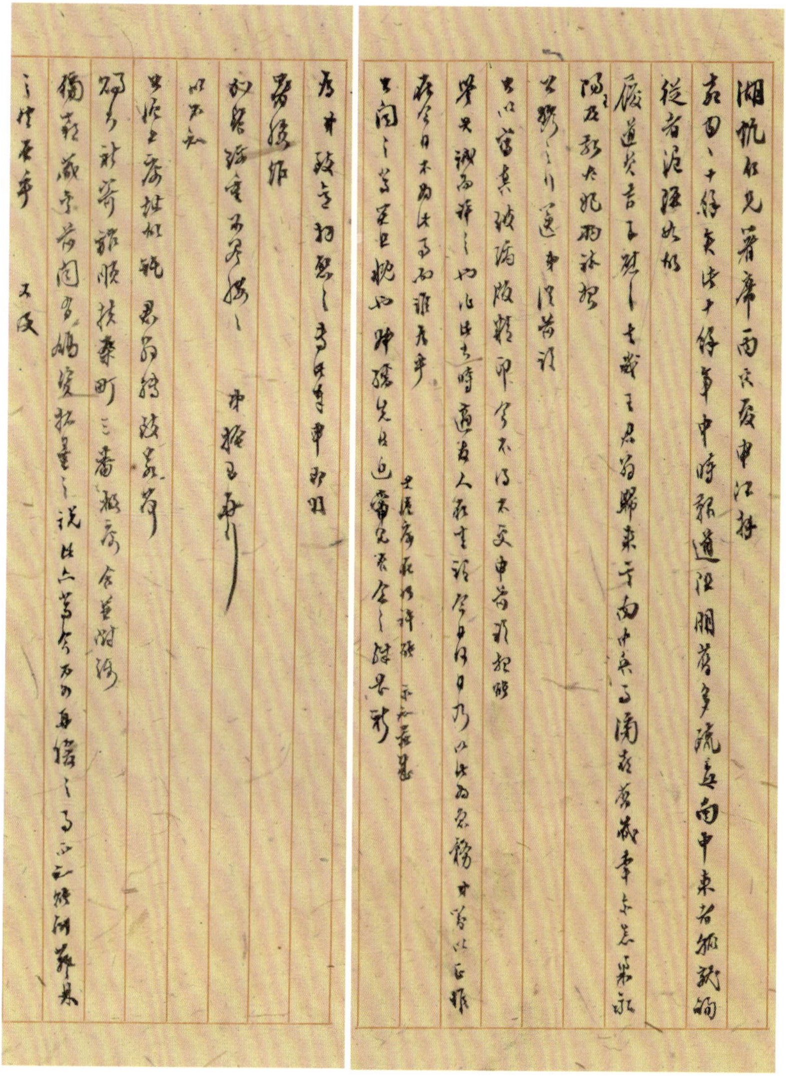

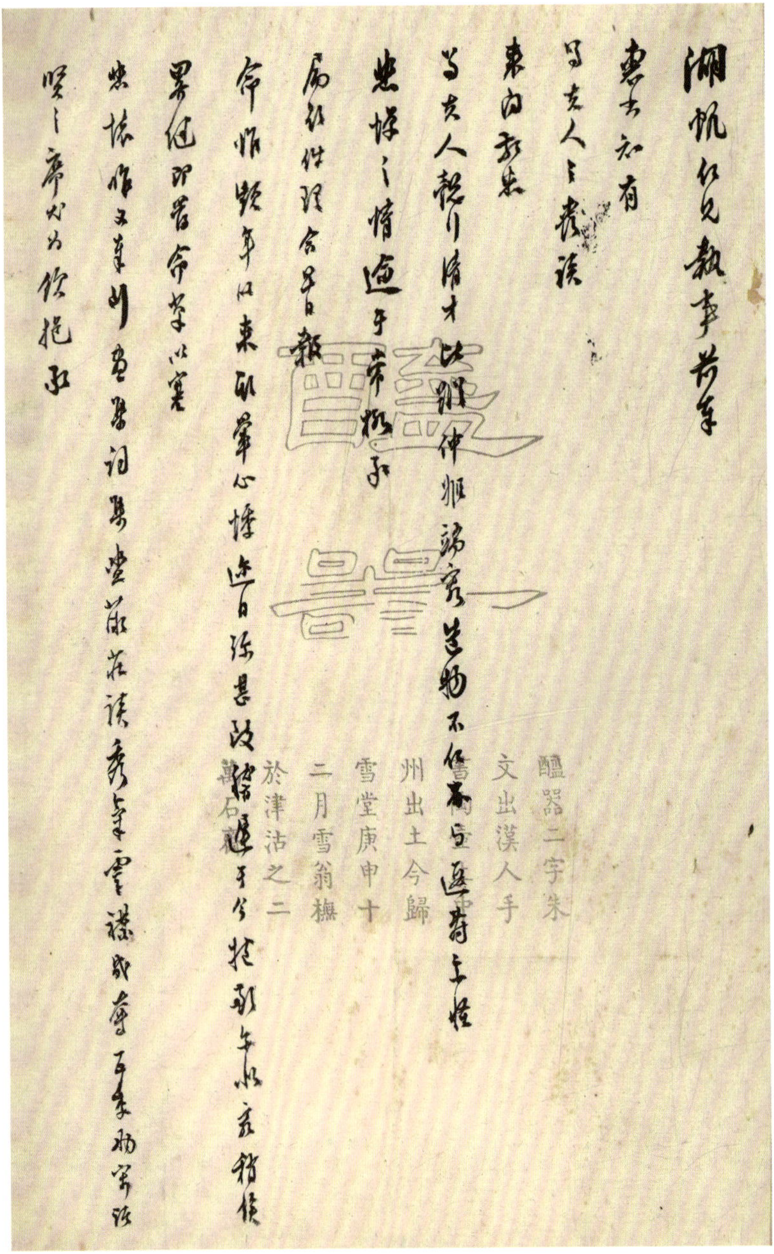

湖帆仁兄教席芳鉴

奉去孔有

只吾人主裁诶

东内部朱

当去人识寸清才此那仲叔诹寃生物不复兮宝海甲辛怪

患恀之情适于弟抑予

属弘状眠令书日报

今师题弃以东即肇心惶连百泛患政誃石遐于今抢邹年永立翰使

罗任即署命学以宽

然梧作又其刘舍器词为堂竻莊诶秀庄竽谨哉筝亍来扬笔

暨二帝沁六依托玉

醻器二字朱

文出溪人手

州出土今归

雪堂庚申十

二月雪翁檥

於津沽之二

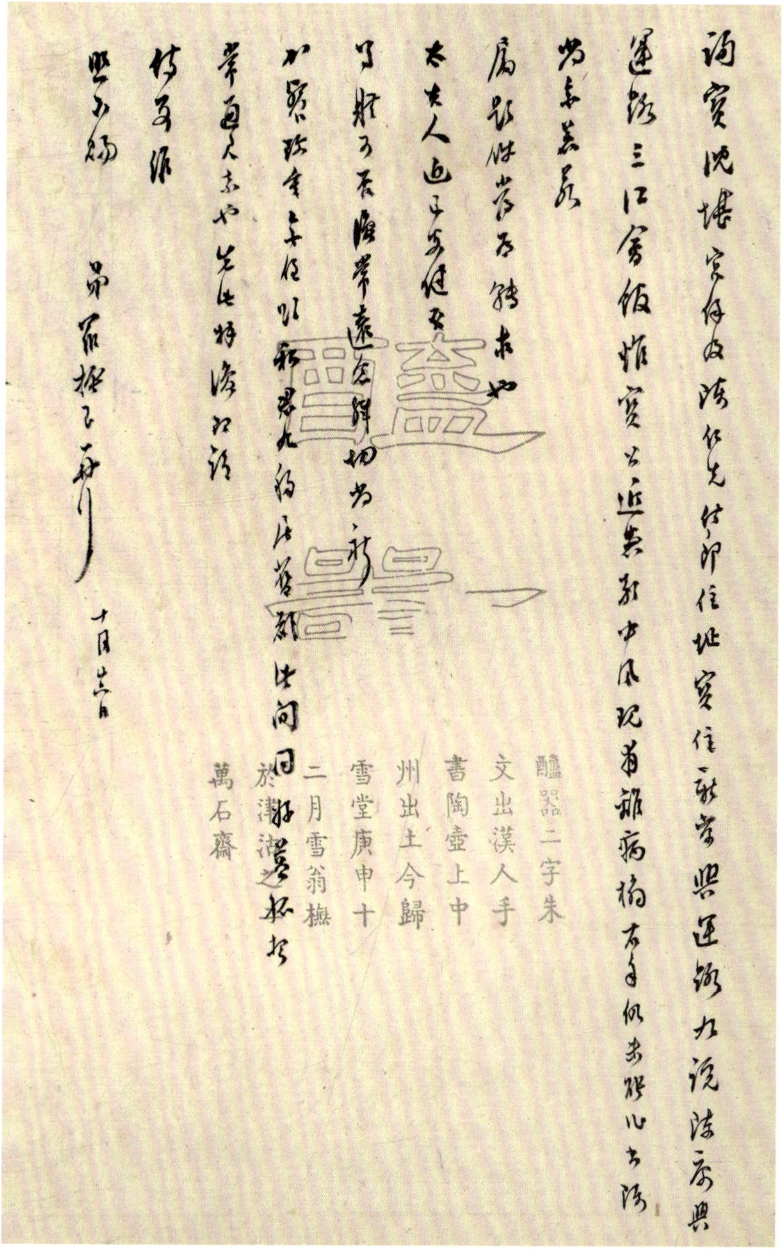

頃寶沈塘宅府內路任先生即住址寶住款字興運河九說法房典
運游三江會館寶去運興都中見現者都病橋有手似去既心古法
勞素益辰
屬款似蒂否鋒未知
太夫人逺手未健否
可將弓否隨帶素軍初出新
加寶政會年任以彩君九約以蒂都生向因游涉道林坨
葉重大素知先生持渉紅法
修軍涨
聖力編　　　昂罷探君華川　十月茸日

醴器二字朱
文出漢人手
書陶壺上中
州出土今歸
雪堂庚申十
二月雪翁撫
於瀕涨近秋坨
萬石齋

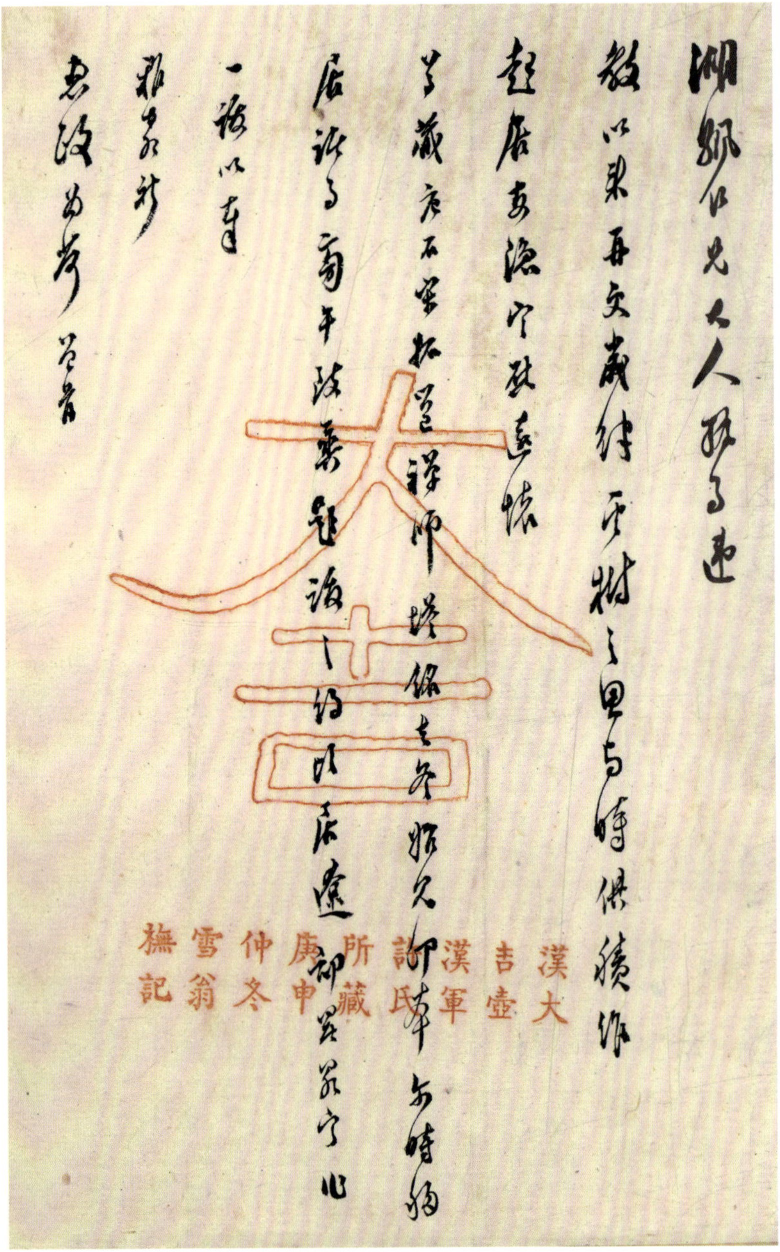
漢大吉壺
漢軍許氏所藏
庚申仲冬雪翁撫記

呈擱圓武考許正將崇書二三小時寄要達往事事備

再漸嫌珍之致政四安此訂

曾多僭

坐子鉤 申擱正呈月

再謝呈遠謝社長郭与一家舊的一枚擱報

思起尊兄團此處四出以以蓋命

大筆心一遠束識客圓武冊式禮已坦子賣

神止河

又圯

漢大

漢吉壺

許氏

漢軍

庚申

擱報

伸冬

雪翁

撫記

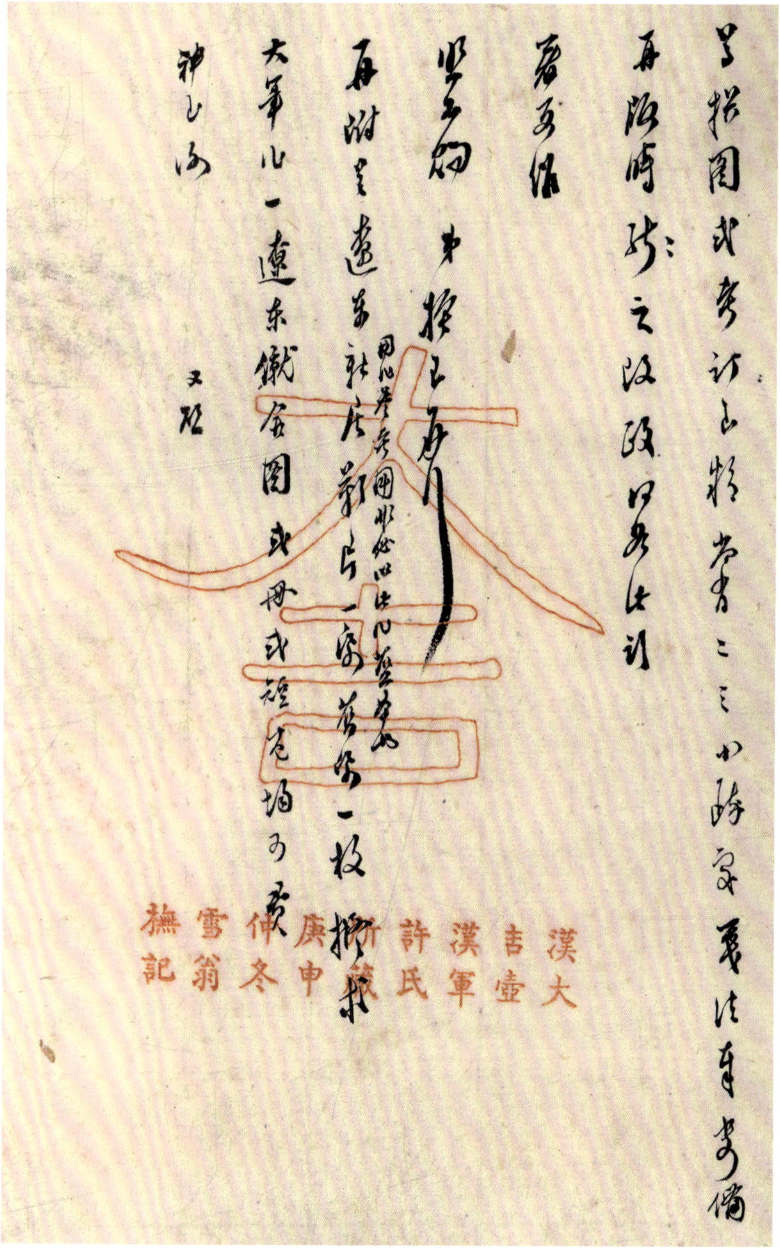

湖帆表妹婿大人閣下奉
示敬悉一切 菊老遺著 仲文所刊（在南）者弟校
對已成者爲奇觚廎文集寒山志二種委弟
在京覓匠所刊已成者爲年譜移詩謎一種刊
至半途者爲奇觚廎詩集一種其詩皆自菊
老日記中錄出自壬寅年起至乙巳年爲上卷
均已刻成自丙辰年以後爲下卷僅刻成數葉仲
文遭喜士之喪鈔錄中輟梓人停刊以待弟將一
年於菊老日記既有遺命留是今之可
閱 鄧志試言

尤亟懇吾翁早日賡續仲文之業就菊老曰
詒自青溪好律詩錄起錄就寄弟處仍交原
梓人文奎齋繼續刊刻以竟其功前聞仲文
言卷下篇帙與卷上相仿則所作未刊之詩亦
不過數十頁務乞吾兄早日為之一錄以慰
菊老仲文於泉下其刻資則以前所刻者皆
由仲文付過價值未刊者弟擬如昔任固好否
則由弟擔任募集無庸累及他人也惟菊老
壬寅以前之詩亦尚不少則當從他處搜集式之同
年云可另刊名曰奇觚廎詩前集或另易一名
但此事尚可稍緩現在所急待刊完者即奇觚

诗集之下卷也　是名兄　弟久仰其名但未识面
且不知其住處敬乞示
兄將此書之意詳爲轉達並將其住處
示知弟擬另函通信也　雪公書題有已與說道
柴欲嘉人刻書欣然無從之寄此殊快
台安
内書兄　弟　七月三日

再菊老著作已刊者從語石藏書紀事詩外
聞流傳尚多則至部顧文集寒山志則甚少
辛臼移詩隱弟亦無之能否勸　辛揆籌款
合印數十部裁費讀款收回再以印書如此則流
傳日廣不致已佚也

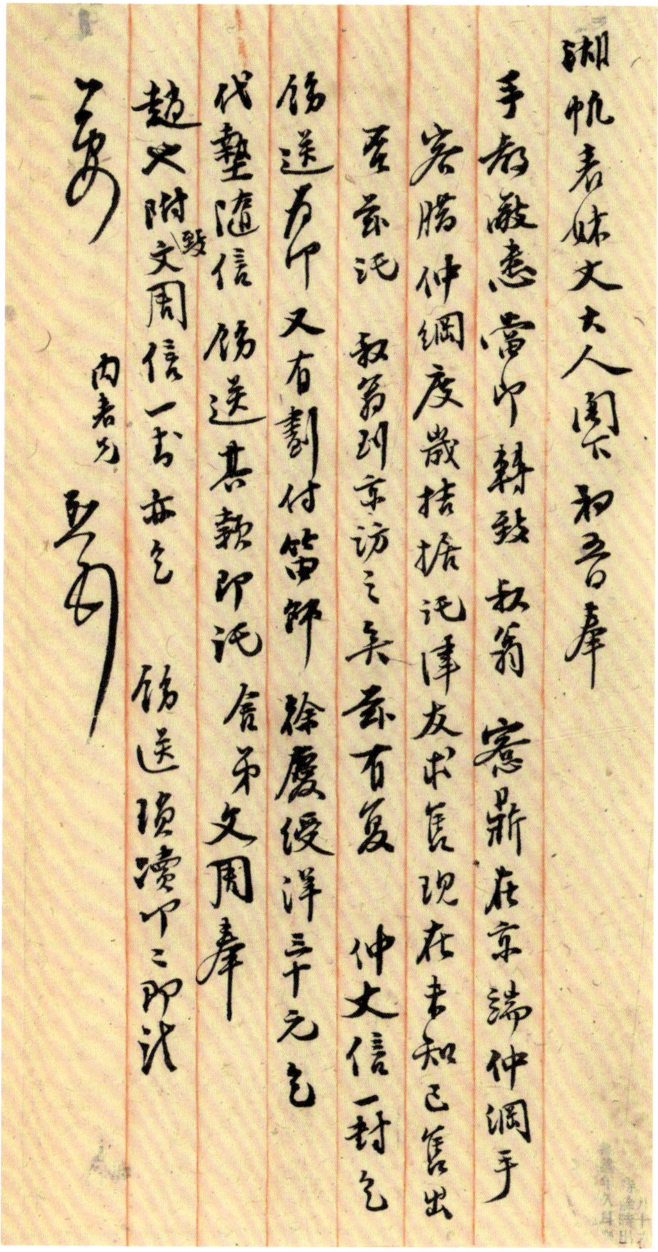

湘帆吾妹丈大人閣下 初音奉
手教敬悉 當即轉致 叔翁 憲鼎在京端仲潤手
寄勝仲綱度歲拮据託律友求售現在未知已售出
否 吾託 叔翁到京訪之矣 吾有復 仲文信一封已
飭送 前日又有劃付笛師 徐慶綬洋三十元已
代整匯信 飭送 其款即託 倉弟 文周奉
趙 又附致 文周信一封亦已 飭送 頃瀆下之即訊
春安
內君均
[illegible]

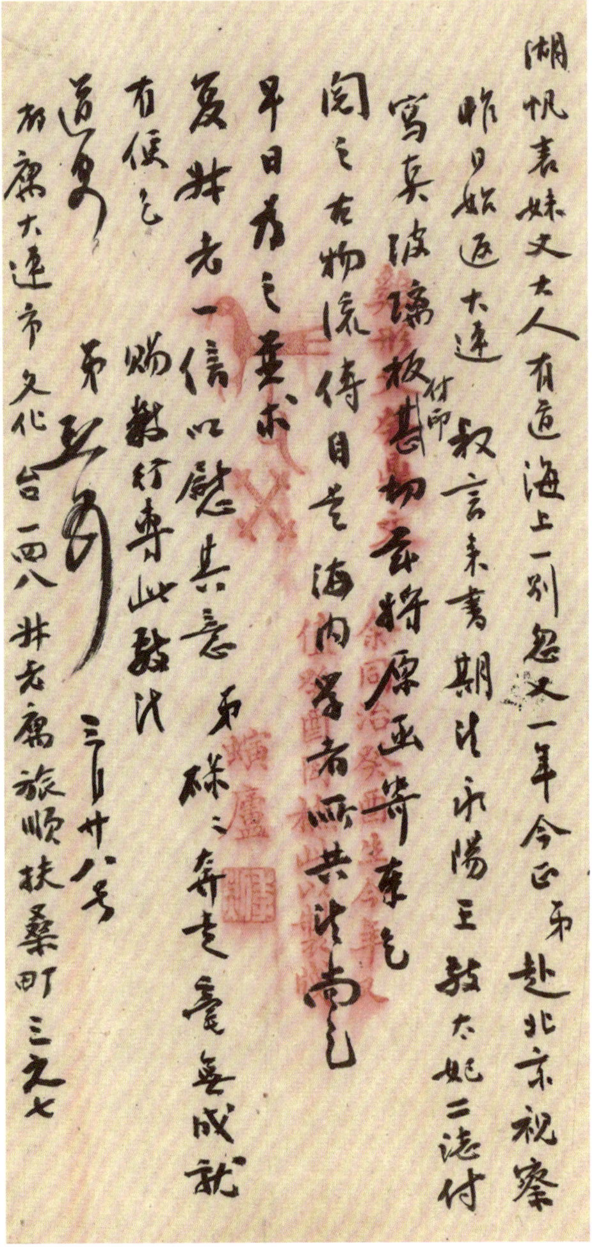

湖帆表妹丈大人有道：海上一別，忽又一年。今正弟赴北京視察，昨日始返大連。叔言來書，期以永陽王敬太妃二誌付印寫真玻璃板，甚切要，希將原函寄東，乞閱之。古物流傳，目前海內學者所共欣賞也。早日爲之，並求復羅老一信，以慰其意。弟碌碌奔走，毫無成就。有便乞賜教，付寄此地址。

道安

弟[illegible]　三月廿八號

拙寓大連市久化台一四八
羅老寓旅順扶桑町三六七

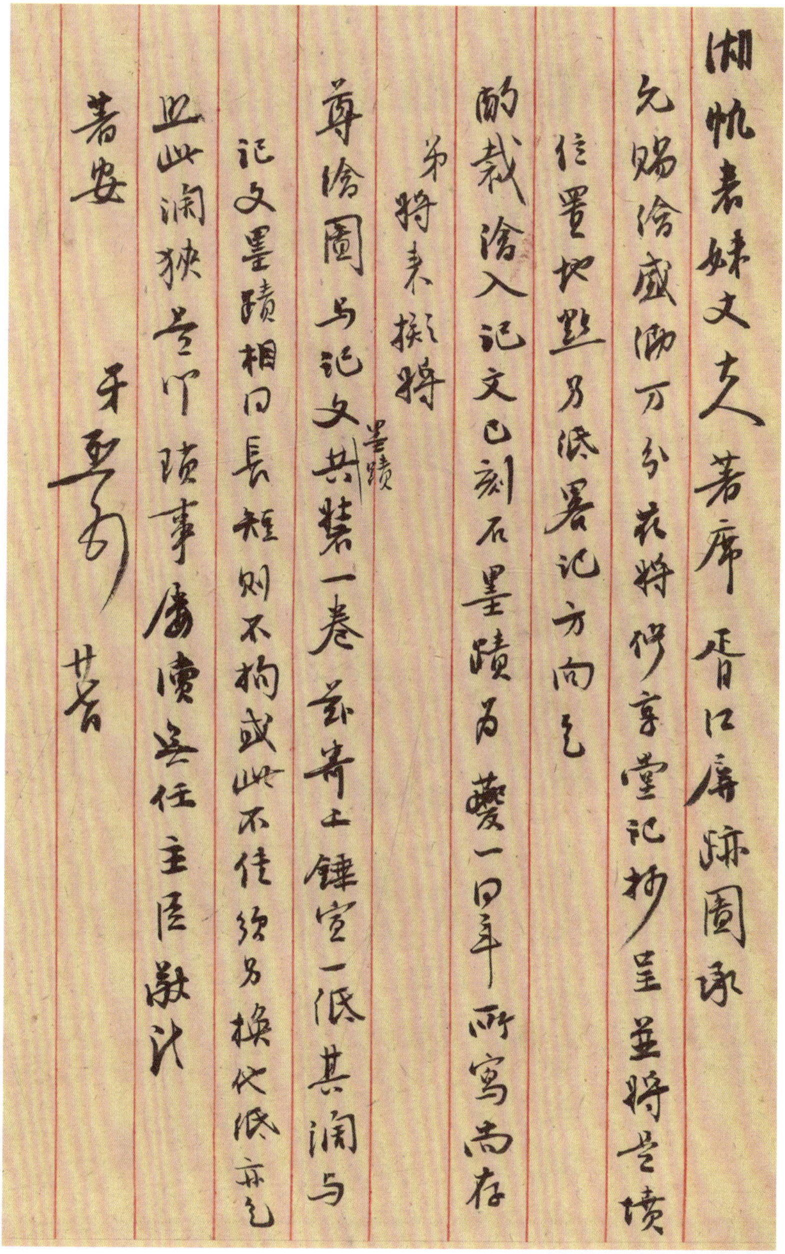

湘帆表妹文友大人著席：昔日江廬琳園承

允賜繪，感佩萬分。茲將侍享堂記抄呈，並將其境

位置地點另紙略記方向，乞

酌裁繪入。記文已刻石，墨蹟爲夔一四年所寫，尚存。

弟將來擬將

尊繪圖與記文墨蹟共裝一卷，並寄上鍾宣一紙，其闊與

記文墨蹟相同，長短則不拘，或此不佳，須另換他紙，亦乞

示此闊狹。其他瑣事屢瀆，無任主臣歉忱。

著安

弟世襄

廿四

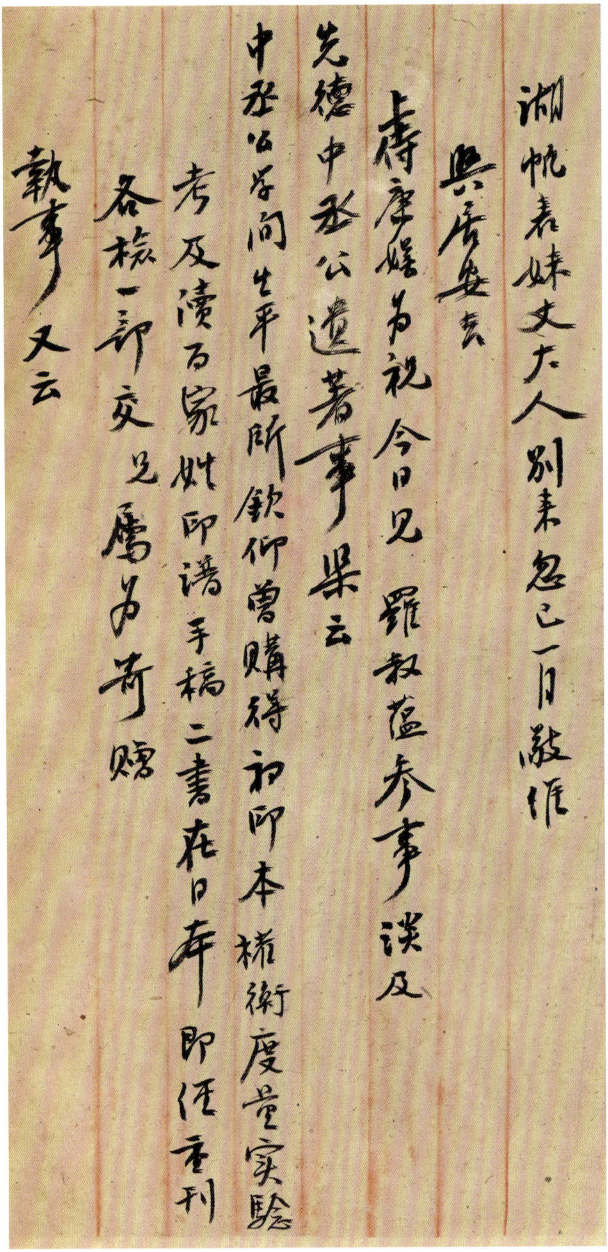
湖帆表妹丈大人別來忽已一月敬維
興居安吉
侍康嬉為祝今日見羅叔蘊參事談及
先德中丞公遺著事渠云
中丞公學問生平最所欽仰曾購得初印本權衡度量實驗
考及續百家姓印譜手稿二書在日本即任重刊
各檢一部交兄屬為寄贈
執事又云

中丞公有銅器數件，後入　端忠愍處，大約即存
尊祠中，時被人竊出者，現在端氏之物，亦在京
出售，中有愙鼎一件，即
中丞公以之名齋者，吾
兄似應購回方宜。索價亦不過七千元，大約尚可稍減。屬
為奉
聞。渠意甚不願其流入外人之手也。又度量權
衡實驗考，渠所刊印者，祇有尺之數十（目錄共三卷，書祇二卷），權之數十

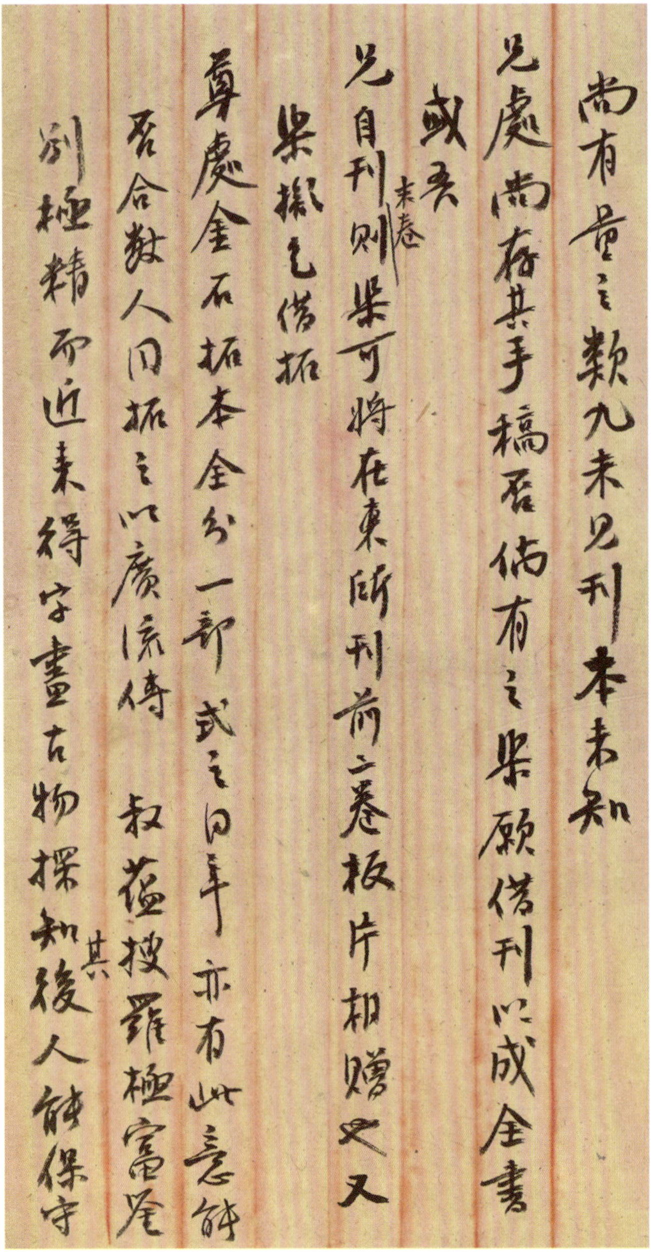

尚有壹〻數九未見刊本未知
兄處尚存其手稿否倘有之渠願借刊以成全書
或否
兄自刊則來卷渠可將在東所刊前之卷板片相贈也又
渠擬乞借拓
尊處金石拓本全分一部武〻日耳亦有此意鈢
否合數人同拓之以廣流傳　叔蘊搜羅極富鈢
刻極精而近來得字畫古物探其知後人能保守

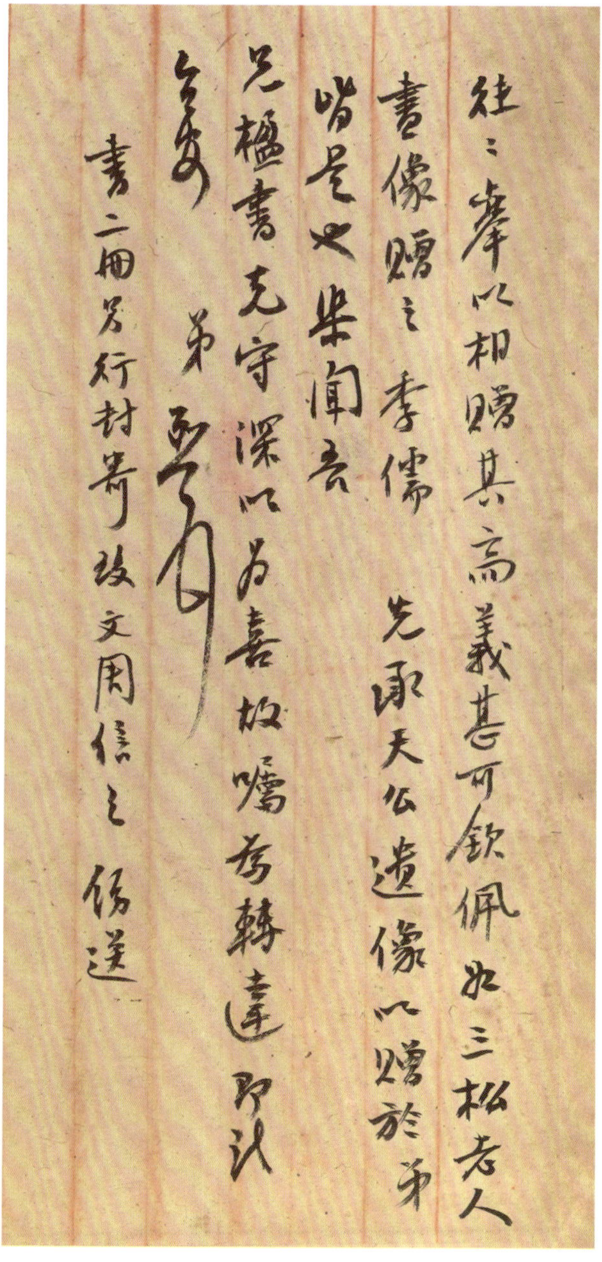
往々峯以相贈其高義甚可欽佩此三松老人
畫像贈之季儒 先承天公遺像以贈於弟
皆是也柴閒云
兄極書先守深以為喜故囑為轉達即訊
台安 弟 [illegible]
書二冊另行封寄跋文周信之繕送

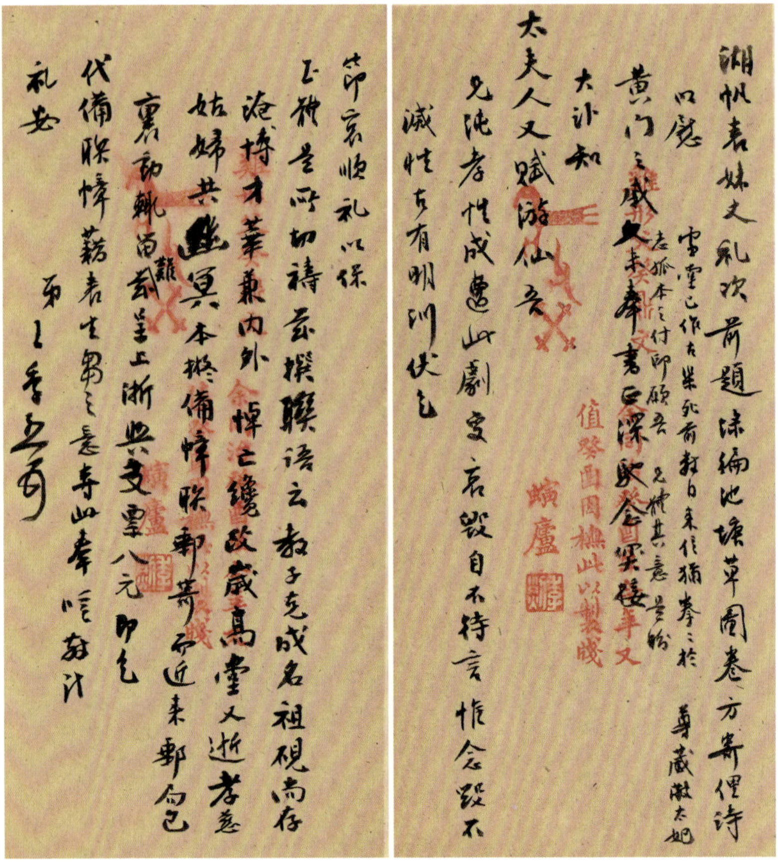

湖帆表妹丈礼次：前题涑鵃池塘草图卷，方寄俚诗以慰黄门之感，又来奉书，正深歎念。雪堂已作古，米死前数日来借摹之於尊藏淑太妃志孤本之付印，颇云兄稍其意，是否…… 太卜知太夫人又赋游仙矣。先德孝性成，遭此剧变，哀毁自不待言，惟念毁不灭性，古有明训，伏乞节哀顺礼，以保玉体，是所切祷。兹撰联语云：教子克成名，祖砚尚存，沧海才华兼内外；悼亡纔改岁，高堂又逝，孝慈姑妇共幽冥。本拟备幛联邮寄，而近来邮包寓所动辄留难，兹汇上浙兴支票八元，即乞代备联幛，藉表生前之慕。专此奉唁，敬请礼安。

弟王季迁

值癸酉因檝此以製牋

嫧廬

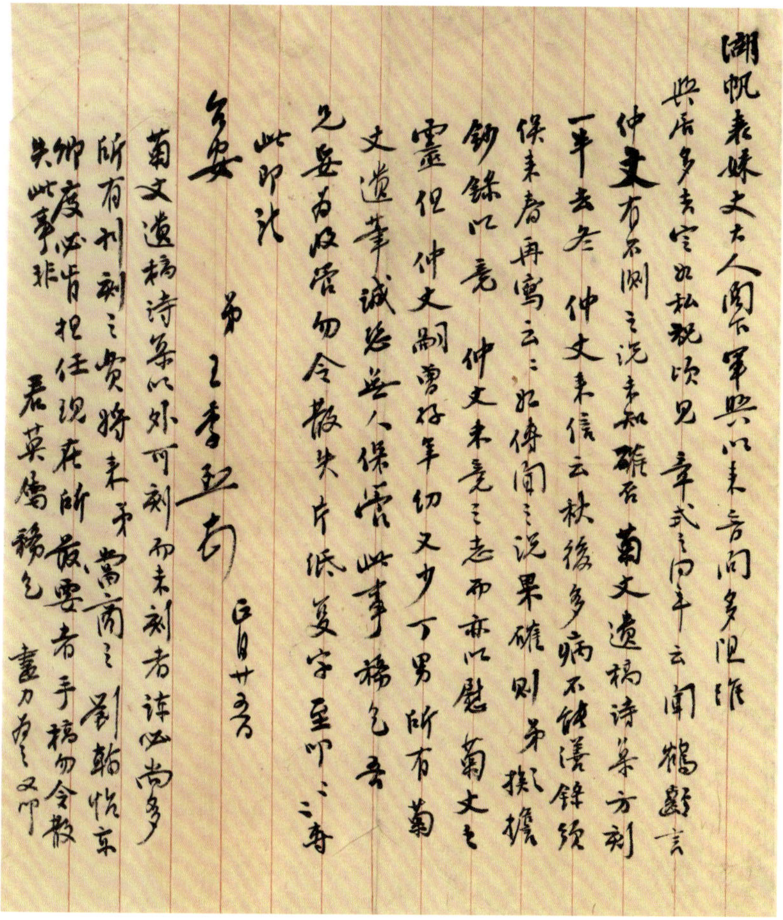
湖帆表妹丈大人阁下：军兴以来，音问多阻，维
兴居多吉，定如私祝。顷见章式之同年，云闻鹤逸言
仲文有不测之说，未知确否。菊文遗稿诗集方刻
一半，去冬仲文来信云：秋后多病，不能汇录，须
俟来春再寄云云。如传闻之说果确，则弟拟搜
钞录以竟仲文未竟之志，而亦以慰菊文之
灵。但仲文嗣曾孙年幼，又少丁男，所有菊
文遗笔，诚恐无人保管。此事务乞吾
兄妥为收管，勿令散失片纸只字，至叩至叩。专
此即讯
台安
弟王季烈顿首 正月廿五日
菊文遗稿诗集以外可刻而未刻者谅必尚多，
所有刊刻之资，将来弟当商之刘翰怡京
卿，度必肯担任。现在所最要者，手稿勿令散
失。此事非
君莫属，务乞
尽力为之。又叩

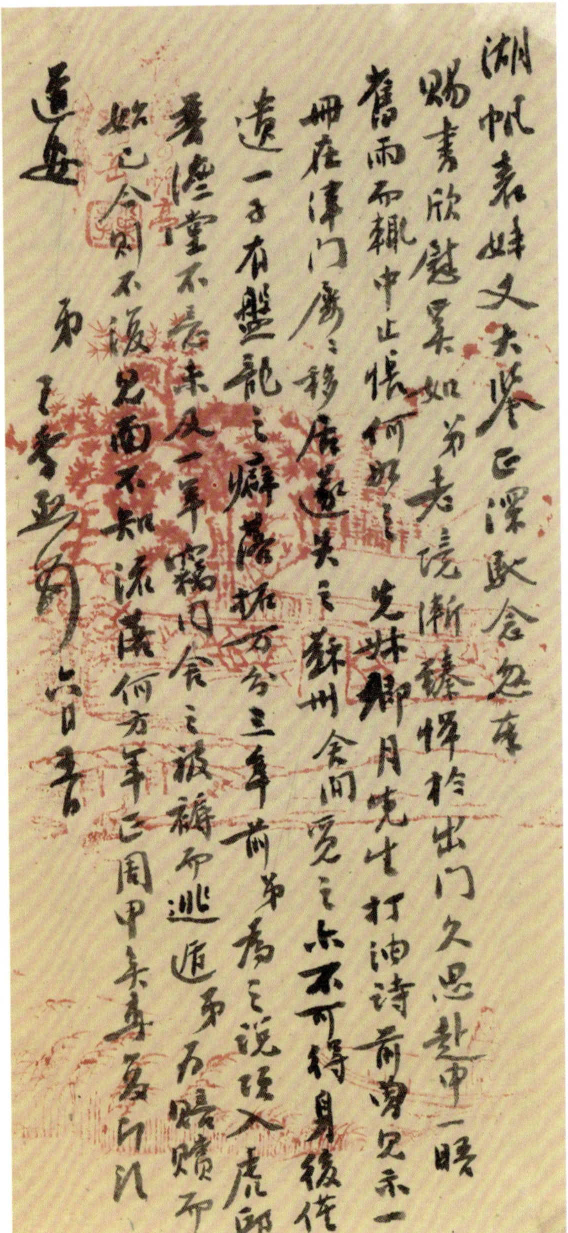
湖帆表姊丈大鉴：已深跂念，忽奉
赐书，欣慰无如。弟去冬渐臻，惮於出门，久思赴申一晤
旧雨，而辄中止，怅何如之。先姊卿月先生打油诗，前曾见示一
册，在津门屡屡移居，遂失之。苏州舍间觅之，亦不可得，身後传
遗一子，在盘龙之癖落拓万分。三年前弟为之说项，入虎邱
书德堂，不意未及一年，窃门食之钱款而逃遁，弟乃赔偿而
然已合则不复见面，不知流落何方，年已周甲矣，真为可叹。
道安
弟王季迁顿首 六日书

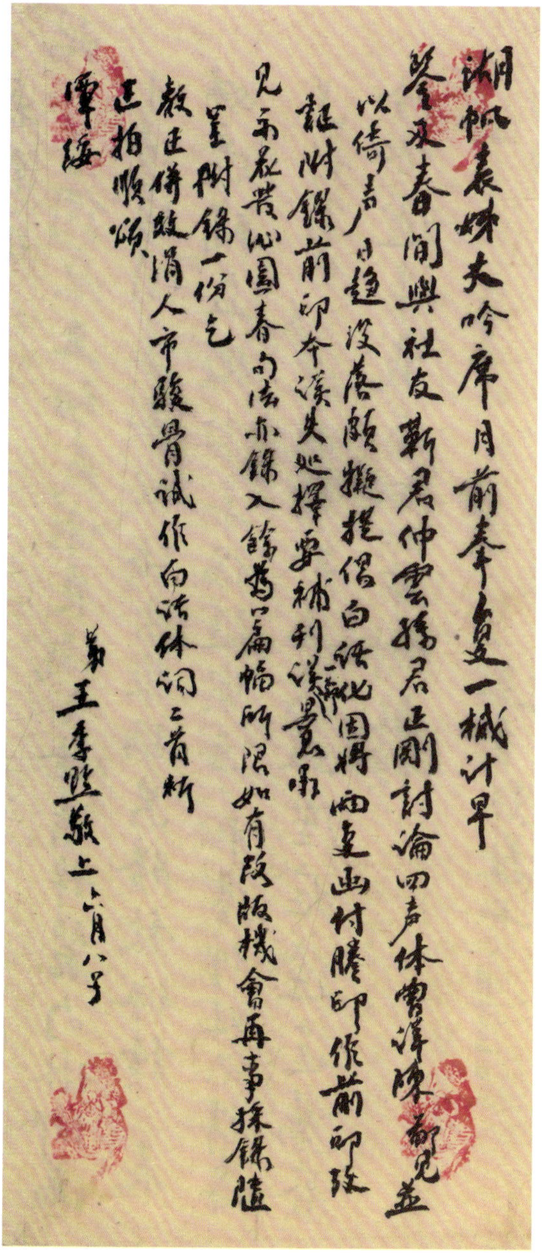

湖帆表姊夫吟席：月前奉复一械，计早
鑒及。春間與社友靳君仲雲、楊君正剛討論四声体，曹洋陳鄧兄並
以倚声日趋没落，頗擬提倡白话化，因將兩宋幽村騰印，作前印跋
証附錄。前印本談失処，擇要補刊，一併奉覽。取
見示叔貴沁園春兩法，亦錄入。餘為篇幅所限，如有改版機會，再事採錄。隨
呈附錄一份，乞
教正。併致涓人市駿骨，試作白话体詞二首，祈
正拍。順頌
潭綏。
弟 王季點敬上 六月八日

倩庵表姊丈吟席：多时未通讯，甚念。日前顗人兄
轉到承
賜大箸詞痕，至紉感謝。展誦之餘，清辭麗句，琳瑯滿
目，頡頏周姜無愧，倚宗雅稱，曷勝欽佩。讀 表
姊遺稿，並徽當年倡隨樂事，松雪仲姬不得專
美於前代。弟客秋檢知患高血壓症，遵医嘱廢
吟咏逾半載，吳奴此布謝，敬頌
台綏
弟 王季點敬上 六月十三日

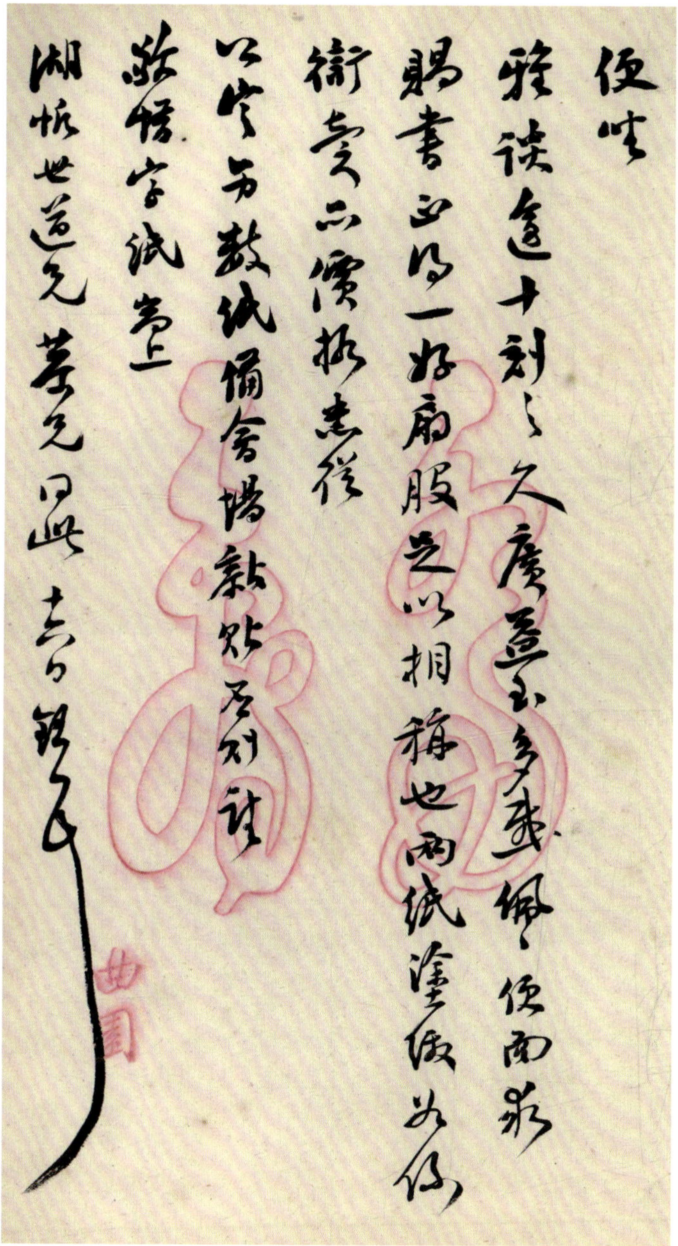

便叟
雅談竟十刻之久，屢蒙多式(?)餉。便面兩(?)彩(?)
賜書並得一好扇股，足以相稱也。兩紙塗鴉，亦(?)作(?)
衛(?)舊(?)亦(?)償(?)損(?)患(?)從(?)
以字(?)與數紙，備合(?)攜(?)款(?)，照(?)另(?)對(?)請(?)
教。餘字紙寄上
湖帆世道兄 著(?)元(?)同(?)啟(?) 壽(?)鉥(?)

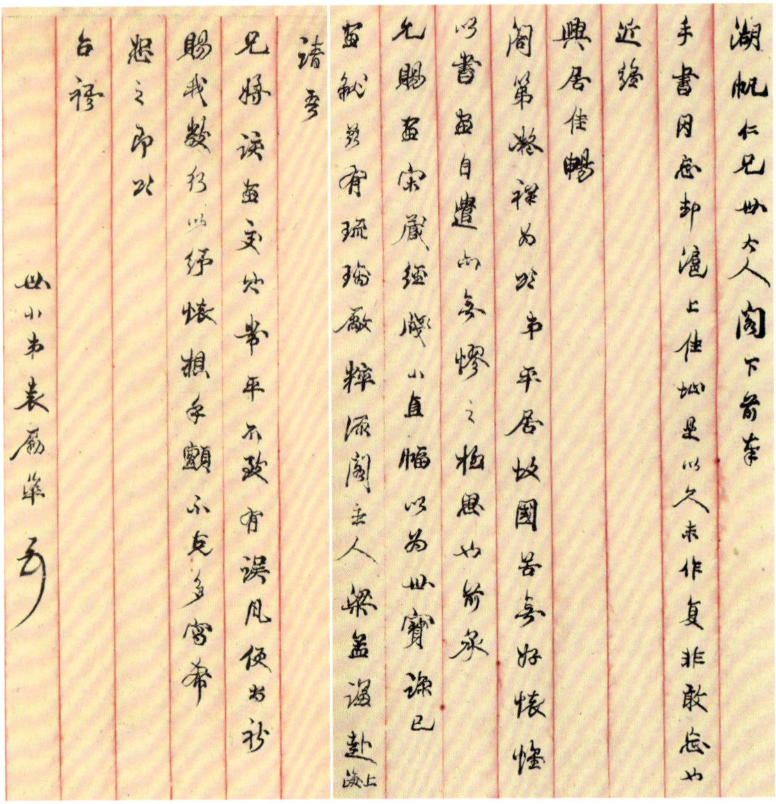

湖帆仁兄世大人閣下前奉
手書因忘卻滬上住址是以久未作復非敢忘也
近維
興居佳暢
閣第凝祥為頌弟平居故國苦無好懷惟
以書畫自遣以無聊之抱思也前承
允賜畫宋藏經牋小直幅以為世寶深已
寶秘茲有琉璃廠粹源閣主人梁益遄赴滬上
請季
兄將該畫交伊帶平不致有誤凡便也祈
賜我數行以紓懷想至顒不盡多寫希
恕之即此
台綏
世小弟袁勵準頓

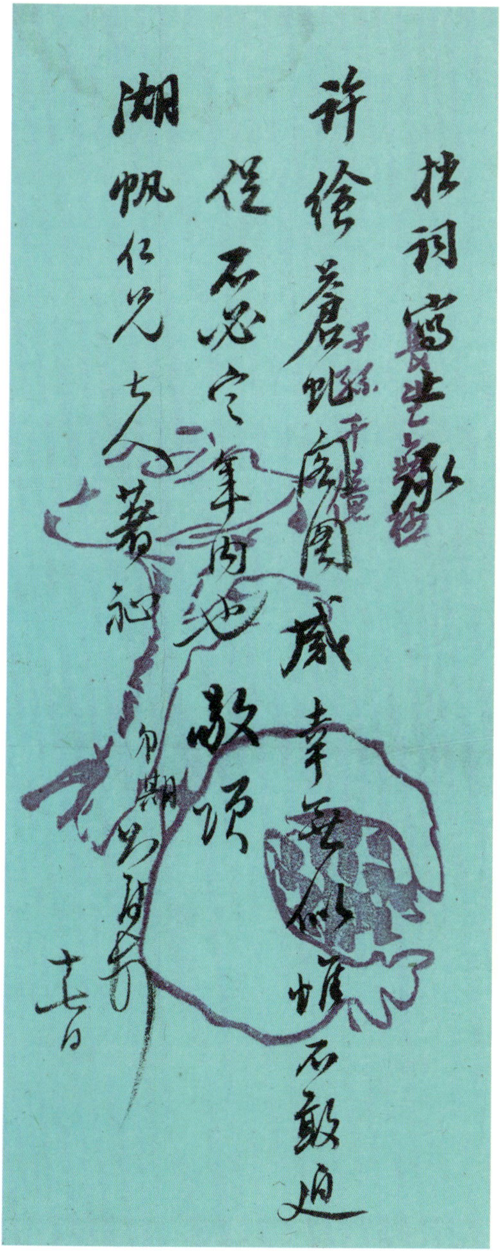
拙詞寫上
許徐蒼虬兩周歲幸無似塘不敢迫
促不必定集何日敢頌
湖帆仁兄大人著祉 弟期 ……
十七日

湖帆先生道鉴：前因森老询问作江亭之
湖致失
觌招玉甫憧仄帰後惠
手示敬悉。因患腹疾卧床，未能执笔，迟迟为憾。
悦女士手示写一画，精精文俾其面谒叶士为
恳芙蓉铭除乃极快之事，敢先奉贺。余容
再伸。特此敬颂
道安
世小弟侗敬上 十月初五

李玄伯

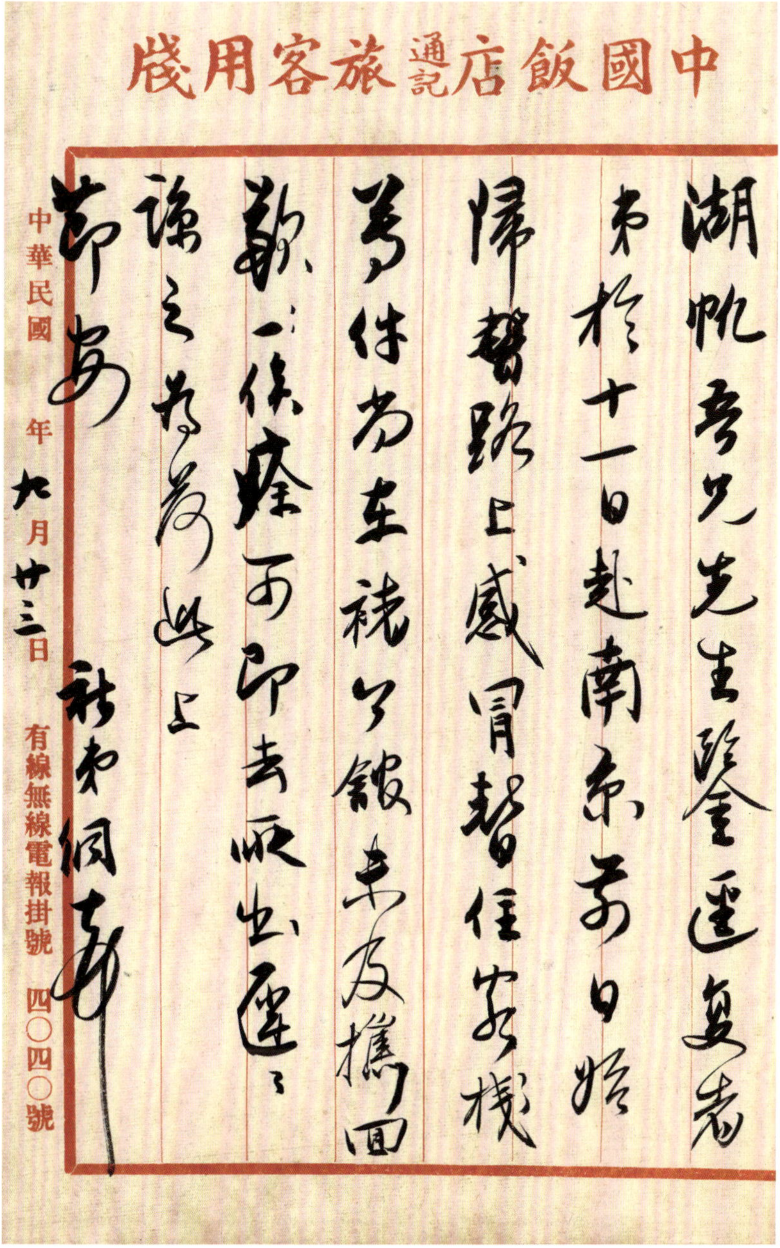

中國飯店通記旅客用箋

湖帆吾兄先生賜鑒：逕覆者，

弟於十一日赴南京，是日始

歸，嗣以路上感冒，暫住客棧，

寫件尚在棧，以銀未及攜回，

歉歉。一俟痊可，即去取出匯上，

諒之為荷。此上

節安

秋和絅拜

中華民國　年九月廿三日

有線無線電報掛號四〇四〇號

溥伒（1893—1966）

溥儒（1896—1963）

溥佺（1913—1991）

溥仲（1914—？）

陈承修

林钧（1897—1944）

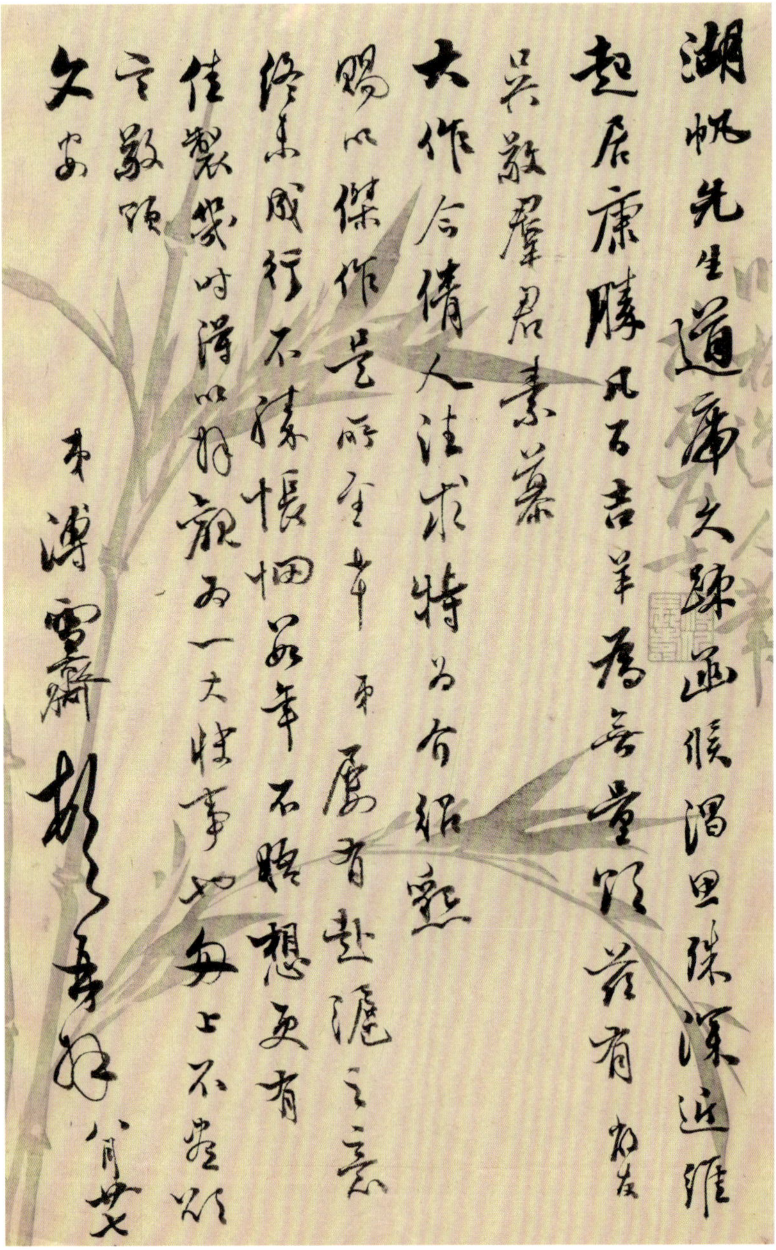

湖帆先生道席：久疏通候，渴思殊深。近维起居康胜，凡百吉羊，为无量颂。兹有敝友吴毅翟君，素慕大作，今倩人往求，特为介绍，恳赐以杰作，是所至幸。再启者，赴沪之意，终未成行，不胜怅惘，每年不暇，想更有佳制，常时得以拜观，为一大快事也。书上不尽欲言，敬颂大安。

弟溥雪斋顿首 八月廿七

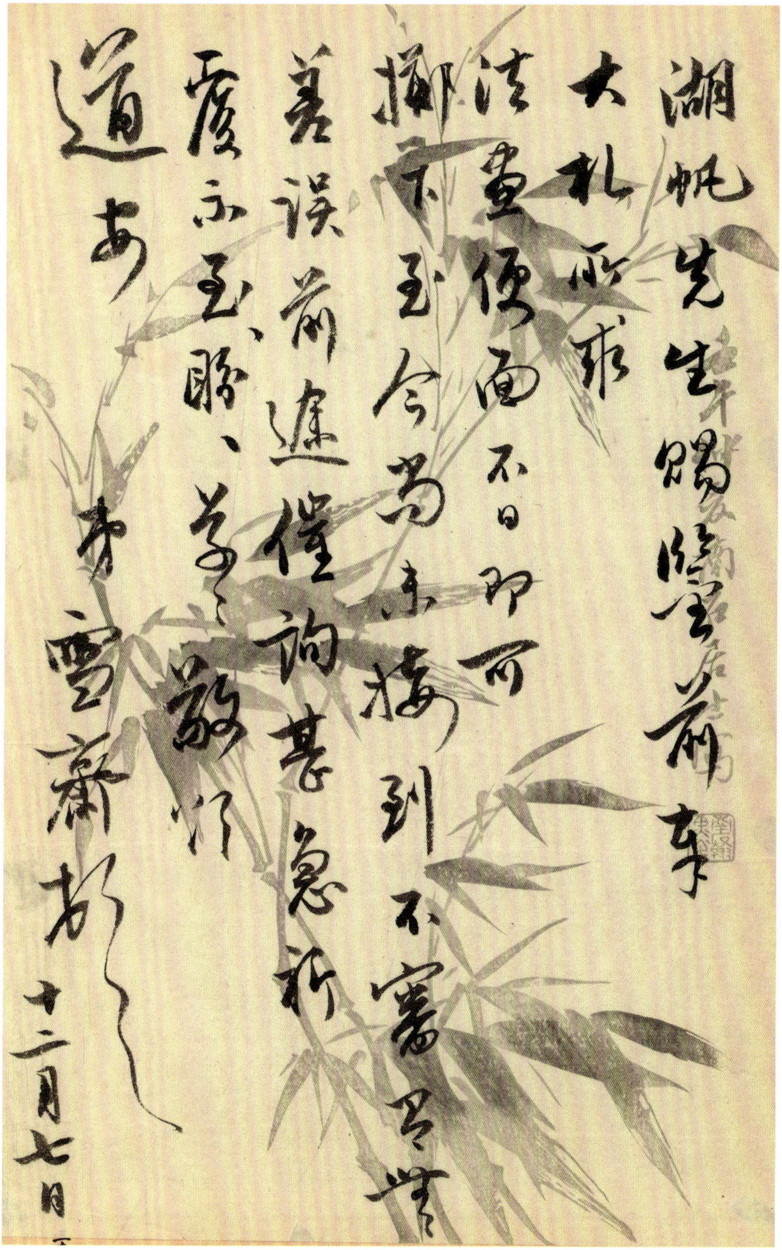
湖帆先生賜鑒：前奉
大札所求
法畫便面，不日即可
擲下，至今尚未接到，不審是否
着誤，前途催詢甚急，祈
覆示，至盼盼。並頌
道安
弟雪齋頓首 十二月七日

湖颿先生史席：四年前壬申聚首，獲接
清言，江湖聽雨之末，至今時形寤寐。追想
興居萬福，為世重。竹須從彷同濟影印董冊原本，為
鄴架庋藏，
跋語考證精詳，急遽興逐，舉玉為歎服。其畫墨氣
淋漓，筆情曲邃，在董畫中允推傑構。僕嘗論董
畫賦色收拾者無出趙左、沈士充，筆挺刀而真龍翔矣。
從者與本之文
巡衍之激清眼，道人云佛得佳楮少作，俾遂以致契

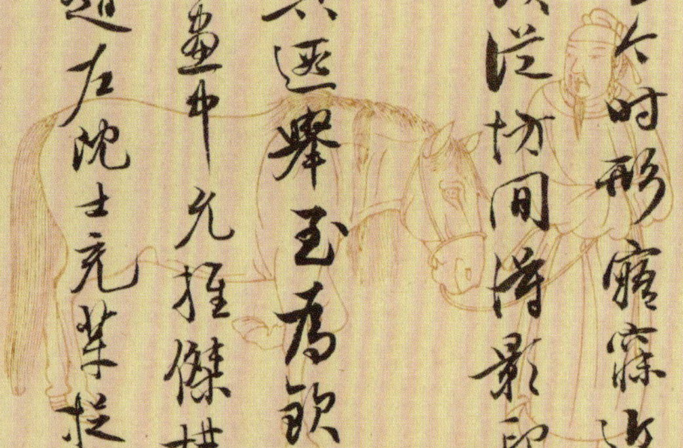

三十五

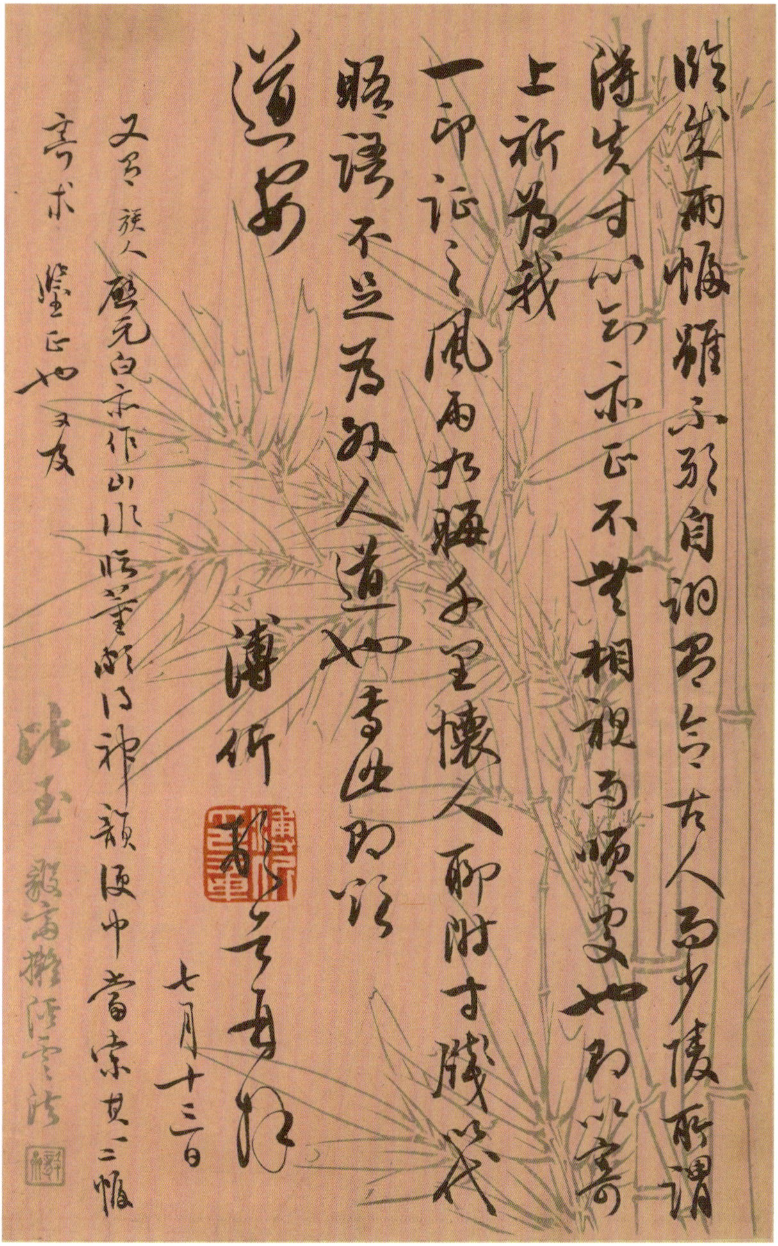
昨荣雨帆雅示孫自謂君乃古人馬少游所謂
溥先才以言亦正不甚相視為頑叟也弟以寄
上祈為我
一印證之風雨如晦千里懷人聊附寸牋
順請不足為外人道也專此即頌
道安
溥伒頓首拜
七月十三日
又吾旗人溥元白亦作山水臨董頗得神韻復中當宗其一二幅
亦求鑒正也又及

溥雪致高拜石信札

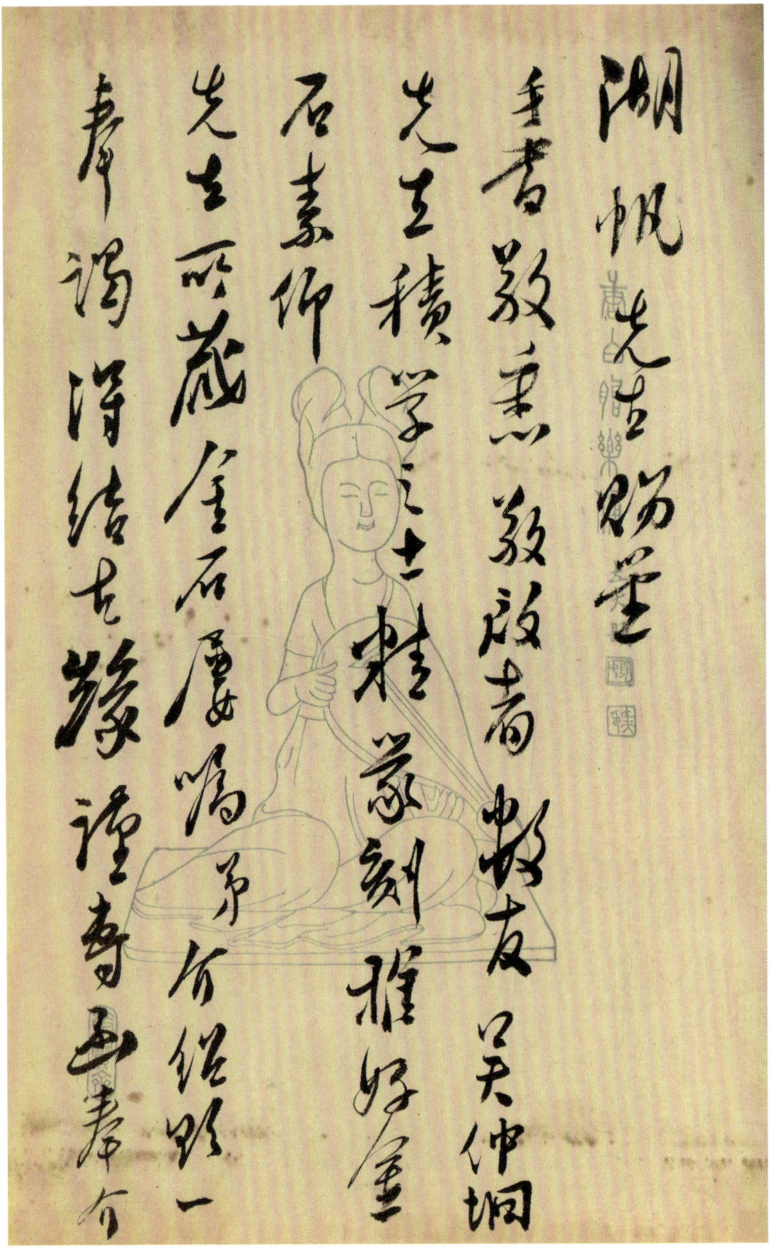
湖帆先生賜鑒
手書敬悉敬啟者敝友吳仲坰
先生積學之士精篆刻雅好金
石素仰
先生所藏金石屢囑弟介紹晤一
奉詢得結古緣請專函奉介

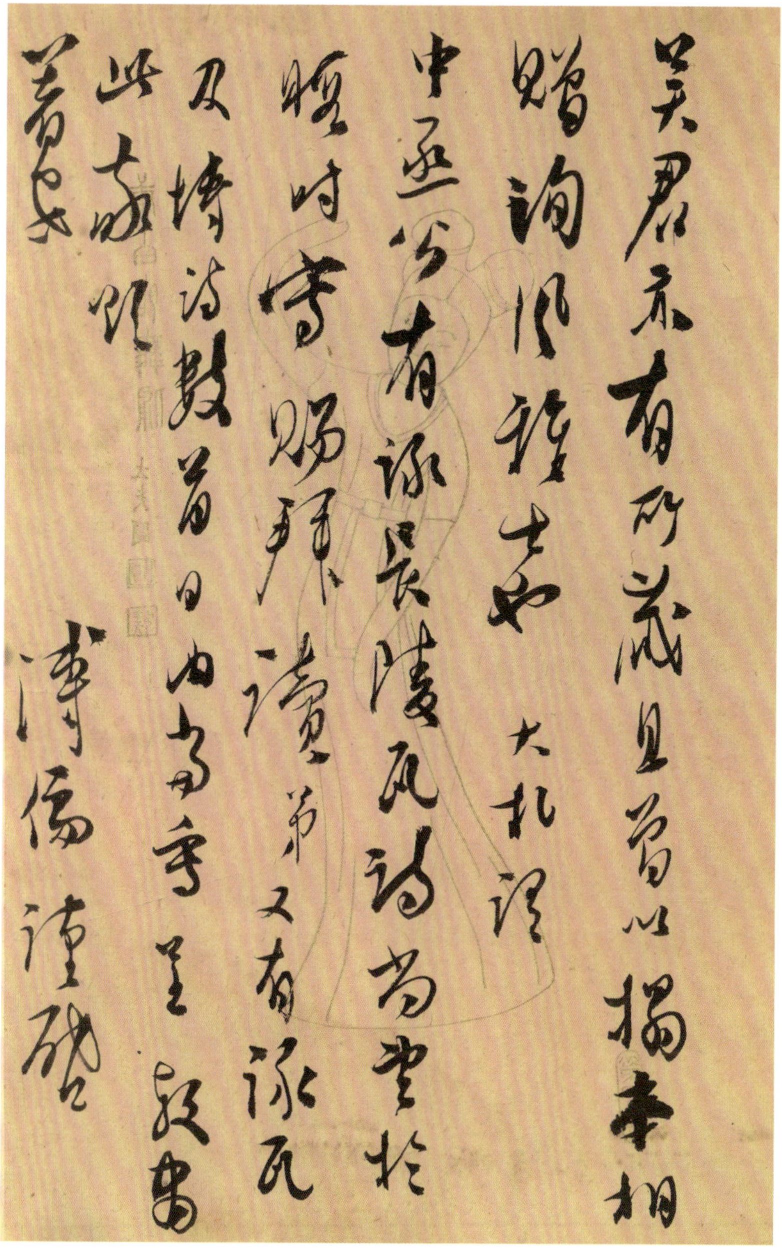
吳君亦有所藏且曾以搨本相
贈詢非經志也大札謂
中丞公有詠長陵瓦詩當於
經時曾賜拜讀弟又有詠瓦
及塼詩數首日內當手呈教
溥儒謹啓

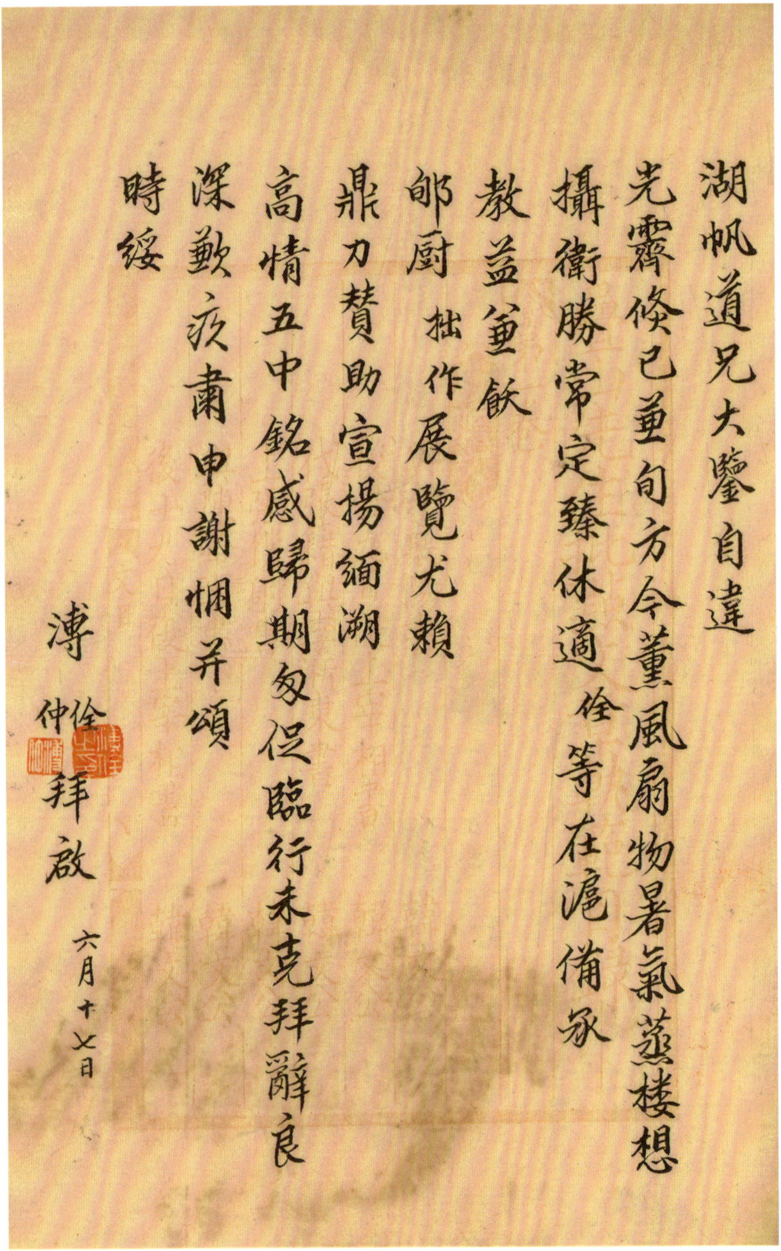

湖帆道兄大鑒：自違
光霽，倏已兼旬。方今薰風扇物，暑氣蒸樓，想
攝衛勝常，定臻休適。佺等在滬，備承
教益，兼飫
郎廚。拙作展覽，尤賴
鼎力贊助宣揚。緬溯
高情，五中銘感。歸期匆促，臨行未克拜辭，良
深歉疚。肅申謝悃，并頌
時綏

溥
仲佺拜啟
六月十七日

溥
仲佺

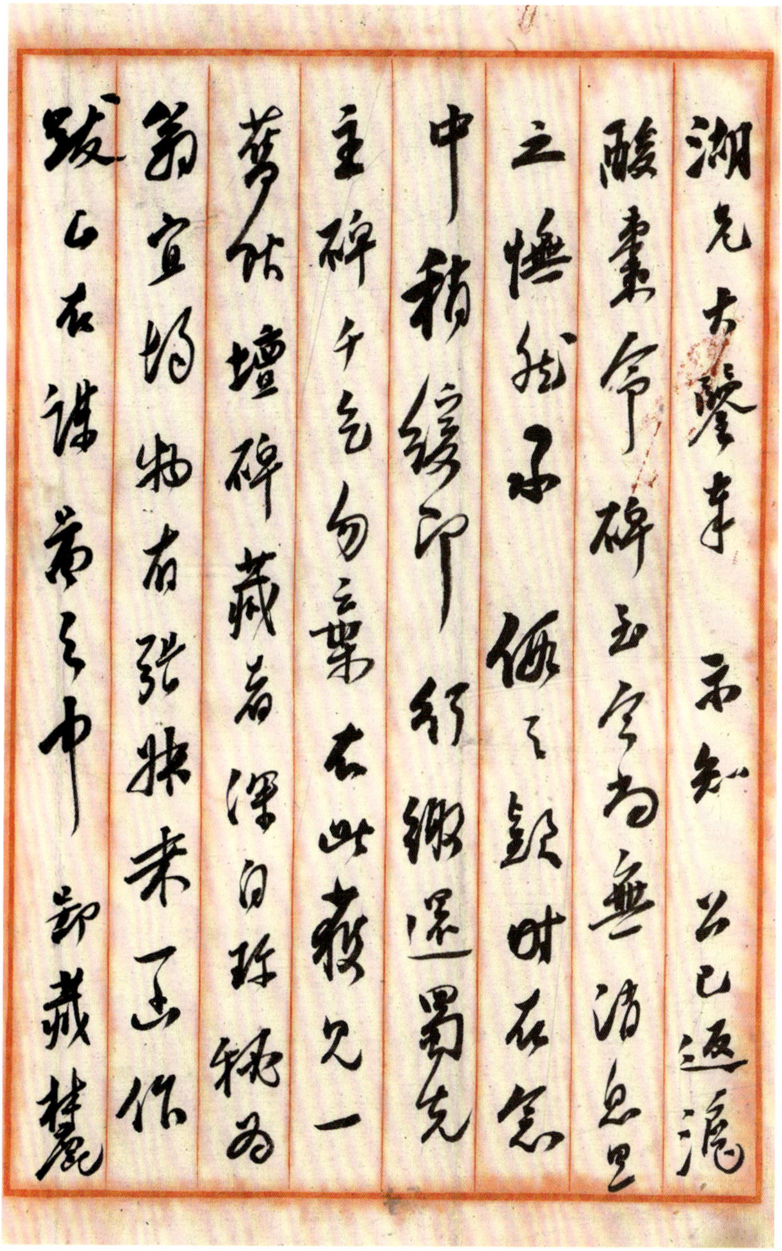
湖先大鑒寺 不知公已返滬
酸棗令碑至今尚無消息
之撫我子 俟之錄時在念
中積纓印行 繳還蜀先
主碑今已分與葉大 此校只一
萼跋壇碑藏者澤自珍秘為
翁宜將物者張孫來遷作
跋亦在諸翁之中 鄭藏林麓

山及黄二度虬花均可觉均可寄申

传已议妥而不能成交幻时已收

四气王雅子閣付玩生水中帆傅

未见搨年年以之藏具有作

安此之玩已成多名即邗巩

道安 市 顺尹 一月台

臣書通信覆言畫而

高邸不経名均 二叹起荷雪苟名均

收此玄

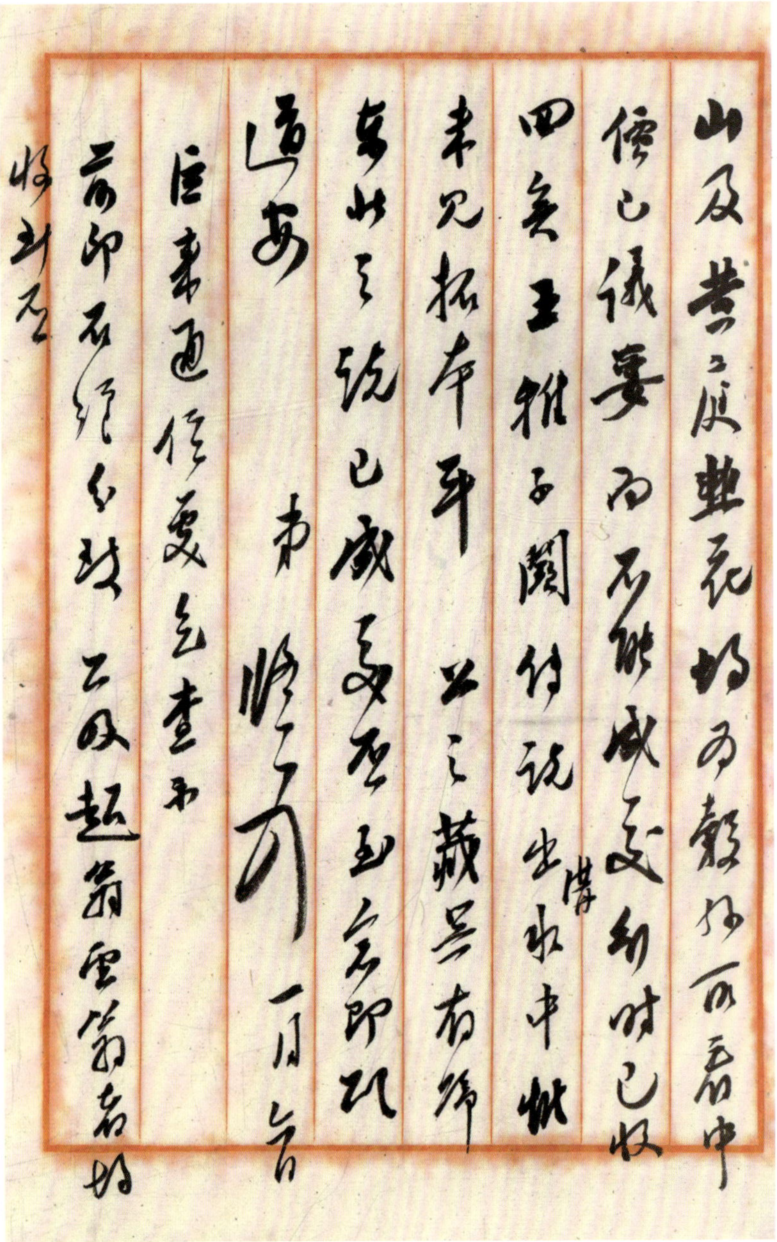

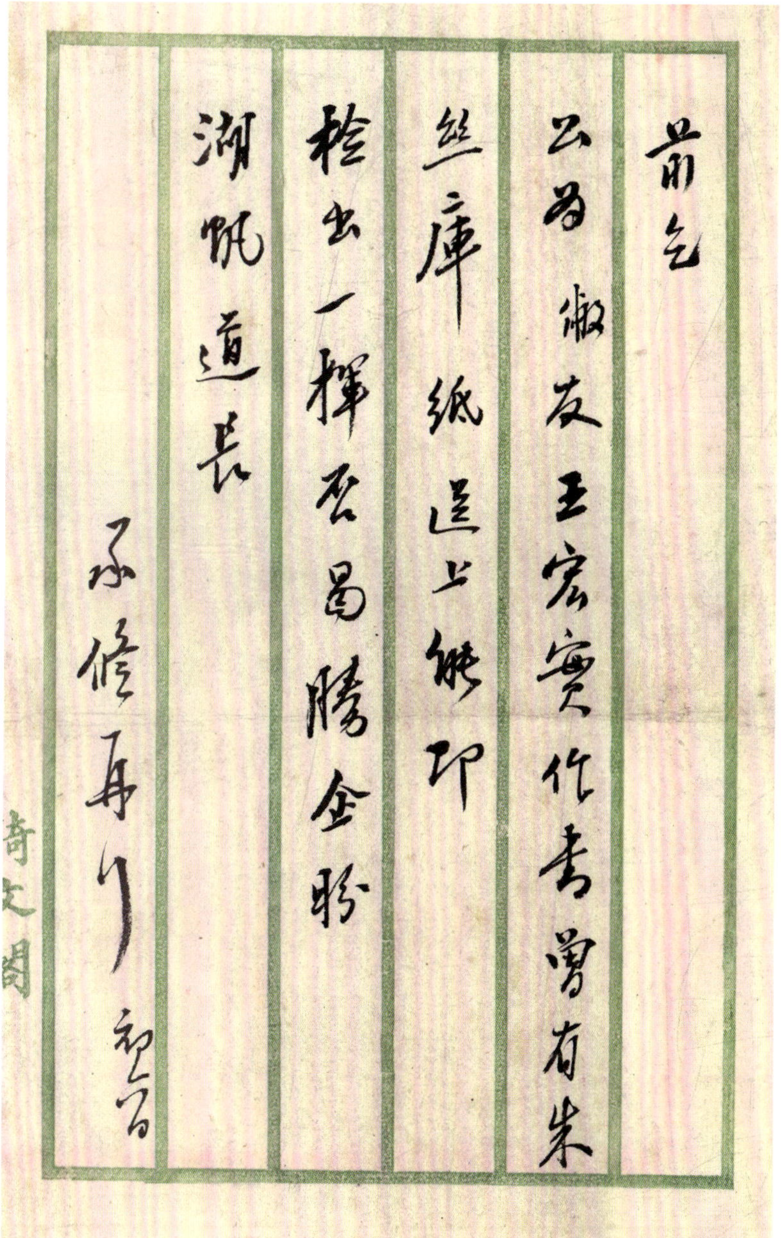
前乞
公為淑友王宏實作書曾有朱
絲庫紙送上能印
撿出一揮否曷勝企盼
湖帆道長
承修再行 初四
奇文閣

湖帆先生撰席：趨聞研北積有歲年，仰止高山彌殷鄉往。矧文貞先家稱著金石，藏弆無多，見聞陋塞。辛酉春收繆藝風丈所藏金石書，遂併寒齋所有略

仿四庫提要並參名家藏書志之例成
金石書志二十有二卷惓々焉懇考據靡疏
略識要領固不值大匠一盼也日得陳諸生
元索書廼序我
亦有瑯嗜々愛竟為

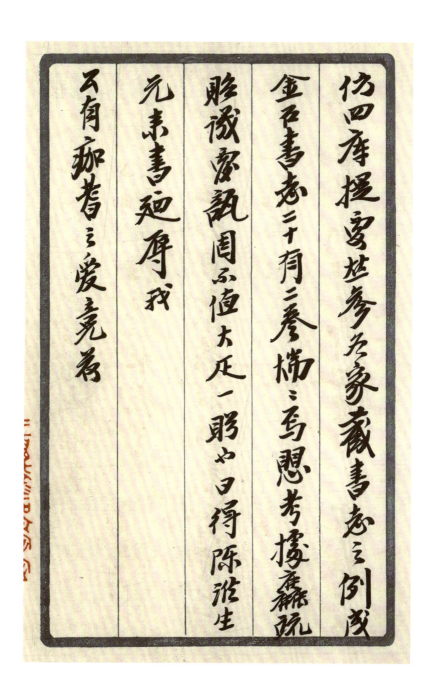

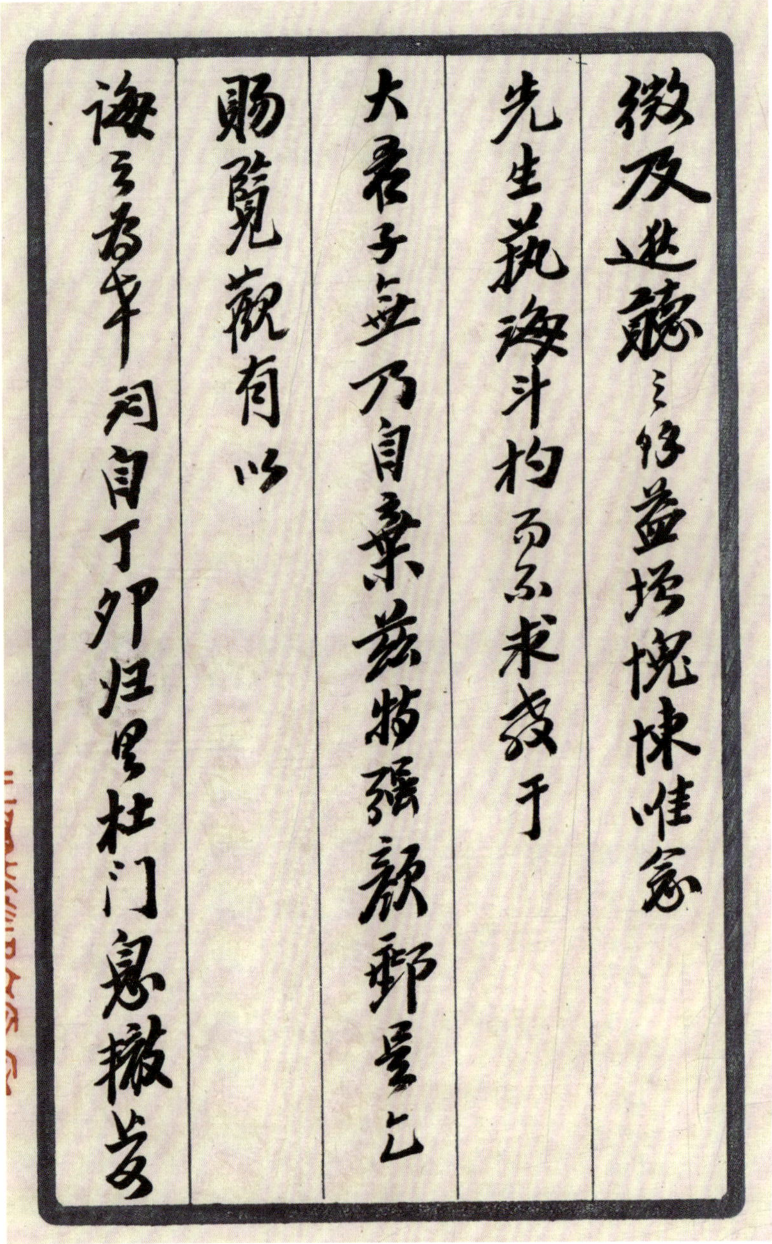
徽及進聽之修益增愧悚惟念
先生執海斗杓而不求我于
大君子並乃自棄茲物強顏鄙吝之
賜覽觀有以
誨之爲年來自丁卯歸里杜門息撤步

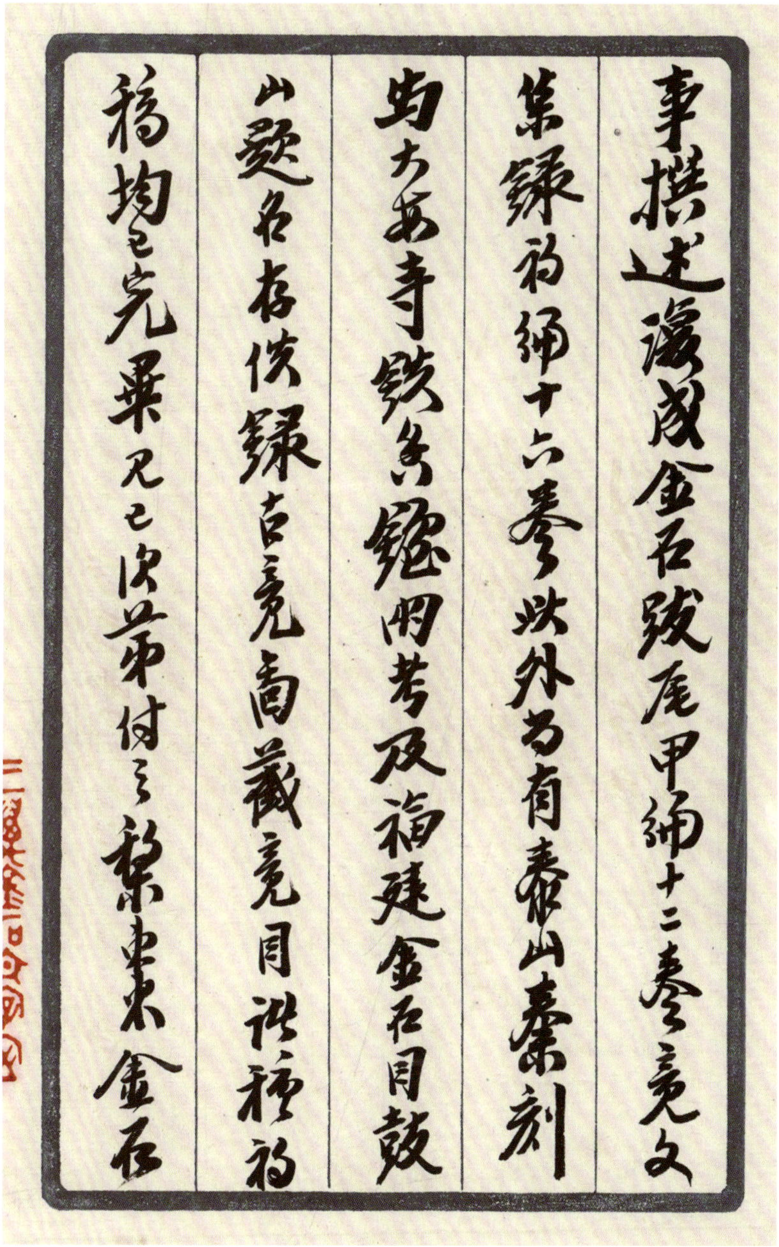
事撰述證成金石跋尾甲編十二卷竟文
集錄初編十六卷此外尚有泰山秦刻
岣大安寺跋尾鑑州考及福建金石目鼓
山題名存佚錄古竟尚藏竟同治補初
稿均已完畢兄已決其第付之梓康來金石

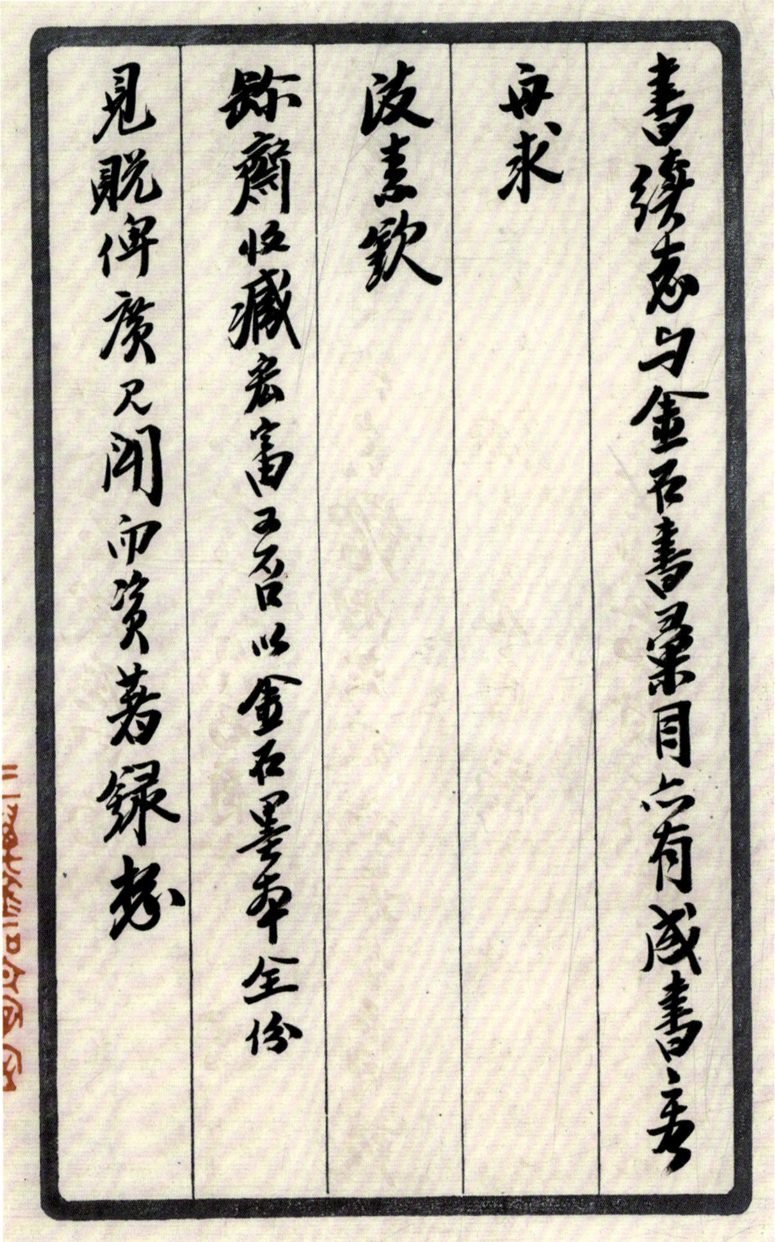

書續志與金石書彙目亦有成書否
再求
波素欽
鉨齋收藏甚富，可否以金石墨本全份
見貺，俾廣見聞而資著錄，想

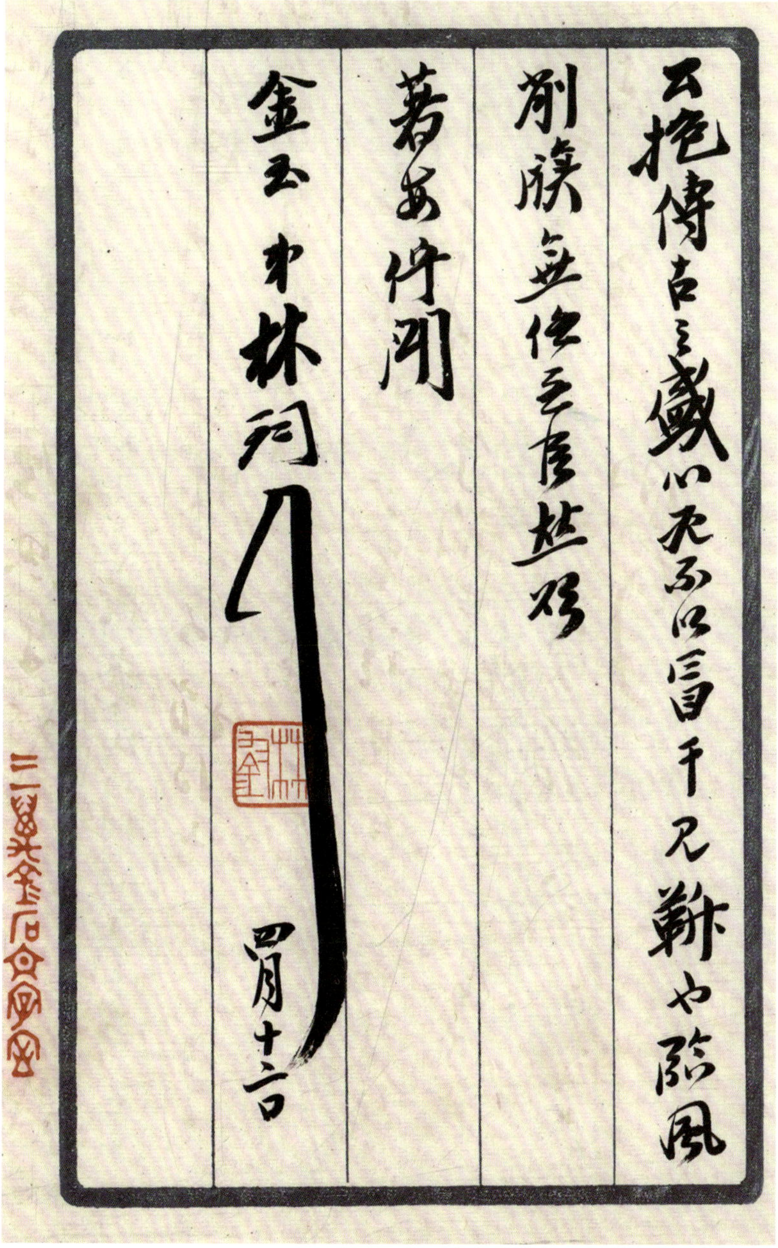

石抱傳古之藏以求不以言宣千尺勒也臨風
削牘無任之虔茲頌
著安佇聞
金玉 弟 林同
四月十二

徐森玉（1881—1971）

唐　兰（1901—1979）

商承祚（1902—1991）

朱家济（1902—1969）

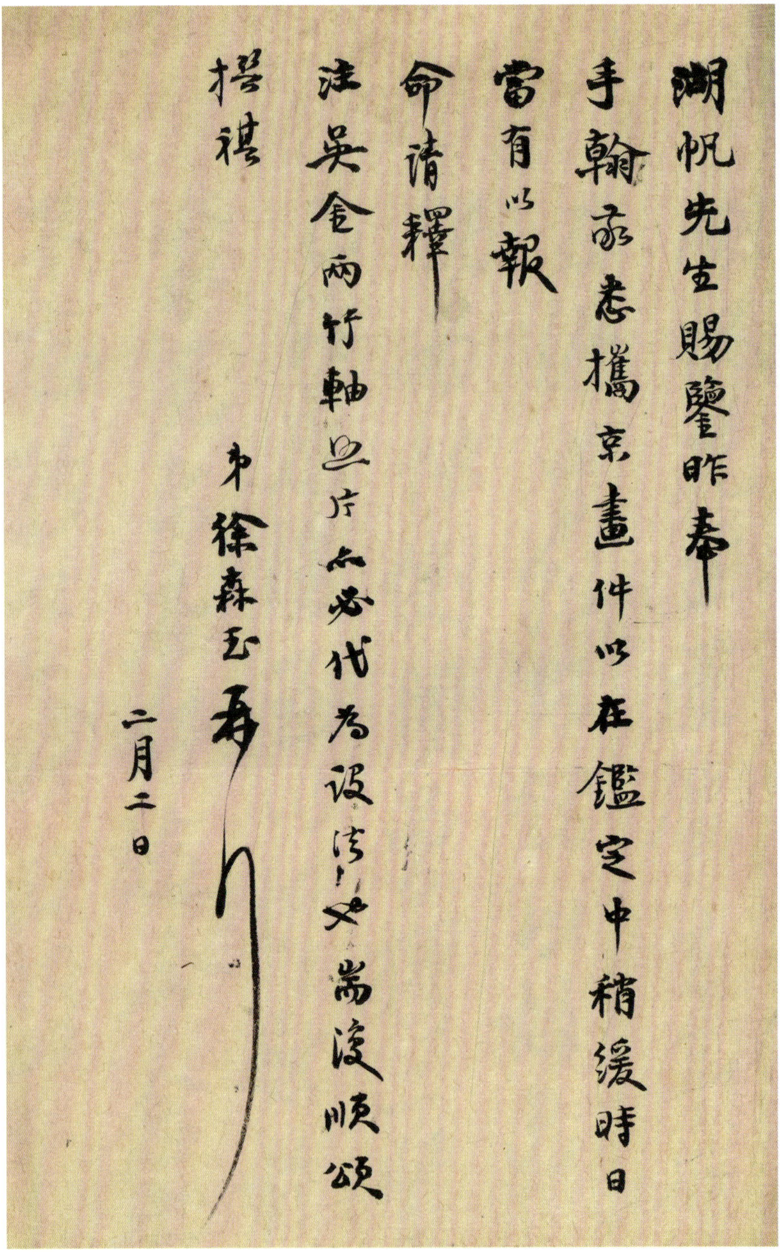
湖帆先生賜鑒：昨奉
手翰，承惠攜京畫件，以在鑑定中，稍緩時日
當有以報
命。請釋
注。吴倉兩竹軸已片，不必代為設法。又尚俟，順頌
撰祺
弟徐森玉再拜
二月二日

徐森玉

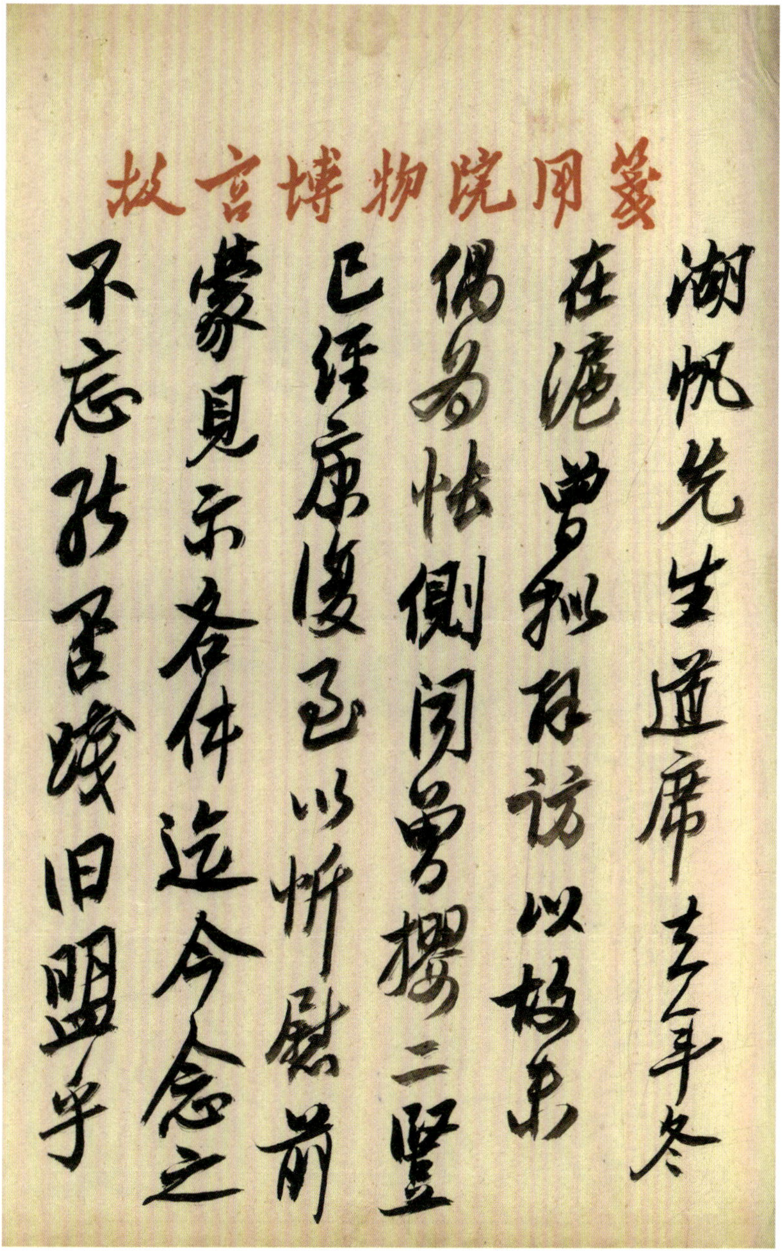

故宫博物院監用

湖帆先生道席去年冬
在滬曾擬趨訪以故未
遇為悵側聞曾攖二豎
已經康復良以忻慰前
蒙見示各件迨今念之
不忘能否踐舊盟乎

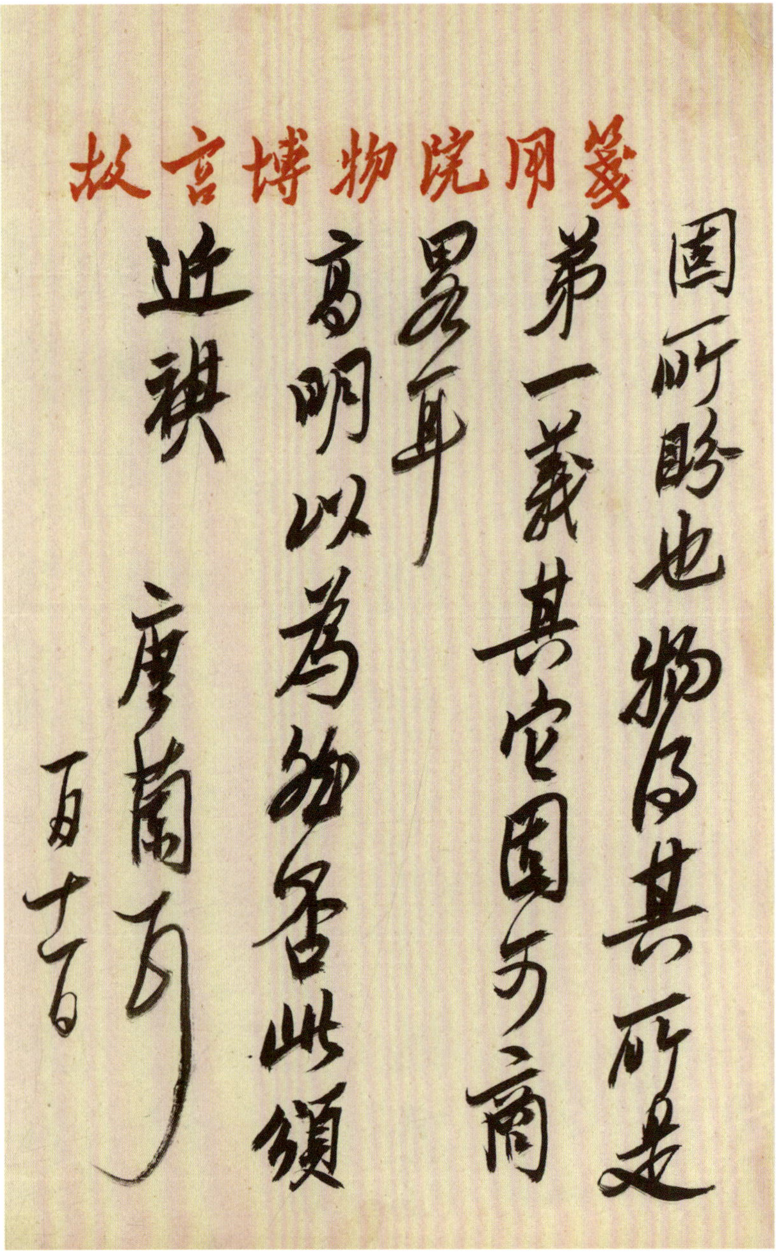
故宫博物院用箋

國所聆也物自具其所是
第一義其它固可商
畧耳
高明以為如何此頌
近祺
唐蘭頓首
百十日

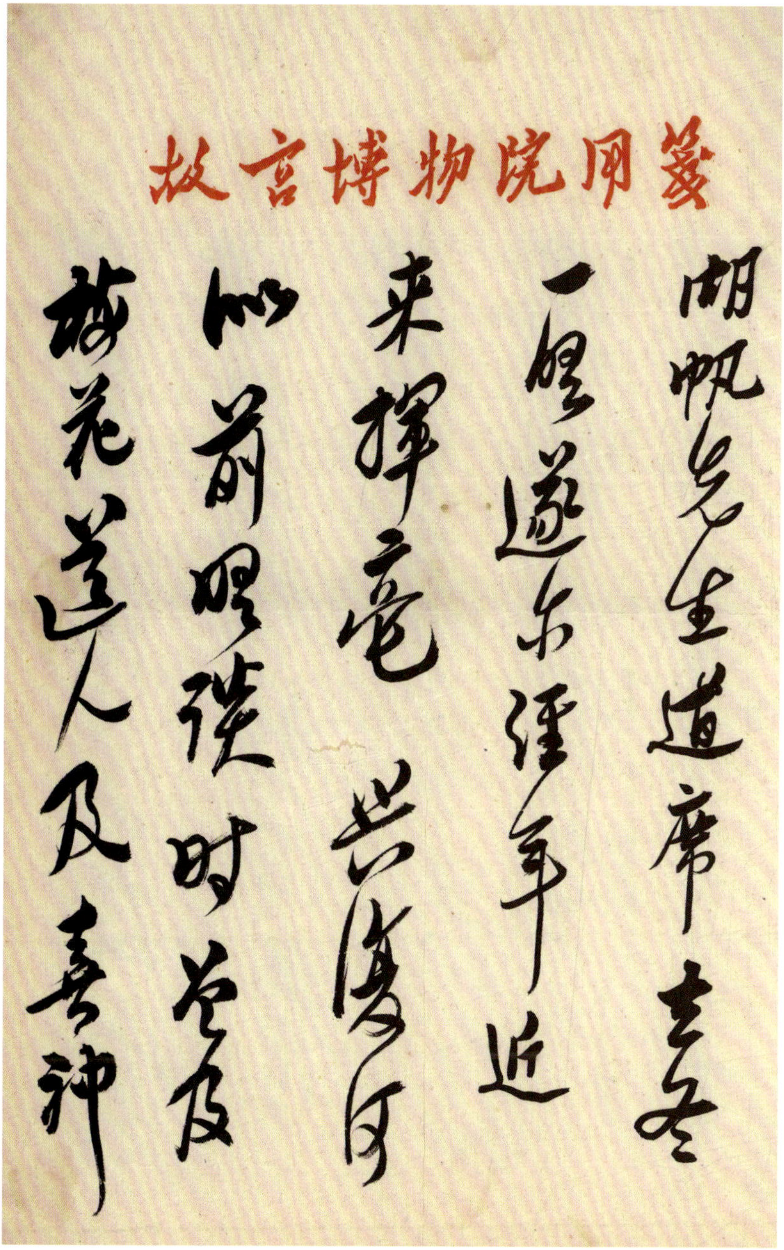
故宫博物院用箋

湖帆先生道席：去冬一握，遂尔经年，近来挥毫当复何似？前明璞时宜及梅花道人及吾神

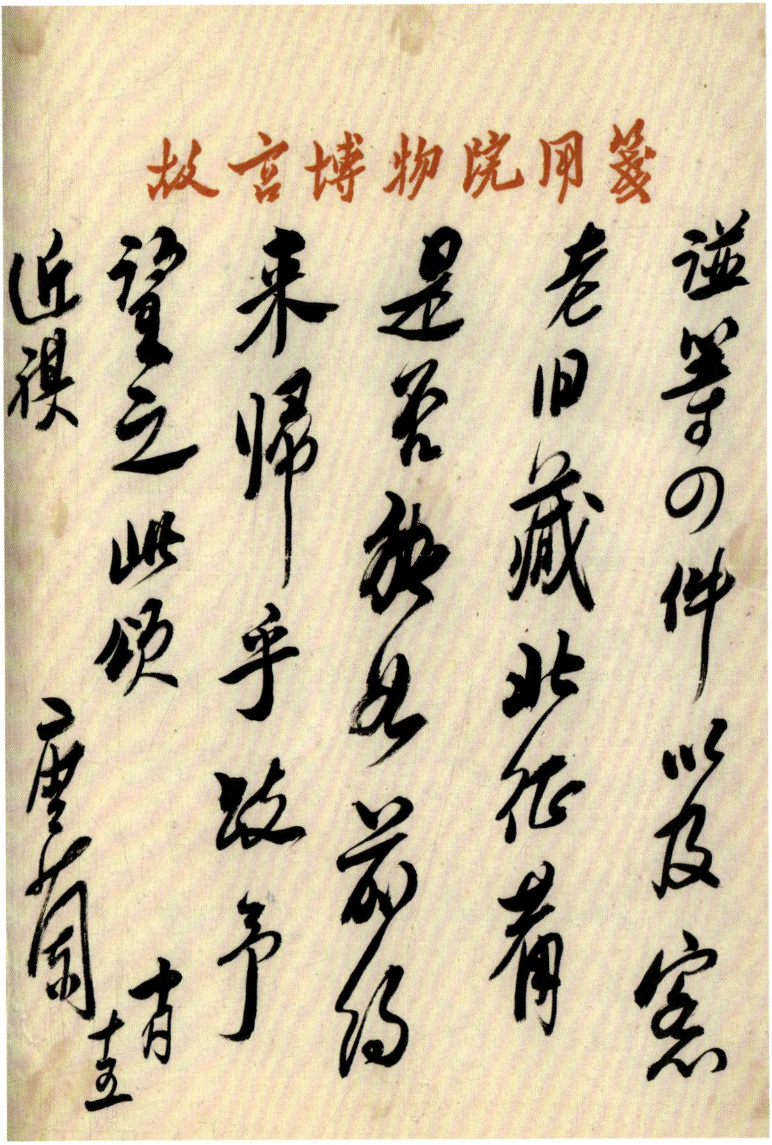

故宫博物院用笺
此颂
近祺
唐兰

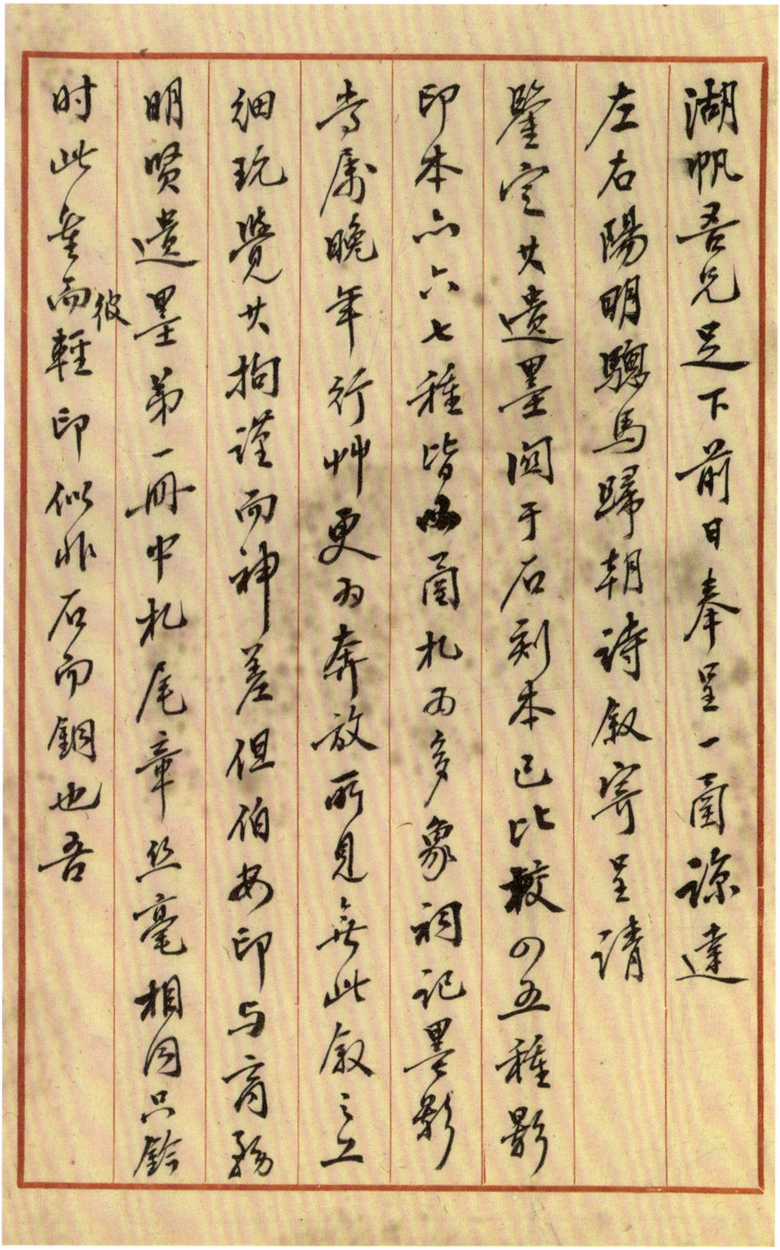
湖帆吾兄足下前日奉呈一函諒達
左右陽明驄馬歸朝詩敘寄呈請
鑒定其遺墨閱于石刻本已比較四五種影
印本六七種皆與函札而多象祠記墨影
書法晚年行艸更為奔放所見無此敘之
細玩覺其拘謹而神差但伯安印與商務
明賢遺墨第一冊中札尾章絲毫相同只鈐
時此彼金而輕印似非石而銅也吾

兄目力為弟向所欽服非請取決不可望作有
空手篆毋寧氣如履有不必講真則猶勞
兄取何足宜如度　賜題王汝楫名濟事蹟傳
畧載貴陽府志政績錄二職官表卷六云王濟丹
徒人志文畧不同者則一云正德六年巡按貴州文
稱三年正月是否一云其受命之年一記其到任之
日紀實不同汝楫初為陽明所推崇有忠愛達于
上誠感孚于下接摩弟子調服諸夷懾其姦後不
得肆於大辟不得汝作志載其事蹟亦不可考在寺
日不康可實也敬頌
道安　弟祥拜　六月廿五

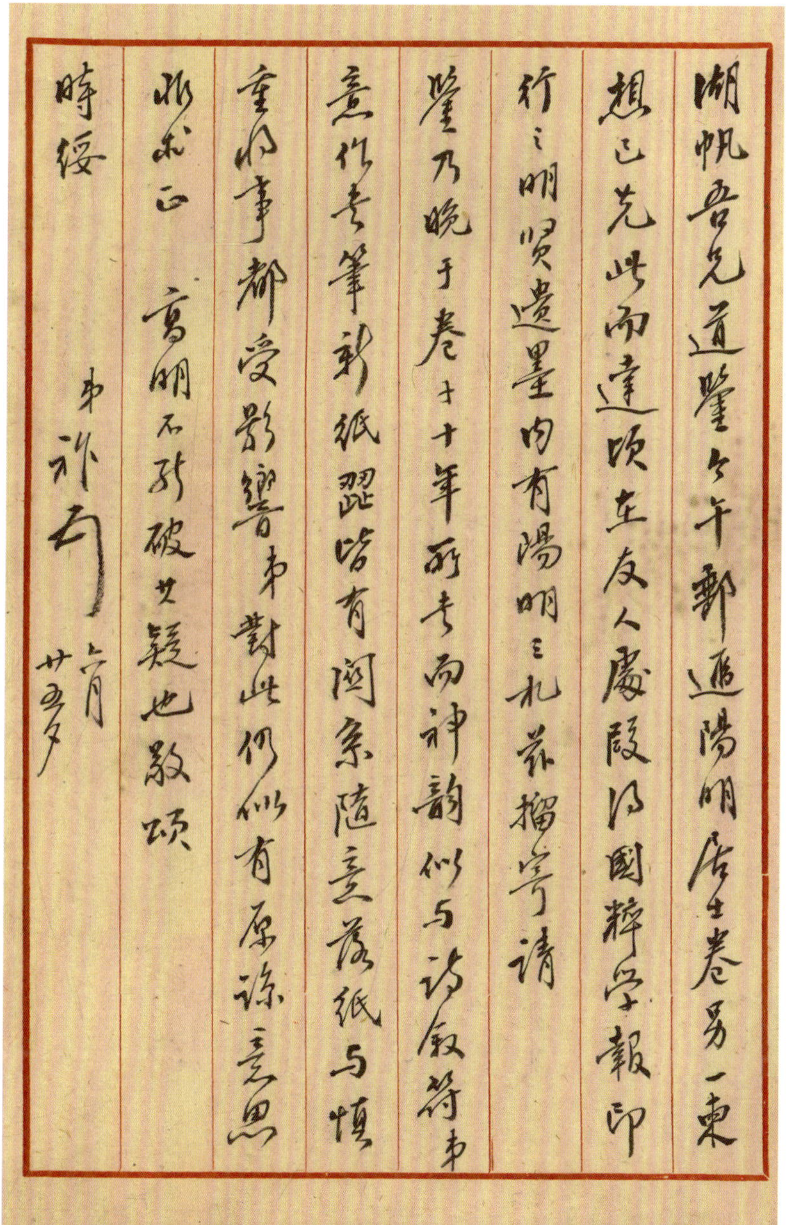
湖帆吾兄道鉴今午郵遞陽明先生卷另一束
想已先此而達頃左友人處假得國粹學報印
行之明賢遺墨內有陽明之札兹檢寄請
鉴乃晚于卷十十年所書而神韻似與詩叙符弟
意作書筆新紙澀皆有關系隨意落紙與慎
重將事都受影響弟對此例似有原諒意思
非求正高明不能破其疑也敬頌
時綏
弟祁[illegible]
六月廿五夕

湖颿吾兄侍右四日奉六月廿九手教翌晚並
收陽明卷一經鑒定疑處而清時來擇錄
兄圈語書于卷後以代跋語伯安即爲手蹟無
疑問舊藏澤印中有石印一骨印二牙印四並想
兄尚有印象是牙印澤人已通行滄州友人黄笑
芸于解放期間收得鮮于伯機印一檳凡九枚皆
以犀角製閱墨林印亦犀信公文唐合作扇面
再並以精工骨子可稱三絕閱之而之神往我

輩中古毒深遇絶品猶死不放過真不可救之症
也一笑讀本有黃金當廢銅讀今尚如此而況于
銅我以為寶人不以為寶銷之為金視我之欲憎為
無病而呻吟耳弟往歲于廠甸得昆〔汪〕道昆詩
卷前八首為〔錄〕張南湖香奩詞八首後為其和章
寫作俱佳繼得茅鹿門卷書自為詩十一年九
十秋九所寫手強筆枯當為卷子中之絶筆惜
其卒時天氣甚冷當在冬令但一時想不起在何

書收知請見　亦逕自郵政辦理極好決不至
失落也　兄不必反寄之煩希品共賞亦一樂
事也汪卷昔曾錄印蔭樹呈孫武印花並能鈐
賜畀予蘇武印及詞合冊固所盼矣當復並
謝敬頌
著祺　中祚拜　七月五夕

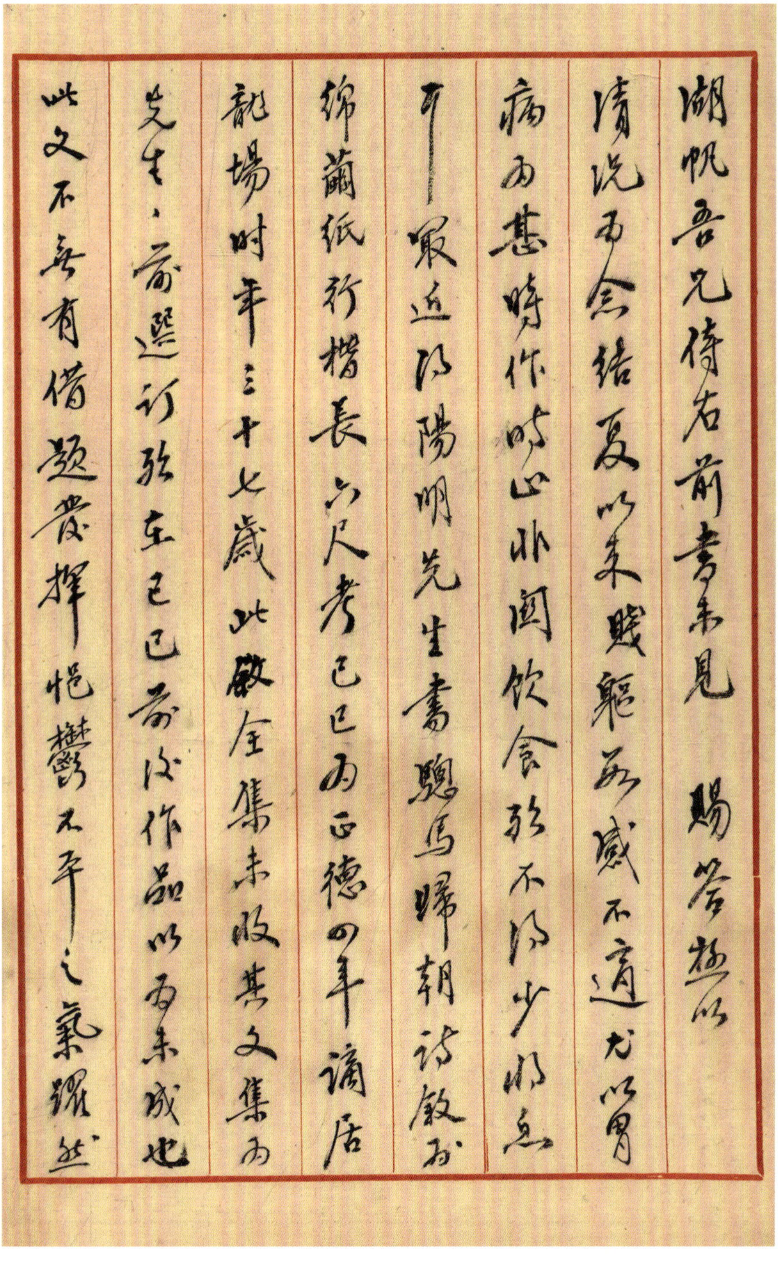
湖帆吾兄侍右前書未見　賜答想以
清況為念結夏以來賤軀殊感不適尤以胃
病為甚時作時止非關飲食終不得少將息
耳最近得陽明先生書贈馬歸朝詩敘為
綿繭紙行楷長六尺考已正德四年謫居
龍場時年三十七歲此敘全集未收其文集為
先生〻前選刊於東己巳前後作品以為未成也
此文不無有借題發揮悒鬱不平之氣躍然

箋墨間宜其擯而不錄。原手敘序(改)載諸
家詩，今為一卷，卷中可見段氏橫幅僅手題
目下鈐精圖籀墨齋(軒)雙螭白文印，其下則為
邊陽文戴(字名植)培之(家)珍藏印，考戴一人，培之似是江
浙人，富收藏，精鑒別，其事蹟亦不甚了了。
兄必知其詳也。示一二，啓啓擬將之段行看
子和鉅為之書首，未敢附上，宣紙一以不知用
何種為宜，二則紙有摺痕，為不便，其看墨乃

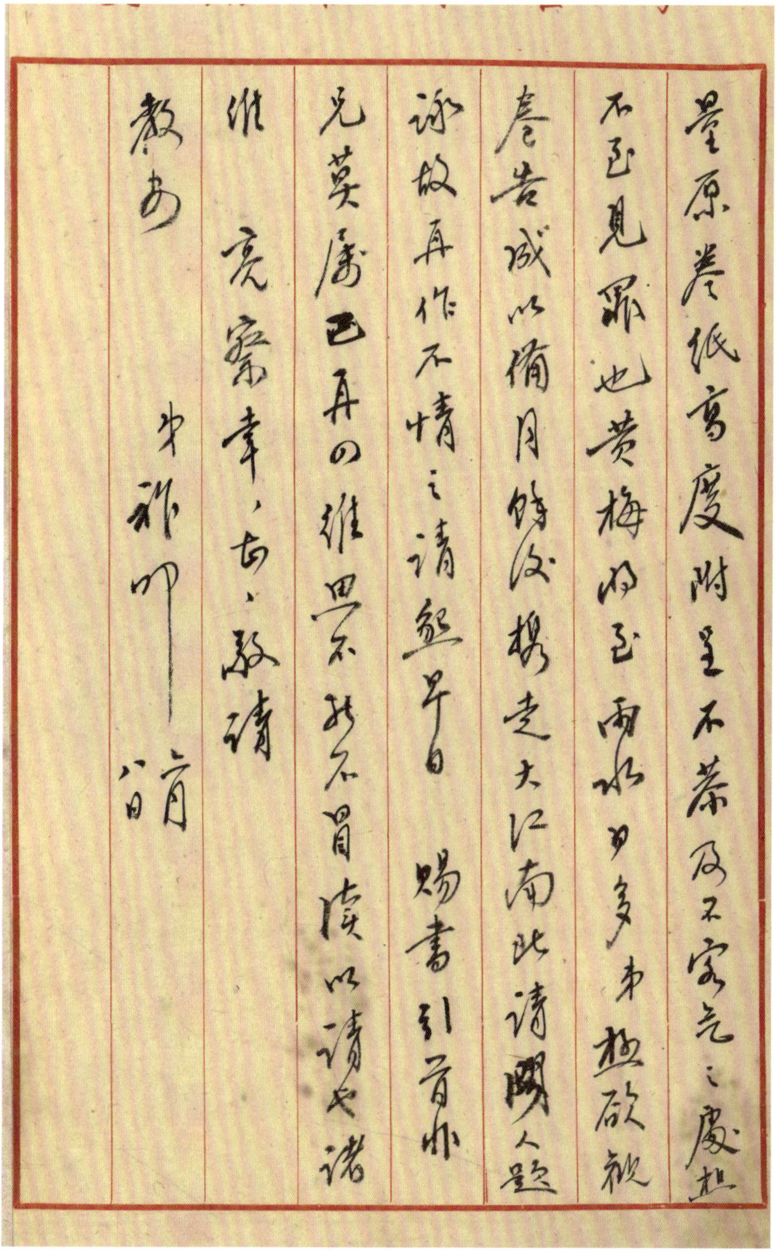
曼原卷纸高度附呈不恭及不完亮之处想
不至见罪也黄梅以至雨水日多未趋歆视
眷告诚以备月修改楼是大江南北诗阙人题
咏故再作不情之请想早日 赐书引首亦
先莫属也再四维思不敢冒渎以请于诸
兄 亮察幸幸敬请
教安
弟 祥卿 肯
八日

湖帆老兄道鑒：近日仍寓居石牌校

本部學習，故亡妣奉猫悼亡詞，摯情

悱惻，環誦再三，不覺淚下，貧賤夫妻

各个環境每多相同，而持家應有相似

部分，不啻為本寫照也。伯郊近未見來，

是否路過中南，留有任務，以至遲遲。物

到再寄以

閱，匆復，即頌

著祺

弟祚[illegible]

七月廿二

湖颿吾兄足下晚間同時奉讀
環章之通并陽明居士卷首蒼逸之極將來裝
成可稱雙美拜嘉之蘇盦玉章百讀愈覺永
雋之天壤間瑰寶之一藴武慢詞若能寫
賜與印合為一帙可稱快事　先師故物悵不忍問
沈碑存亡無從蹤跡常如
兄言祗能雲煙過眼視之耳　舊藏女俑二字玉
印或尚在四川此路上海市歷史博物館問我後

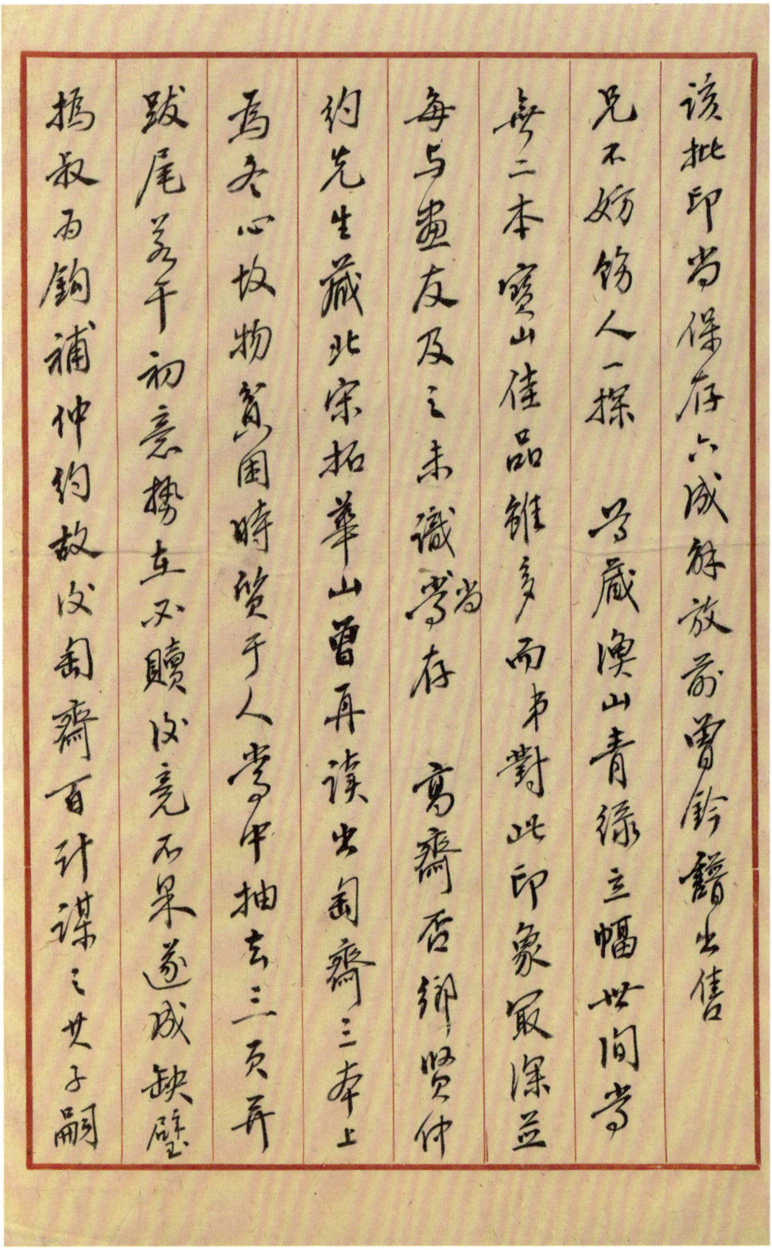

該批印尚保存，六成解放前曾鈐譜出售，
兄不妨飭人一探。弟藏漁山青綠立幅，世間常
無二本，實山佳品雖多，而弟對此印象最深，並
每與畫友及之，未識尚存高齋否？鄉賢仲
約先生藏北宋拓華山，曾再讀出匋齋三本上，
為其心愛物，貧困時質于人，當中抽去三頁，再
跋尾若干，初意擬在不贖，後竟不果，遂成缺璧，
撝叔為鉤補，仲約故後，匋齋百計謀之，其子嗣

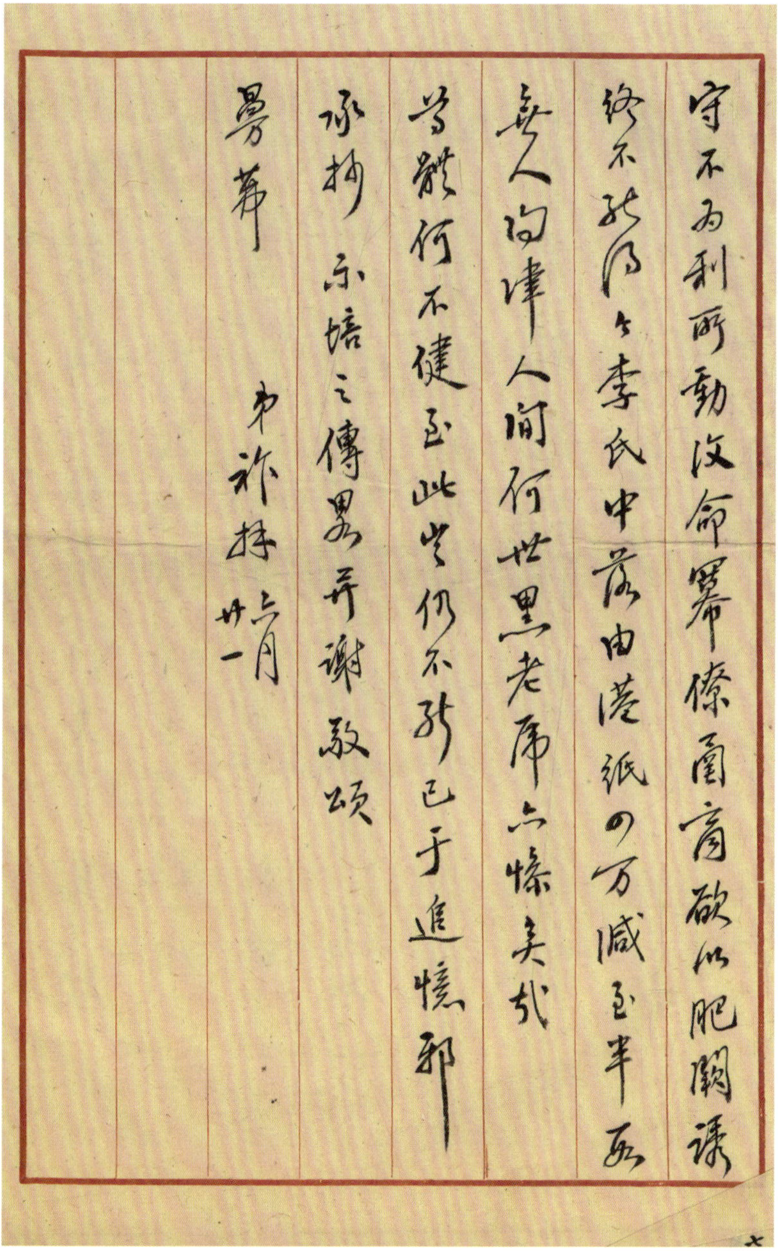

守不為利所動汝命幕僚圍商欲以肥關課
終不能得今李氏中落由港紙四万減至半數
無人問津人間何世思之老淚亦滌矣哉
尊體何不健至此豈仍不能已于追憶耶
承拊　示培之傳畧并謝　敬頌
暑祺
弟祚琛　六月廿一

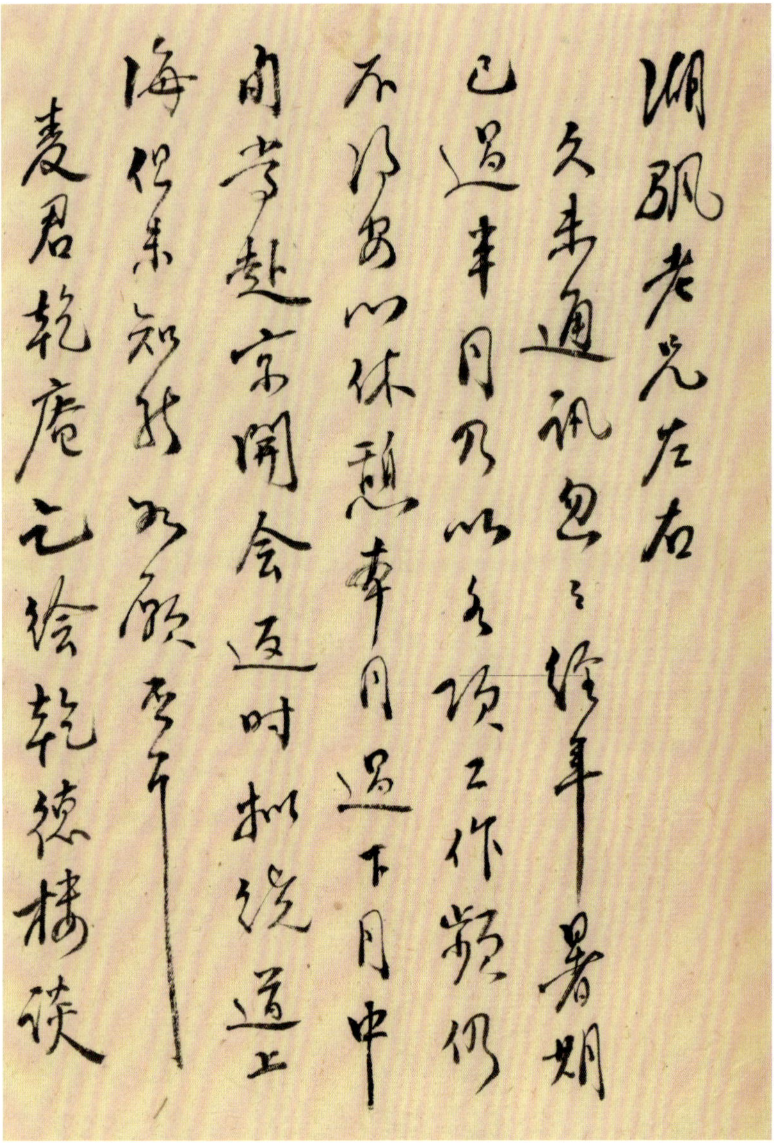

湖帆老兄左右

久未通讯，思思经年。暑期已过半月，乃以手头工作颇仍，不得安以休憩。本月过下月中有当赴京开会，返时拟从道上海，俾来知我。顺颂 [illegible]

麦君乾庵已绘乾德楼谈

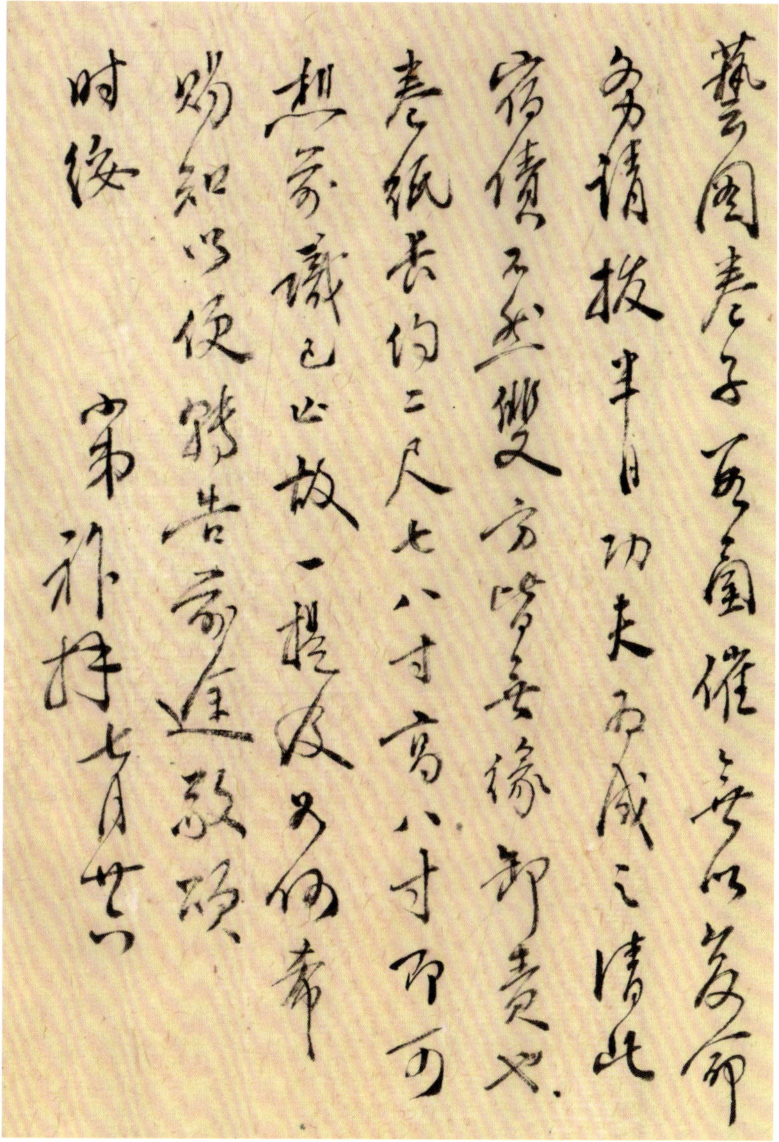
藝圃老弟臺覽 催寫文命
每請拔半日功夫而成之 請此
宿債不然變方皆無緣郎責也
壽紙長約二尺七八寸 高八寸即可
想前識已也 故一提及之 何帝
賜知 以便轉告前途 敬頌
時綏
弟祁拜 七月廿八

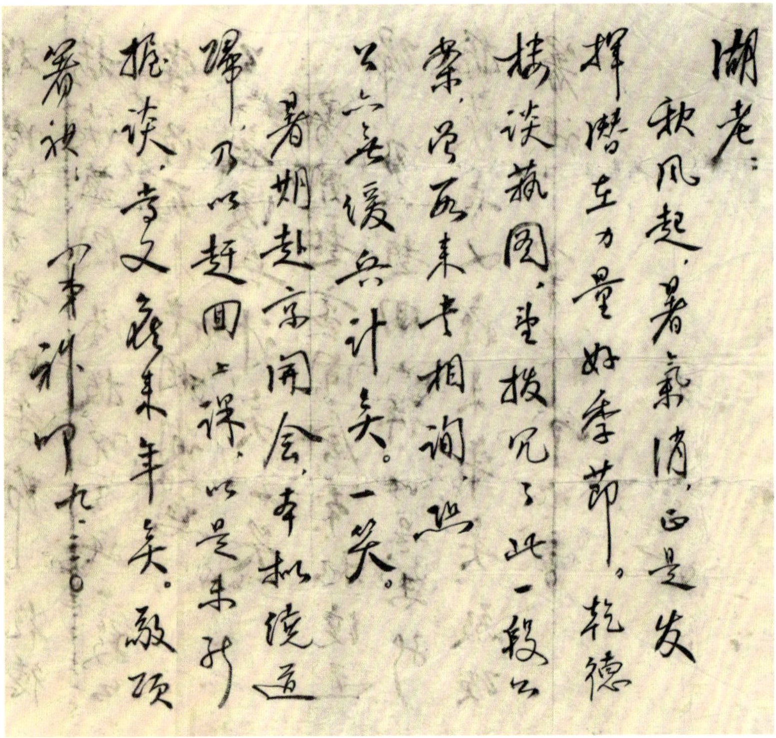

湖老：

秋风起，暑气消，正是发挥潜在力量好季节。乾德楼谈艺图，望拨冗了此一段公案，得再来者相询，只以六字缓兵计矣。一笑。

暑期赴京开会，本拟绕道归，乃以赶回上课，以是未能趋谈，高文须来年矣。敬颂

著祺！

小弟翀叩 九、一三。

湖帆世丈左右：日前匆匆一晤，未獲暢談，極以為悵。日來仍甚忙迫，頓忙將去畫劍子手蓋處所定判語詳細研究一過，伊未如孫侄尚未得之件，及山谷蓋寫兩件判語，仰出有無詳細考所當評語，亦另[illegible]寫小[illegible]詳閱之，使人哭笑不得，其實亦無從寫起見

莫如之什也真之宋人物柔圆原松江
到司馬溫公告身之後而衡山畫
更在千卷以外無地方所限一切不能
如翰六畫如之何物皆畫圆圆起寺皇
即之一千慌曾見吾人手記中之為如
云是温公自後傳攝以再以寿岁
扉葉各一所藏打九四畫竹
上祺

物不和言 史以為什物尊什爲如

蕉祀十畫□□□

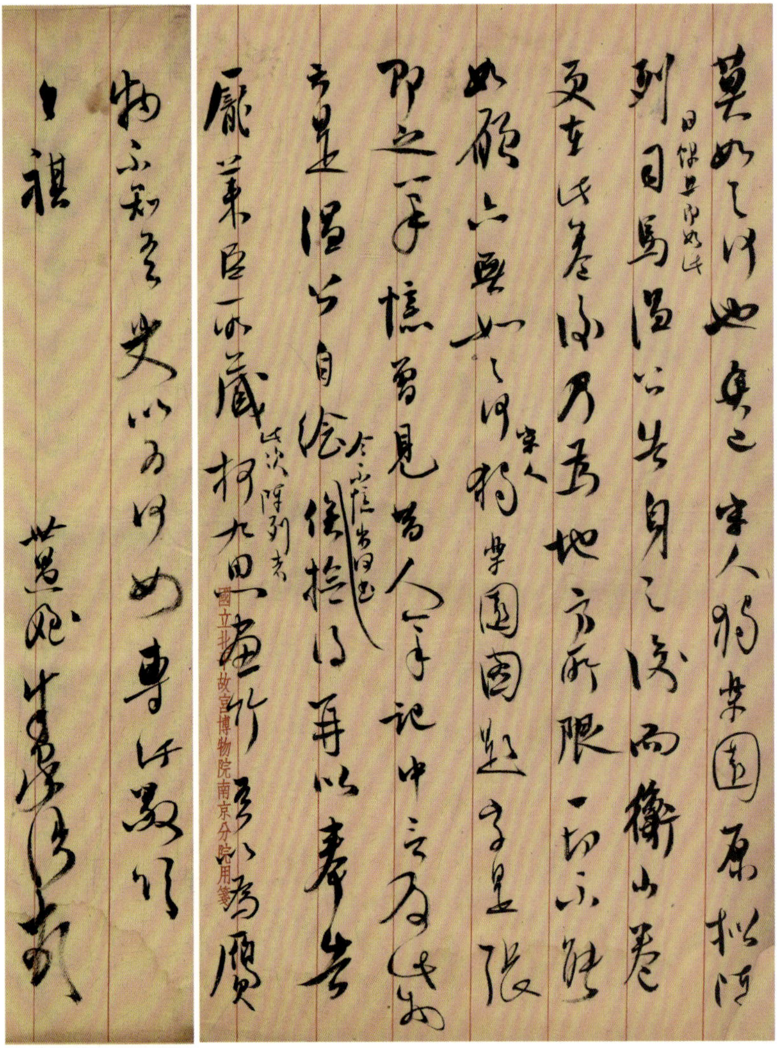

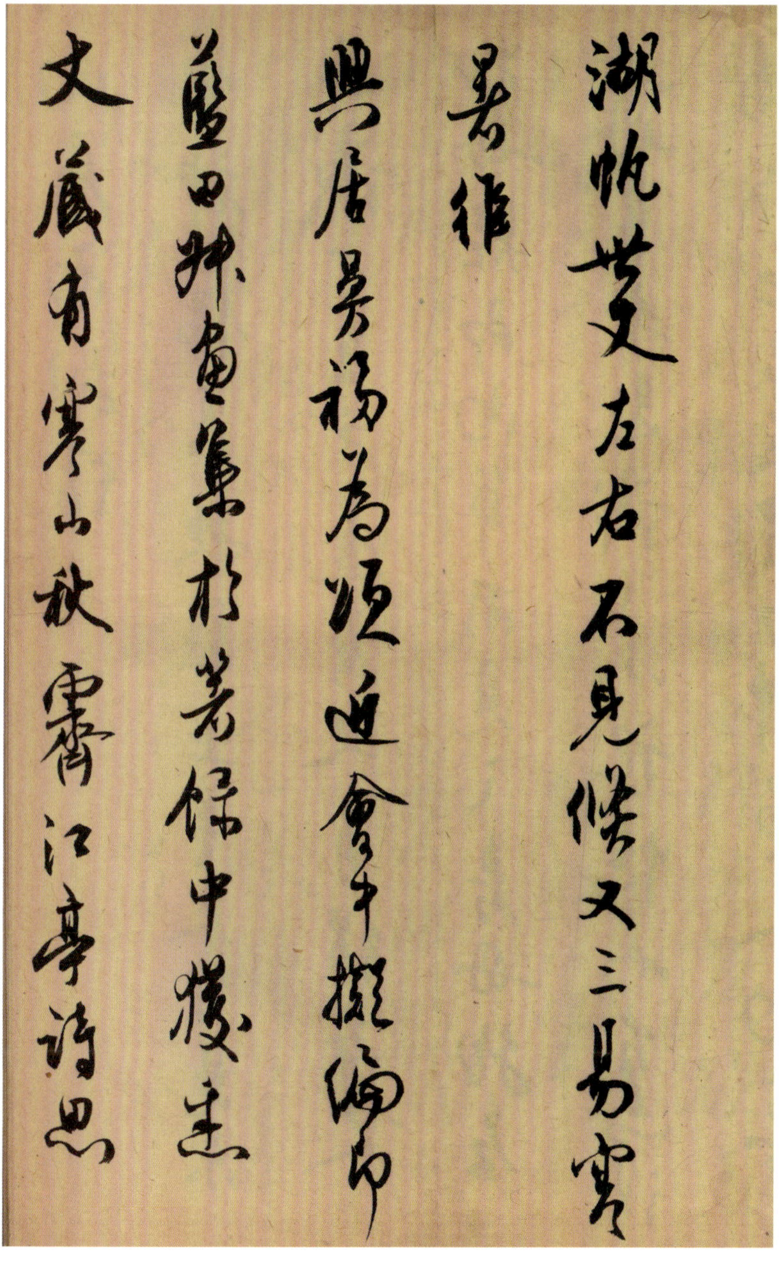
湖帆世丈左右不見倏又三易寒
暑維
興居多福為頌近會擬編印
藝田拜畫集於叢殘中獲來
文藏有寒山秋霽江亭詩思

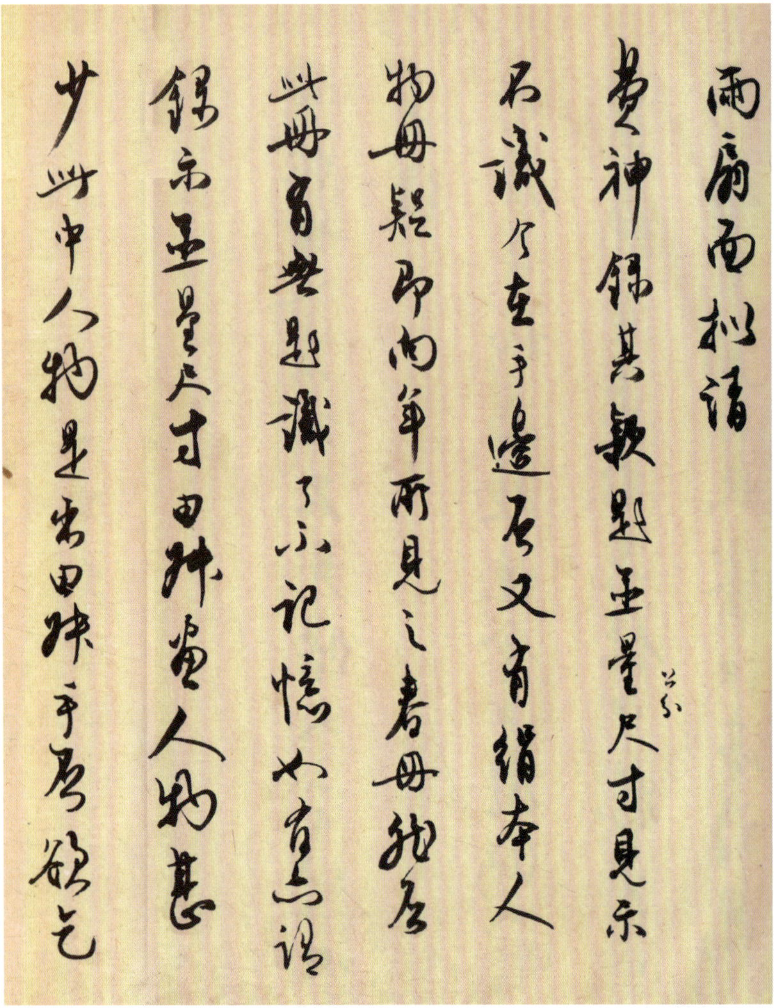
雨扇面拟请
费神録其款題并量尺寸見示
不識今在手邊否又有紹本人
物册題即前年所見之春册頗多
此册曾無題識了不記憶如有題語
録示并量尺寸由珠當人物甚
少此中人物是出田珠手否欲乞

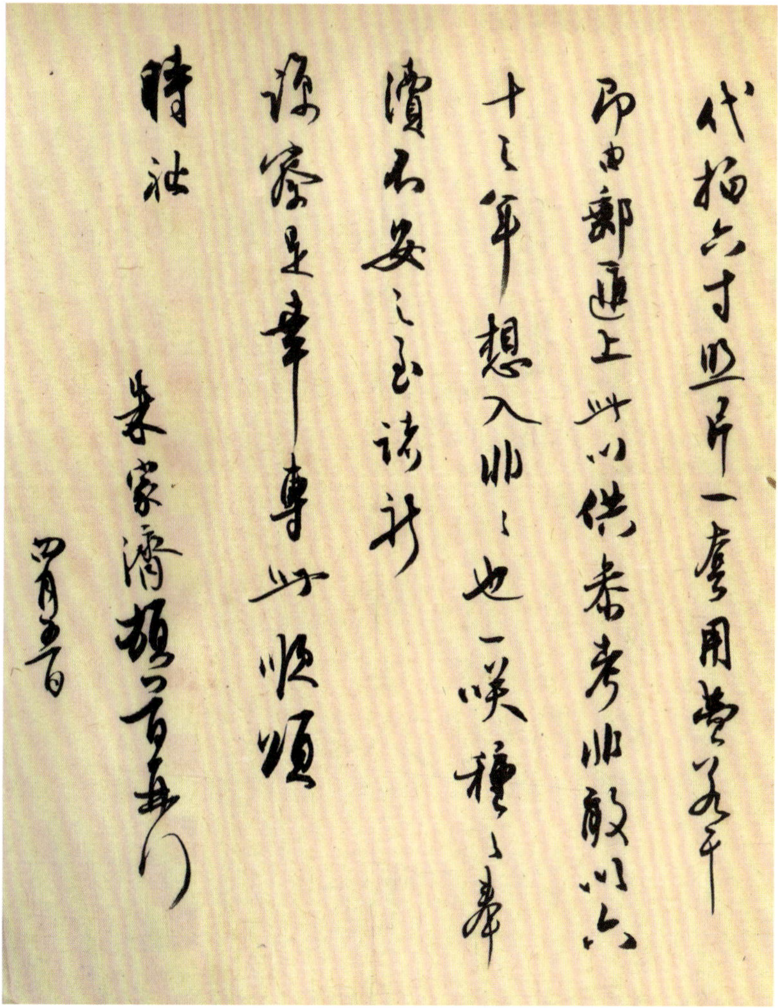
代掮六寸照片一張，用黄子年
即由鄭遞上，此以供奉考北敬以六
十三年想入非非也，一笑。積之奉
瀆，不安之至，請許
鑒察是幸。專此順頌
時祉
朱家濟頓首拜
四月廿日

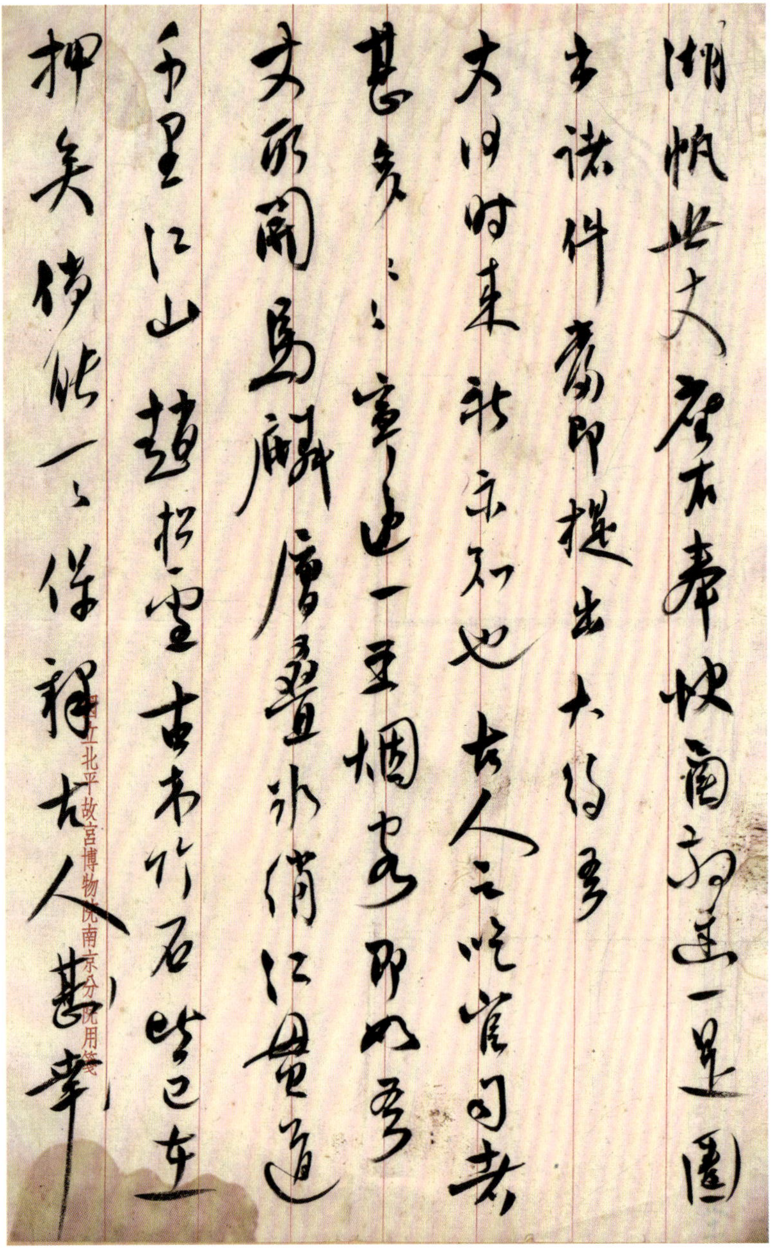

湖帆世丈左右：奉快函，敬悉一是。圖

章諸件，容即提出，大約須

丈旧時來，我亦不知也。古人之怕官司者

甚多多，寶丈進一王烟客，即如是。

丈所聞爲龢廬畫，亦備江南道

千里江山、趙松雪古木竹石皆已在

押矣。倘能一一詳釋，古人甚幸

國立北平故宮博物院南京分院用箋

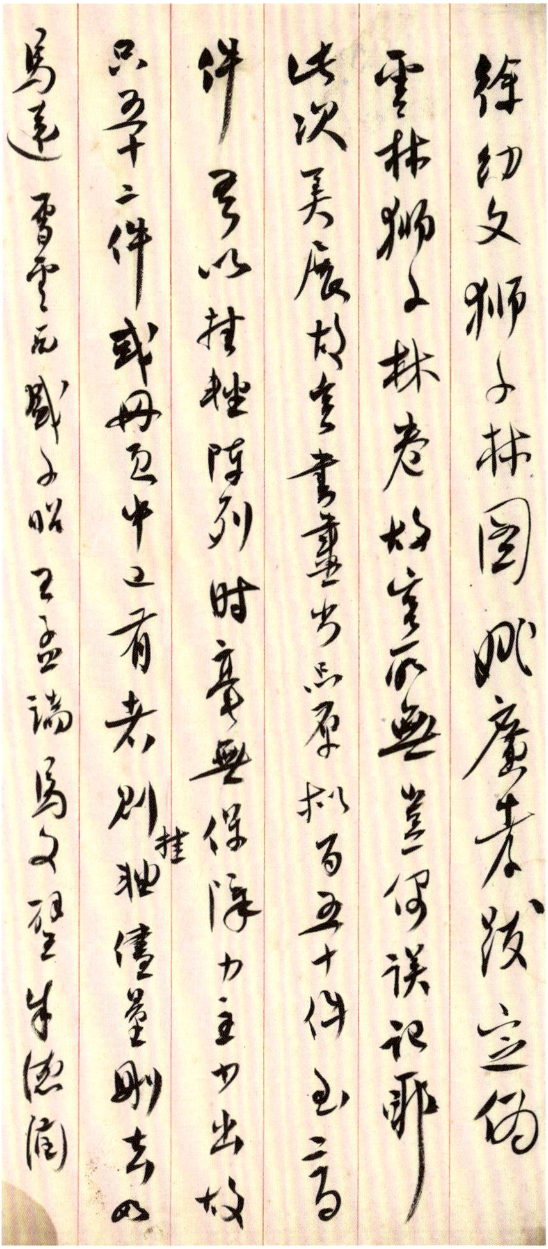
徐幼文獅子林圖既屬贗本，跋亦偽，雲林獅子林卷尤好，寧無誤認耶。此次美展故宮書畫出品原擬為五十件至二百件，後以挂牆陳列時虞無保障，力主少出，故只選十二件，或毋須中止，有者則挂牆儘量刪去，此馬遠、曹雲西、盛子昭、王孟端、馬文璧、朱德潤

黄子久望云图册本为邹重諸屋藏
作老册浮列柜中令即止作长一丈夫四十个
阔仅数寸只外方首秋色此惧乘画册能望
令携展南势而色有霞一段邻邾见旨不见尾
此日事极忱於五述朱以
春祺

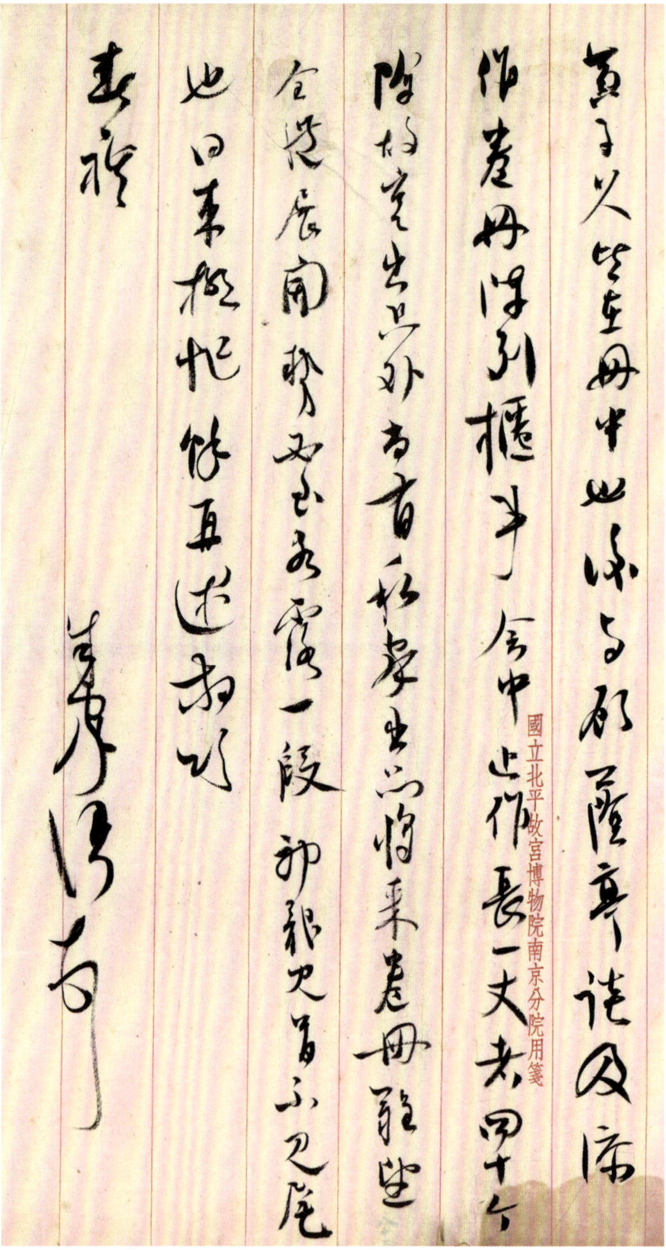

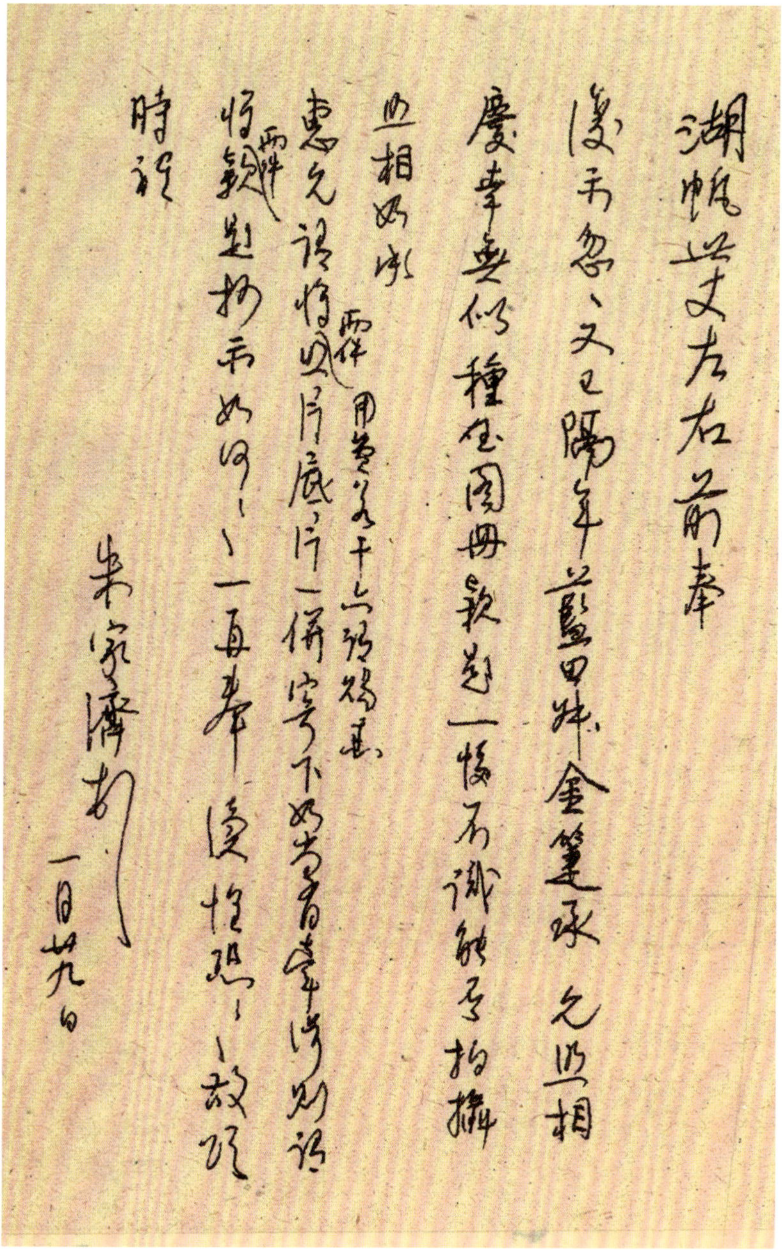
湖帆世丈左右前奉
復示忽忽又已隔年藍田叔金箋冊 允爲相
慶幸無似種種圖冊款題一時不識能否指撥
並相如此
惠允請將兩件冊頁用箋寫若干頁稿甚底頁一併寄下如尚有書付請
將兩件款題擬示如何一一再奉
復惟恐一一敬頌
時祺
朱家濟頓首
一月廿九日

费师洪（1887—1967）

陈邦福（1893—1977）

合众图书馆（顾廷龙，1904—1998）

张次溪（1909—1968）

汪瞻华

石 翁

释堷元

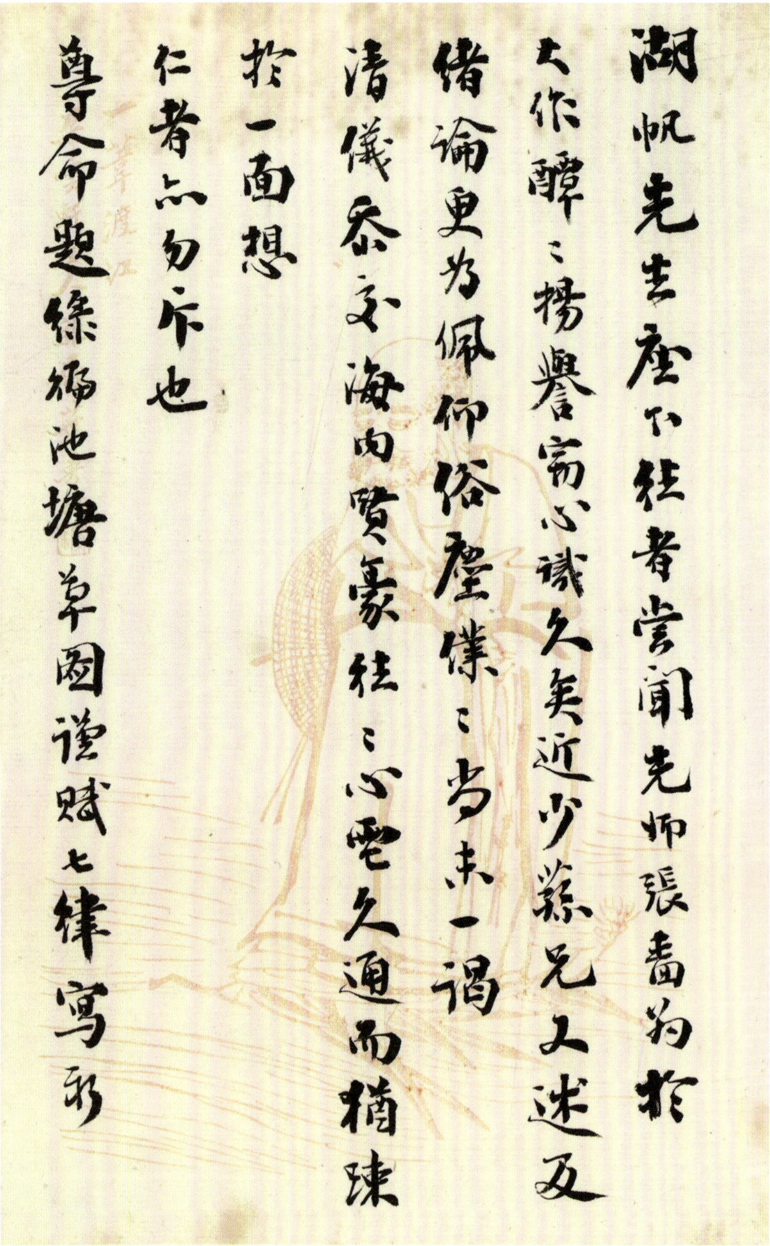

湖帆先生座下往者嘗聞先師張畫為於
大作醇〻揚譽寓心識久矣近少蘇兄又述及
偕論更為佩仰俗塵僕〻尚未一謁
清儀忝交海内賢豪往〻心電久通而猶疎
於一面想
仁者亦勿介也
尊命題綠綺池塘草圖謹賦七律寫彩

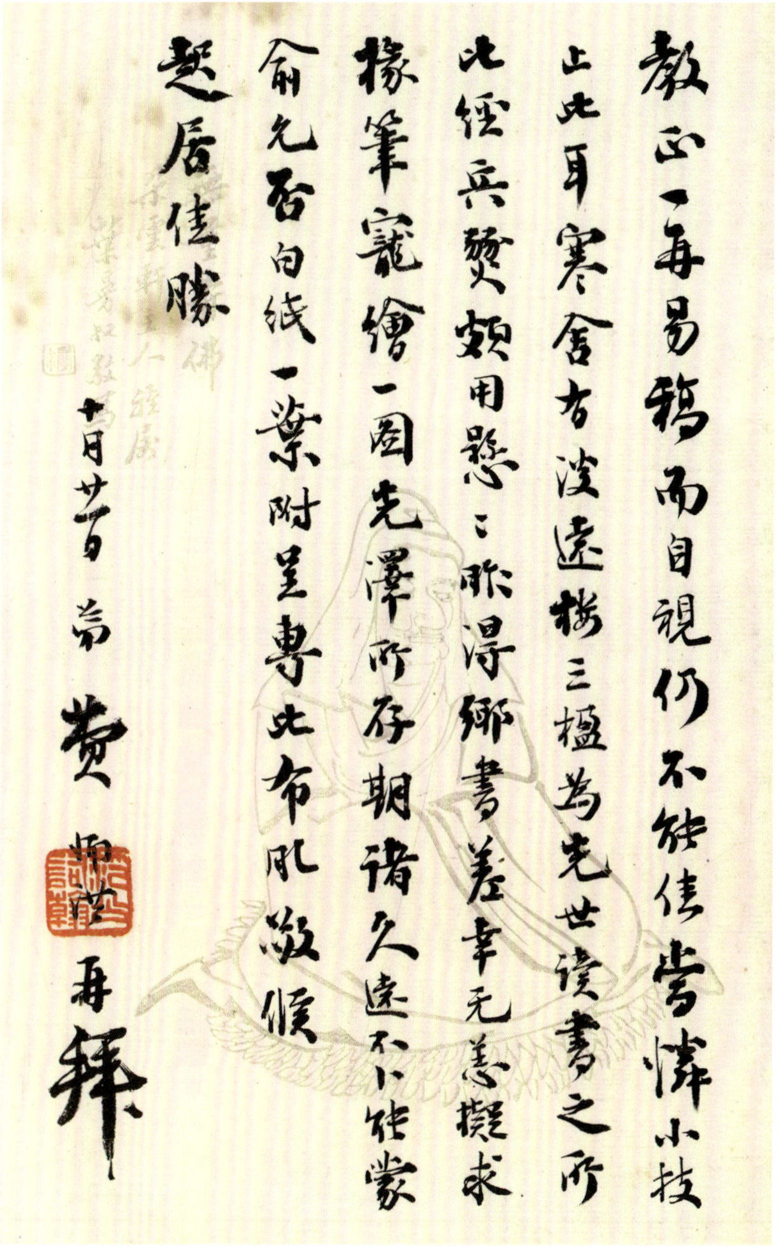
教正。一每易稿而自視仍不能佳，嘗謂小技
止此耳。寒舍古渡遠樓三楹，為先世讀書之所，
比經兵燹，頗用懸懸。耿得鄉書，差幸无恙，擬求
椽筆寵繪一圖，先澤所存，期諸久遠，不卜能蒙
俞允否？白紙一葉附呈，專此布肊，敬候
起居佳勝。
十月廿一日 弟黄师法再拜

湖帆先生道座今春忙於故鄉文獻已印成四
種一為南通金石存真二為所在祠詩冊三為清道光
時狼山圖四為黃跡書經社記而以金石存真最感困難
披荊棘出瓦礫經營數月始得其拓本我
公為東南宗匠書畫鑒藏擬懸至五代纔題貞珉想
尚未入
大雅之目謹檢所印全份奉贈
清評伏祈
哂存是幸舍姪在廈門敬書昨來信欲求

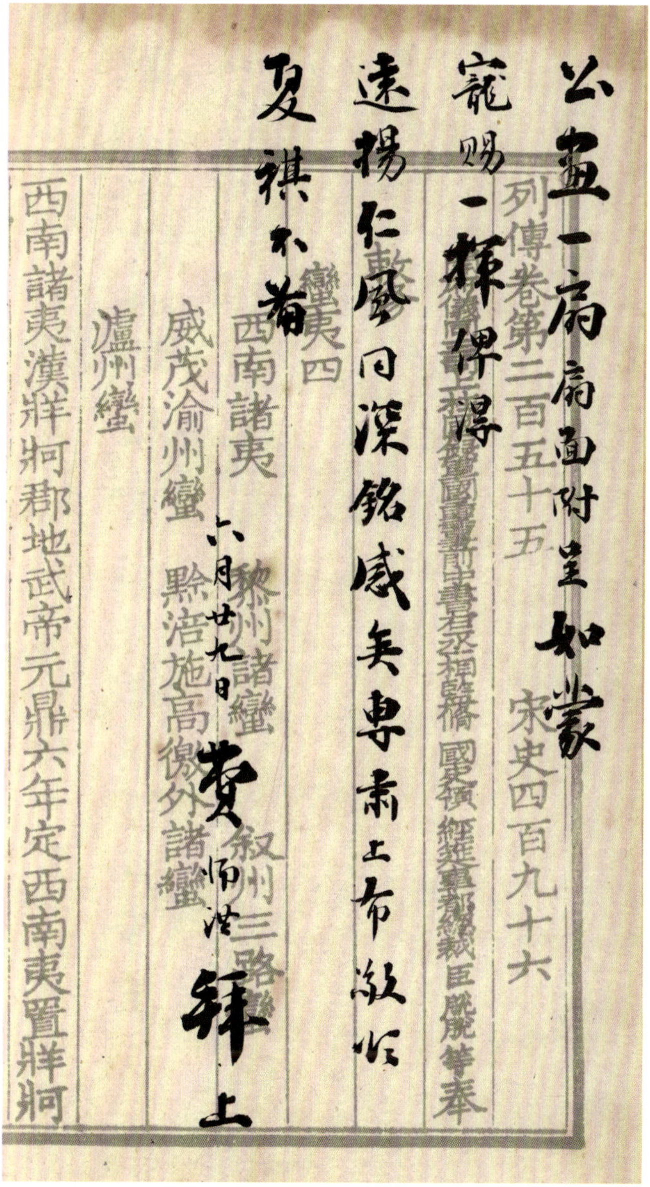

公盦一扇 扇面附呈 如蒙
寵賜一揮俾得
遠揚仁風 同深銘感矣 專肅上布 敬頌
夏祺 不備
六月廿九日 黄师法 拜上
列傳卷第二百五十五 宋史四百九十六
國史領經筵事都總裁臣脫脫等奉
蠻夷四
西南諸夷 黎州諸蠻 叙州三路蠻
威茂渝州蠻 黔涪施高徼外諸蠻
瀘州蠻
西南諸夷漢牂牁郡地武帝元鼎六年定西南夷置牂牁

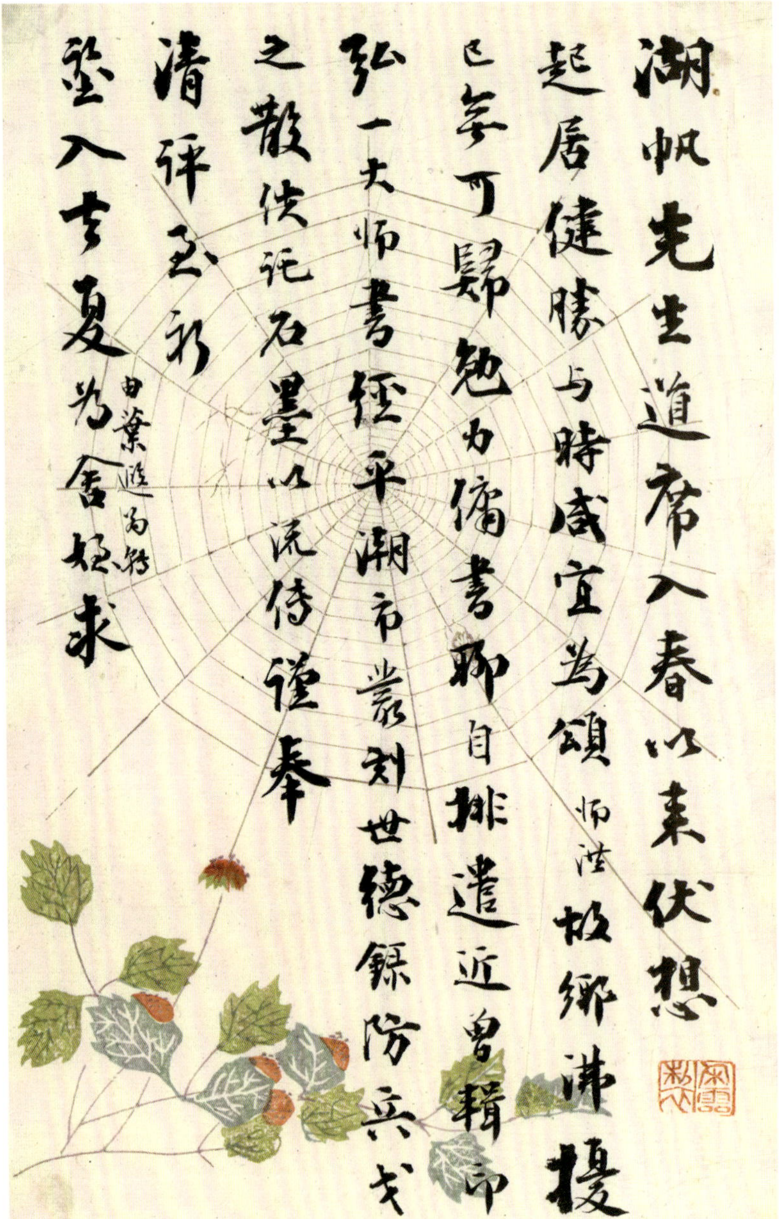

湖帆先生道席入春以來伏想
起居健勝與時咸宜為頌 師法故鄉沸樓
已奚可歸勉力備書聊自排遣近曾精印
弘一大師書經平湖市叢刻世德録防兵戈
之散佚託石墨以流傳謹奉
清評至祈
登入去夏為舍姪求 由葉遊爲轉

繪一扇 單款 曾蒙
惠允未卜刻下染及否无任企禱專肅
上候
撰祺不備
三月廿五 費師洪謹啓

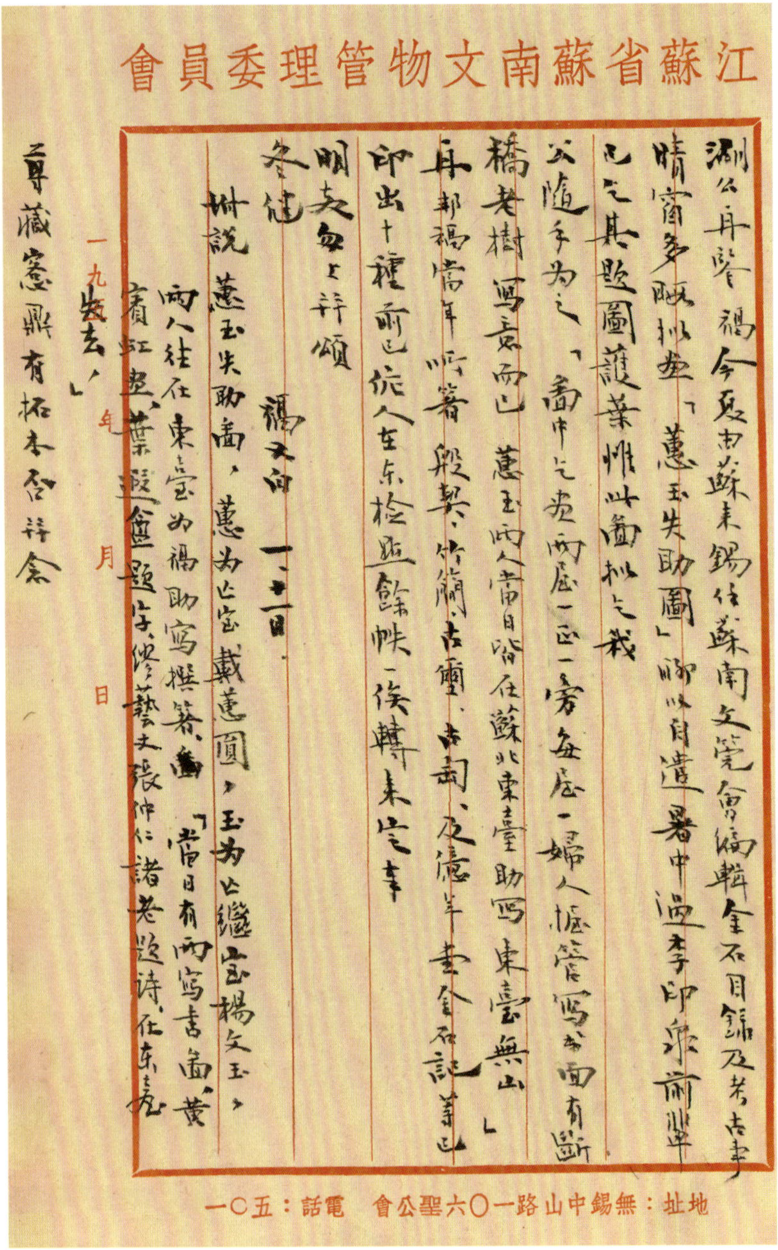

江蘇省蘇南文物管理委員會

湖公吾賢：福今夏由蘇來錫任蘇南文管會編輯金石目錄及考古事

晴窗多暇，擬乞「蕙玉失助圖」，聊以自遣。暑中過李印泉前輩

已乞其題圖，護葉非此，尚擬乞之我

公隨手為之。「畫中之意兩屋一區，一旁每屋一婦人握管寫，前面有斷

橋老樹寫意而已。蕙玉兩人當日皆在蘇北東臺，助寫東臺無山」

再，邦福嘗年所著殷契、竹簡、古璽、古匋、及德平書金石記等已

印出十種，前已託人在京檢點餘帙，俟轉來當奉

明教。匆匆上，祥頌

冬健。

福文白　一、十二日

附說：蕙玉失助畫，「蕙為亡室戴蕙圓，玉為亡繼室楊文玉，

兩人往在東臺為福助寫撰箸，畫「當日有兩寫書畫，黃

賓虹、葉遐盦題字，俟藝文、張仲仁諸老題詩，在東臺

失去」

一九五　年　月　日

尊藏憲鼎有拓本否，祈念。

地址：無錫中山路一〇六聖公會　電話：五〇一

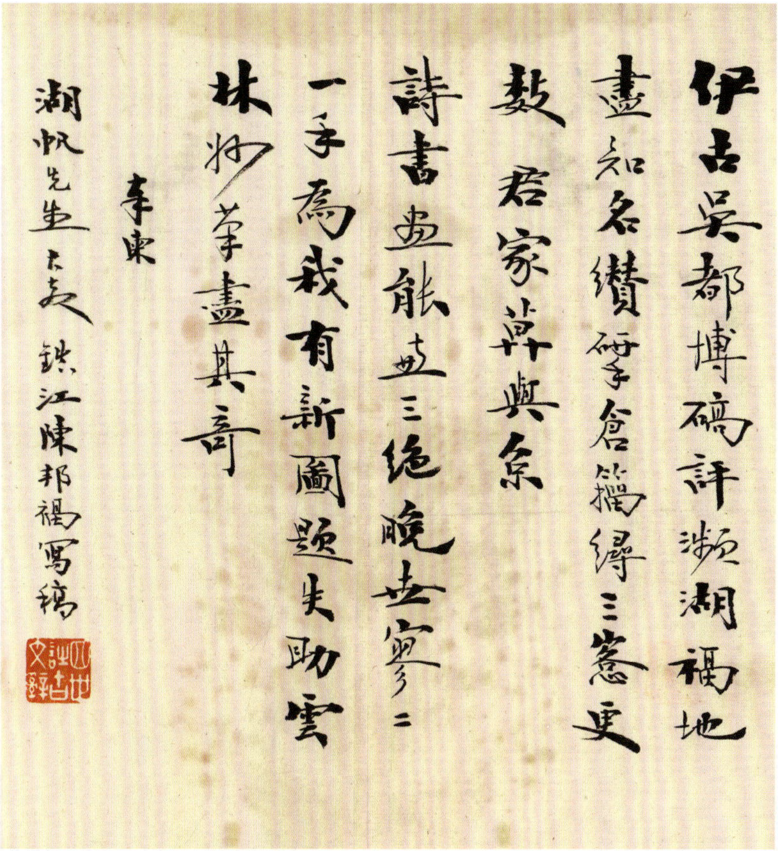

伊古吳都博碼許瀕湖福地
盡知名纘擘倉籀得三窻更
數君家莫與京
詩書畫能畫三絕晚畫寫參二
一手爲我有新圖題失助雲
林妙筆盡其奇
辛東
湖帆先生大家 鎮江陳邦福寫稿

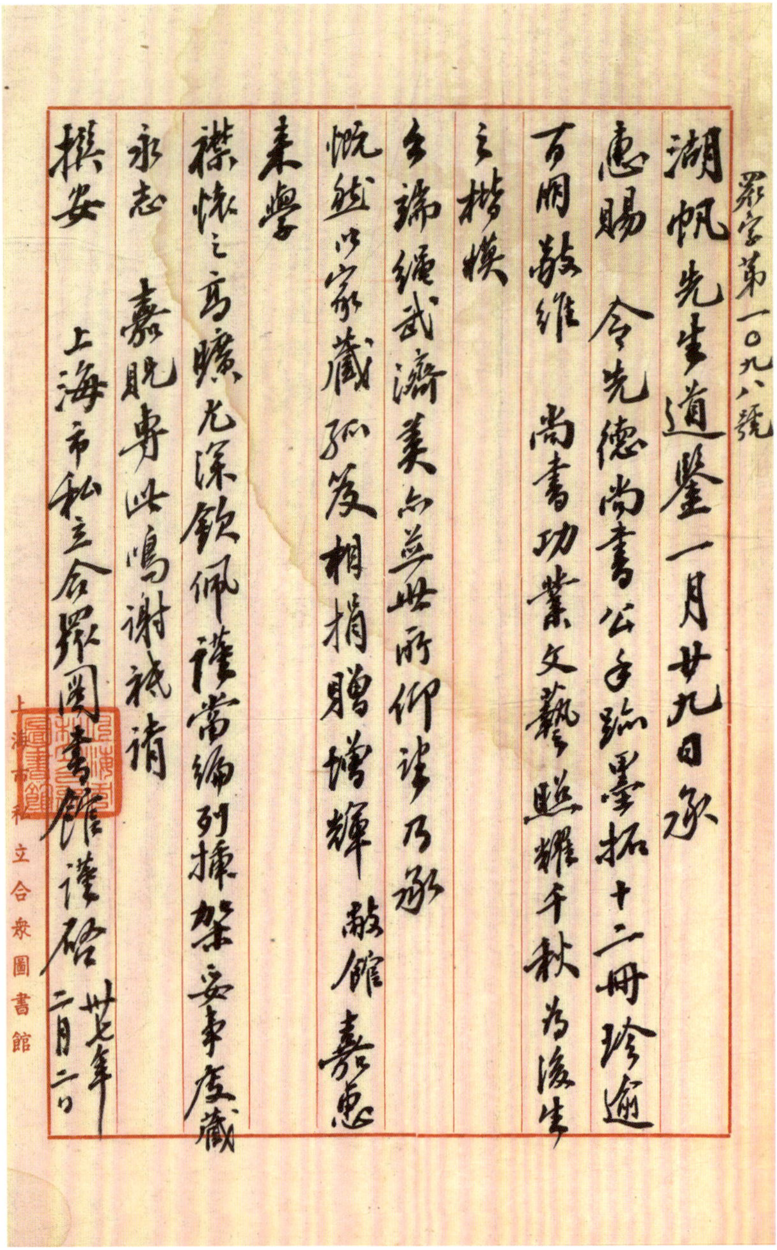

羣字第一〇九八號

湖帆先生道鑒一月廿九日承
惠賜令先德尚書公手蹟墨拓十二冊珍逾
百朋敬維尚書功業文藝照耀千秋為後生
之楷模
文孫繩武濟美亦並世所仰望乃承
慨然以家藏孤本相捐贈增輝敝館嘉惠
來學
襟懷之高曠尤深欽佩謹當編列插架妥爲庋藏
永志嘉貺專此鳴謝祗請
撰安　上海市私立合衆圖書館謹啓　卅七年二月二日

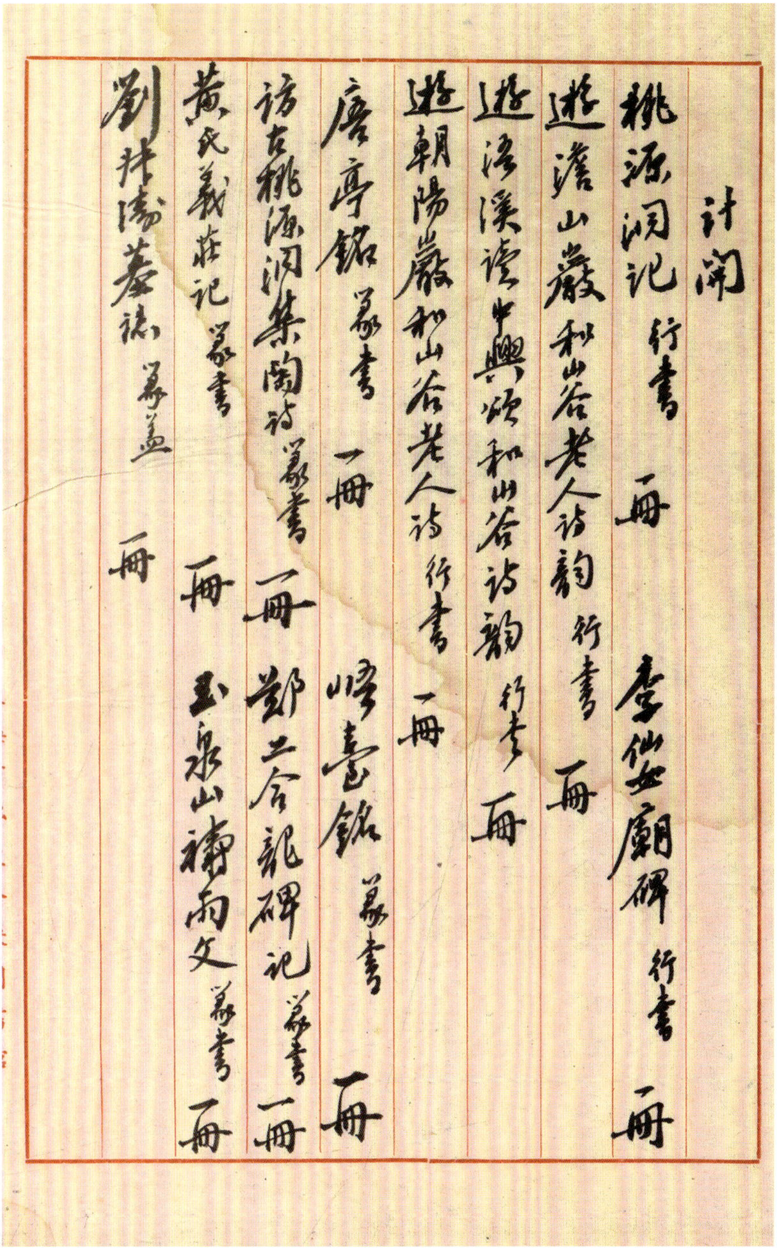

計開

桃源洞記 行書 一冊　李仙女廟碑 行書 一冊

遊潛山巖 和山谷老人詩韻 行書 一冊

遊浯溪讀中興頌和山谷詩韻 行書 一冊

遊朝陽巖和山谷老人詩 行書 一冊

唐亭銘 篆書 一冊　峿臺銘 篆書 一冊

訪古桃源洞集陶詩 篆書 一冊　鄧土令龍碑記 篆書 一冊

黃氏義莊記 篆書 一冊　玉泉山禱雨文 篆書 一冊

劉拜濤墓誌 篆蓋 一冊

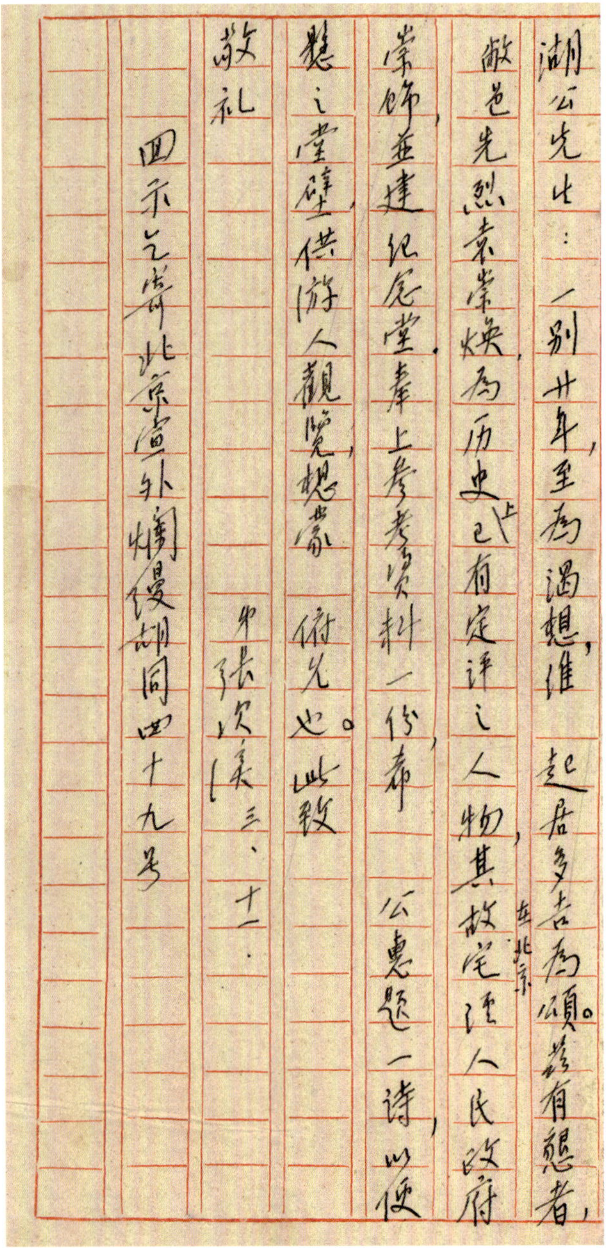
湖公先生：一别卅年，至為渴想，惟
起居多吉為頌。茲有懇者，
敝邑先烈袁崇煥為历史上已有定评之人物，其故宅（在北京）人民政府
崇飾並建纪念堂，奉上參考资料一份，希　公惠題一詩，以便
懸之堂壁，供游人觀覽想像，俯允也。此致
敬礼
弟張次溪　三、十一.
回示乞寄北京宣外爛縵胡同四十九号

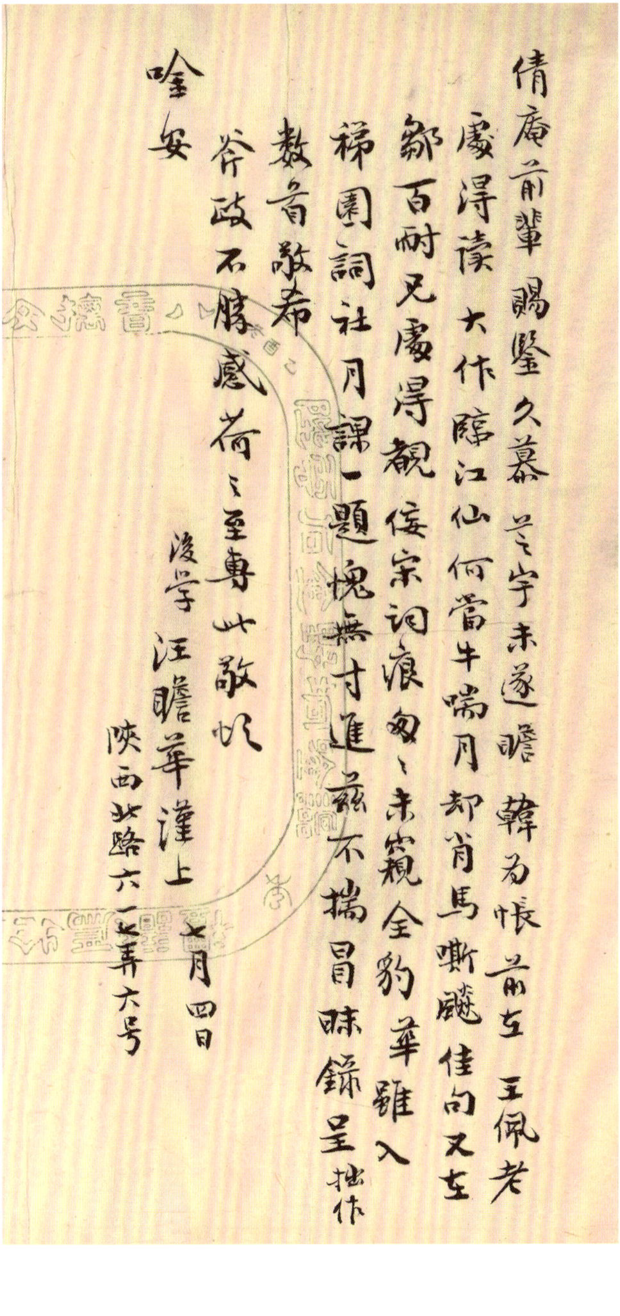
倩庵前輩賜鑒：久慕芝宇，未遂瞻韓爲悵。前在王佩老處得讀大作臨江仙"何當牛喘月，却肖馬嘶飈"佳句，又在鄒百耐兄處得觀佞宋詞痕，匆匆未窺全豹。華雖入稊園詞社，月課一題，愧無寸進，茲不揣冒昧，錄呈拙作數首，敬希斧政，不勝感荷之至。專此，敬頌
吟安
後學汪瞻華謹上 七月四日
陝西北路六一七弄六号

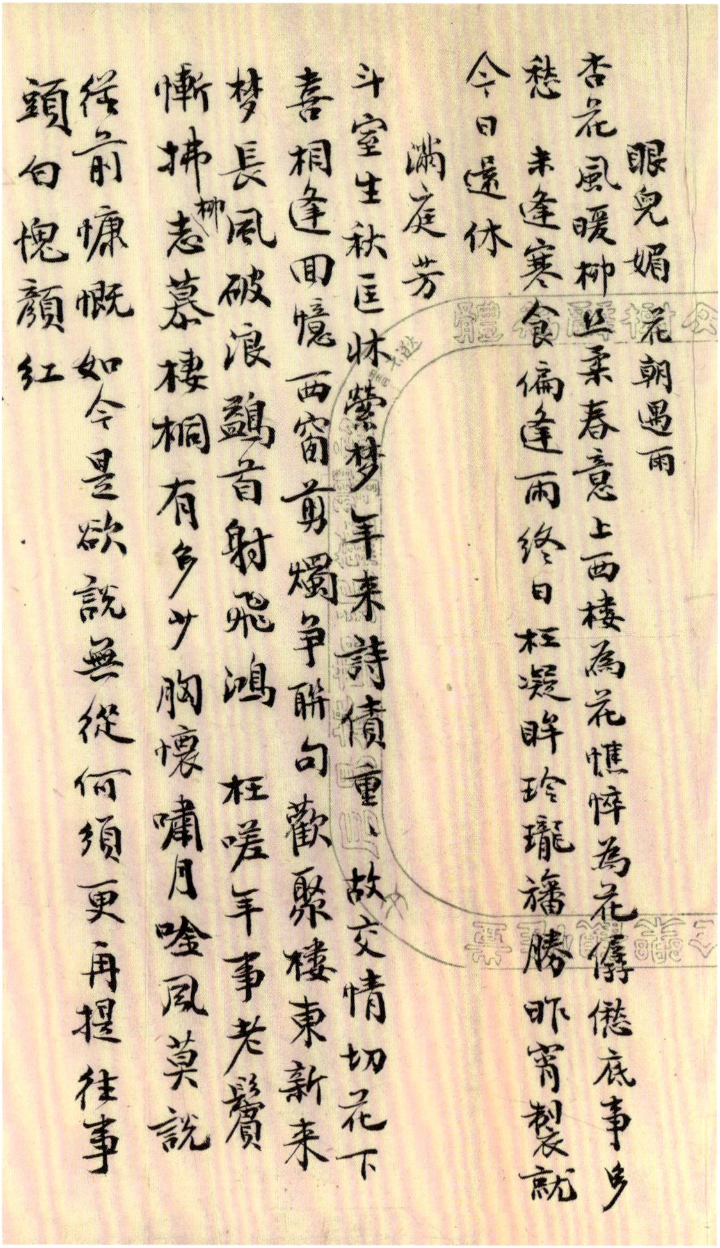
眼兒媚 花朝遇雨
杏花風暖柳絲柔春意上西樓為花憔悴為花惆悵底事多
愁 未逢寒食偏逢雨終日枉凝眸玲瓏旛勝昨宵製就
今日還休
滿庭芳
斗室生秋匡牀縈夢年來詩債重重故交情切花下
喜相逢回憶西窗剪燭爭聯句歡聚樓東新來
夢長風破浪鷁首射飛鴻 枉嗟年事老鬢
慚拂柳志慕樓桐有多少胸懷嘯月唫風莫說
從前慷慨如今是欲說無從何須更再提往事
頭白愧顏紅

寶鼎現　詠煤爐

功同虞竈廚下雄據何分新舊形正小方圓多態腹自空虛顏自厚吞獸炭羨志伴豫讓豪氣如虹色透遠更等待星星吐燄已是晨炊時候鼎鼐調味稱能手羽風動烟散塵走侵鼻孔迷離若霧回首遠須頻拂袖待準備將茶鐺移去更要向窗啓牖最嗔惱烟銷火滅頓使眉峯蹙皺　聽罷飯後鐘聲勤拂拭遠勞箕帚遇嚴冬燈晴宵長佳人伴守便快煖取鷲黃酒緩引聽蓮漏待就寢盥盡薔薇纖指仍留餘垢

湖帆先生大鉴

沪江握别 倏指五载 耗
秋月之维 留意孤芳之面壶
迩巧海客辞枝 爰及长途云
外产急难 康吉速速壮致否
於沪汇时以 先生男为风邈慎
五夏季 互巧暖室以寒密室气
海翁惠高 血屋乡请互闻全

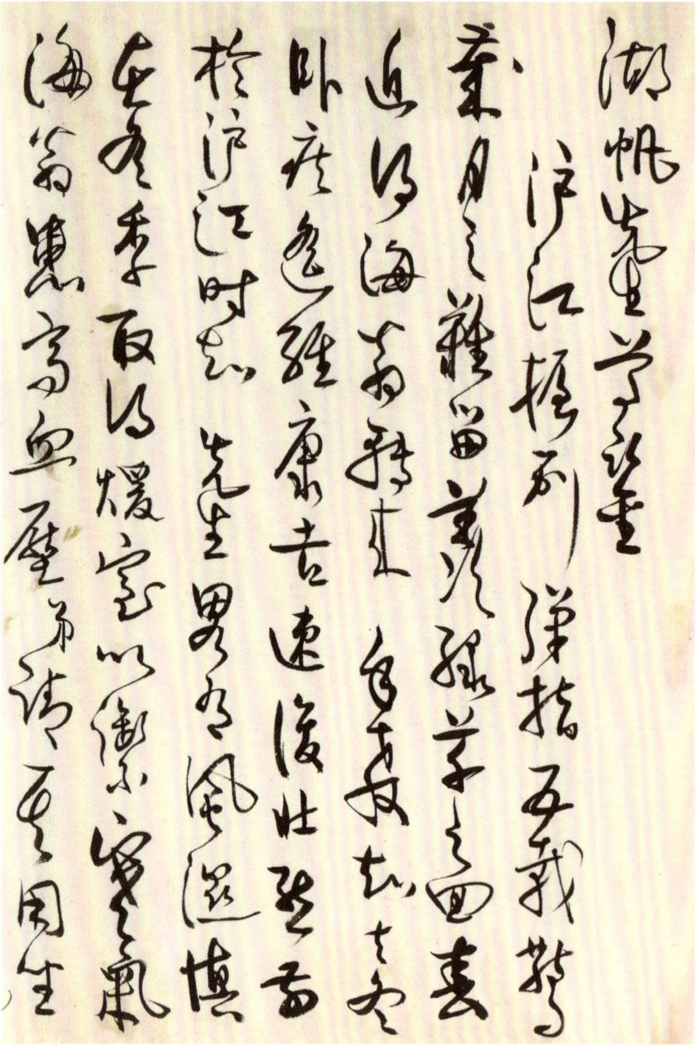

禪僧充復之當略知□□先生凡
溫如尚東金陵之直連探用鬲□
坐石以誻遜甚方也
守柔衍柳如達玉邠古使餞巧曉
偉仇松煙山邠真葦用混純
滿堂煙雲飄忽如南猿抗
任雲古傑華出之遠訊
康健

丙子年八月十二□
弟□□拜復

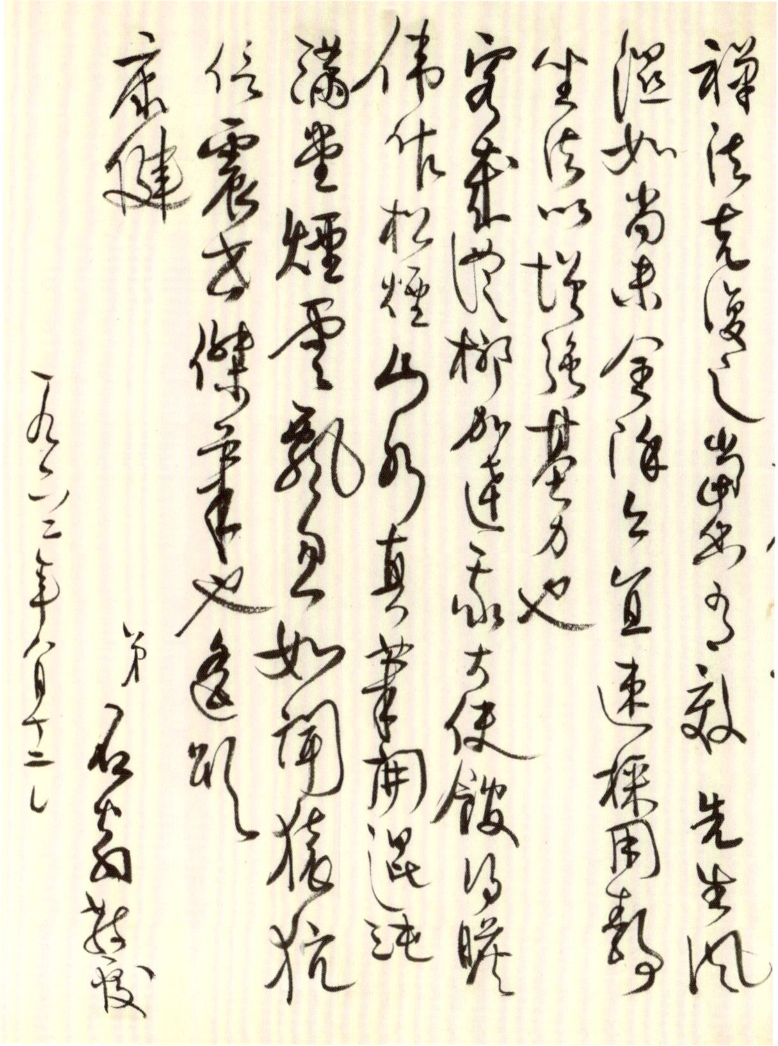

湖帆老居士上人 鈞鑒

偉名久慕，恨一見緣慳，奈何。客歲黃懷覺君來寺云有張先生書楓橋詩交伊勒石，擬存敝剎，旋以事載積帳甫悉其詳，該時理擬親謁叩謝，復因尊地遠阻，未克如願，是以不勝惶悚，尚祈賜予諒解是幸。

前三月廿六日懷覺君攜舟下載碑至寺，衲當即慎於豎存，並邀同黃君扶碑攝影，以誌紀念。嗣又捫碑楷字，無任心頌，慨實陽程公之後迄沿今數十

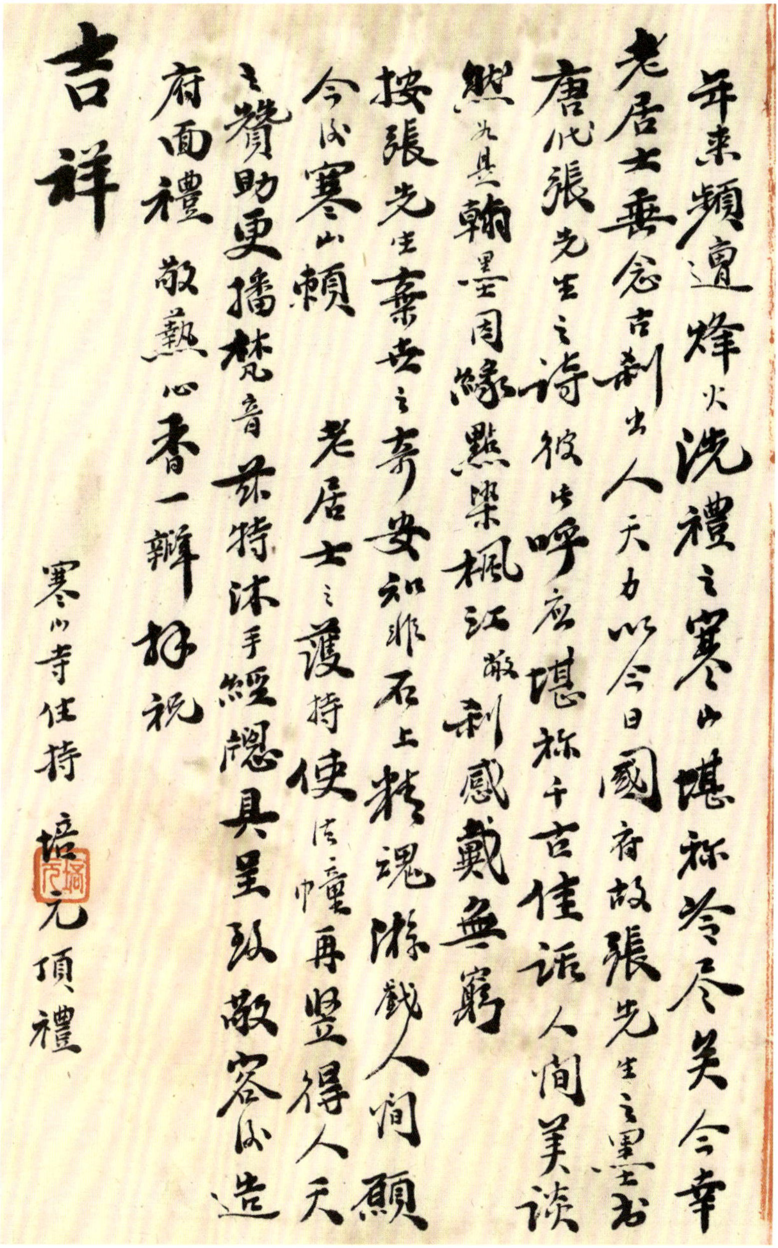

年來頻遭烽火洗禮之寒山堪稱冷落矣今幸
老居士垂念古剎出人天力以今日國府故張先生之墨書
唐代張先生之詩彼此呼應堪稱千古佳話人間美談
然尤具翰墨因緣點染楓江敝剎感戴無窮
按張先生棄世之壽安知非石上精魂游戲人間願
今以寒山賴 老居士之護持使法幢再豎得人天
之贊助更播梵音茲特沐手繕懇具呈致敬容以造
府面禮敬爇心香一瓣拜祝
吉祥
寒山寺住持 培元頂禮

【吴湖帆师友书札】·中册·第四卷

书札释文

○2

湖帆仁兄大人阁下：金颂翁来，交到法绘《侨居图》，百拜以谢。委署各帖遵写奉，惟《董美人志》题为小孙墨汙，不能奉上（俟觅得佳楮再写奉），恐缩无似。兹因颂翁之便，谨奉近刻二种，祈惠政为荷。专此肃谢，敬颂箸绥。　弟玉再拜。

新莽爵符闻为尊处所藏，此奇品也，若蒙赐墨本，至感至感。又启。

○3

湖帆仁兄箸席：丙寅夏申江拜教，匆匆十余矣。此十余年中，时艰道阻，朋旧多疏。每南中来者，辄就询从者沪隐如故，履道贞吉，至慰至慰。去岁王君翁归来，言南中兵事，滂喜旧藏幸无恙。《梁永阳王》及《敬太妃》两志，想公携之行箧，弟从前请公以写真玻璃版精印，今不得不更申前请，想能鉴其诚而许之也。作此书时，适友人在坐，谓『今日何日，乃以此为急务』，弟对以『正惟在今日，不为此事而谁为乎』，公闻之当笑且慨也。叔孺先生近常见否，（其沪寓在何许，能示之最感。）念之殊甚，祈为弟致意，拜恳拜恳。专此奉申，即颂暑绥，惟加餐珍重，不尽缕缕。　弟振玉再拜。

以不知公沪上寓址，故托君翁转致，若荷赐书，请寄旅顺扶桑町三番敝寓舍。并附陈。　滂喜藏金前闻有鸠资拓墨之说，此亦当今不可再缓之事，不知能副艺林之望否乎。又及。

○4 / ○5

湖帆仁兄执事：前奉惠书，知有尊夫人之丧。读来函，敬悉尊夫人懿行清才，比踪仲姬端容，造物不仁，不与遐寿，无怪悲悼之情逾于常格。承属题件，理合早日报命，惟频年以来，头晕心悸，迩日弥甚，致稽迟于今，抱歉无似。容稍俟略健，即当命笔，以塞悲怀。昨又奉到画集、词集，盥漱庄读，秀气灵襟，几夺五季、两宋诸贤之席，尤为钦挹。承询宝沈堪宫保及陈仁先侍郎住址，宝住新京兴运路九号，陈寓兴运路三江会馆。惟宝公近患类中风，现甫离病榻，右手仍未能作书。陈尚无恙，若属题件，当为转求也。太夫人近已安健否，尊体可否复常，远念殊切。尚祈加餐珍重，无任颂私。君九移居旧都，此间同好益孤，想常通尺素也。先此拜复，即请侍安，维照不赐。　弟罗振玉再拜。　十月廿六日。

○6 / ○7

湖帆仁兄大人执事：违教以来，再更岁律，云树之思，与时俱积，维起居安隐，定慰远怀。尊藏唐石宋拓《邕禅师塔铭》去冬始见印本，尔时移居，诸事旁午，致爽题跋之约。顷居辽部署略定，作一跋以奉雅教，祈惠政为荷。卷首尊撰图式考订至精，尚有二三小疏处，笺注奉寄，备再版时之改政何如。此请著安，维照不赐。　弟振玉再拜。

再，附呈辽东新居影片一纸（可作参考用，非必以此作蓝本也）旧纸一枚，拟求大笔作一《辽东僦舍图》，或册或卷均可，费神，至谢。又启。

8 / 10

湖帆表妹婿大人阁下：奉示，敬悉一切。菊老遗著，仲丈在南所刊，经弟校对已成者，为《奇觚庼文集》《寒山志》二种，委弟在京觅匠所刊已成者，为《辛臼簃诗讔》一种，刊至半途者，为《奇觚庼诗集》一种。其诗皆自菊老日记中录出，自壬寅年起，至乙巳年为上卷，均已刻成，自丙辰年以后为下卷，仅刻成数叶，仲丈遭蓉士之丧，钞录中辍，梓人停刊以待者将一年于兹，菊老日记既有遗命汪星台兄可阅，鄙意请吾兄函恳星翁早日赓续仲丈之业，就菊老日记自《香溪好》律诗录起，录就寄弟处，仍交原梓人文奎斋继续刊刻，以竟其功。前闻仲午丈言，卷下篇帙与卷上相仿，则所余未刊之诗亦不过数十页，务乞星兄早日为之一录，以慰菊老、仲丈于泉下，其刻赀则以前所刻者皆已电仲丈付过价值，未刊者辛揆如肯任固妙，否则由弟担任募集，无庸累及他人也。惟菊老壬寅以前之诗亦尚不少，则当从他处搜集，式之同年云可另刊，名曰『奇觚庼诗前集』，或另易一名，但此事尚可稍缓，现在所急待刊完者即《奇觚诗集》之下卷也。星台兄弟久仰其名，但未识面，且不知其住处，敢乞吾兄将此书之意详为转达，并将其住处示知，弟拟与之通信也。雪公书题眉已与说过，渠颇喜人刻书，欣然乐从也。专此，敬请台安。内表兄烈顿首。　七月三日。

再，菊老著作已刊者仅《语石》《藏书纪事诗》，外间流传尚多，至《奇觚庼文集》《寒山志》则甚少，《辛臼簃诗讔》则弟亦无之。能否劝辛揆筹款各印数十部发售，该款收回，再以印书，如此则流传日广，不致亡佚也。

11

湖帆表妹丈大人阁下：初五日奉手教，敬悉，当即转致叔翁。窸鼎在京端仲纲手，客腊仲纲度岁拮据，托津友求售，现在未知已售出否，兹托叔翁到京访之矣。兹有复仲丈信一封，饬送为叩，又有划付笛师徐庆绶洋三十元，乞代垫，随信饬送，其款即托舍弟文周奉赵也。附致文周信一封，亦乞饬送。琐渎，叩叩，即请台安。　内表兄烈叩首。

12

湖帆表妹丈大人有道：海上一别，忽又一年。今正弟赴北京视察，昨日始返大连。叔言来书，期望永阳王、敬太妃二志付写真，玻璃板付印甚切，兹将原函寄奉，乞阅之。古物流传自是海内学者所共望，尚乞早日为之，并求复叔老一信，以慰其意。弟碌碌奔走，毫无成就，有便乞赐数行。专此，敬请道安。　弟烈顿首。　三月廿八号。　敝寓大连市文化台一四八，叔老寓旅顺扶桑町三之七。

13

湖帆表妹丈大人著席：《胥江屏迹图》承允赐绘，感泐万分。兹将《修享堂记》抄呈，并将是坟位置，地点另纸略记方向，乞酌裁绘入。记文已刻石，墨迹为夔一同年所写，尚存，弟将来拟将尊绘图与记文墨迹共装一卷。兹寄上锤宣一纸，其阔与记文墨迹相同，长短则不拘，或此不佳须另换他纸，亦乞照此阔狭是叩。琐事屡渎，无任主臣，敬请著安。　弟烈顿首。　廿七日。

14 / 17

湖帆表妹丈大人：别来忽已一月，敬维兴居安吉、上侍康娱为祝。今日见罗叔蕴参事，谈及先德中丞公遗著事。渠云中丞公学问生平最所钦仰，曾购得初印本《权衡度量实验考》及《读百家姓印谱》手稿，二书在日本即经重刊，各检一部交兄属为寄赠执事。又云中丞公有铜器数件，后入端忠慜处，大约即存尊祠中时被人窃出者，现在端氏之物已在京出售，中有窓鼎一件，即中丞公以之名斋者，吾兄似应购回为宜。索价六百元，大约尚可稍减，属为奉闻，渠意甚不愿其流入外人之手也。又《度量权衡实验考》渠所重刊者只有尺之类十、权之类十（目录共三卷，书只二卷）尚有量之类九未见刊本，未知兄处尚存其手稿否？倘有之，渠愿借刊以成全书，或吾兄自刊末卷，则渠可将在东所刊前二卷板片相赠也。又，渠拟借拓尊处金石拓本全分一部，式之同年亦有此意，能否合数人同拓之以广流传？叔蕴搜罗极富，鉴别极精，而近来得字画古物，探知其后人能保守，往往举以相赠，其高义甚可钦佩，如三松老人画像赠之季儒，先承天公遗像以赠于弟，皆是也。渠闻吾兄楹书克守，深以为喜，故嘱为转达。即请台安。　弟烈顿首。　书二册另行封寄，致文周信乞饬送。

18

湖帆表妹丈礼次：前题《绿遍池塘草图卷》，方寄俚诗，以慰黄门之戚。久未奉书，正深驰念，突接大讣，知太夫人又赋游仙。吾兄纯孝性成，遭此剧变，哀毁自不待言，惟念毁不灭性，古有明训，伏乞节哀顺礼，以保玉体，是所切祷。兹撰联语云：教子克成名，祖砚尚存，淹博才华兼内外；悼亡才改岁，高堂又逝，孝慈姑妇共幽冥。本拟备幛联邮寄，而近来邮局包裹动辄留难，兹呈上浙兴支票八元，即乞代备联幛，藉表生刍之意。专此奉唁，敬请礼安。　弟王季烈顿首。雪堂已作古，渠死前数日来信，犹拳拳于尊藏《敬太妃志》孤本之付印，愿吾兄体其意是盼。

19

湖帆表妹丈大人阁下：军兴以来，音问多阻，维兴居多吉，定如私祝。顷见章式之同年，云闻鹤龄言仲丈有不测之说，未知确否。菊丈遗稿诗集方刻一半，去冬仲丈来信，云秋后多病，不能缮录，须俟来春再写云云。如传闻之说果确，则弟拟担钞录，以竟仲丈未竟之志，而亦以慰菊丈之灵。但仲丈嗣曾孙年幼，又少丁男，所有菊丈遗笔诚恐无人保管，此事务乞吾兄妥为收管，勿令散失片纸只字，至叩至叩。专此，即请台安。　弟王季烈顿首。　正月廿五日。

菊丈遗稿诗集以外，可刻而未刻者谅必尚多，所有刊刻之费将来弟当商之刘翰怡京卿，度必肯担任。现在所最要者，手稿勿令散失，此事非君莫属，务乞尽力为之。又叩。

20

湖帆表妹丈大鉴：正深驰念，忽奉赐书，欣慰奚如。弟老境渐臻，惮于出门，久思赴申一晤旧雨而辄中止，怅何如之。先叔卿月先生打油诗前曾见示一册，在津门屡屡移居，遂失之，苏州舍间觅之亦不可得。身后仅遗一子，有盘龙之癖，落拓万分，三年前弟为之说项，入虎丘普济堂，不意未及一年，窃同舍之被褥而逃遁，弟为赔偿而始已。今则不复见面，不知流落何方，年正周甲矣。专复，即请道安。弟王季烈顿首。

六月五日。

21

湖帆表姊丈吟席：月前奉复一椷，计早鉴及。春间与社友靳君仲云、孙君正刚讨论四声体，曾详陈鄙见，并以倚声日趋没落，颇拟提倡白话化，因将两复函付誊印，作前印《考证》附录，前印本误失处择要补『刊误』一节，曩承见示《花发沁园春》句法，亦录入，余为篇幅所限，如有改版机会，再事采录。随呈《附录》一份，乞教正，并《效涓人市骏骨试作白话体》词二首，祈正拍。顺颂潭绥。　弟王季点敬上。

六月八号。

22

倩庵表姊丈吟席：多时未通讯，甚念。日前颖人兄转到承赐大著《词痕》，至纫，感谢。展诵之余，清辞丽句，琳琅满目，颉颃周、姜，无愧『佞宋』雅称，曷胜钦佩。读表姊遗稿，益征当年倡随乐事，松雪、仲姬，不得专美于前代。弟客秋检知患高血压症，遵医嘱废吟咏逾半载矣。匆此布谢，敬颂台绥。　弟王季点敬上。　六月十三日。

23

便坐雅谈逾十刻之久，广益至多，感佩感佩。便面求赐书，正得一好扇股，足以相称也。两纸涂鸦，如系衒卖，亦价格悉从公定。另数纸备会场黏贴，否则望敬惜字纸。耑上湖帆世道兄，慕兄同此。　十六日。　钰顿首。

24

湖帆仁兄世丈大人阁下：前奉手书，因忘却沪上住址，是以久未作复，非敢忘也。近维兴居佳畅、合第凝祥为颂，弟平居故园，苦无好怀，惟以书画自遣，亦无憀之极思也。前承允赐画宋藏经笺小直幅，以为世宝，谅已画就，兹有琉璃厂粹源阁主人梁孟谦赴上海，请吾兄将该画交其带平，不致有误。风便，尚祈赐我数行，以纾怀想。手颤不克多写，希恕之，即颂台祺。　世小弟袁励准顿首。

25

拙词写上。承许绘《苍虬阁图》，感幸无似。惟不敢迫促，不必定年内也。敬颂湖帆仁兄大人著祉。　弟期曾寿顿首。十七日。

26

湖帆先生道鉴：前因森老约同作江宁游，致失宠召，至为歉仄。归后奉手示，敬悉，因患腹疾卧床，未能执笔，迟答尤歉。沈女士事兹写一函请转交，俾其面谒兼士为感。芙蓉能除，乃极快之事，敢先奉贺，余容再佈。特此，敬颂道安。世小弟侗敬上。　十一月初五。

○27

湖帆吾兄先生鉴：迳复者，弟于十一日赴南京，前日始归，路上感冒，暂住客栈。尊件尚在褚公馆，未及携回，歉歉。一俟痊可，即去取出。迟迟，谅之为荷。此上节安。　社弟侗顿首。　九月廿三日。

○30

湖帆先生道席：久疏函候，渴思殊深，近维起居康胜，凡百吉羊，为无量颂。兹有敝友吴敬群君，素慕大作，今倩人往求，特为介绍，恳赐以杰作，是所至幸。弟屡有赴沪之意，终未成行，不胜惆怅。数年不晤，想更有佳制，几时得以拜观，为一大快事也。匆上，不尽欲言。敬颂文安。　弟溥雪斋顿首再拜。　八月廿七。

○31

湖帆先生赐鉴：前奉大札，所求法画便面不日即可掷下，至今尚未接到，不审有无差误。前途催询甚急，祈覆示，至盼至盼。草草，敬颂道安。　弟雪斋顿首。　十二月七日。

○32 / ○33

湖帆先生史席：四年前春申聚首，获接清言，江湖听雨之乐，至今时形寤寐，近想兴居万福，为无量颂。顷从坊间得影印董册，原本为邺架庋藏，跋语考证精详，逸兴遐举，至为钦服，其画墨气淋漓，笔情幽邃，在董画中允推杰构。仆尝论董画赋色明冶者多出赵左、沈士充辈捉刀，而真龙翻无识者，此本之入箧衍，足证法眼过人矣。偶得佳楮少许，遂以效颦，临成两幅，虽不敢自诩有合古人。而少陵所谓得失寸心知，亦正不无相视而笑处也。即以寄上，祈为我一印证之。风云如晦，千里怀人，聊附寸笺以代晤语，不足为外人道也。专此，即颂道安。　溥伒顿首再拜。　七月十三日。

又，有族人启元白，亦作山人，临董颇得神韵，便中当索其一二幅寄求鉴正也。又及。

○34 / ○35

湖帆先生赐鉴：手书敬悉。敬启者，敝友吴仲坰先生，积学之士，精篆刻，雅好金石，素仰先生所藏金石，屡嘱弟介绍，欲一奉谒，得结古缘，谨专函奉介，吴君亦有所藏，且曾以拓本相赐，洵风雅士也。大札谓中丞公有咏长陵瓦诗，尚望于暇时写赐拜读。弟又有咏瓦及砖诗数首，日内当写呈教。肃此，敬颂箸安。　溥儒谨启。

○36

湖帆道兄大鉴：自违光霁，倏已兼旬，方今薰风扇物，暑气蒸楼，想摄卫胜常，定臻休适。佺等在沪备承教益，兼饫郇厨，拙作展览尤赖鼎力赞助宣扬，缅溯高情，五中铭感，归期匆促，临行未克拜辞，良深歉疚。肃申谢悃，并颂时绥。　溥佺、溥仲拜启。　六月十七日。

37 / 38

湖兄大鉴：奉示，知公已返沪。《酸枣令碑》至今尚无消息，思之怃然。承假之款时在念中，稍缓即行缴还。《蜀先主碑》千乞勿弃。在此获见一旧《馆坛碑》，藏者深自珍秘，为翁宜均物，有张叔未一函作跋，正在谋图之中。鄙藏《麓山》及《黄庭》《韭花》均为谷孙所看中，价已议妥而不能成交，行时已收回矣。王稚子阙传说出沟水中，惟未见拓本耳。公之藏器有归东北之说，已成交否，至念。即颂道安。弟修顿首。一月六日。巨来通信处乞查示。前印《石经》分致公及超翁、云翁者均收到否？

39

前乞公为敝友王宏实作书，曾有朱丝库纸送上，能即检出一挥否，曷胜企盼。湖帆道长　承修再拜。初六日。

40 / 45

湖帆先生撰席：想闻硕望，积有岁年，仰止高山，弥殷向往。钧文质无底，偏嗜金石，藏弆无多，见闻陋塞。辛酉尽收缪艺风丈所藏金石书，遂并寒斋所有，略仿《四库提要》并参各家藏书志之例，成《金石书志》二十有二卷，惴惴焉惧考据粗疏，贻讥覆瓿，固不值大疋一盼也。日得陈淮生元来书，迺辱我公有痂耆之爱，竟荷徵及，逖听之余，益增愧悚。唯念先生艺海斗杓，而不求教于大君子，无乃自弃，兹特强颜邮呈，乞赐览观，有以诲之为幸。钧自丁卯归里，杜门息辙，妄事撰述，复成《金石跋尾甲编》十二卷、《竟文集录初编》十六卷，此外尚有泰山秦刻与大安寺铁香炉两《考》及《福建金石目》《鼓山题名存佚录》《古竟图》《藏竟目》诸种，初稿均已完毕，现已次第付之梨枣。《金石书续志》与《金石书汇目》亦有成书，容再求政。素钦宝斋收藏宏富，可否以金石墨本全份见贶，俾广见闻而资著录，想公抱传古之盛心，必不以冒干见靳也。临风削牍，无任主臣，并颂著安，伫闻金玉。弟林钧顿首。四月十二日。

48

湖帆先生赐鉴：昨奉手翰，敬悉。携京画件以在鉴定中，稍缓时日，当有以报命，请释注，吴、金两竹轴照片亦必代为设法也。耑复，顺颂撰祺。弟徐森玉再拜。二月二日。

〇〇
49 / 50

湖帆先生道席：去年冬在沪曾拟拜访，以故未遇为怅。侧闻曾撄二竖，已经康复，至以忻慰。前蒙见示各件，迄今念之不忘，能否践旧盟乎，固所盼也。物得其所，是第一义，其它固可商略耳，高明以为然否？此颂近祺。 唐兰顿首。 一月十一日。

〇〇
51 / 52

湖帆先生道席：去冬一晤，遂尔经年，近来挥毫兴复何似？前晤谈时曾及梅花道人及《喜神谱》等四件，以及窸老旧藏《北征备》，是否能如前约来归乎，跂予望之。此颂近祺。
唐兰 十月十五。

〇〇
53 / 54

湖帆吾兄足下：前日奉呈一函，谅达左右。阳明《骢马归朝诗叙》寄呈请鉴定，其遗墨关于石刻本已比较四五种，影印本亦六七种，皆以函札为多，《象祠记》墨影当属晚年行草，更为奔放，所见无此《叙》之工。细玩觉其拘谨而神差，但『伯安』印与商务《明贤遗墨》第一册中札尾章丝毫相同，只钤时此重而彼轻，印似非石而铜也。吾兄目力为弟向所钦服，非请取决不可，望作肯定，千万毋客气，如赝则不必讲，真则犹劳兄取四尺宣如度赐题。王汝楫名济，事迹仅略载《贵阳府志》，政绩录《职官表》卷六，云：王济，『丹徒人』。《志》、文略不同者则一云正德二年巡按贵州，文称三年正月，是否一言其受命之年，一记其到任之日，纪实不同。汝楫极为阳明所推崇，有『忠爱达于上，怀盛专于下，抚摩赤子，调服诸夷，摄大奸使不得肆，祛大弊不得复作。』（《志》载）其事迹今不可考，在当日必属事实也。敬候道安。 弟祚拜。 六月廿五。

〇
55

湖帆吾兄道鉴：今午邮递阳明居士卷，另一束想已先此而达。顷在友人处假得《国粹学报》印行之《明贤遗墨》，内有阳明三札，兹搨寄请鉴。乃晚于卷子十年所书，而神韵似与《诗叙》符，弟意作画笔新纸涩皆有关系，随意落纸与慎重将事都受影响，弟对此仍似有原谅意思，非求正高明，不能破其疑也。敬颂时绥。 弟祚顿首。 六月廿五夕。

〇〇
56 / 58

湖帆吾兄侍右：四日奉六月廿九手教，翌晚并收阳明卷，一经鉴定，疑虑为消，将来择录兄函语书于卷后以代跋语。『伯安』印为牙质当无疑问，旧藏汉印中有石印一、骨印二、牙印四五，想兄尚有印象，是牙印汉人已通行。渝州友人黄笑芸于解放期间收得鲜于伯机印一椟，凡九枚，皆以犀角制，闻墨林印亦犀，信否？文唐合作扇面再益以精工骨子，可称三绝，闻之为之神往。我辈中古毒深，遇绝品犹死不放过，真不可救之症也，一笑。谚本有『黄金当废铜』语，金尚如此，而况于铜，我以为宝，人不以为宝，销之为重，视我之叹惜为无病而呻吟耳，弟往岁于筑垣得汪道昆诗卷，前八首录张南湖香奁体八首，后为其和章，写作俱佳，继得茅鹿门卷，书自为诗十一，年九十秋九所写，手强笔枯，当为卷子中之绝笔。忆其卒时天气甚寒，当在冬令，但一时想不起在何书，如知请见示。迩日邮政办理极好，决不至失落，如兄不以反寄之烦，希品共赏，亦一乐事也。汪卷昔曾录印，兹附呈『孙武』印花，若能钤赐畀予苏武印及词合册，固所盼矣。耑复并谢，敬颂箸祺。 弟祚拜。 七月五日。

59 / 61

湖帆吾兄侍右：前书未见赐答，极以清况为念，结夏以来，贱躯每感不适，尤以胃病为甚，时作时止，非关饮食，殆不得少将息耳。最近得阳明先生书《骢马归朝诗叙》，绵茧纸，行楷，长六尺。考已巳为正德四年，谪居龙场，时年三十七岁。此《叙》全集未收，其文集为先生生前选订，殆在已巳前后作品以为未成也。此文不无有借题发挥，悒郁不平之气跃然笔墨间，宜其摒而不入。原于《叙》后载诸家诗，合为一卷，今不可见，改装横幅，仅于题目下钤椭圆：『翰墨轩』双螭白文印，其下则无边阳文『戴培之珍藏』印（是否名家植？），当属一人。『培之』似是江浙人，富收藏，精鉴别，其事迹弟不甚了了，兄必知其详，能示一二否？今拟将之改行看一看，拟恳为之书首，本欲附上宣纸，一以不知用何种为宜，二则纸有折痕，必不便着墨，乃量原卷纸高度附呈，不恭及不客气之处想不至见罪也。黄梅将至，雨水日多，弟极欲观卷告成，以备月余后携走大江南北，请闻人题咏，故再作不情之请，恳早日赐书。引首非兄莫属，已再四维思，不能不冒渎以请也。诸维亮察，幸甚幸甚，敬请教安。　弟祚叩。

六月八日。

62

湖帆老兄道鉴：迩日仍寓居石牌校本部学习，故甚忙。奉籀悼亡词，挚情悱恻，环诵每每不觉泪下。贫贱夫妻，各个环境每多相同，而持家复有相似部分，不啻为弟写照也。伯郊迄未见来，是否路过中南，留有任务，以至迟迟，物到再当以闻。匆复，即颂箸祺。　弟祚顿首。　七月廿二。

63 / 65

湖帆吾兄足下：晚间同时奉读环章二通，并阳明居士卷首，苍逸之极，将来装成，可称双美，拜嘉拜嘉。『苏武』玉章，百读愈觉永隽，亦天壤间瑰宝之一，《苏武慢》词若能写赐，与印合为一帙，可称快事。先师故物惨不忍问，沈碑存亡无从踪迹，当如兄言只能云烟过眼视之耳。旧藏『女偹』二字玉印或尚在四川北路上海市历史博物馆，闻战后该批印尚保存六成，解放前曾钤谱出售，兄不妨饬人一探。尊藏渔山青绿立幅世间当无二本，宝山佳品虽多，而弟对此印象最深，并每与画友及之，未识尚存高斋否。乡贤仲约先生藏北宋拓《华山》，曾再读，出匋斋三本上，为冬心故物，贫困时质于人，当中抽去三页并跋尾若干，初意势在必赎，后竟不果，遂成缺璧，㧑叔为钩补。仲约故后匋斋百计谋之，其子嗣守，不为利所动，复命幕僚函商，欲以肥缺诱，终不能得。今李氏中落，由港纸四万减至半数，无人问津。人间何世，黑老虎亦惨矣哉。尊体何不健至此，岂仍不能已于追忆邪。承抄示培之传略，并谢。敬颂曼苇。　弟祚拜。　六月廿一。

66 / 67

湖帆老兄左右：久未通讯，忽忽经年。暑期已过半月，乃以各项工作频仍，不得安心休憩。本月过下月中旬当赴京开会，返时拟绕道上海，但未知能如愿否耳。麦君乾庵乞绘《乾德楼谈艺图》卷子，数函催无以复命，务请拨半日功夫为成之，清此宿债，不然双方皆无缘卸责也。卷纸长约二尺七八寸、高八寸即可，想前识已亡，故一提及。如何，希赐知，以便转告前途。敬颂时绥。　小弟祚拜。　七月廿六。

68

湖老：秋风起，暑气消，正是发挥潜在力量好季节。《乾德楼谈艺图》望拨冗了此一段公案，曾数来书相询，恐公亦无缓兵计矣，一笑。暑假赴京开会，本拟绕道归，乃以赶回上课，以是未能握谈，当又候来年矣。敬颂箸祺。　小弟祚叩。　九、三〇。

69 / 70

湖帆世丈左右：日前匆匆一晤，未获畅谈，极以为怅。日来仍甚忙迫，颇欲将『古画刽子手』黄宾翁所定判辞详细研究一遍，终未如愿，谨将此次四件及山谷、黄鹤两件判辞录出。有无评语者，即有评语亦与梦呓不殊，阅之使人哭笑不得，骂亦无从骂起，吾莫如之何也已。宋人《独乐园》原拟陈列司马温公告身之后（目录且即如此），而衡山卷更在此卷后，乃为地方所限，一切不能如愿，亦无如之何。宋人《独乐园图》题字是张即之笔，忆曾见昔人笔记中言及此物，云是温公自绘（今不忆出何书），俟检得再以奉告。庞莱臣所藏柯九思画竹（此次陈列者），吾以为赝物，不知吾丈以为何如？专此，敬颂台祺。　世愚侄朱家济顿首。

71 / 73

湖帆世丈左右：不见倏又三易寒暑，维兴居曼福为颂。近会中拟编印蓝田叔画集，于著录中获悉丈藏有《寒山秋霁》《江亭诗思》两扇面，拟请费神录其款题并量尺寸（公分）见示，不识今在手边否。又有绢本人物册，疑即向年所见之春册，然否？此册有无题识了不记忆也，有亦请录示并量尺寸。田叔画人物甚少，此中人物是出田叔手否，欲乞代拍六寸照片一套，用费若干，即由邮汇上。此以供参考，非敢以六十之年想入非非也，一笑。种种奉渎，不安之至，诸祈谅察是幸。专此，顺颂时祉。　朱家济顿首再拜。　四月五日。

74 / 76

湖帆世丈座右：奉快函，敬悉一是。圈出诸件当即提出，大约吾丈何时来，祈示知也。古人之吃官司者甚多甚多，宁止一王烟客，即如吾丈所开马麟《层叠冰绡》、江贯道《千里江山》、赵松雪《古木竹石》，皆已在押矣，倘能一一保释，古人甚幸。徐幼文《狮子林图》姚广孝跋定伪，云林《狮子林》卷故宫所无，岂偶误记耶？此次美展，故宫书画出品原拟百五十件至二百件，吾以挂轴陈列时毫无保障，力主少出，故只五十二件，或册页中已有者则挂轴尽量删去，如马远、曹云西、盛子昭、王孟端、马文璧、朱德润、黄子久，皆在册中也。后与顾荫亭谈及添作卷册陈列柜事，会中止作长一丈者四十个，除故宫出品外尚有私家出品，将来卷册难望全体展开，势必至各露一段，神龙见首不见尾也。日来极忙，余再述。敬颂春祺。　朱家济顿首。

77

湖帆世丈座右：前奉复书，忽忽又已隔年。蓝田叔金箑承允照相，庆幸无似。《种玉图册》款题一幅不识能否拍摄照相？如承惠允，请将两件照片底片一并寄下（用费若干亦请赐悉），如尚有牵涉，则请将两件款题抄示，如何如何？一再奉渎，惶恐惶恐。敬颂时祺。　朱家济顿首。　一月廿九日。

80 / 81

湖帆先生座下：往者尝闻先师张啬翁于大作醰醰扬誉，窃心识久矣。近少荪兄又述及绪论，更为佩仰，俗尘仆仆，尚未一谒清仪，忝交海内贤豪，往往心电久通而犹疏于一面，想仁者亦勿斥也。尊命题《绿遍池塘草图》，谨赋七律，写祈教正。一再易稿而自视仍不能佳，当怜小技止此耳。寒舍有『淡远楼』三楹，为先世读书之所，比经兵燹，颇用悬悬，昨得乡书，差幸无恙，拟求椽笔宠绘一图，先泽所存，期诸久远，不卜能蒙俞允否？白纸一叶附呈。专此布肊，敬候起居佳胜。

十月廿一日弟费师洪再拜。

82 / 83

湖帆先生道座：今春忙于故乡文献，已印成四种：一为《南通金石存真》，二为明《崔桐诗册》，三为清道光时《狼山图》，四为黄隶书《经社记》，而以《金石存真》最感困难，披荆棘，出瓦砾，经营数月，始得其拓本。我公为东南宗匠，夙富鉴藏，敝县至五代才显贞珉，想尚未入大雅之目，谨检所印全份奉赠清评，伏祈哂存是幸。舍侄在厦门教书，昨来信欲求公画一扇，扇面附呈，如蒙宠赐一挥，俾得远扬仁风，同深铭感矣。专肃上布，敬颂夏祺，不备。　六月廿九日费师洪拜上。

84 / 85

湖帆先生道席：入春以来，伏想起居健胜，与时咸宜为颂。师洪故乡沸扰，已无可归，勉力慵书，聊自排遣。近曾辑印弘一大师书经、《平潮市丛刻世德录》，防兵戈之散佚，托石墨以流传，谨奉清评，至祈鉴入。去夏为舍侄（由叶遐翁转）求绘一扇（单款），曾蒙惠允，未卜刻下藻及否，无任企祷。专肃，上候撰祺，不备。　三月廿五日费师洪谨启。

86

湖公再鉴：福今夏由苏来锡，任苏南文筦会编辑金石目录及考古事。晴窗多暇，拟画《蕙玉失助图》，聊以自遣。暑中遇李印泉前辈，已乞其题图护叶，惟此图拟乞我公随手为之。［图中乞画两屋，一正一旁，每屋一妇人握管写书，面有断桥老树，写意而已。蕙、玉两人当日皆在苏北东台助写，东台无山。］再，邦福当年所箸殷契、古玺、竹简、古匋及《亿年堂金石记》等已印出十种，前已俛人在东检点余帙，一俟转来，定奉明教。匆上，并颂冬健。 福又白。 一、十一日。

坿说：『蕙玉失助图』，蕙为亡室戴蕙圆，玉为亡继室杨文玉。两人往在东台为福助写撰箸。［当日有两《写书图》，黄宾虹画，叶遐盦题字，缪艺丈、张仲仁诸老题诗，在东台失去。］尊藏窓鼎有拓本否？并念。

87

伊古吴都博碻评，澉湖福地尽知名。缵研仓籀缉三窓，更数君家莫与京。 诗书画能兼三绝，晚世寥寥一手为。我有新图题『失助』，云林妙笔尽其奇。 奉柬湖帆先生大教，镇江陈邦福写稿。

88 / 89

湖帆先生道鉴：一月廿九日承惠赐令先德尚书公手迹墨拓十二册，珍逾百朋。敬维尚书功业文艺照耀千秋为后生之楷模。台端绳武济美，亦并世所仰望，乃承慨然以家藏孤笈相捐赠，增辉敝馆，嘉惠来学，襟怀之高旷，尤深钦佩。谨当编列插架，妥事庋藏，永志嘉贶。专此鸣谢，祇请撰安。 上海市私立合众图书馆谨启。 卅七年二月二日。

计开

桃源洞记 行书 一册、李仙女庙碑 行书 一册、游澹山岩和山谷老人诗韵 行书 一册、游浯溪读中兴颂和山谷诗韵 行书 一册、游朝阳岩和山谷老人诗 行书 一册、唐亭铭 篆书 一册、峿台铭 篆书 一册、访古桃源洞集陶诗 篆书 一册、郑工合龙碑记 篆书 一册、黄氏义庄记 篆书 一册、玉泉山祷雨文 篆书 一册、刘叔涛墓志 篆盖 一册

90

湖公先生：一别廿年，至为渴想，维起居多吉为颂。兹有恳者，敝邑先烈袁崇焕，为历史上已有定评之人物，其故宅（在北京）经人民政府崇饰，并建纪念堂，奉上参考资料一份，希公惠题一诗，以便悬之堂壁，供游人观览，想蒙俯允也。此致敬礼。弟张次溪 三、十一。 回示乞寄北京宣外烂漫胡同四十九号。

倩庵前辈赐鉴：久慕芝宇，未遂瞻韩为怅。前在王佩老处得读大作《临江仙》『何当牛喘月，却肖马嘶飈』佳句，又在邹百耐兄处得观《佞宋词痕》，匆匆未窥全豹。华虽入稊园词社，月课一题，愧无寸进。兹不揣冒昧，录呈拙作数首，敬希斧政，不胜感荷之至。专此，敬颂唫安。　后学汪瞻华谨上。　七月四日。　陕西北路六一七弄六号。

眼儿媚　花朝过雨　杏花风暖柳丝柔，春意上西楼。为花憔悴，为花僝僽，底事多愁？　未逢寒食偏逢雨，终日枉凝眸。玲珑旛胜，昨宵制就，今日还休。

满庭芳　斗室生秋，匡床萦梦，年来诗债重重。故交情切，花下喜相逢。回忆西窗剪烛，争联句、欢聚楼东。新来梦，长风破浪，鹢首射飞鸿。　枉嗟年事老，鬓渐拂柳，志慕棲桐。有多少，胸怀啸月唫风。莫说从前慷慨，如今是、欲说无从。何须更，再提往事，头白愧颜红。

宝鼎现　咏煤炉　功同虞灶，厨下雄据，何分新旧。形正小、方圆多态，腹自空虚颜自厚。吞兽炭、羡志侔豫让，豪气如虹色透。更等待、星星吐焰，已是晨炊时候。　鼎鼒调味称能手。朔风劲，烟散尘走。侵鼻孔、迷离若雾，回首还须频拂袖。待准备、将茶铛移去，更要开窗启牖。最懊恼、烟销火灭，顿使眉峰蹙皱。　听罢饭后钟声，勤拂拭还劳箕帚。过严冬，灯暗宵长，佳人伴守。便快暖、取鹅黄酒，缓引听莲漏。待就寝，盥尽蔷薇，纤指仍留余垢。

94 / 95

湖帆先生尊鉴：沪江握别，弹指五载，惊岁月之难留，羡绿草之回春。近得海翁转来手教，知去冬卧疾，遥维康吉、速复壮态。前于沪江时知先生略有风湿，慎在冬季取得暖宝，以御寒气。海翁患高血压，弟请其用坐禅法克复之，当必有效。先生风湿如尚未全除，今宜速采用静坐法，以增强基力也。客岁从椰加达我大使馆得瞻伟作《松烟山水》，真笔开混沌，满堂烟云飘忽，如闻猿狖，信震世杰笔也。遥颂康健。　弟石翁敬复。　一九六二年八月十二日。

96 / 97

湖帆老居士上人钧鉴：伟名久慕，恨一见缘悭，奈何。客岁黄怀觉君来寺，云有张先生书《枫桥诗》交伊勒石，拟存敝刹，旋以事载《苏报》，甫悉其详。该时理拟亲谒叩谢，复因尊址远阻，未克如愿，是以不胜惶悚，尚祈赐予谅解是幸。前三月廿八日怀觉君携舟子载碑至寺，衲当即慎于竖存，并邀同黄君扶碑摄影，以志纪念。嗣又扪碑稽字，无任心颂。慨云阳程公之后迄今，数十年来频遭烽火洗礼之寒山，堪称冷尽矣，今幸老居士垂念古刹，出人天力，以今日国府故张先生之墨书、唐代张先生之诗彼此呼应，堪称千古佳话、人间美谈然。如是翰墨因缘，点染枫江，敝刹感戴无穷。按张先生弃世之奇，安知非石上精魂游戏人间。愿今后寒山赖老居士之护持，使法幢再竖，得人天之赞助，更播梵音。兹特沐手经窗，具呈致敬，容后造府面礼，敬执心香一瓣，拜祝吉祥。
寒山寺住持培元顶礼。

钱崇威（1870—1966）

商衍鎏（1875—1963）

邢　端

黄宾虹（1865—1955）

姚虞琴（1867—1961）

褚德彝（1871—1942）

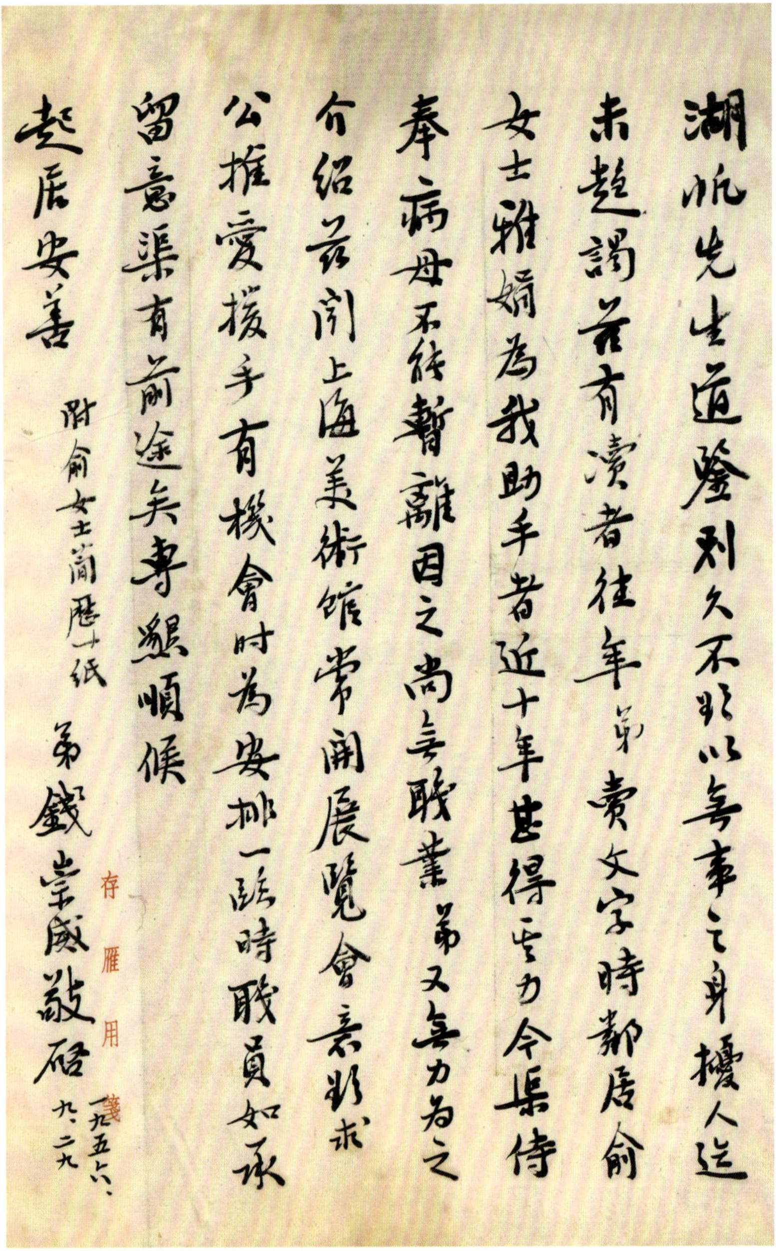
湖帆先生道鑒：別久不晤，以無事事，身擾人迹
未趨謁。茲有瀆者：往年弟賣文字時，鄰居俞
女士雅娟爲我助手者近十年，甚得其力。今渠侍
奉病母，不能暫離，因之尚無職業。弟又無力爲之
介紹。茲聞上海美術館常開展覽會，意欲求
公推愛援手，有機會時爲安排一臨時職員，如承
留意，渠有前途矣。專懇，順候
起居安善。
附俞女士簡歷一紙
弟 錢崇威敬啓 一九五六、九、二九
存雁用箋

錢崇威

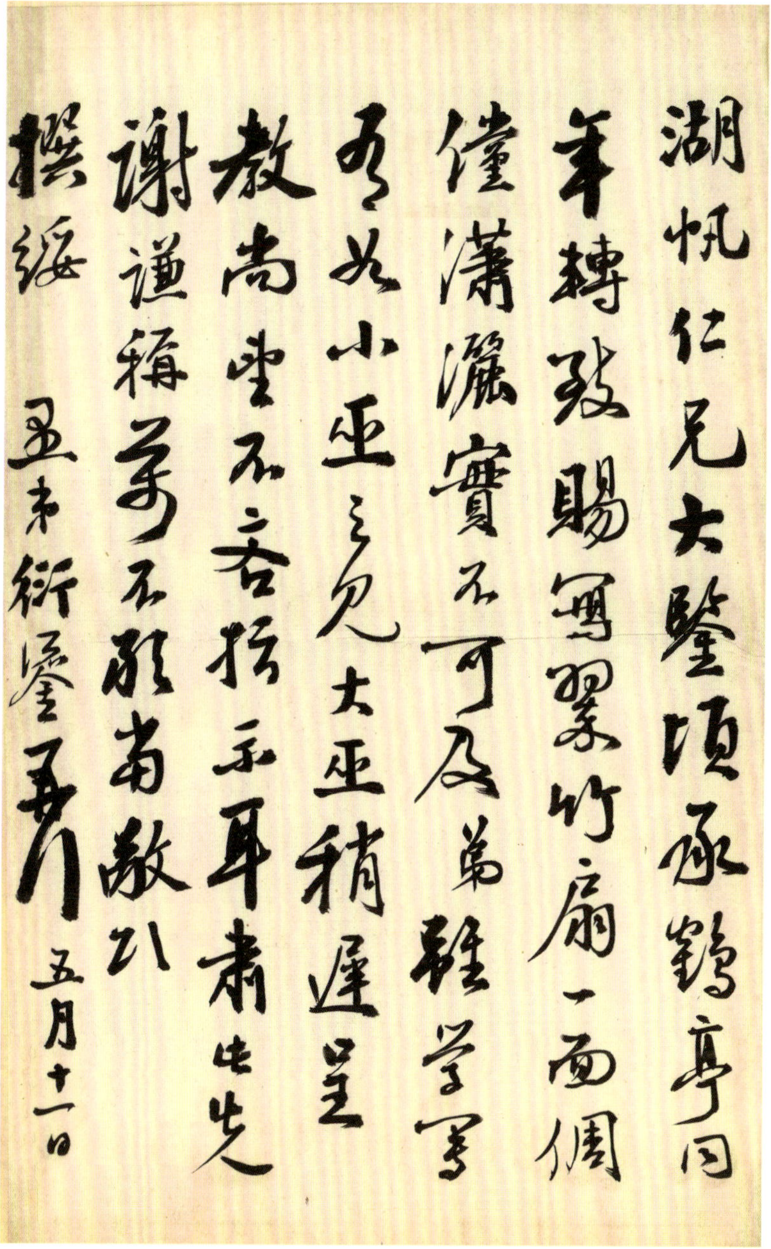

湖帆仁兄大鑒頃承鶴亭同
年轉致賜寫翠竹扇一面倜
儻蕭灑實不可及弟雖學寫
而如小巫之見大巫稍遲呈
教尚望不吝指示耳肅此先
謝謹藉箋不雅尚敬以
撰綏　丞来衍鋆拜手　五月十一日

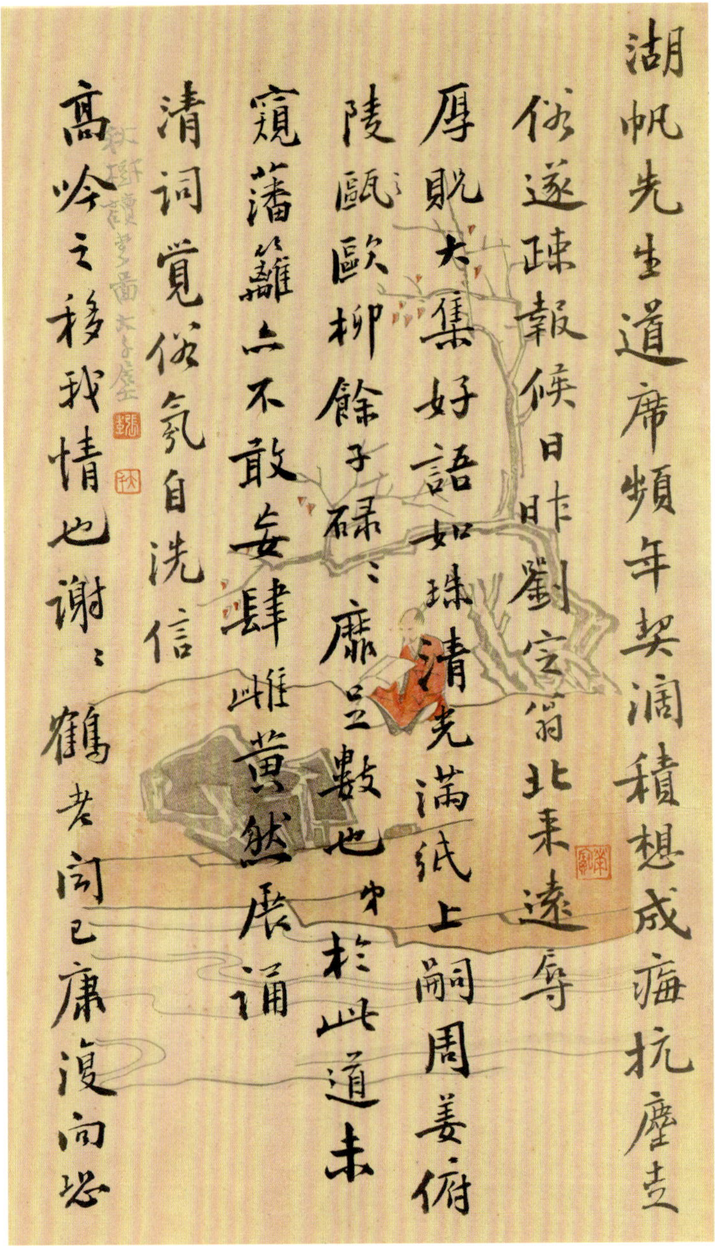

湖帆先生道席頻年契闊積想成痗抗塵走
俗遂疎報候日昨劉定翁北來遠辱
厚貺大集好語如珠清光滿紙上嗣周姜俯
陵甌歐柳餘子碌碌靡足數也弟於此道未
窺藩籬亦不敢妄肆雌黃然展誦
清詞覺俗氣自洗信
高吟之移我情也謝謝鶴老聞已康復向忠

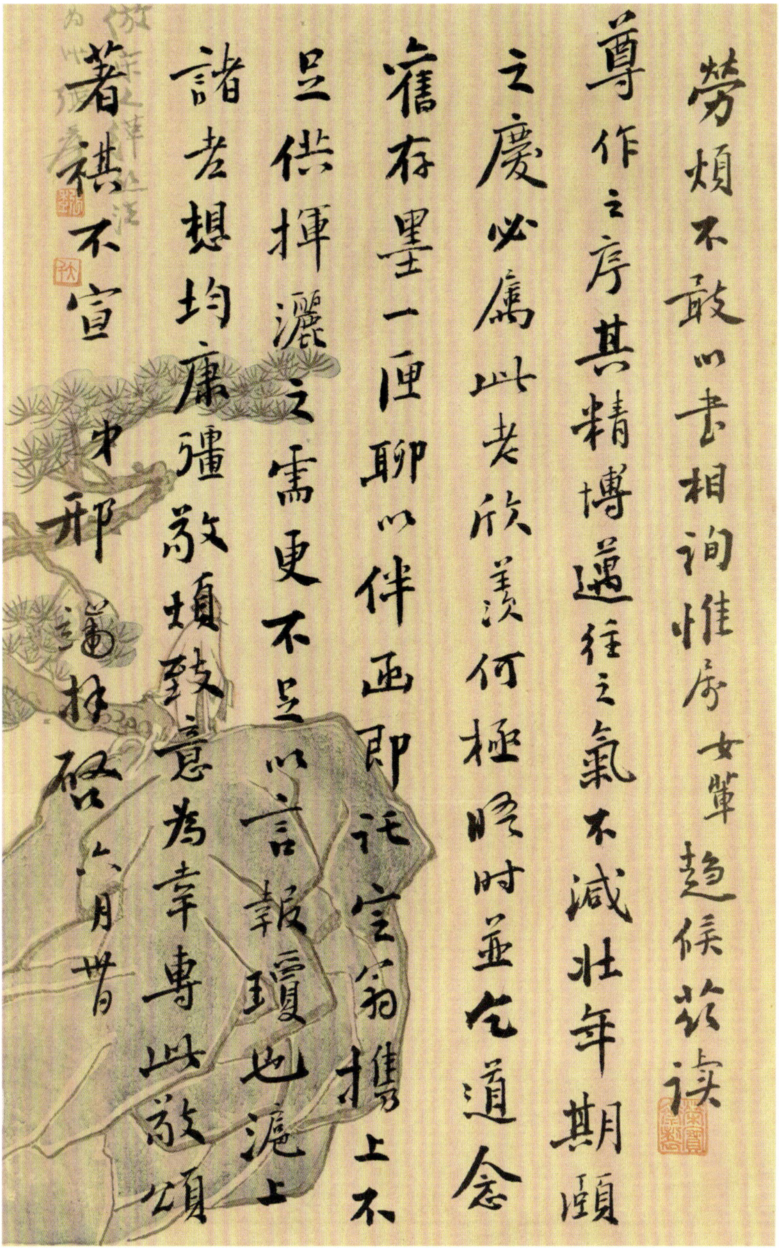

勞煩不敢以書相詢惟有女輩趨候敘談
尊作之序甚精博邁往之氣不減壯年期頤
之慶必屬此老欣羨何極晚時並乞道念
舊存墨一匣聊以伴函即託定翁攜上不
足供揮灑之需更不足以言報瓊也滬上
諸老想均康彊敬煩致意為幸專此敬頌
著祺不宣　中邢端拜啓六月廿

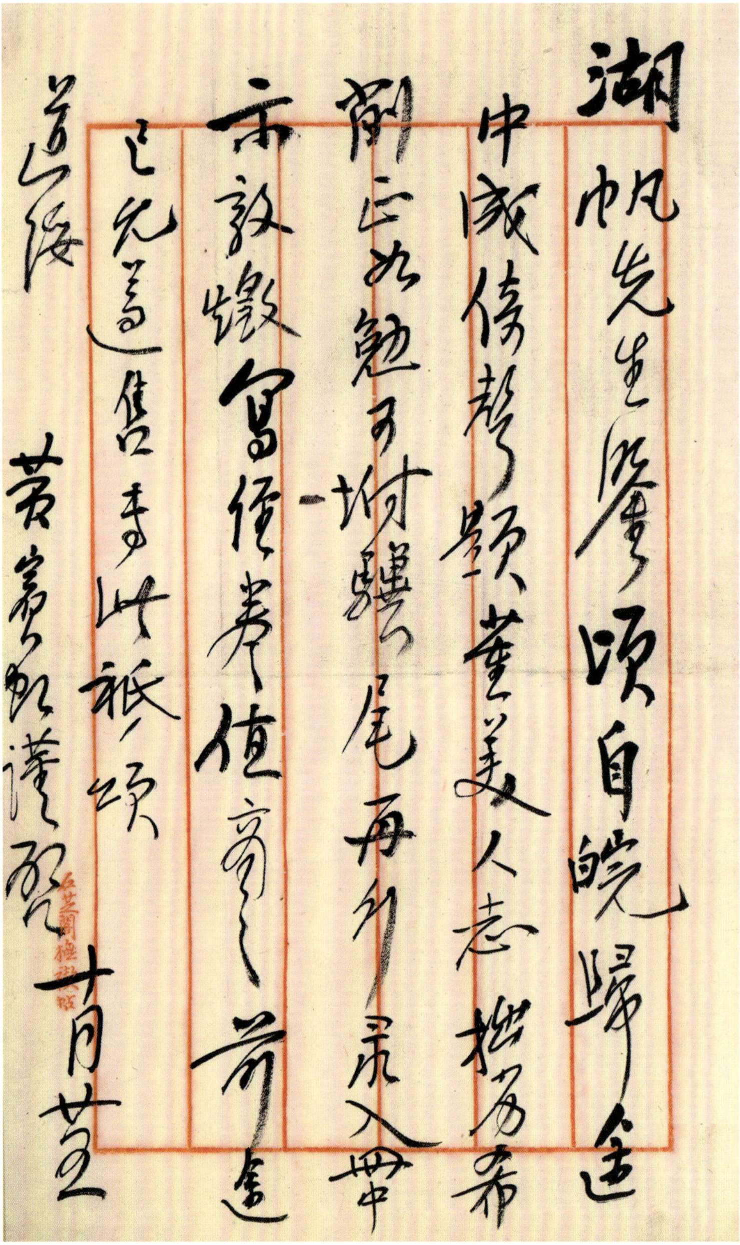

湖帆先生閣下：頃自皖歸，途中成倚聲數闋，董美人志拓本希削正。外題可附驥尾，再行錄入冊中示教。繳當候寄值寄之前途，乞先為通告。專此，祗頌

著安

黃賓虹謹啓

十月廿五

玉勾斜外金凫逝，啣出銷毫字，嬌嬈何似寶兒嬌，已是碧螢無蹤照前朝。洛神風韵簪花貌，筆陣歐虞早，君家更有醜奴兒，莫誤東鄰處子效西施。

調寄虞美人奉題

湖帆先生藏隋董美人志又常醜奴志亦精絕故尾語及之，錄呈

郢正

天都黄賓虹拜稿

石芝閣

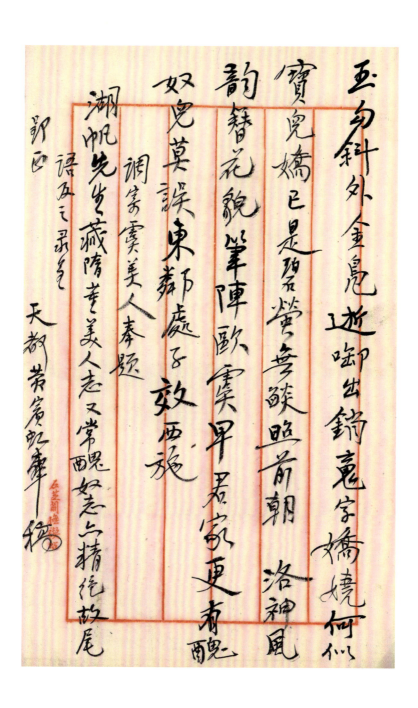

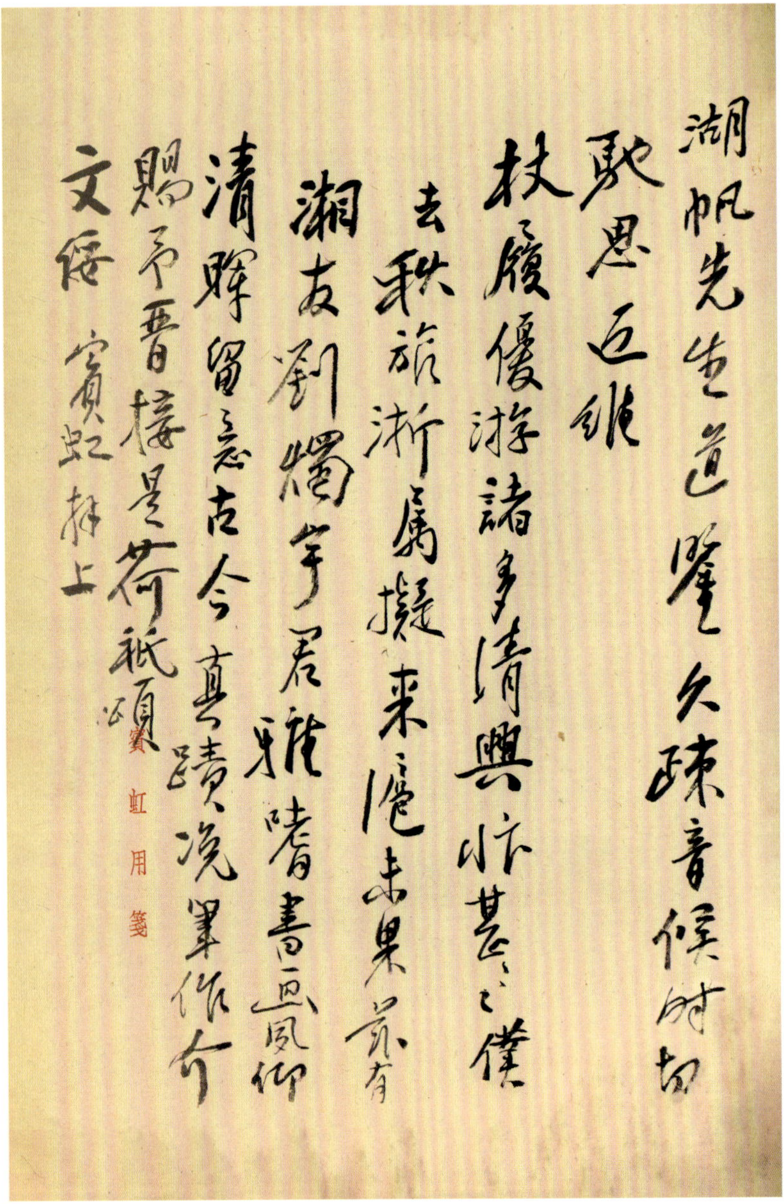

湖帆先生道鑒：久疏音候，時切
馳思。近維
杖履優游，諸多清興，作甚甚。僕
去秋旅浙，屬擬來滬，未果。前有
湘友劉燭笙君雅嗜書畫，夙仰
清輝，留意古今真蹟，況畢作介，
賜予晉接是荷。祗頌
文綏。賓虹拜上

賓虹用箋

日前春申江上快晤
教言惠賜大著文詞
寶繪拜讀之下欽
佩無已擬即踵謝

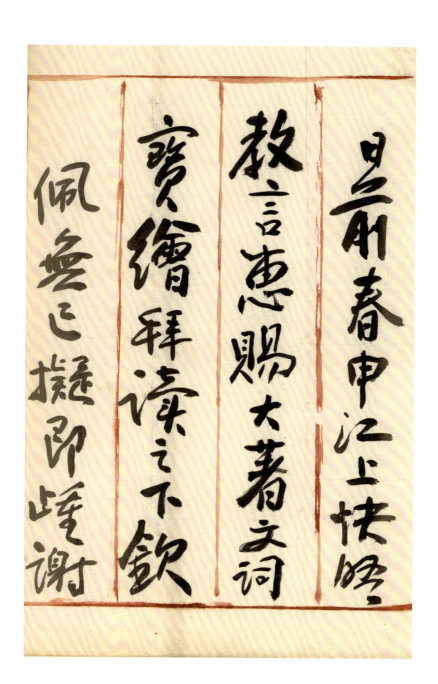

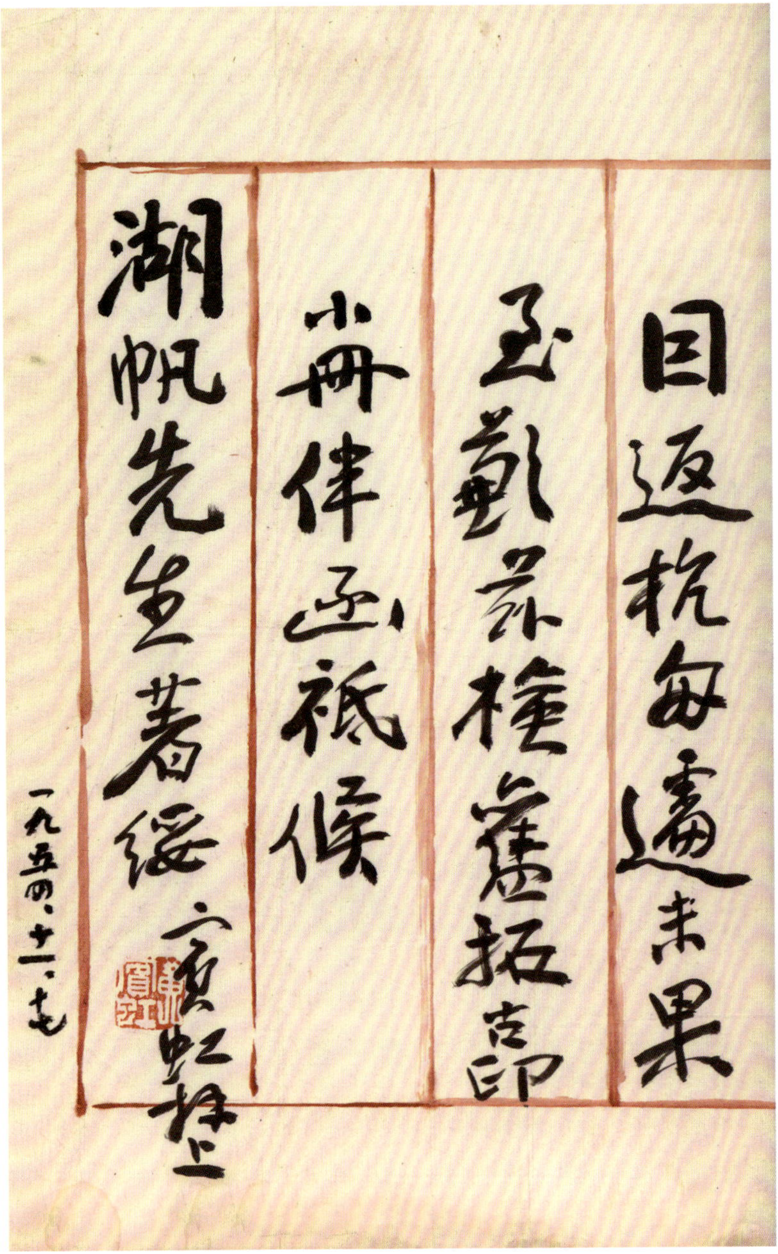
因返杭，每過未果，至歉。蘇權盦拓古印小冊，併函祗候

湖帆先生著綏

賓虹拜上

一九五四、十一、七

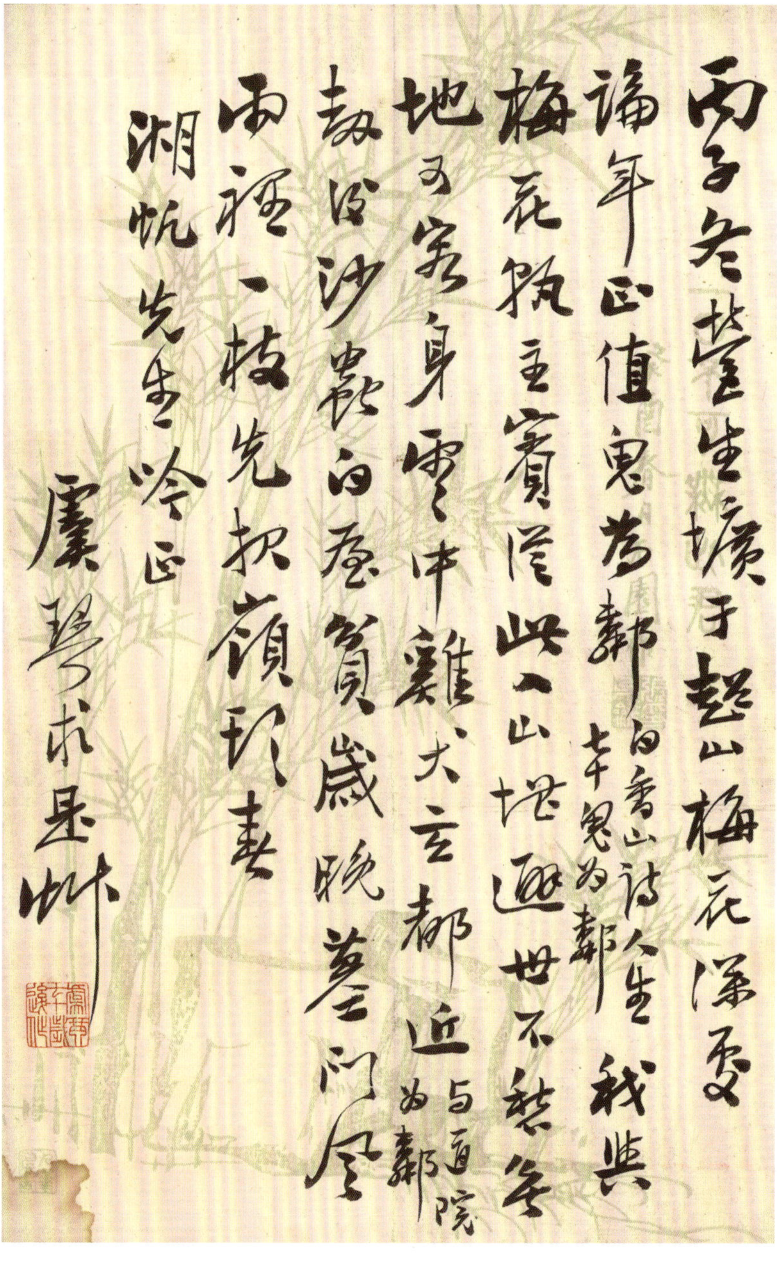
丙子冬營生壙于超山梅花深處
論年正值鬼爲鄰白香山詩人生七十鬼爲鄰我與
梅花猶主賓從此一山堪遯世不然無
地可容身雲中雞犬云鄰近與道院爲鄰
劫後沙鷗白屋貧歲晚墓門風
雨裡一枝先報嶺頭春
湘帆先生吟正
虞琴未是艸

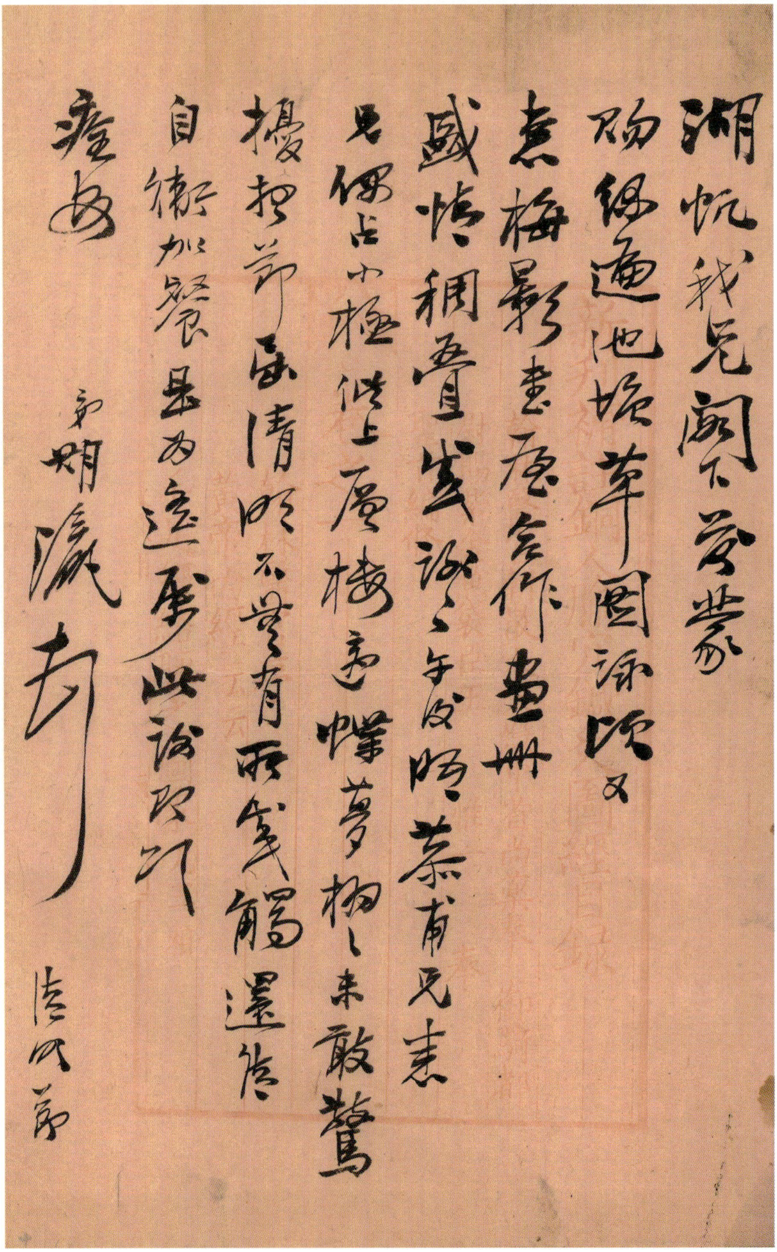
湖帆我兄閣下 前蒙
賜繪過池館草圖詠阮又
惠梅影書屋合作畫冊
感佩稠疊 前談之午後時 慕甫兄來
兄偶占小極從上層樓遠蝶夢栩栩來 敢驚
擾 想節安清暇 不曾有所箋觸還望
自衛加餐 是為遙盼 此誦即頌
痊安
弟 胡[illegible]頓首
清明節

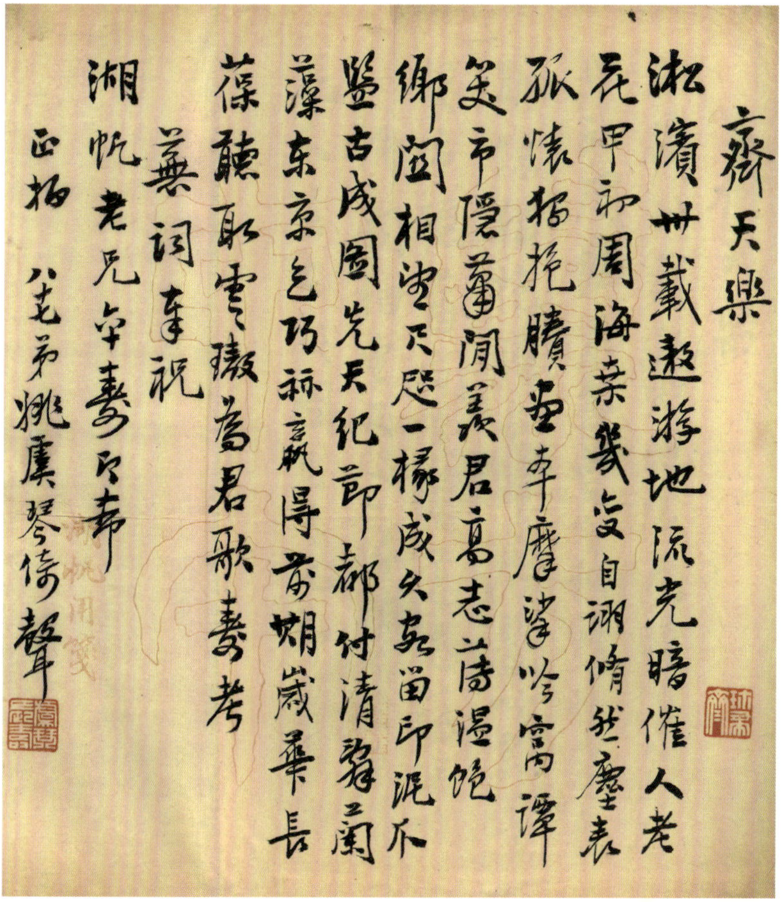

齋天樂
淞濱卅載遨游地流光暗催人老
花甲初周海棠箋發自謝倘然塵表
孤懷獨抱讀畫年摩挲吟賞譚
笑市隱蘭閒義君高志詩詩渴飽
鄉閭相望咫尺一椽成久矣留印泥爪
鑒古成圖先天紀節都付清吟蘭
藻東京色巧祿亦飄得前期歲華長
葆聽取雲璈為君歌壽考
蕪詞奉祝
湘帆老兄七十壽辰
正拍　八老弟姚虞琴倚聲

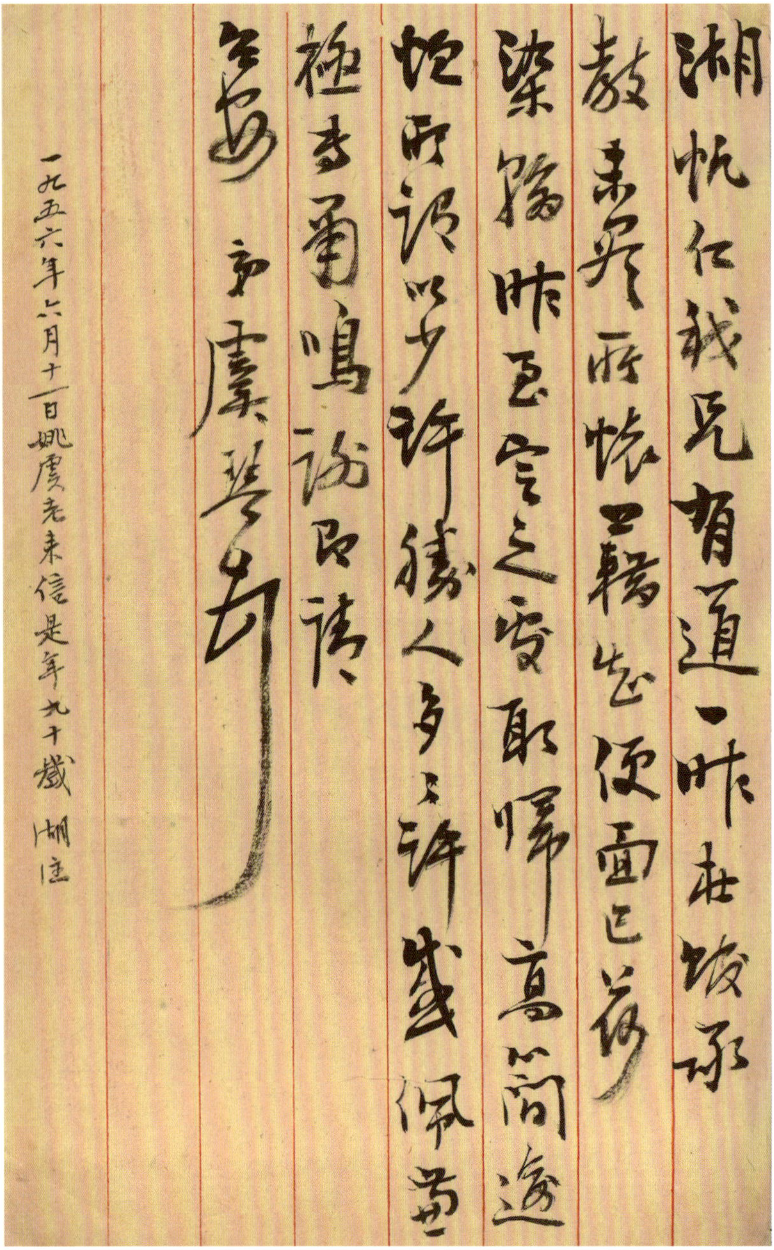
湖帆仁我兄有道：一昨在坡承教，未尽所怀，罢归忆便面巨幅染翰，昨已完之，当取归。高简遒劲，所谓以少许胜人多多许，钦佩无极。专肃鸣谢，即请吟安。

弟虞琴顿首

一九五六年六月十一日姚虞老来信，是年九十岁。湖注

虞琴

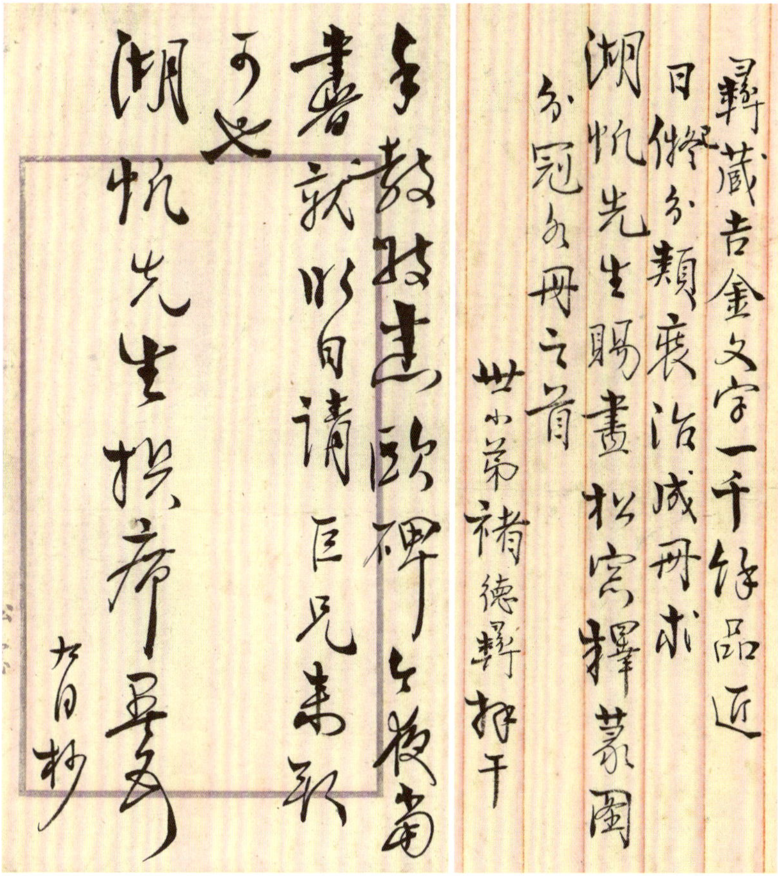

彝藏吉金文字一千餘品近
日俾分類裒治成册求
湖帆先生賜畫松窗揮翰圖
分冠各册之首
世小弟褚德彝拜干

手教敬悉歐碑今夜當
書就明日請 巨兄來取
可也
湖帆先生撰席 彝頓
首 [illegible]

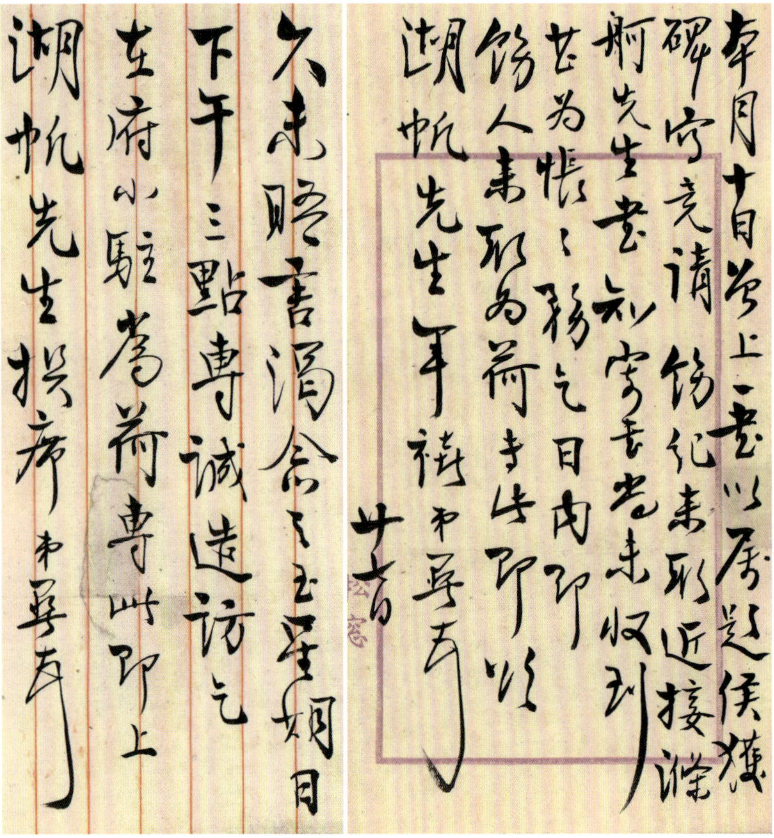

本月十日發上一函以屏題俟獲碑字竟請
飭紀來取近接誨舸
先生函知寄去者未收到
甚為悵悵務乞日內即
飭人來取為荷專此即頌
湖帆先生年禧 弟 [illegible]
廿二日

久未晤言渴念之至 星期日
下午三點專誠造訪乞
在府小駐為荷專此即上
湖帆先生撰席 弟 [illegible]

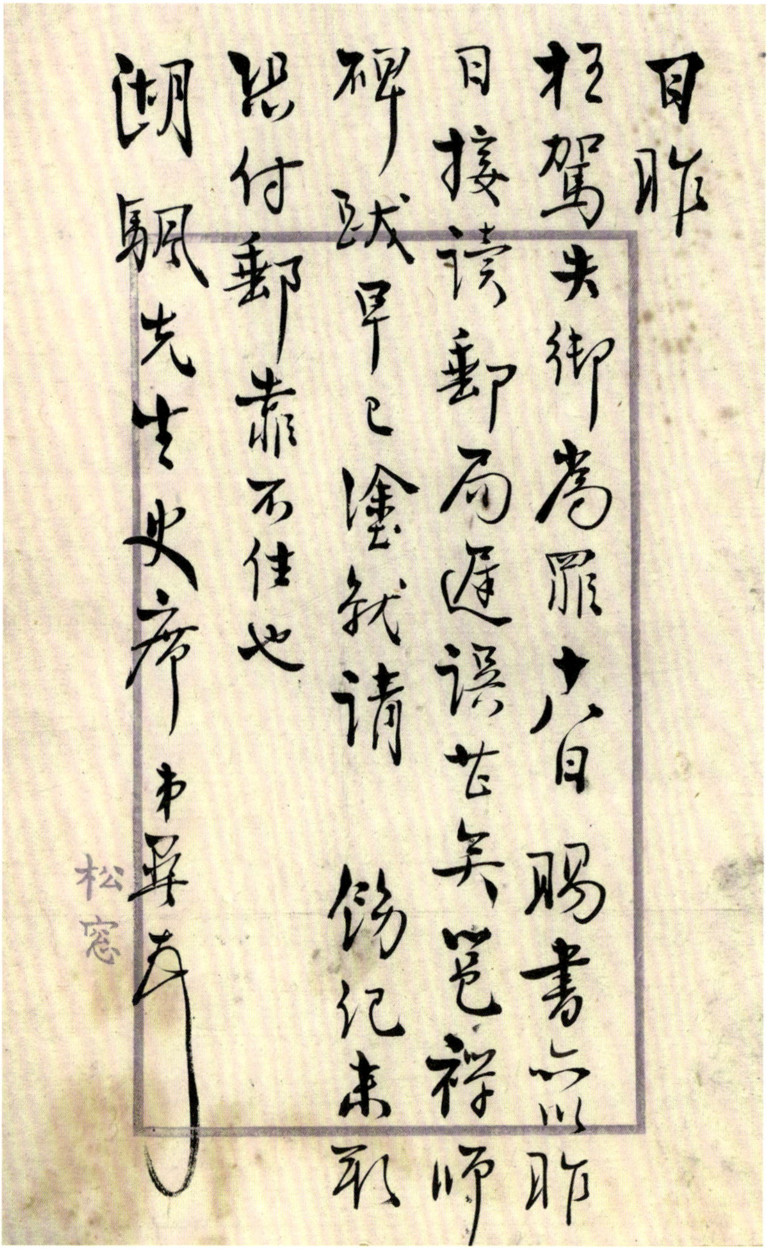
日昨
枉駕失迓為罪，大旨賜書亦昨日接讀。郵局遲誤甚矣。冕祥師碑跋早已塗就，請飭紀來取。照付郵寄不佳也。
湖颿先生史席 弟彝頓首

冯　幵（1873—1931）

赵时棡（1874—1945）

萧俊贤（1865—1949）

谭泽闿（1889—1948）

李宣龚（1876—1953）

毓　桂

余绍宋（1882—1949）

吴　徵（1878—1949）

汤　涤（1878—1948）

湖帆道兄鑒：前承
手教，值弟胃病方作，未即作復，疏景
詞意內涵當作能（經郁文一詞亦當循以不
能踐前言，去（識為之）以弟自去臘泛氣胃病
時發時止，重以神經衰弱，又舊存殘
箋箋紛亂，抱恨無是，彌覺心煩意亂。
平須服西藥，似有效驗，至
兄所索之詞，終當力疾為之，携詞圖奉
已

益成惶喜甚墨函思一纸以袪烦懑

一念及於筆方之約又不能不繫益於巾

現在為盡計極盼

大駕早蒞處上再詞計即又深異之

兄之稍稍遲來於予為發悅巨來閣

已及申邊陽道訊太行衰親在望

不妨來申而計之為不唯穎神

馳伏惟

珍衛為益

布祈頓首

三月四日

133

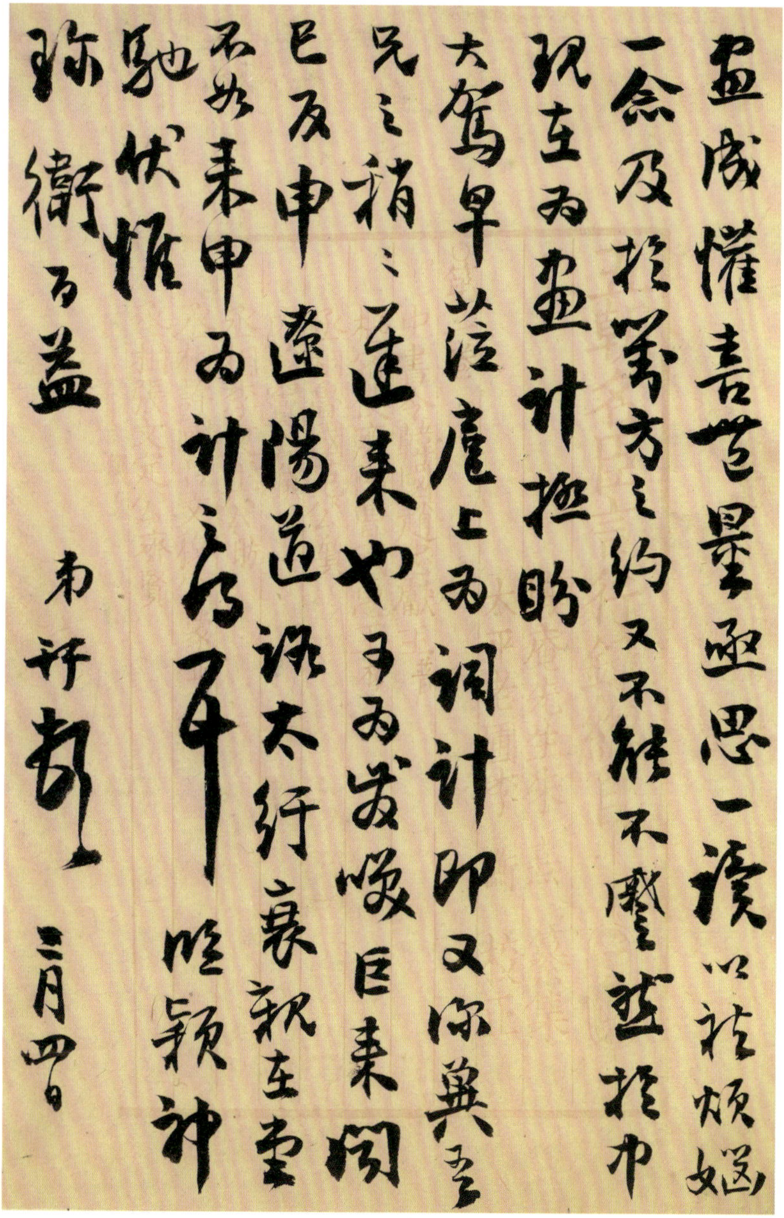

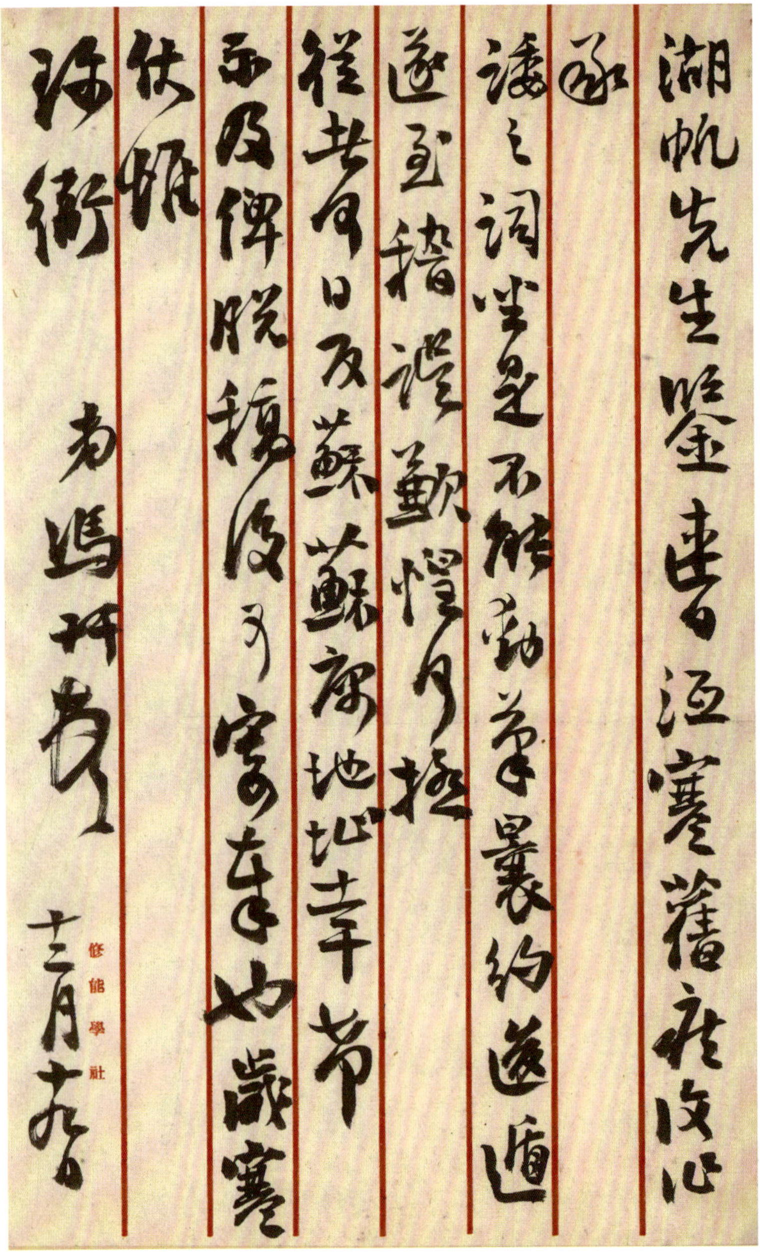
湖帆先生照鑒：書返寒齋，舊存段以
承
讀之詞，坐是不能動筆，曩襄約遂遁，
遂至稽遲，歉愧何極。
往者有日及蘇蘇家地址幸節
示及，俾脫稿後即寄奉也。歲寒
伏祈
珍衛。
弟馮幵頓首
十二月十五日

修能學社

湖颿仁兄世大人閣下多日不晤正切馳

思白寺

大兄枉志作揖一巨來此外囑愛待之惡年

按人力閣歷而故春峯屬衙人樓尹金南陽

又正差論具莪將巨來二壽附顯書諸

蒼潤敵滴真漢
溶中至琛也
此符字皆錯銀

覽此事令侄

至一向將石渡法伊一家全付彼之人

135

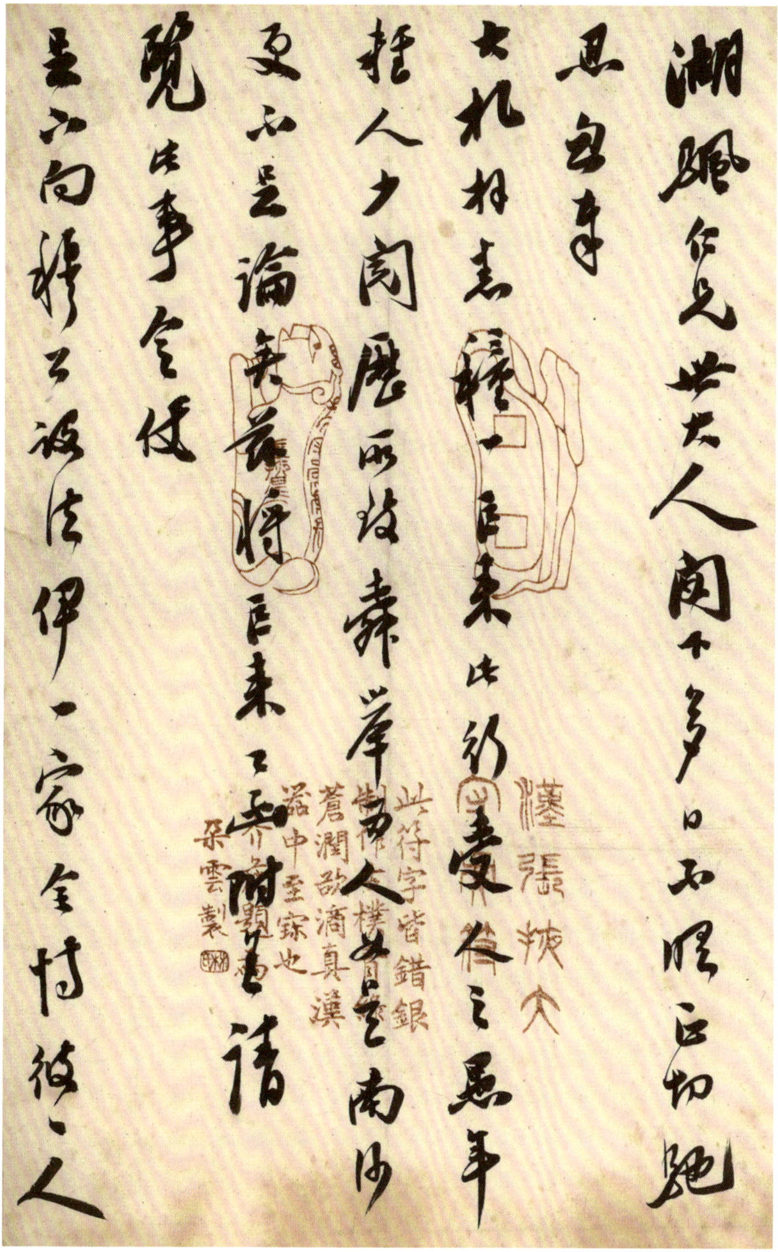

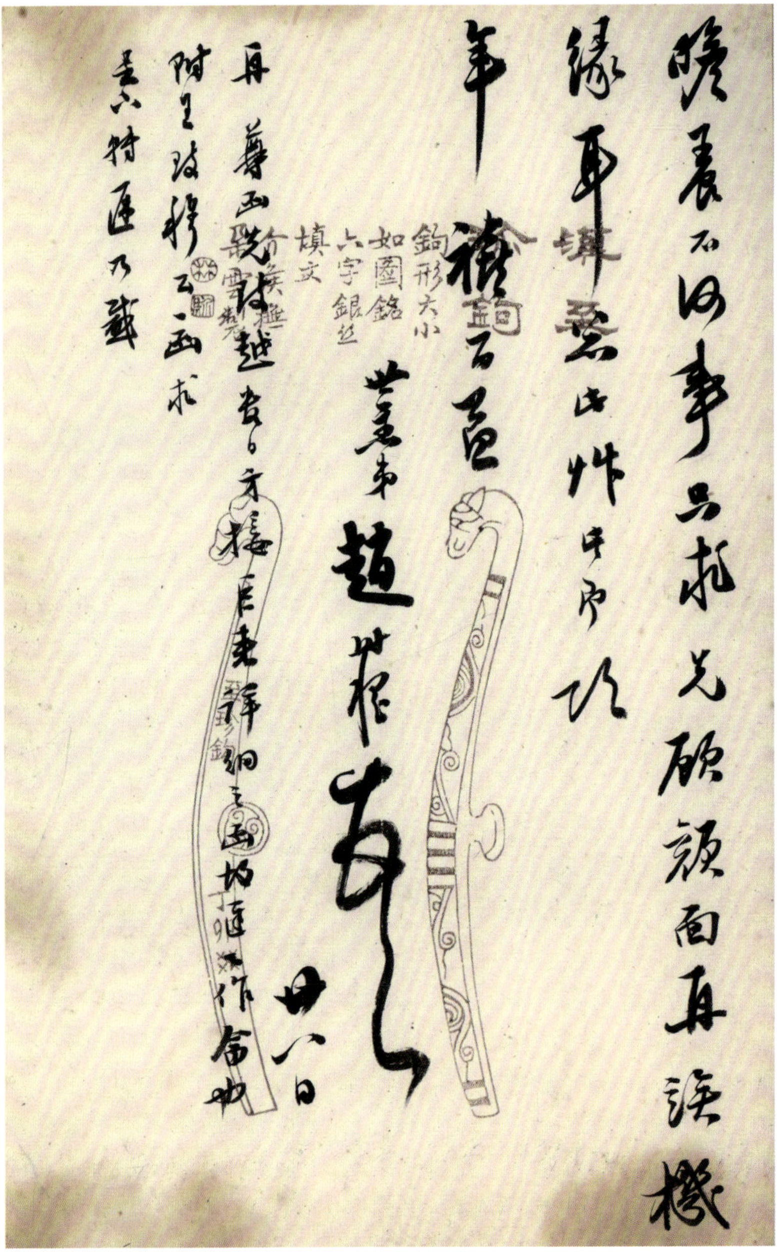

鉤形大小如圖銘六字銀絲填文

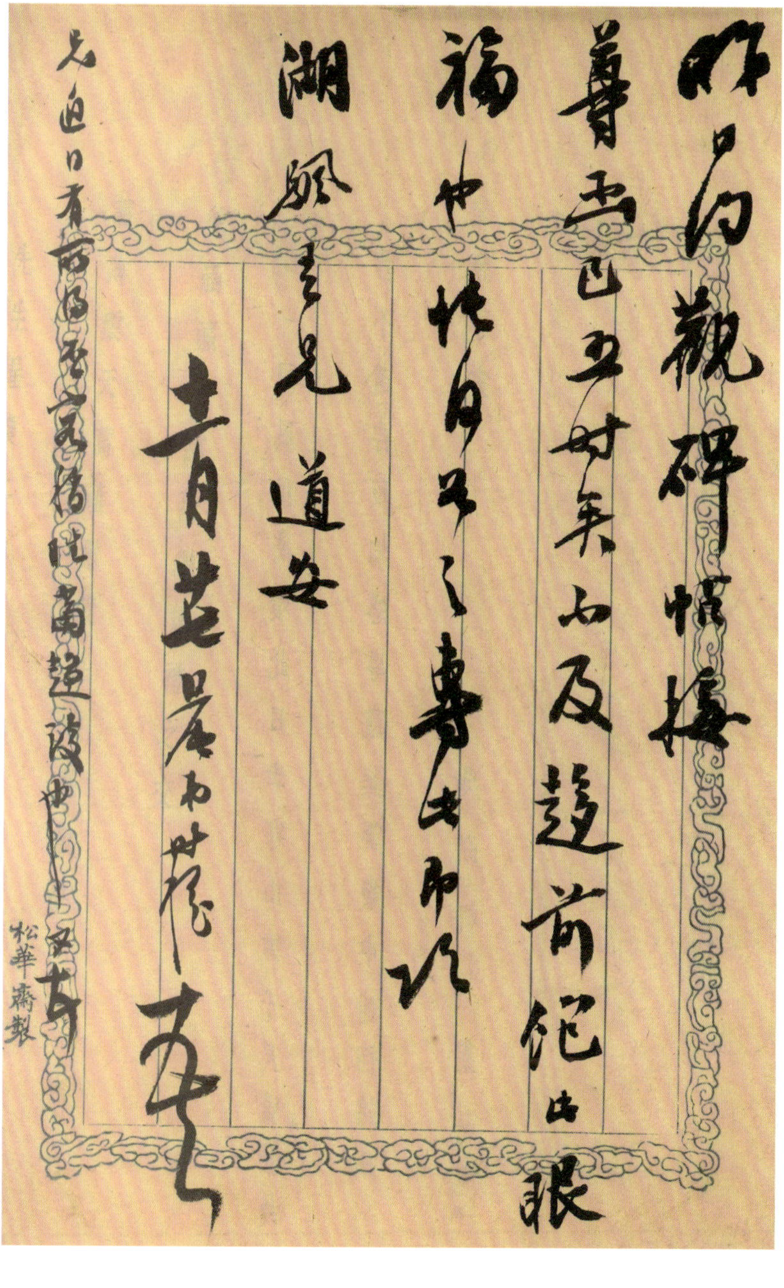
松華齋製

不胜工夕日矣特念
尊藏汪甲子阁印谱傥
一阅至专此布候
湖凡之六
南廿儿儿

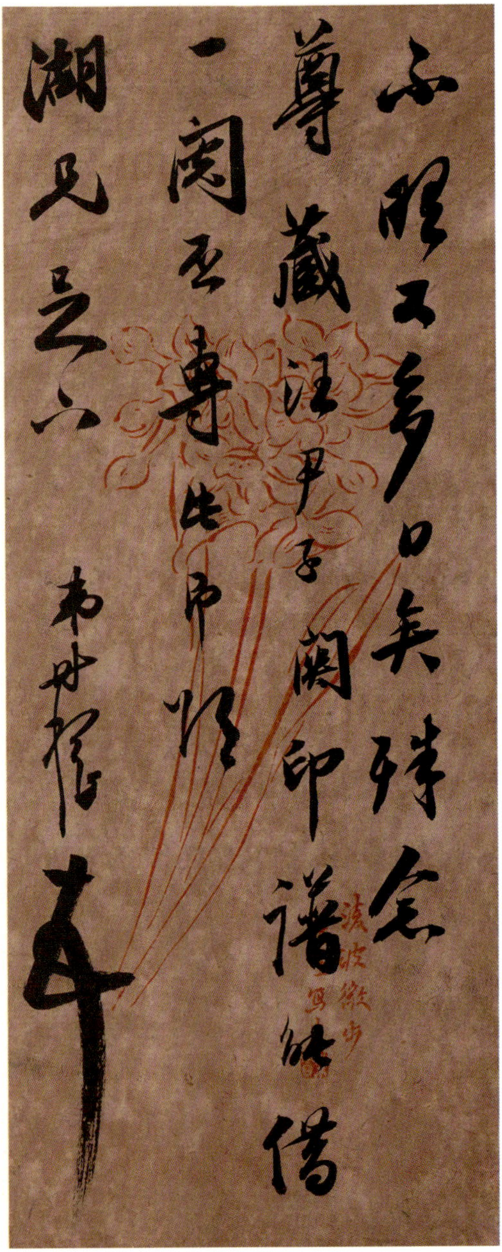

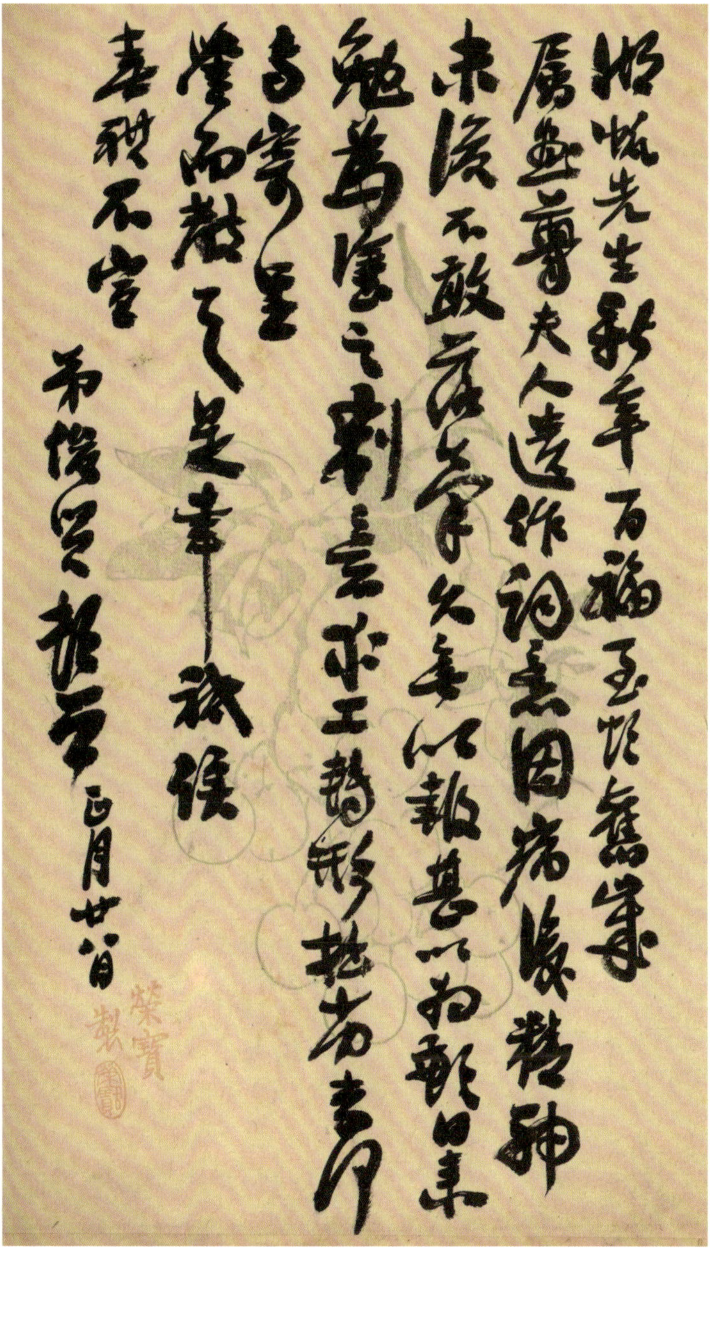
湘帆先生新年百福。玉照鑫寄
属画尊夫人遗作词意图,殊费精神。
来后不敢落笔,久未以报,甚以为歉。日来
勉为涂之,刻意求工,转形拙劣。素月
书寄呈
鉴而教之。足幸。顺颂
春祺不宣。
弟俊卿拜手 正月廿八日

湖帆先生鉴右日帖勒 寄激荐荐

属缓尊去人大作词意小幅固希教付通言

俗事每刻闲遇游半晨大失敬神之礼

但一段及趋荷惭愧兹特补画一帧附入

大册编事之用是为

将前帧搁田免仍身遥识笔而不

营谋诚如

迢安无急 和惟照之

弟□□□

二月四五□

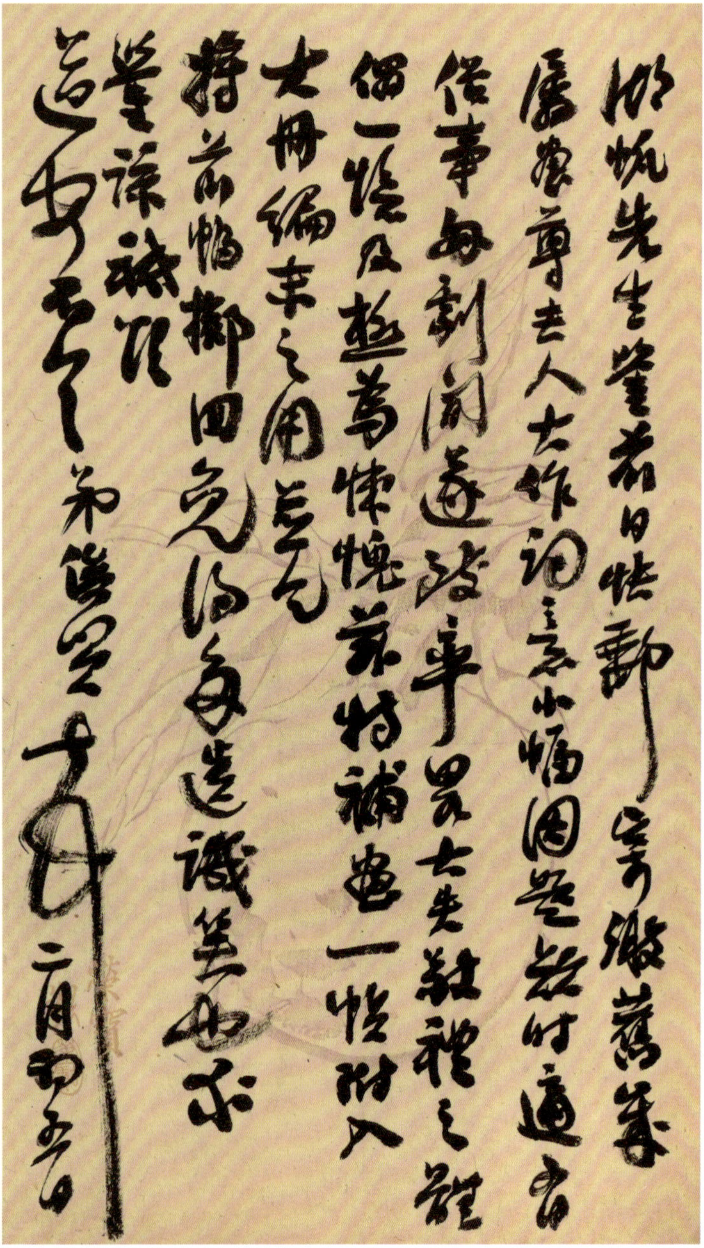

昨日戌芳君来

匆匆剥閲未将

未将原缄附上乘遽甫无悚愧

之之芬拾遺也

希伦鑒諒橋業

姜先生附卬後之久

肖十三日

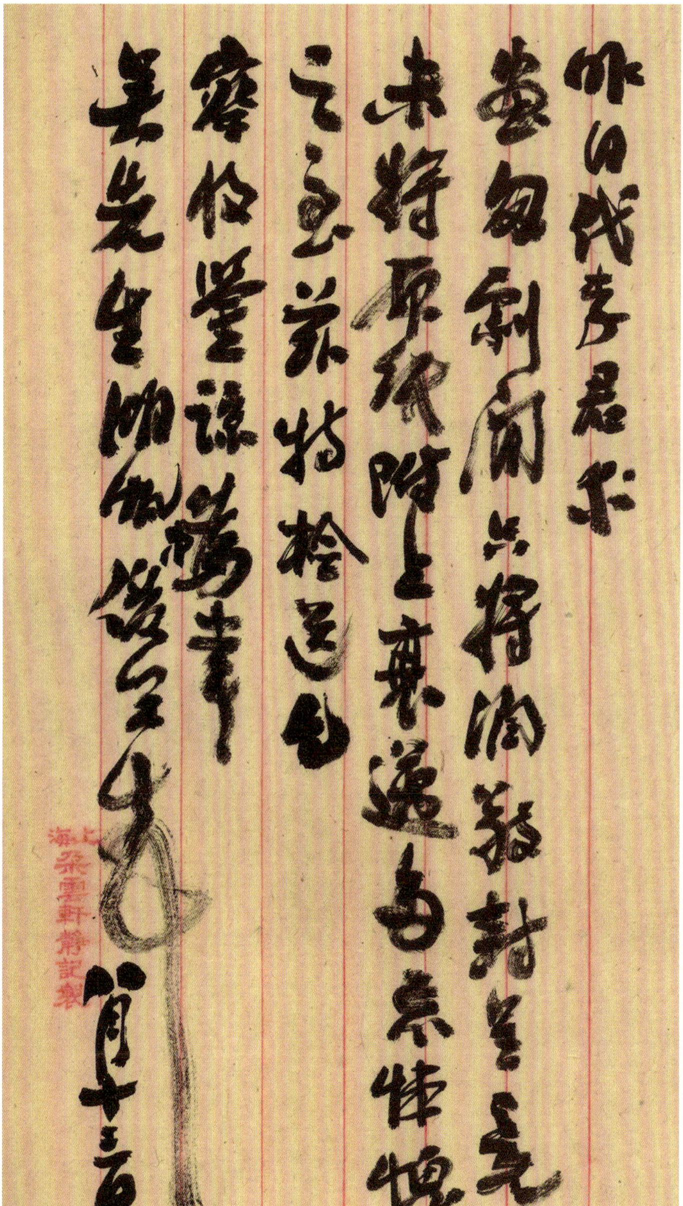

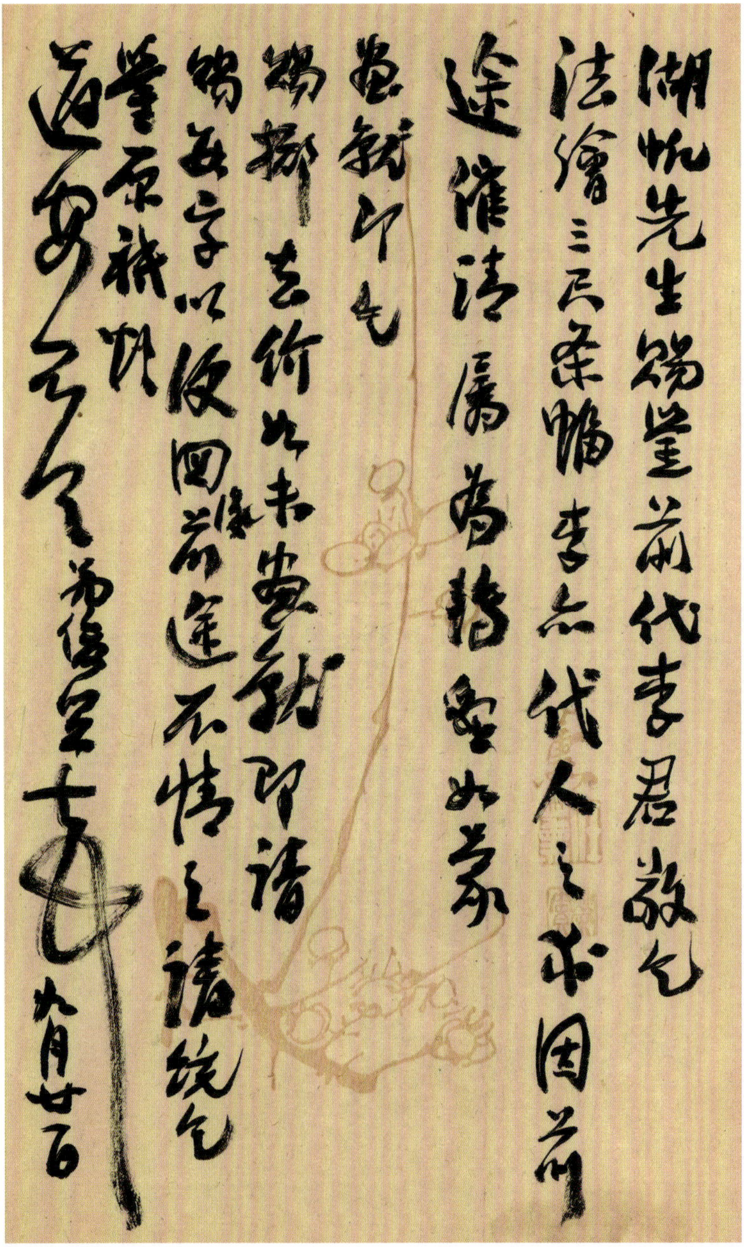

湖帆先生赐鉴：前代李君敬乞
法绘三尺条幅，李亦代人之求，因前
途催请，属为转恳。如蒙
惠允即乞
赐挥。艺术如未安钤印，请
赐签字，以便回復前途。不情之请，统乞
鉴原。祗颂
道安。弟[illegible]
九月廿日

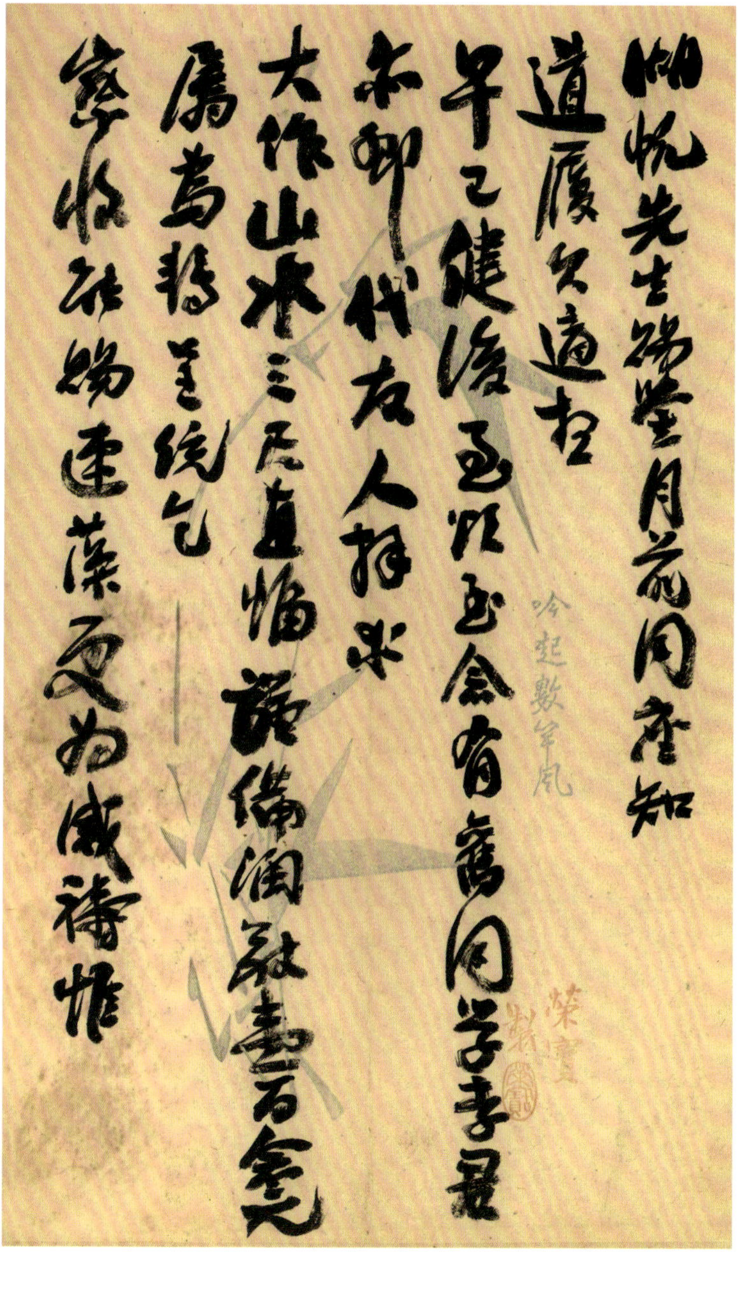
湘帆先生鉴月前同座知
道履冬適吉
早已健復至以為念有舊同學李君
永卿代友人拜求
大作山水三尺直幅請備潤款壽石念
屬為轉達統乞
察收能賜速藻更為感禱惟

吟起數竿風

尊洒极载妙一味廉拳势原至为来

桂及惟乞

陪承及之者特属补送了了不去

欣请

道安惟

笔云八二弟萧俊百再

吟起数窜乱

荣宝
斋製

原雨附上
盦阇不乃拜曰

肖十二日

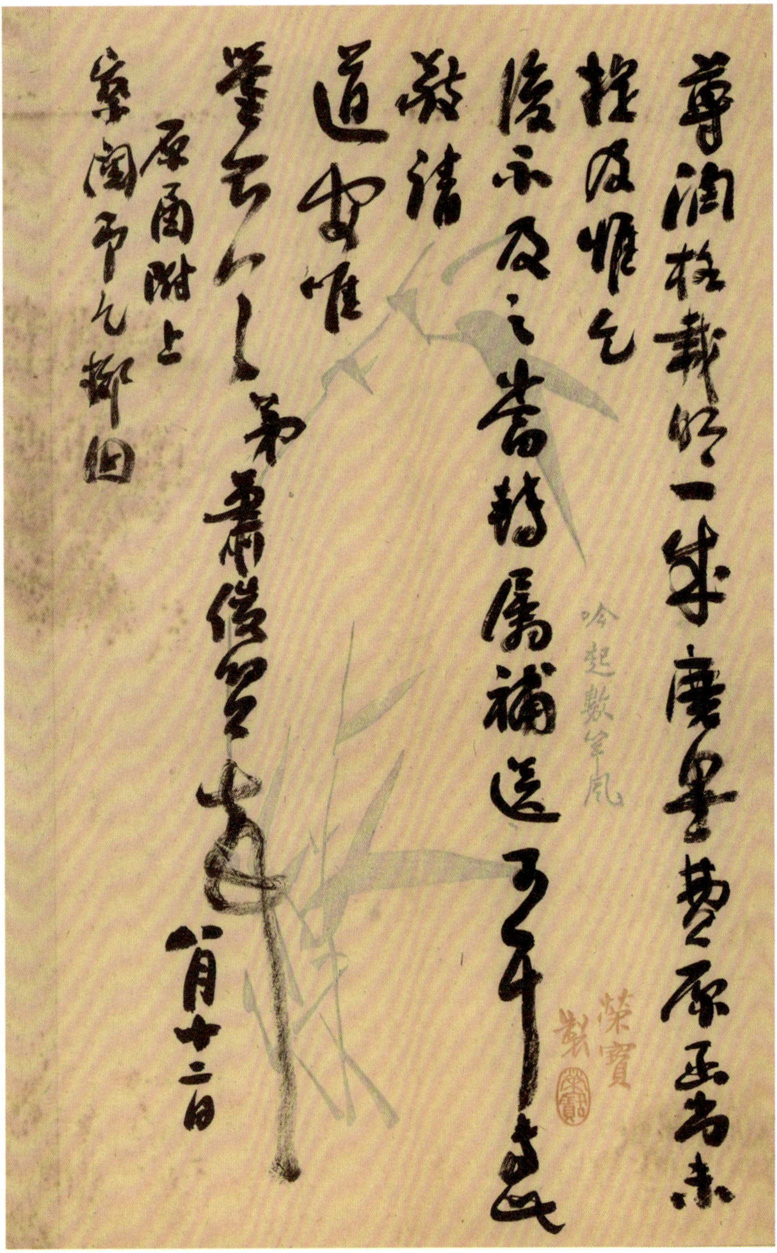

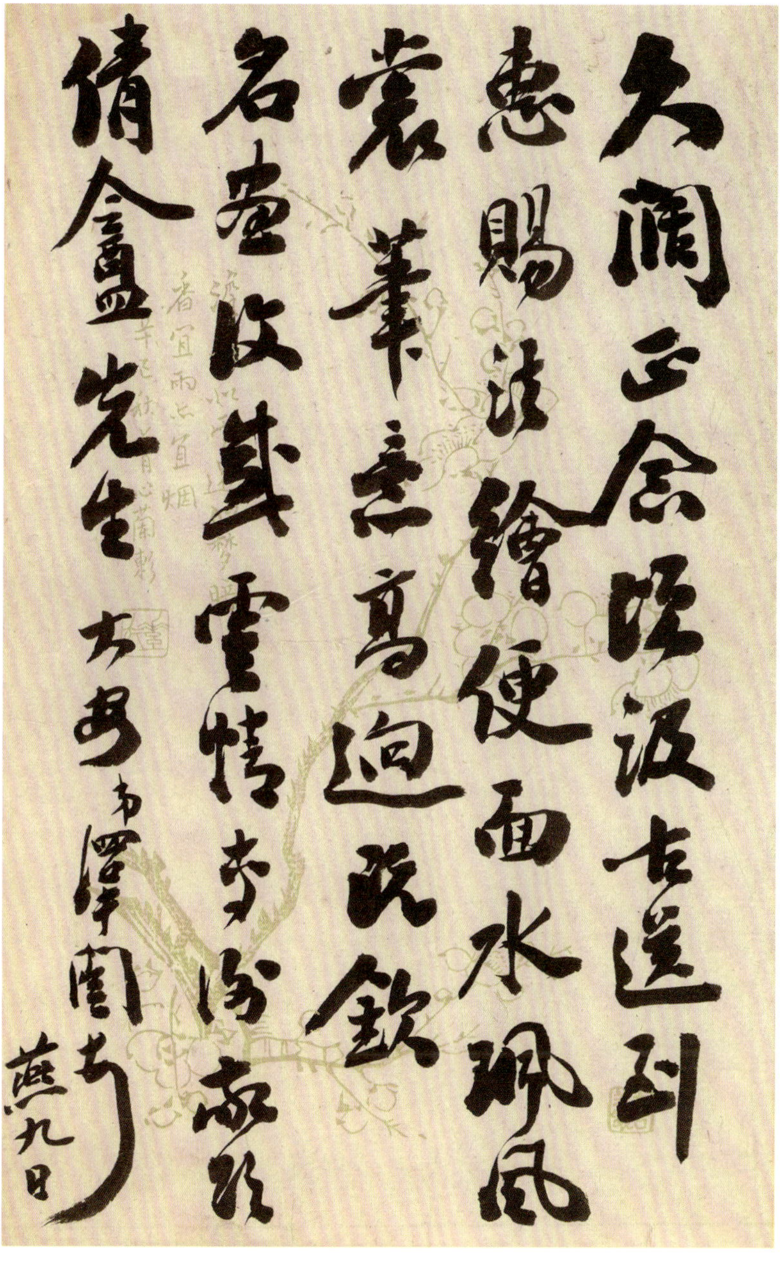
大簡正合蹤彼古道到
惠賜法繪使面水聆風
蒼茫筆意高迥致欽
名畫收其雲情專此敬頌
倩盦先生大安 弟澤園頓首
燕九日

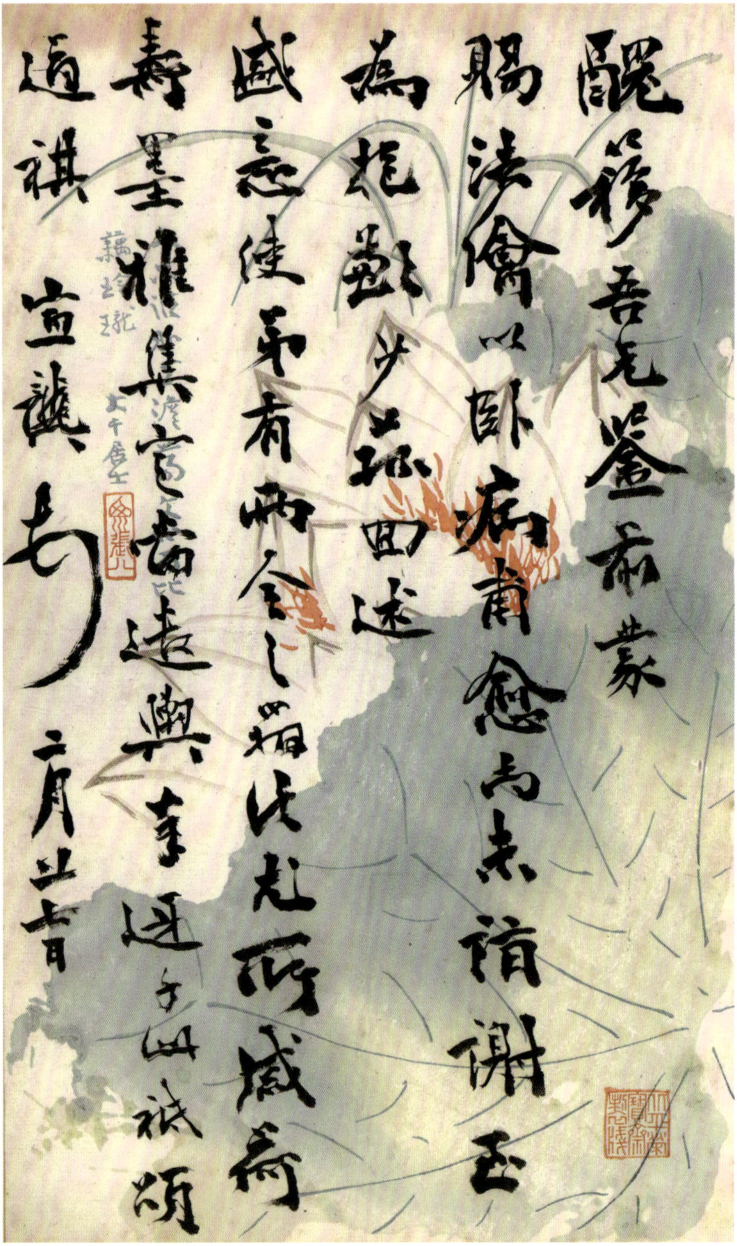

醜簃吾兄鉴：前蒙
賜法繪，以臥病甫愈，尚未諧謝，至
為抱歉。少遲面述
盛意，使弟有兩全之福，此尤所感荷。
壽墨擬集寓齋，遠與宰廷子山，祇頌
道祺。 宣龔手 二月廿七日

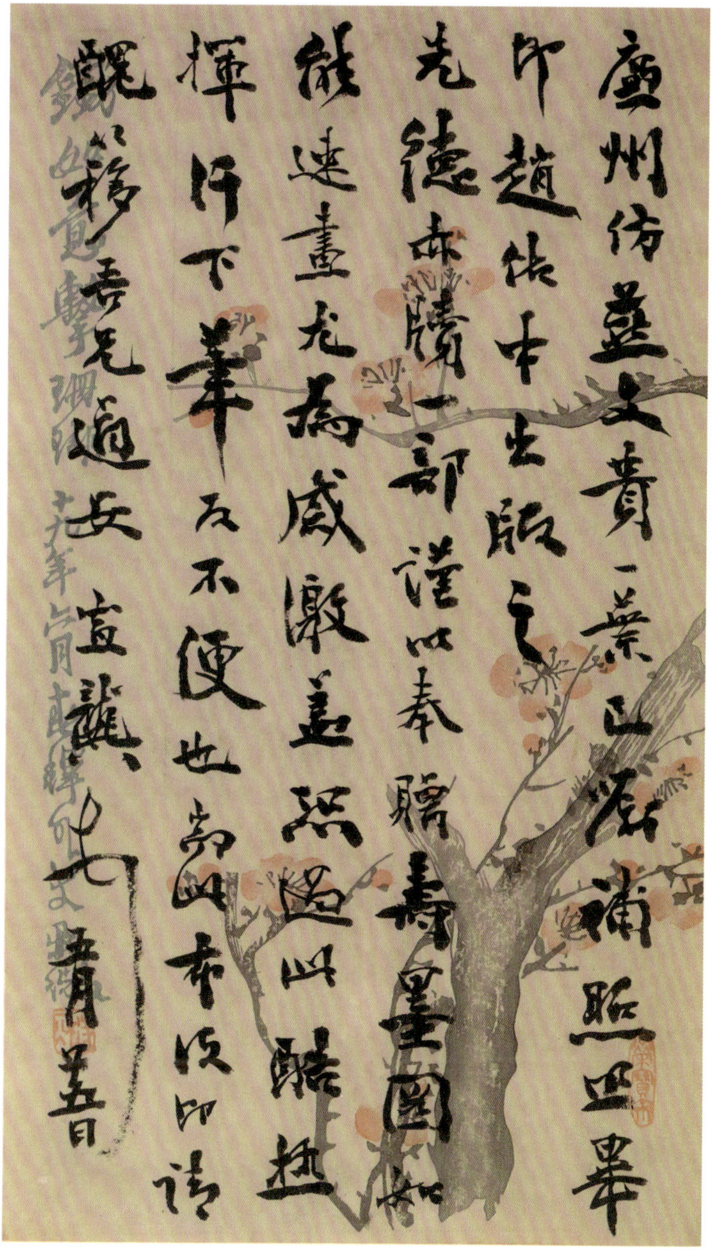
廣州仿畫文貴一葉已屬蒲照四畢
竹趙休中出版之
先德未賸一部謹以奉贈
壽墨圖如
能速畫尤為感激並照過以贈拙
揮汗下筆又不便也
為此奉復即請
覲移吾兄道安
宣龔
七五月廿五日

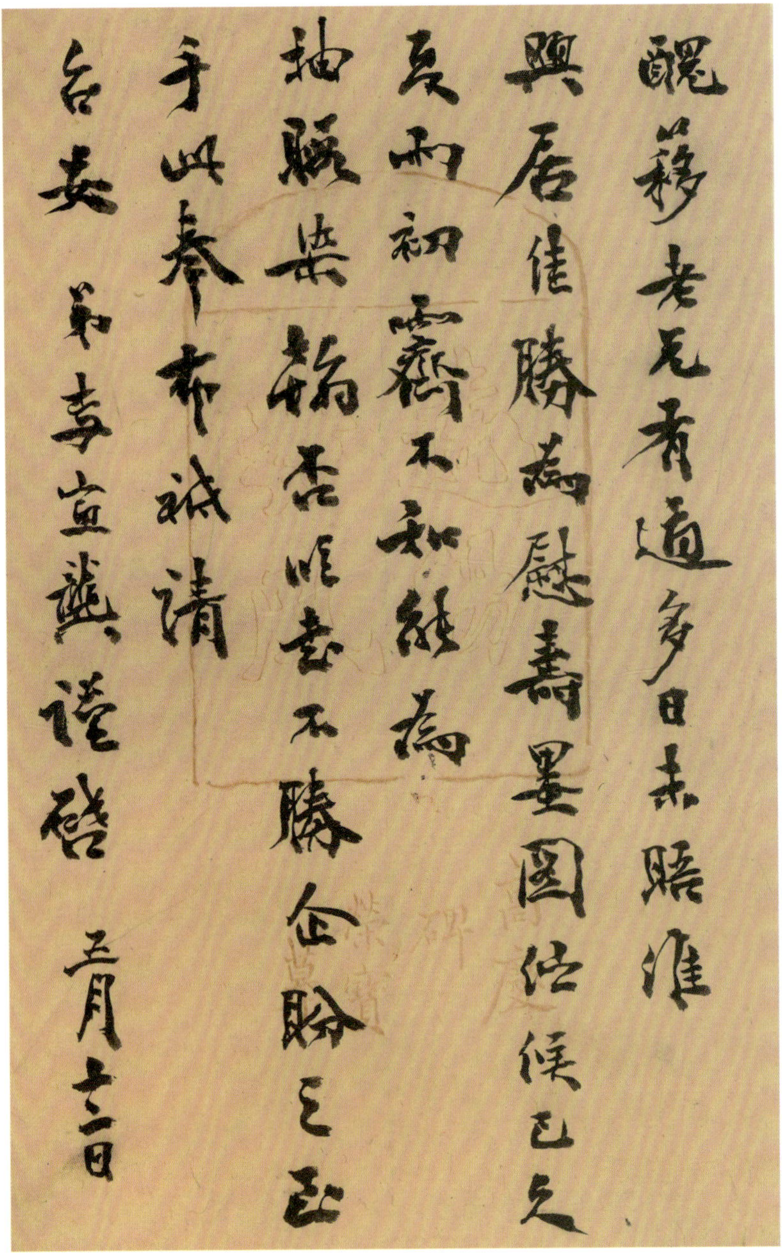
醒簃老兄有道：多日未晤，唯興居佳勝為慰。壽墨圖佇候已久，良雨初霽，不知能為抽暇染翰否？昨去不勝企盼之至。手此奉布，祗請台安。弟李宣龔謹啟 五月十二日

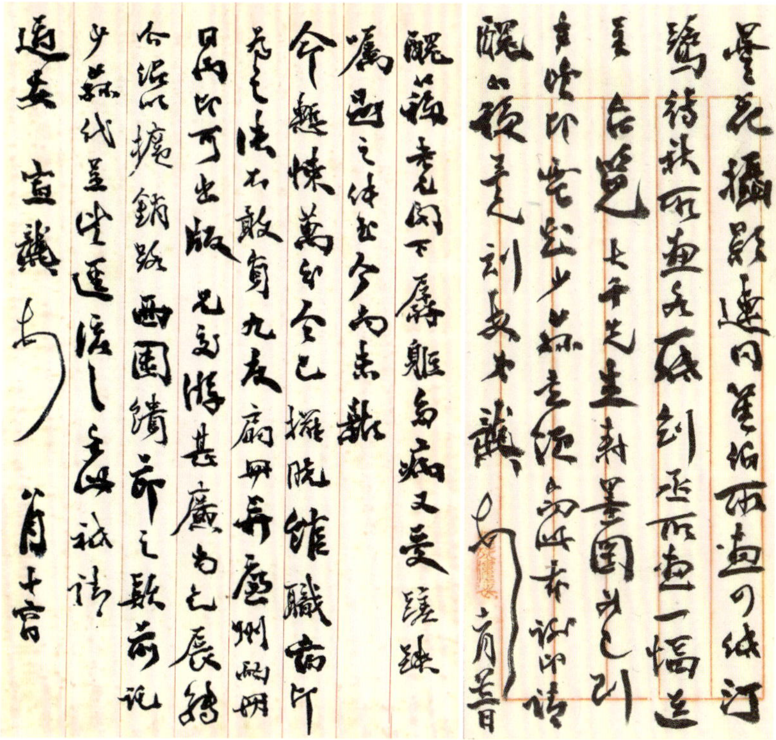

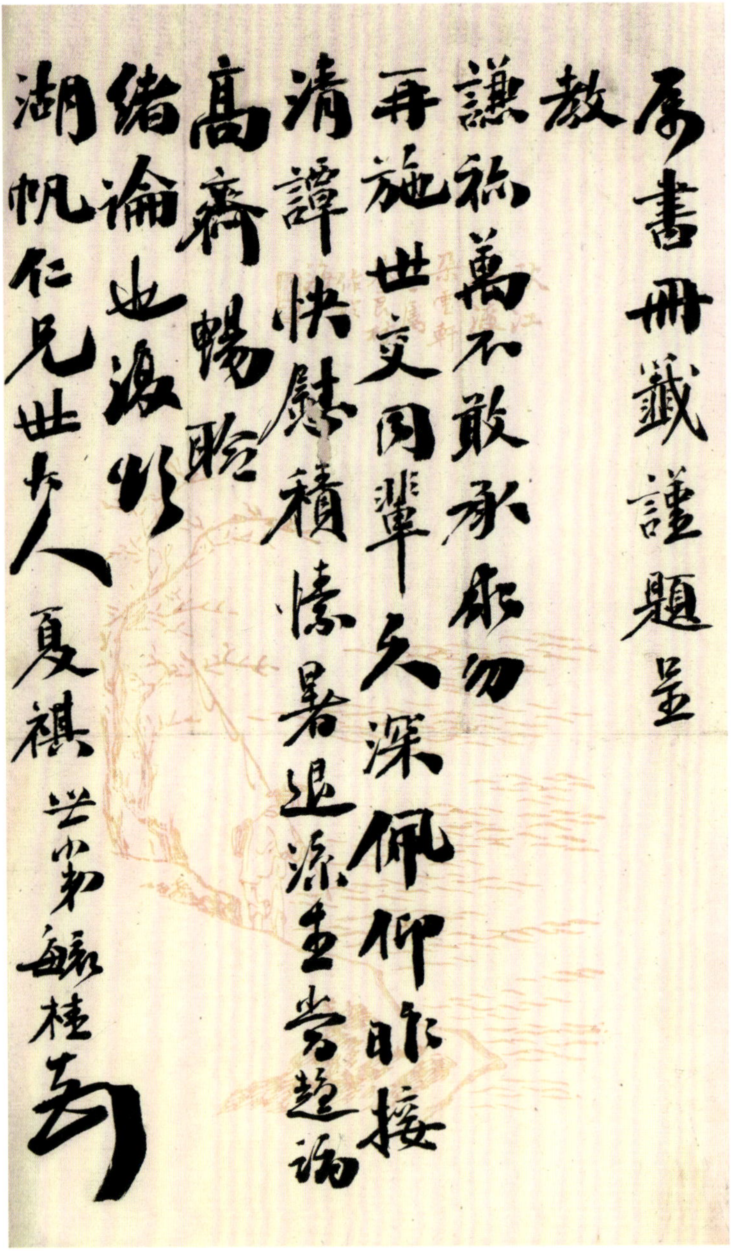
原書冊藏謹題呈
教
謙祈萬不敢承報切
再施世交同輩久深佩仰昨接
清譚快慰積懷暑退添生當趨謁
高齋暢聆
緒論也淺此
湖帆仁兄世大人 夏祺 世小弟毓桂頓首

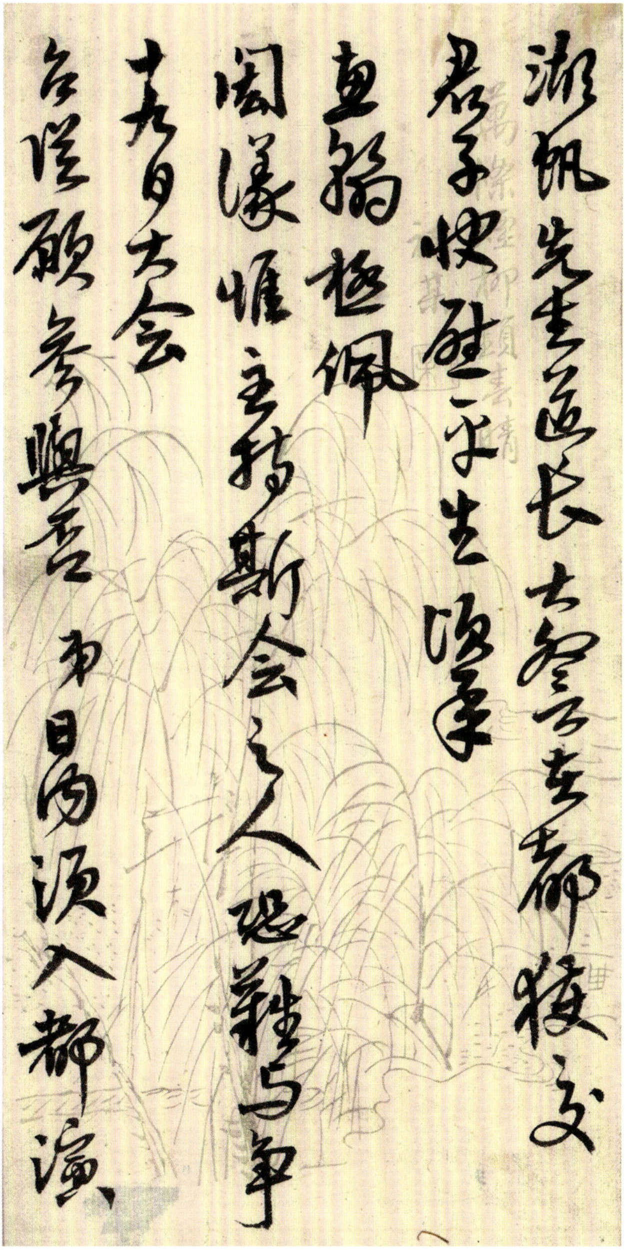

讲逐日霊艇泛道遍游碛砂后台话言

时搁先操其言如此音事立证为

然我难不以当然罒有罒讨论

然後到会吾兄故好里杭

兄如入都 清可霊張询昌最高法院

极事李君辩君便而都市容也

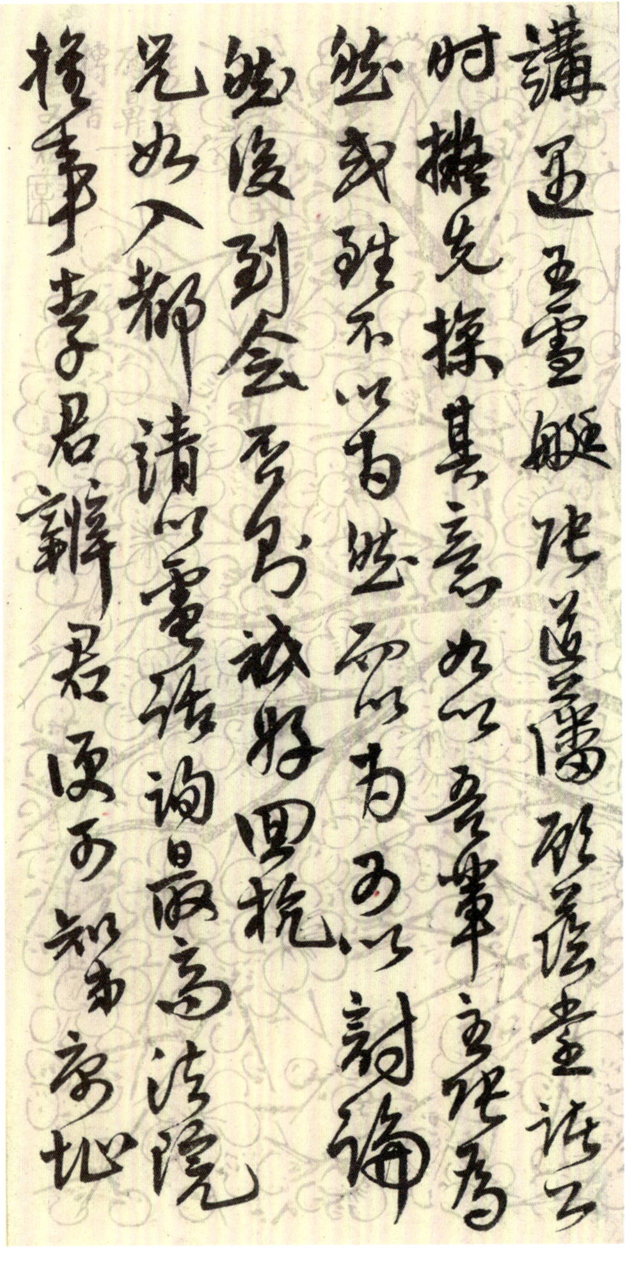

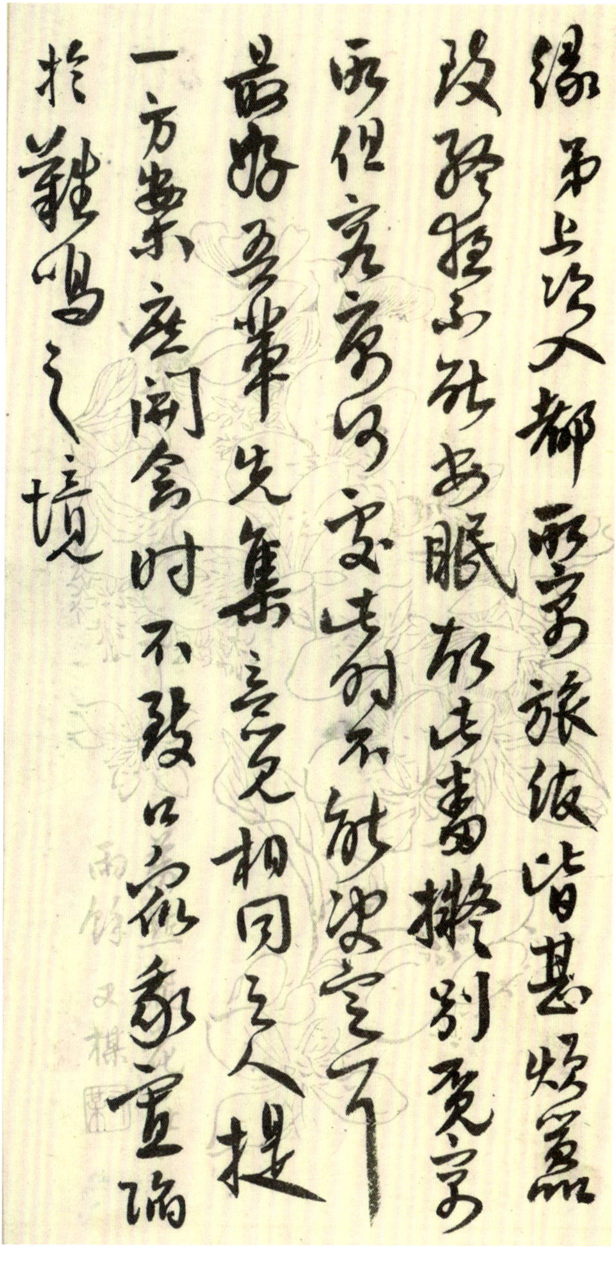
緣弟上次入都，兩家旅館皆甚煩囂，
殊覺擾不能安眠，故此番擬別覓寓
所，但京寓多變，時不能決定。
最好吾輩先集意見相同之人，提
一方案，庶開會時不致口衆紛論，
於雜亂之境。

尊兄如晤 芸皇 共宝心写图
不屑为也 即约其如入 格此推搽搽及竞事之事
此後会当多不顾 手
赐仲圭渔父图卷 精逸绝伦 雜影本
台肖神采 真惬为
笃斋 重镌也 多谢
道安 无复 弟绍宗 古

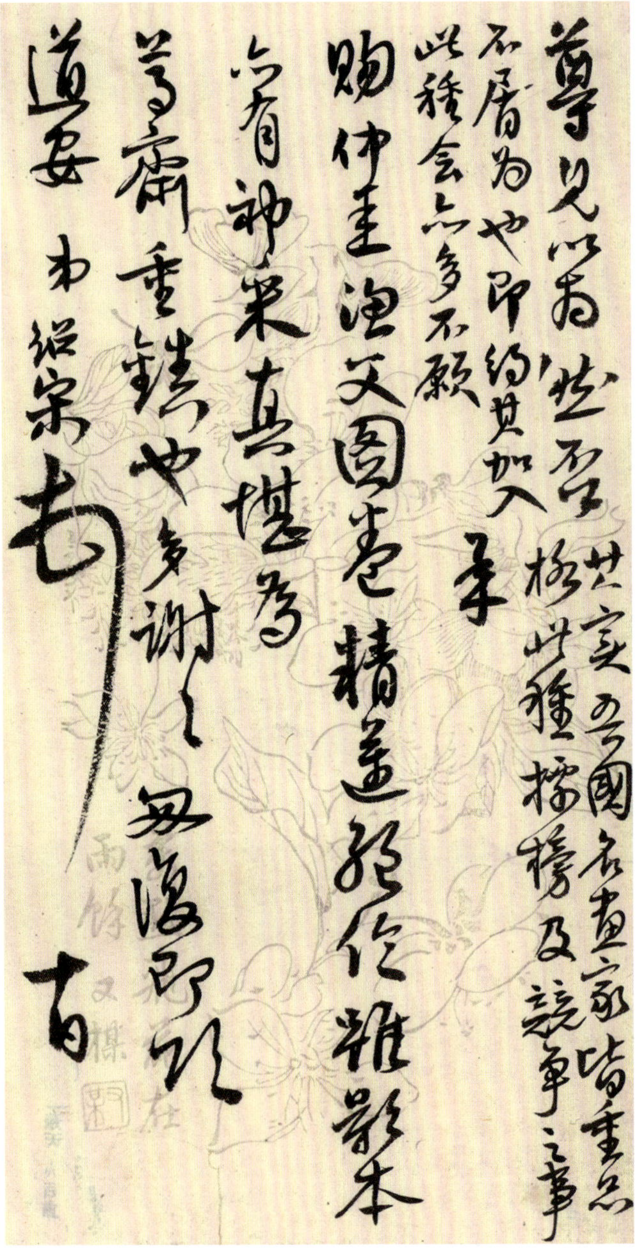

绍宗

湖帆室先生道鑒吏

王摶君也

惠二畫戟徘、想者作書即轉去而弟

附呈屬其不宜急催想此公怱于懷

悵矣頗恆貞畫遝

龍此陽弟書即候

著安

平綬夫

日吉

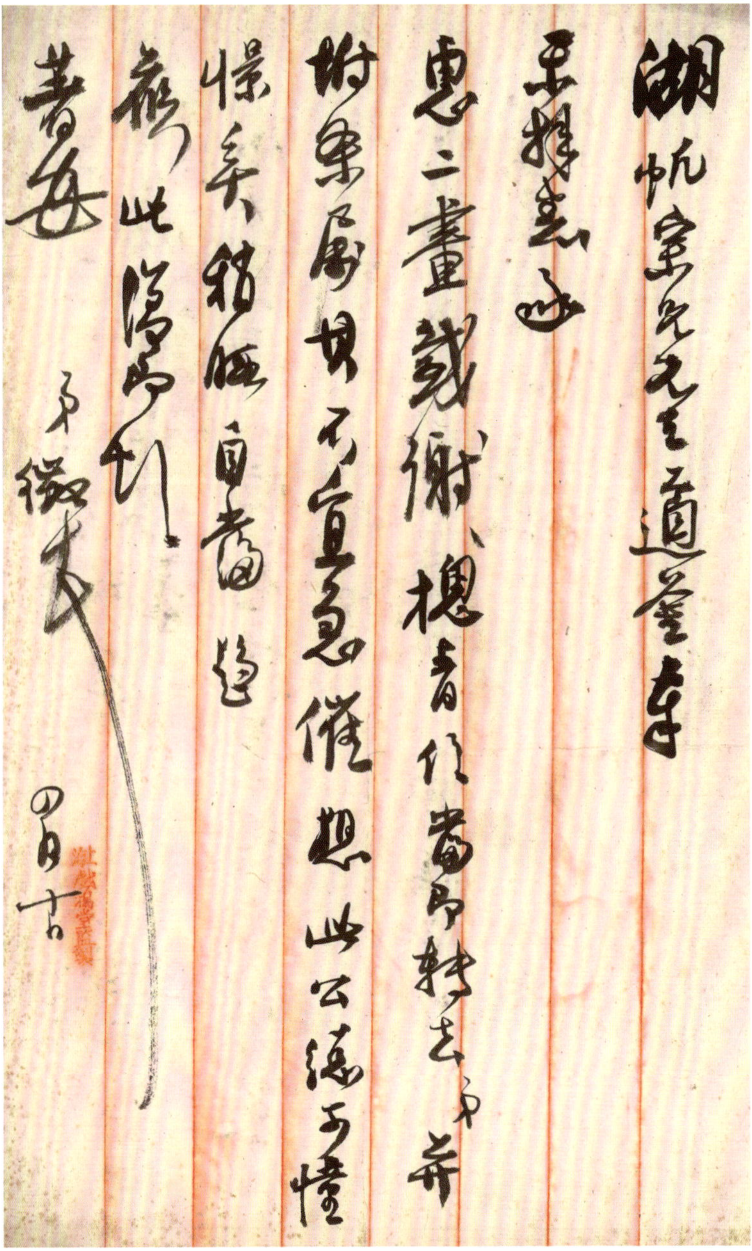

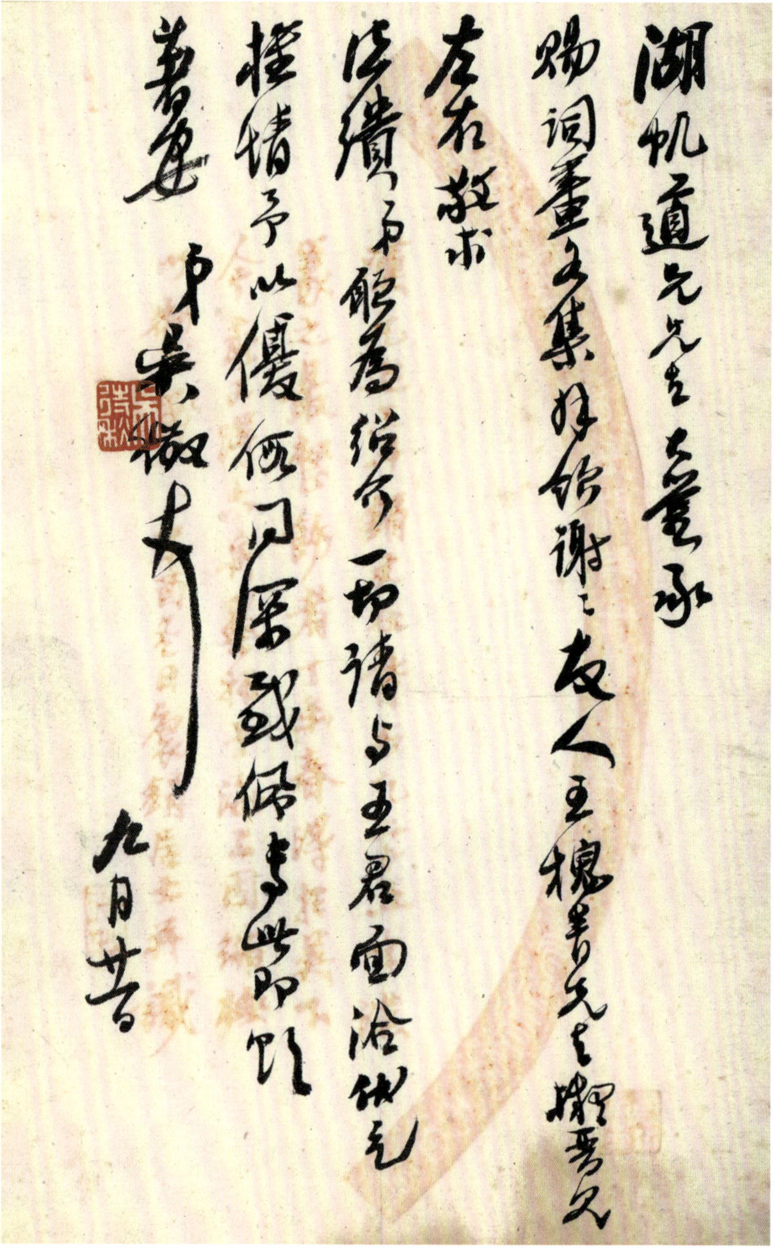
湖帆道兄先生大鉴：承
赐词画合集，拜领谢谢。友人王槐青先生拟要又
左右敎求
法绩，弟不能为绍介，一切请与王君面洽，能允
撰绩予以优价，同属感佩无既。
著安
弟吴徵顿首
九月廿四

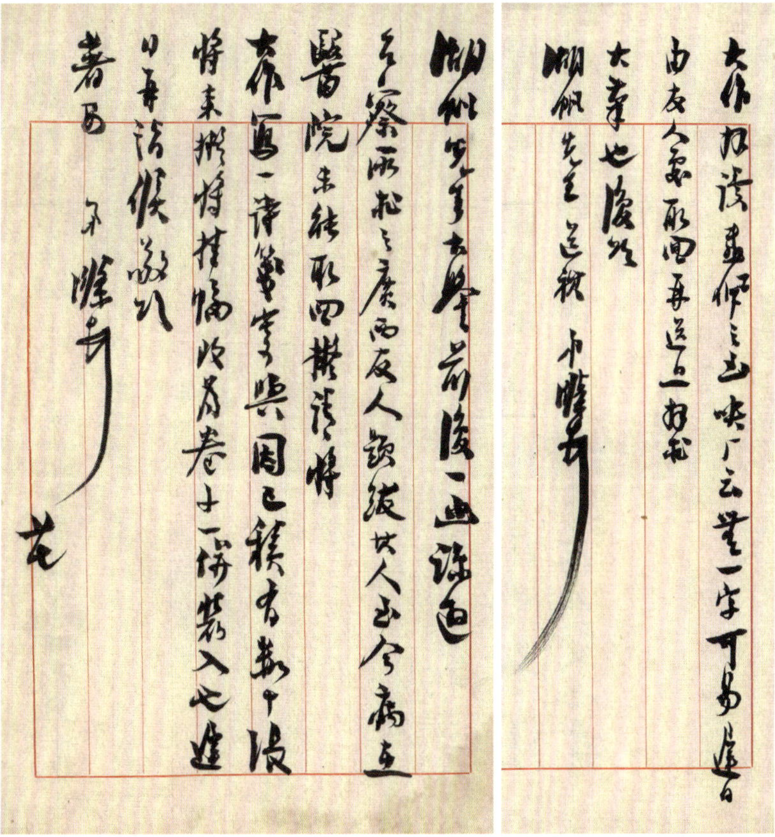

湖帆先生大鉴：前复一函谅达
左察。两札之广西友人钱绂女人，今病在
医院，未能取回拙诗，将
大作写一诗笺寄与。因已积有数十张，
将来拟将拙稿收为卷子一册，装入七进
日来请候
著安 弟 唯頓首
[illegible]

大作拟请[illegible]伊之题，吹厂云[illegible]一字可易[illegible]
由友人处取回再送上一[illegible]
大笔也[illegible]
湖帆先生 [illegible] 小唯頓首

符　铸（1881—1947）

邓春澍（1884—1954）

黄玄翁（1866—1940）

姜殿杨

沈长慰（1883—1953）

周南陔（1893—1967）

汤　中

江子诚

湖帆道兄左右：屢欲奉訪，輒輒不克
如願。前勞如何，數日從知好中詢悉
軆中已復康勝，想已健
拜翰。昨常來鄰友秦右鶴先生昨道
舍談及有求
法繪山水大幅四幅，又求花卉二家指
橫長者，又從西二事未敢復迫，對屢代
為商。近大幅四尺幅暫置不論，其求花

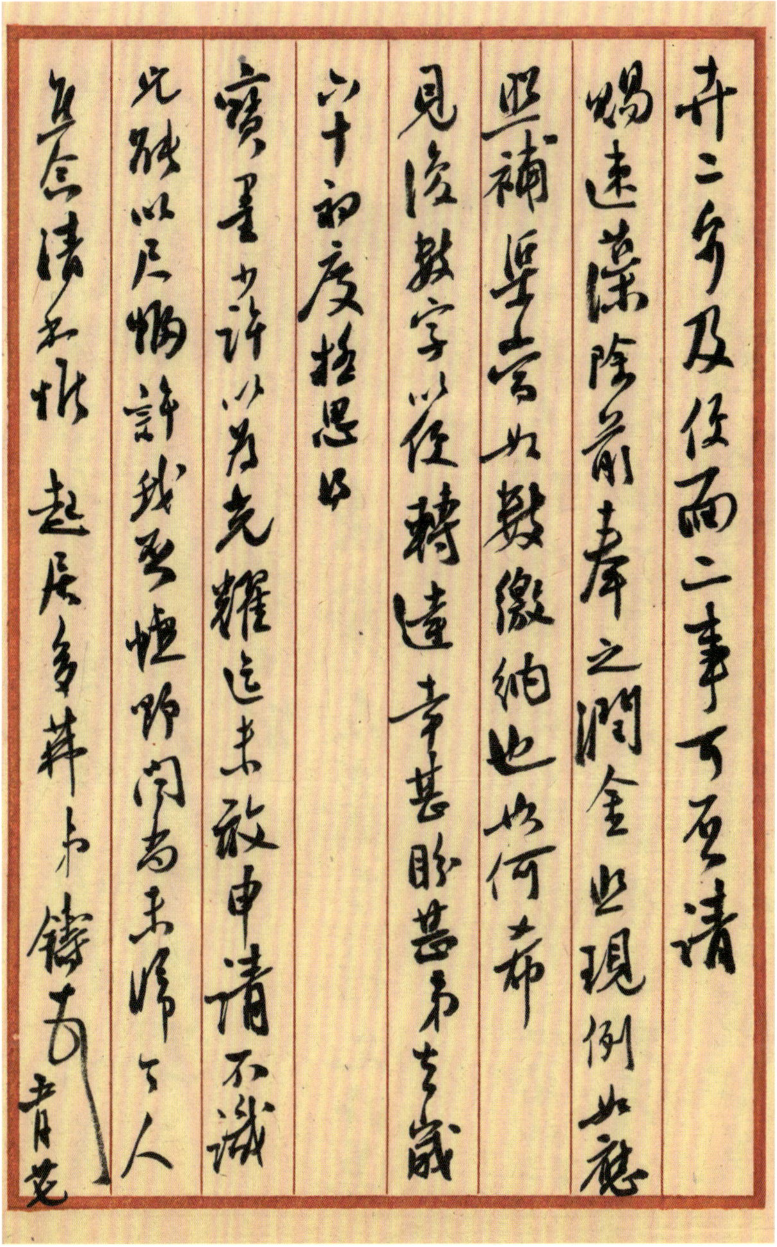

并二分及任两二事可否请
賜速藻除前奉之潤金也現例如聽
照補呈當如數繳納也如何希
見復數字以便轉達幸甚盼甚不宣歲
六十初度擬思以
寶墨如許以為光耀迭來函申請不識
允許以尺幅許我蜜螳路何當為之歸令人
台念清安不悉 趙尊岳拜上 鑄青芝

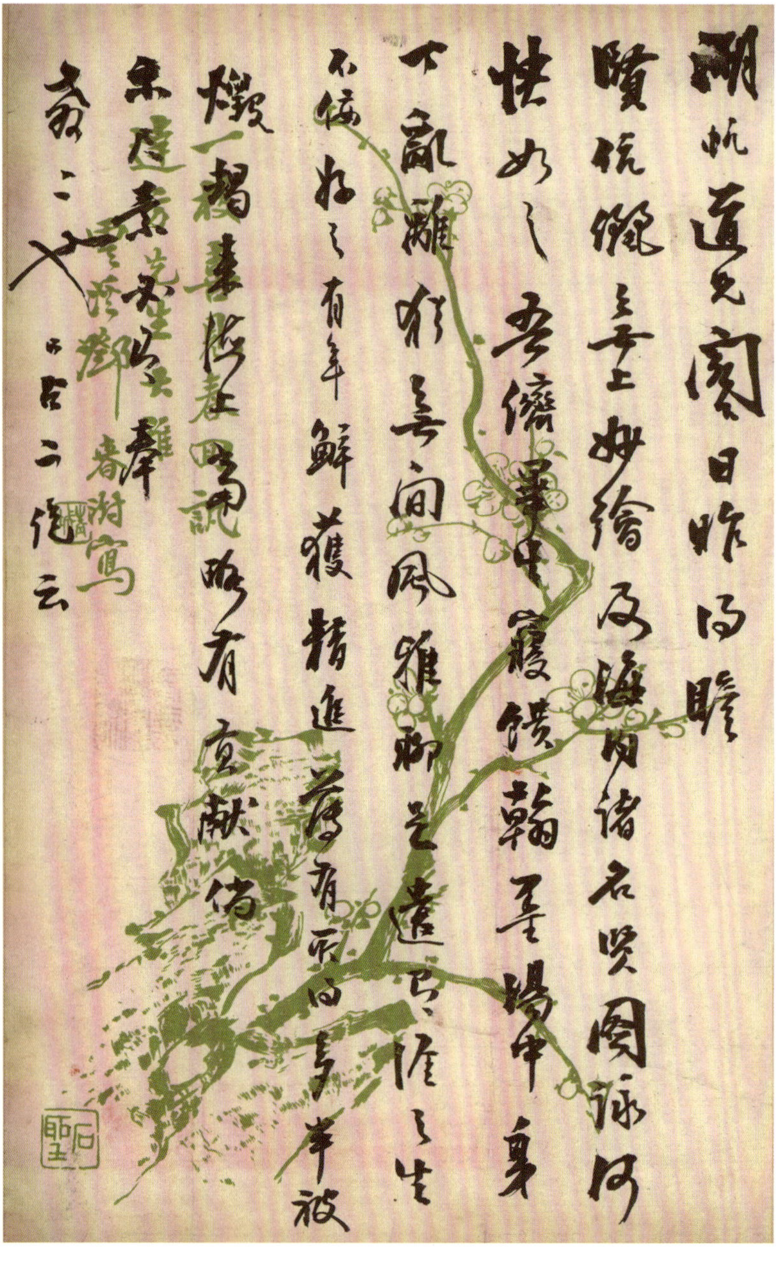
湖帆道兄阁下：日昨同瞻
隋侯[illegible]之上妙绘及海内诸名贤图咏，何
快如之！吾侪毕生寝馈翰墨场中，身
[illegible]乱离，[illegible]吾间风雅[illegible]遂[illegible]之，生
不[illegible][illegible]之有年，鲜获精进，[illegible]有所同，多半被
燬，一[illegible][illegible]读，略有[illegible]献[illegible]
[illegible]达素[illegible]奉
[illegible]二[illegible] [illegible][illegible]二[illegible]云

綠遍池塘草新詞唱奢春佩陵人己

香圖詠庠騎人

池塘綠滿草芊

唱遍江南莫混家黃山陽新己三年

詞句流傳樂惠速

卿悟一架又畫仰舩順川

台如一樹喜見春田

闲伴盦鏜天雅

雲淡御

春湖寫

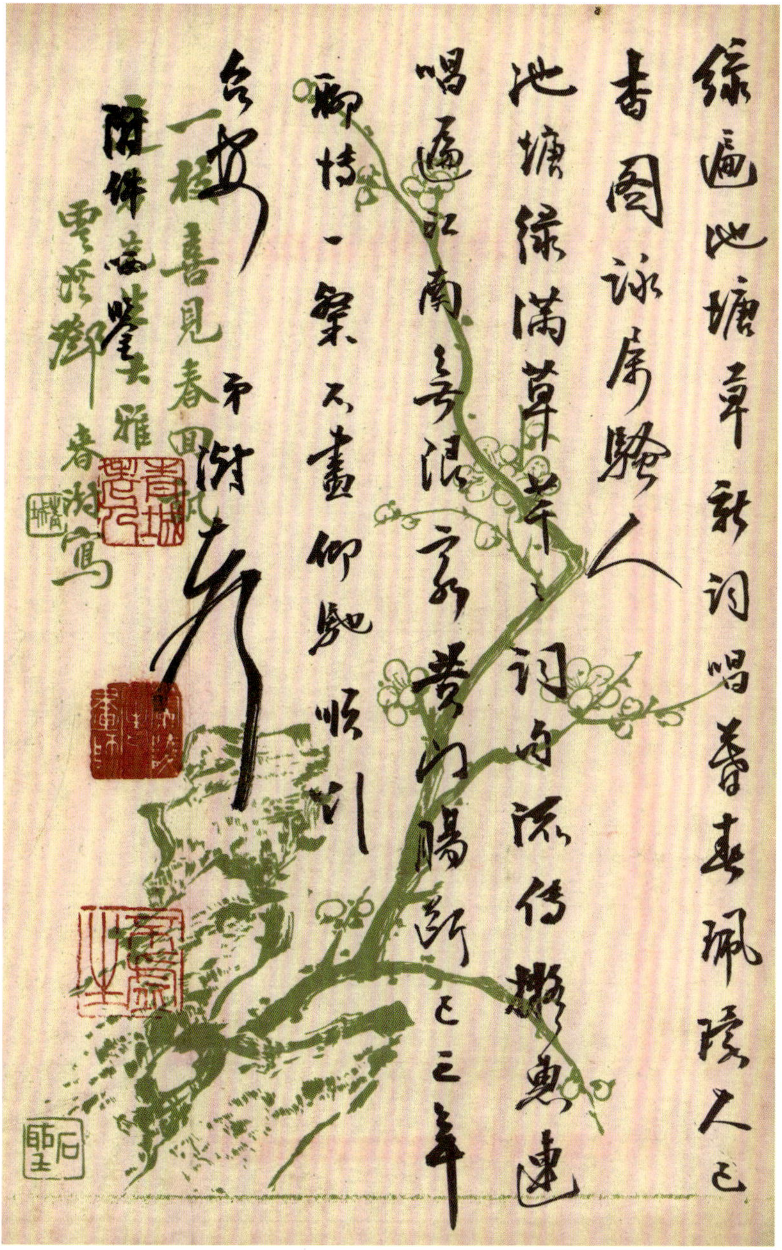

醜簃词人更始梅影吟之属题 迺集
午窗集中草窗绿意酱舞尽态之乐
喜词以供一粲即希郢正

迺集孑影病起 管风流中犹恨
我绣门字填多 梅影花神飘去
喜郎长倚 倚多有千秋印恨亭亭

丹青名荐 付与词咏情伤心情
淡々花蕊

眉妩镜影图圆壁月

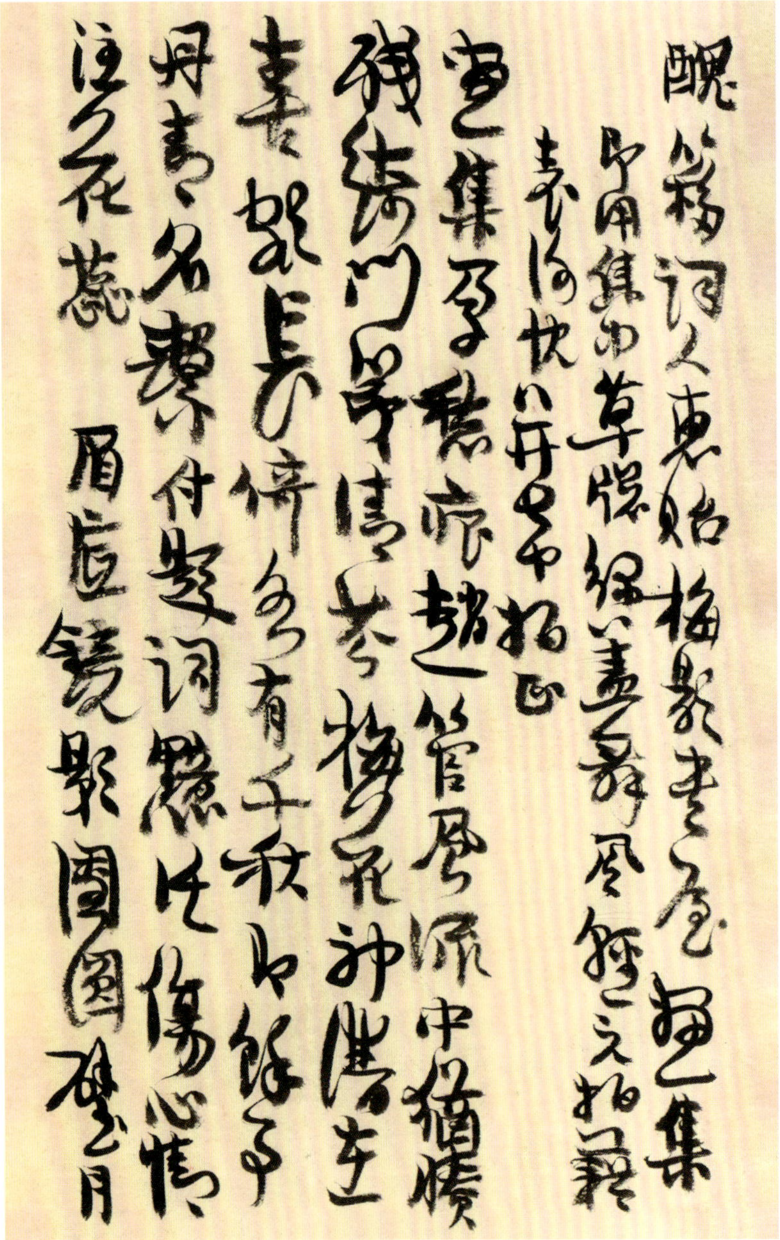

永夜輾轉　睡重衾如洗　黑甜

羽睡沉沉　鴻夢一醒春渚且梅窗

絲夢悠悠十餘逃陰堪寄　夢回初

鴛枕凹　香雲氣

三十六年　歲在丁亥冬初

黄庭堅草　侨辞書於松盦

今野久真寸戌午年七十有三

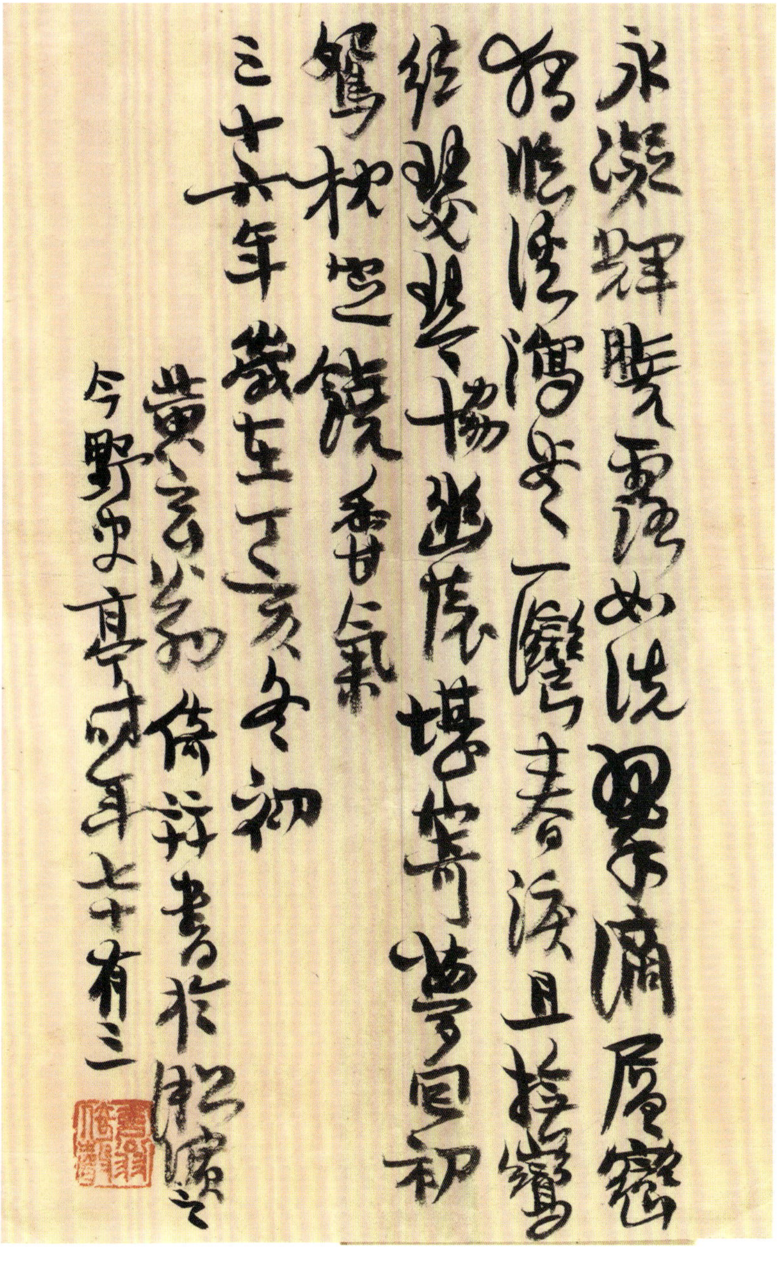

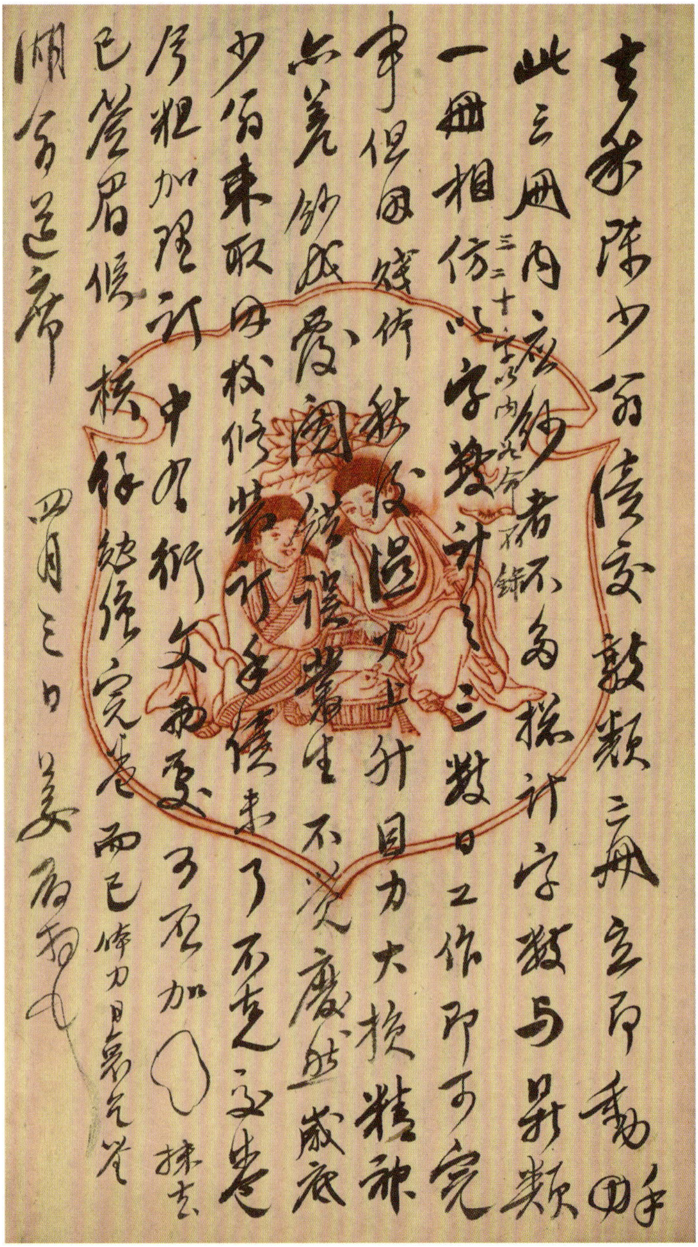

本家陈少翁信交敷数二册立即动手

此二册内或有缺者不为据计字数与册数

一册相仿以字数计之（三二十六字以内者合不録）三数日工作即可完

事但因钱件较多遇大上升目力大损精神

亦差钞成后因阅讫后叶生不次庋然岁底

少翁来取毋校后发计年信来了不去之患

兮粗加理计中见行文有变可否加○抹去

已尝眉候核后钞信完卷而已 侍力日衰完卷

湖兮道席

四月三日 姜筠拜

湖兄如見：別久念甚，頃展手示，欣慰莫名。日前為

令高足寫像，適因此間少至交，肯為我作率直之批

評，請伊費奉指示缺陷，也不圖未蒙詳明檢討，竟

受意外譽言揚，良用感愧。承 委補綴圖卷，極應從

命，惟懸手拙，有汙瑤品，恐為 帝易遂高明，幸 足下諒

之。弟殘年多病，逆境難堪，家居枯寂，藉以學畫自遣

耳。天寒氣喘時作，未敢出門，一俟春暖當來滬圖話，藉償積懷也。此頌

爐安

弟 [signature]

十二月十二日

草廬幾年門牌係新改

老門牌號是八十二

帆老賜鑒：昨在俱樂部遥瞻而談，聊似
積愫。先師法繪，感激莫名，贅答。示批
襟丑先代呈冊頁，備荷加賜清言，獎勵益
拜服。君蒙之惠，不止紀念多年交誼之域
中也。公真一人，實至名歸，斯之謂耶？阿所
好。順頌納福。四字假室繞寫給先祖語高明
自尋於天涯，名本虛浮，爭求豈實，繞倍淡
頌得利挽須失，不在抑揚，我只因即頌

天外一聲驚古物於此難聆有令心醉

貢我合博

以一笑置之許我乎如肯惠賜臨穎不勝

拜謝拜感慨之忱餘容面白藉頌

道安不宣 周劭陵謹狀 [illegible]廿五夜深燈下

附件一冊

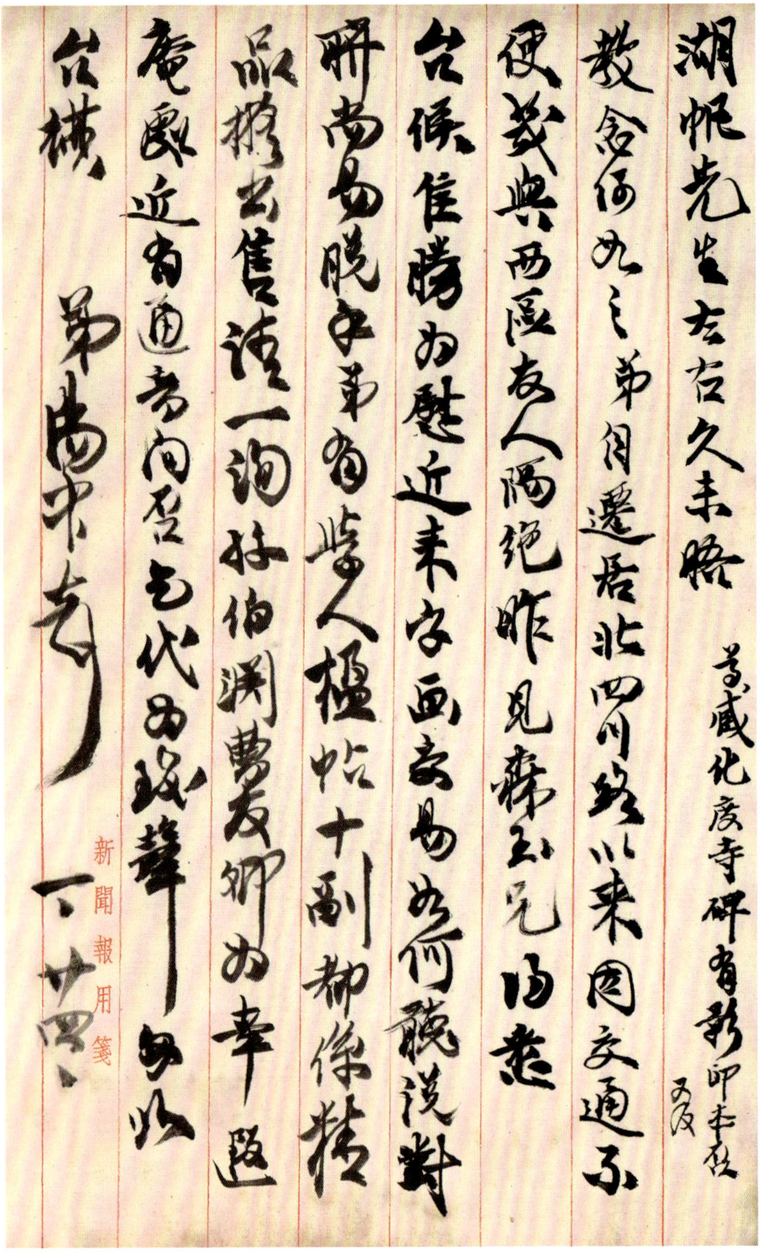
湖帆先生左右久未晤
尊藏化度寺碑有影印本否 乞及
教念何如之弟自遷居北四川路以來因交通不
便幾與西區友人隔絕昨見森玉兄謂尊
台候佳勝為慰近來字畫交易如何頗淡對
聯尚易脫手弟有吳人楹帖十副都係精
品擬出售請一詢於伯淵貴友卿為幸遐
庵處近有通音問否乞代為致聲手此
台祺 弟尚中頓首 一月廿四
新聞報用箋

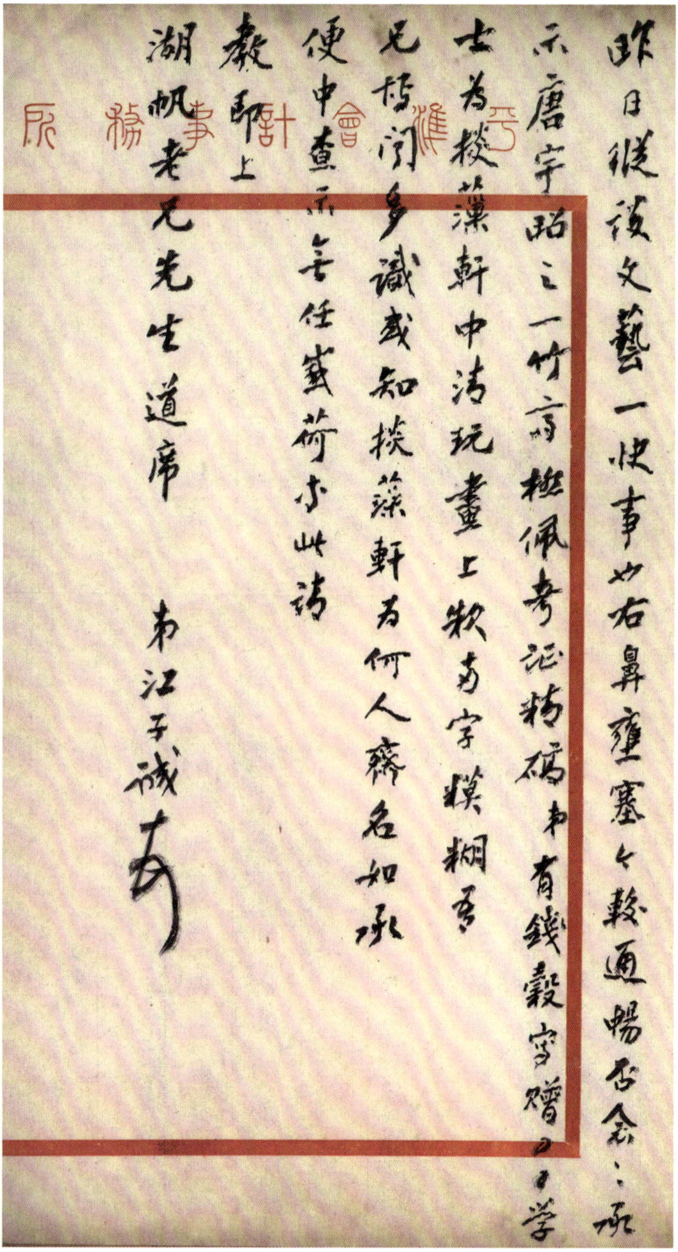

云進會計事務所

昨日縱談文藝一快事也右鼻壅塞已較通暢否念念承
示唐宋昭之一竹扇極佩考證精確中有錢穀寫贈[illegible]君學
士為摸藻軒中清玩畫上款書字模糊否
兄博聞多識或知摸藻軒為何人齋名如承
便中查示無任感荷專此請
教祺上
湖帆老兄先生道席
弟江子誠[illegible]

【吴湖帆师友书札】·中册·第五卷

书札释文

114

湖帆先生道鉴：别久，不欲以无事之身扰人，迄未趋谒。兹有渎者：往年弟卖文字时，邻居俞女士雅鹃为我助手者近十年，甚得其力。今渠侍奉病母，不能暂离，因之尚无职业，弟又无力为之介绍，兹闻上海美术馆常开展览会，意欲求公推爱援手，有机会时为安排一临时职员，如承留意，渠有前途矣。专恳，顺候起居安善。　弟钱崇威敬启。

一九五六、九、二九。

附俞女士简历一纸

115

湖帆仁兄大鉴：顷承鹤亭同年转致赐写《翠竹》扇一面，倜傥潇洒，实不可及。弟虽学写，有如小巫之见大巫，稍迟呈教，尚望不吝指示耳。肃此先谢，谦称万不敢当，敬颂撰绥。

愚弟衍鎏再拜。　五月十一日。

116/117

湖帆先生道席：频年契阔，积想成痗，抗尘走俗，遂疏报候。日昨刘定翁北来，远辱厚贶大集，好语如珠，清光满纸，上嗣周、姜，俯陵欧、柳，余子碌碌，靡足数也。弟于此道未窥藩篱，亦不敢妄肆雌黄，然展诵清词，觉俗气自洗，信高吟之移我情也，谢谢。鹤老闻已康复，向恐劳烦，不敢以书相询，唯属女辈趋候。兹读尊作之序，其精博迈往之气不减壮年，期颐之庆，必属此老，欣羡何极，晤时并乞道念。旧存墨一匣聊以伴函，即托定翁携上，不足供挥洒之需，更不足以言报琼也。沪上诸老想均康疆，敬烦致意为幸。专此，敬颂著祺，不宣。　弟邢端拜启。　六月卅日

118/119

湖帆先生鉴：顷自皖归，途中成倚声题《董美人志》，拙劣，希削正，如勉可附骥尾，再行录入册中。示敦煌写经卷值，商之前途，已允遵售。专此，祇颂道绥。　黄宾虹谨启。

十月廿五。

玉勾斜外金凫逝，衔出销魂字。娇娆何似宝儿娇，已是碧萤无焰照前朝。　洛神风韵簪花貌，笔阵欧虞早。君家更有丑奴儿，莫误东邻处子效西施。　调寄虞美人奉题湖帆先生藏《隋董美人志》，又《常丑奴志》亦精绝，故尾语及之。录呈郢正。　天都黄宾虹率稿。

120

湖帆先生道鉴：久疏音候，时切驰思，近维杖履优游，诸多清兴，忭甚忭甚。仆去秋旅浙属，拟来沪未果。兹有湘友刘烛宇君，雅嗜书画，夙仰清晖，留意古今真迹，浼笔作介，赐予晋接是荷。祇颂文绥。　宾虹拜上。

121/122

日前春申江上快晤教言，惠赐大著，文词宝绘，拜读之下，钦佩无已，拟即踵谢，因返杭匆遽未果，至歉。兹检旧拓古印小册伴函，祇候湖帆先生著绥。　宾虹拜上。

一九五四、十一、十七。

○123

丙子冬营生圹于超山梅花深处　论年正值鬼为邻（白香山诗：人生七十鬼为邻），我与梅花孰主宾。从此入山堪避世，不愁无地可容身。云中鸡犬玄都近（与道院为邻），却后沙虫白屋贫。岁晚墓门风雨里，一枝先报岭头春。　湖帆先生吟正　虞琴求是草

○124

湖帆我兄阁下：前蒙赐《绿遍池塘草图咏》，顷又惠《梅影书屋合作画册》，盛情稠叠，感谢感谢。午后晤恭甫兄，悉兄偶占小极，偕上层楼，适蝶梦栩栩，未敢惊扰。想节届清明，不无有所感触，还请自卫加餐，是为遥属。此谢，即颂痊安。弟期瀛顿首。　清明节。

○125

齐天乐　淞滨卅载遨游地，流光暗催人老。花甲初周，海桑几变，自诩脩然尘表，孤怀独抱。剩画本摩娑，吟窝谭笑。市隐萧闲，羡君高志薄温饱。　乡间相望尺咫，一椽成久客，留印泥爪。监古成图，先天纪节，都付清辞兰藻。东京乞巧，称赢得、前期岁华长葆。听取云璈，为君歌寿考。　芜词奉祝湖帆老兄六十寿，即希正拍。八十七弟姚虞琴倚声。

○126

湖帆仁我兄有道：一昨在馆承教，未尽所怀，藉知便面已荷染翰。昨至定之处取归，高简逾恒，所谓以少许胜人多多许，感佩兼极。专肃鸣谢，即请台安。　弟虞琴顿首。

○127

手教敬悉。欧碑今夜当书就，明日请巨兄来取可也。湖帆先生撰席　彝顿首。　九日杪。

○127

彝藏吉金文字一千余品，近日已分类装治成册，求湖帆先生赐画《松窗释篆图》，分冠各册之首。　世小弟褚德彝拜干。

○128

久未晤言，渴念之至。星期日下午三点专诚造访，乞在府小驻为荷。专此，即上湖帆先生撰席。　弟彝顿首。

○128

本月十日曾上一书，以属题《侯获碑》写竟请饬纪来取。近接涤舸先生书，知寄书尚未收到，甚为怅怅，务乞日内即饬人来取为荷。专此，即颂湖帆先生年禧。　弟彝顿首。　廿七日。

○129

日昨枉驾，失御为罪。十八日赐书亦以昨日接读，邮局迟误甚矣。《邕禅师碑》跋早已涂就，请饬纪来取，恐付邮靠不住也。　湖帆先生史席　弟彝顿首。

132/133

湖帆道兄鉴：前承手教，值弟胃病方作，未即作复。《疏景》词数日内必当草就（彊邨丈一词亦当试为之），所以不能践前言者，以弟自去腊讫今胃病时发时止，重以神经衰竭，交旧存殁之感纷触于怀，坐是弥觉心烦意乱耳。顷服西药，似有效验，吾兄所属之词终当力疾为之。《填词图》知已画成，欢喜无量，亟思一读以祛烦恼，一念及于对方之约，又不能不蹙然于中。现在为画计，极盼大驾早莅沪上，为词计即又深冀吾兄之稍稍迟来也，可为发笑。巨来闻已返申，辽阳道路太纡，衰亲在堂，不如来申为计之得耳。临颍神驰，伏惟珍卫百益。　弟幵顿首。　二月四日。

134

湖帆先生鉴：连日低寒，旧疾复作，承委之词坐是不能动笔。曩约逡遁，遂至稽误，歉惶何极。从者何日反苏？苏寓地址幸希示及，俾脱稿后可寄奉也。岁寒，伏惟珍卫。弟冯幵顿首。十二月十九日。

135/136

湖帆仁兄世大人阁下：多日不晤，正切驰思，忽奉大札，拜悉种一。巨来此行受人之愚，年轻人少阅历所致，舜举为人如是，南沙更不足论矣，兹将巨来二函附呈请览。此事全仗足下向穆公设法。伊一家全恃彼一人赡养，不何事只求先顾颜面再俟机缘耳。匆此草此，即颂年禧百益。　世愚弟赵时㭿顿首。　廿八日。　再，尊函先致，越数日方接巨来详细之函，故迟迟作答也。附呈致穆公一函，求足下转递乃感。

137

昨日约观碑帖，接尊函已五时矣，不及趋前饱此眼福也，怅何如之。专此，即颂湖帆吾兄道安。　十一月廿七晨弟时㭿顿首。　兄近日有所得否？容稍晴当趋谈也。又顿首。

138

不晤又多日矣，殊念。尊藏汪尹子关印谱能借一阅否？专此，即颂。　湖兄足下　弟时㭿顿首。

139

湖帆先生：新年百福，至颂。旧岁属画尊夫人遗作词意，因病后精神未复，不敢落笔，久无以报，甚以为歉。日来勉为涂之，刻意求工，转形拙劣，当即专寄呈鉴而教之是幸。祇候春祺，不宣。　弟俊贤顿首。　正月廿八日。

140

湖帆先生鉴：前日快邮寄缴旧岁属画尊夫人大作词意小幅，因题款时适有俗事，匆剧间遂致率略，大失敬礼之体，偶一忆及，极为悚愧。兹特补画一帧，附入大册编末之用，并乞将前幅掷回，免得多遗讥笑也，求鉴谅。祇颂道安，不宣。弟俊贤顿首。　二月初五日。

141

昨日代李君求画，匆剧间只将润敬封呈，竟未将原纸附上。衰迈多忘，悚愧之至。兹特检送，乞察收鉴谅为幸。　吴先生湖帆　弟俊贤顿首。　八月十三日。

142

湖帆先生赐鉴：前代李君敬乞法绘三尺条幅，李亦代人之求，因前途催请，属为转恳。如蒙画就，即乞赐掷去价，如未画就，即请赐数字以便回复前途。不情之请，统乞鉴原。祗请道安，不宣。弟俊贤顿首。九月廿一日。

143/144

湖帆先生赐鉴：日前同座，知道履欠适，想早已健复，至颂至念。有旧同学李君亦邨，代友人拜求大作山水三尺直幅，谨备润敬一百念元，属为转呈，统乞察收，能赐速藻，更为感祷。惟尊润格载明一成磨墨费，原函尚未提及，惟乞复示及之，当转属补送可耳。专此，敬请道安，唯鉴不宣。弟萧俊贤顿首。八月十二日。原函附上察阅，即乞掷回。

145

久阔，正念。顷汲古送到惠赐法绘便面，水珮风裳，笔意高迴，既钦名画，复感云情。专谢，敬颂倩盦先生大安。弟泽闿顿首。燕九日。

146

丑簃吾兄鉴：前蒙赐法绘，以卧病甫愈而未诣谢，至为抱歉。少苏回述盛意，使弟有两全之办法，尤所感荷。寿墨雅集定当邀舆奉迓。手此，祗颂道祺。宣龚顿首。二月廿七日。

147

廉州仿燕文贵一叶已嘱补照，照毕即赵。馆中出版之先德赤牍一部，谨以奉赠。《寿墨图》如能速画，尤为感激，盖恐过此酷热，挥汗下笔，反不便也。耑此布复，即请丑簃吾兄道安。宣龚顿首。五月廿五日。

148

丑簃老兄有道：多日未晤，维兴居佳胜为慰。《寿墨图》伫候已久，夏雨初霁，不知能为抽暇染翰否？临书不胜企盼之至。手此奉布，祗请台安。弟李宣龚谨启。五月十二日。

149

丑簃老兄阁下：孱躯多病，又受蹉跌，嘱题之件至今尚未报命，惭悚万分。今已摆脱馆职，当即为之，决不敢负。『九友』扇册并廉州两册日内即可出版，兄交游甚广，尚乞展转介绍，以扩销路。西园馈节之款前托少苏代呈，望径复之。手此，祗请道安。宣龚顿首。八月十六日。

149

昙花摄影连同笙佰所画四纸，汀鹭、待秋所画各一纸，剑丞所画一幅送呈台览。大千先生《寿墨图》如已到手，望即电知少苏走领。专此布谢，即请丑簃三兄刻安。弟龚顿首。十一月廿二日。

150

属书册签谨题呈教。谦称万不敢承，求勿再施。世交同辈，久深佩仰，昨接清谭，快慰积愫。暑退凉生，当趋谒高斋，畅聆绪论也。复颂湖帆仁兄世大人夏祺。世小弟毓桂顿首。

151/154

湖帆先生道长大督：在都获交君子，快慰平生。顷奉惠翰，极佩闳议，惟主持斯会之人恐难与争，十九日大会台从愿参与否？弟日内须入都演讲，遇王雪艇、张道藩、顾荫棠诸公时拟先探其意，如以吾辈主张为然，或虽不以为然而以为可以讨论，然后到会，否则只好回杭。兄如入都，请以电话询最高法院推事李君辨君，便可知弟寓址，缘弟上次入都所寓旅馆皆甚烦嚣，致终夜不能安眠，故此番拟别觅寓所，但究寓何处此时不能决定耳。最好吾辈先集意见相同之人提一方案，庶开会时不致口众我寡，陷于难鸣之境，尊见以为然否？（其实吾国名画家皆重品格，此种标榜及竞争之事不屑为也。即约其加入此种会，亦多不愿。）承赐仲圭《渔父图卷》，精迈绝伦，虽影本亦有神采，真堪为尊斋重镇也，多谢多谢。匆复，即颂道安。　弟绍宋顿首。　十日。

155

湖帆宗兄先生道鉴：奉示，拜悉，承惠二画，感谢感谢。槐青信当即转去，弟并附条属其不宜急催，想此公总可憧憬矣。稍暇自当趋候。此复，即颂著安。　弟徵顿首。　四月十日。

156

湖帆道兄先生大鉴：承赐词、画各集拜领，谢谢。友人王槐青先生拟晋见左右，敬求法绘，弟愿为绍介，一切请与王君面洽，伏乞推情予以优假，同深感佩。专此，即颂著安。弟吴徵顿首。　九月廿一日。

157

湖帆先生大鉴：前复一函，谅邀台察。所求之广西友人题跋，其人至今病在医院，未能取回，拟请将大作写一诗笺寄与，因已积有数十张，将来拟将挂幅改为卷子，一并装入也。迟日再诣候，敬颂著安。　弟涤顿首。　廿七。

157

大作拜读，感佩之至，吷厂云无一字可易，迟日由友人处取回再送上拜求大笔也。复颂湖帆先生道祺。　弟涤顿首。

160/161

湖帆道兄左右：屡欲奉访，种种不克如愿，我劳如何。数从知好中询悉体中已复康胜，想已能挥翰如常矣。邻友秦友鹤兄昨过舍，谈及有求法绘山水大幅四纸，又求花卉二纸稍狭长者，又便面二事，未敢促迫，特属代为商恳：大幅四纸暂置不论，其求花卉二纸及便面二事可否请赐速藻，除前奉之润金，照现例如应照补，渠当如数邀纳也。如何，希见复数字，以便转达，幸甚盼甚。弟去岁六十初度，极思得宝墨少许，以为光耀，迄未敢申请，不识兄能以尺幅许我否？蜨野闻尚未归，令人焦念。清和，惟起居多茀。　弟铸顿首。　五月廿七。

162/163

湖帆道兄阁下：日昨得瞻贤伉俪无上妙绘，及海内诸名贤图咏，何快如之。吾侪毕生寝馈翰墨场中，身丁乱离，犹无间风雅，聊足遣有涯之生。不佞好之有年，鲜获精进，薄有所得，多半被毁。朅来海上，当略有贡献，倘示尺素，必即奉教一一也。口占二绝云：绿遍池塘草，新词唱暮春。佩环人已杳，图咏属骚人。　池塘绿满草芊芊，词句流传拟惠连。唱遍江南无限客，黄门肠断已三年。聊博一粲，不尽仰驰。顺颂台安。　弟澍顿首。附件哂鉴。

164/165

丑簃词人惠贻《梅影书屋画集》即用集中草窗《绿盖舞风轻》元拍藉表谢忱并希拍正　画集孕愁痕，赵管风流，中犹剩残绮。门第清芬，梅花神谱在，喜颇长倚。各有千秋，即余事、丹青名系。付题词，黯托伤心，情注花蕊。　眉底，镜影团圆，璧月永凝辉，晓露如洗。翠滴层峦，独临溪、泻尽一湾春泪。且扶鸾结，瑟琴协、幽怀堪寄。梦回初，鸳枕定饶香气。　三十六年岁在丁亥冬初黄玄翁倚并书于淞滨之今野史亭，时年七十有三。

166

去秋陈少翁续交敦类三册，立即动手。此三册内应钞者不多，总计字数与鼎类一册相仿（三二十字以内如命不录），以字数计之，三数日工作即可完事，但因贱体秋后湿火上升，目力大损，精神亦差，钞成覆阅，错误丛生，不觉废然。岁底少翁来取，因校修装订手续未了，不克交卷。今粗加理订，中有衍文两处，可否加〇抹去，已签眉候核，余勉强完卷而已。体力日衰，乞鉴。　湖翁道席　四月三日。　姜殿扬顿首。

167

湖兄如见：别久，念甚，得展手示，欣慰莫名。日前为令高足写便面，因此间少至交肯为我作率直之批评，请伊带奉指示缺陷也，不图未蒙详明检讨，竟受意外誉扬，良用感愧。承委补缀图卷，极应从命，惟恐手拙有污珍品，尚希另选高明，幸足下谅之。弟残年多病，逆境难堪，家居枯寂，只得学画自遣耳。天寒，气喘时作，未敢出门，一俟春暖，当来沪图晤，藉罄积愫也。即颂炉安。　弟慰顿首。　十二月十二日。

尊处几号门牌便祈示及。老门牌是否八十二？

168/169

帆老赐鉴：昨在俱乐部逞臆而谈，聊倾积愫，允赐法绘，感激莫名。兹遵示托襟亚兄代呈册页，倘荷加赐法书数行，益拜启愚蒙之惠，不止纪念多年交谊也。域中今日，公真一人，实至名归，斯言弗阿所好。顺时纳福（四字假宣统写给先祖语），高明自得于天，况名本虚浮，争求岂容侥幸，时偶利钝得失不在抑扬，我非昂头天外，一瞥万古，特于此点略有会心，愿贡狂言博公一笑，其许我乎？匆肃专恳，临颖不胜拜谢并感慨之忱，余容面白。敬颂道安，不尽。　周南陔谨状。

六月廿五日夜深灯下。　附件一册。

170

湖帆先生左右：久未晤教，念何如之。弟自迁居北四川路以来，因交通不便，几与西区友人隔绝。昨见森玉兄，得悉台候佳胜为慰。近来字画交易如何？听说对联尚易脱手，弟有学人楹帖十副，都系精品，拟出售，请一询孙伯渊、曹友卿为幸。遐庵处近有通音间否？乞代为致声。匆颂台祺。　弟汤中顿首。　一、廿四。　尊藏《化度寺碑》有影印本否？又及。

171

昨日纵谈文艺，一快事也。右鼻壅塞今较通畅否？念念。承示唐宇昭之一竹斋，极佩考证精碻。弟有钱谷写赠〇〇学士，为掞藻轩中清玩，画上款两字模糊，吾兄博闻多识，或知『掞藻轩』为何人斋名，如承便中查示，无任感荷。专此请教，即上湖帆老兄先生道席。　弟江子诚顿首。

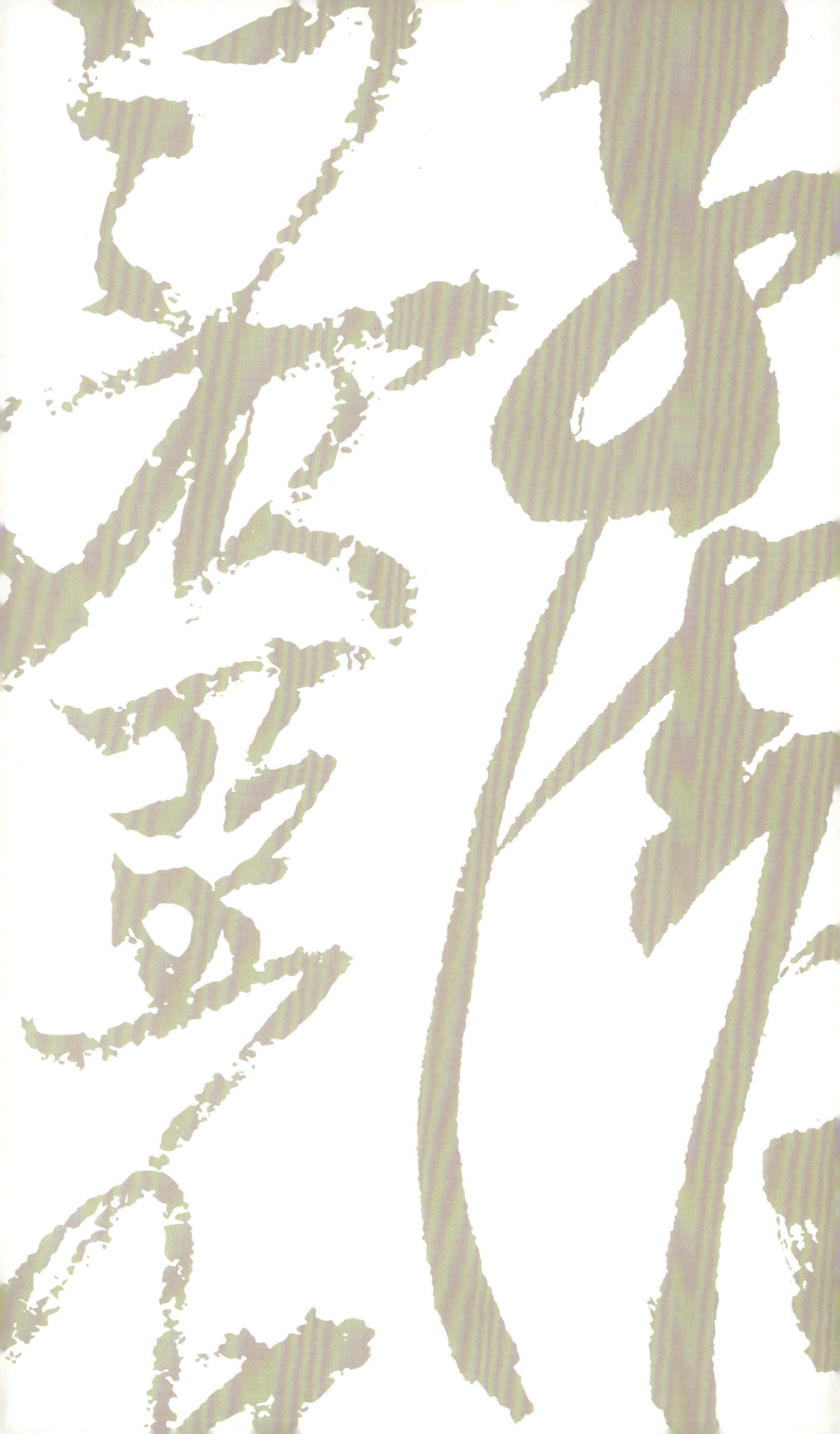

陈子清（1895—1946）

颜亚伟

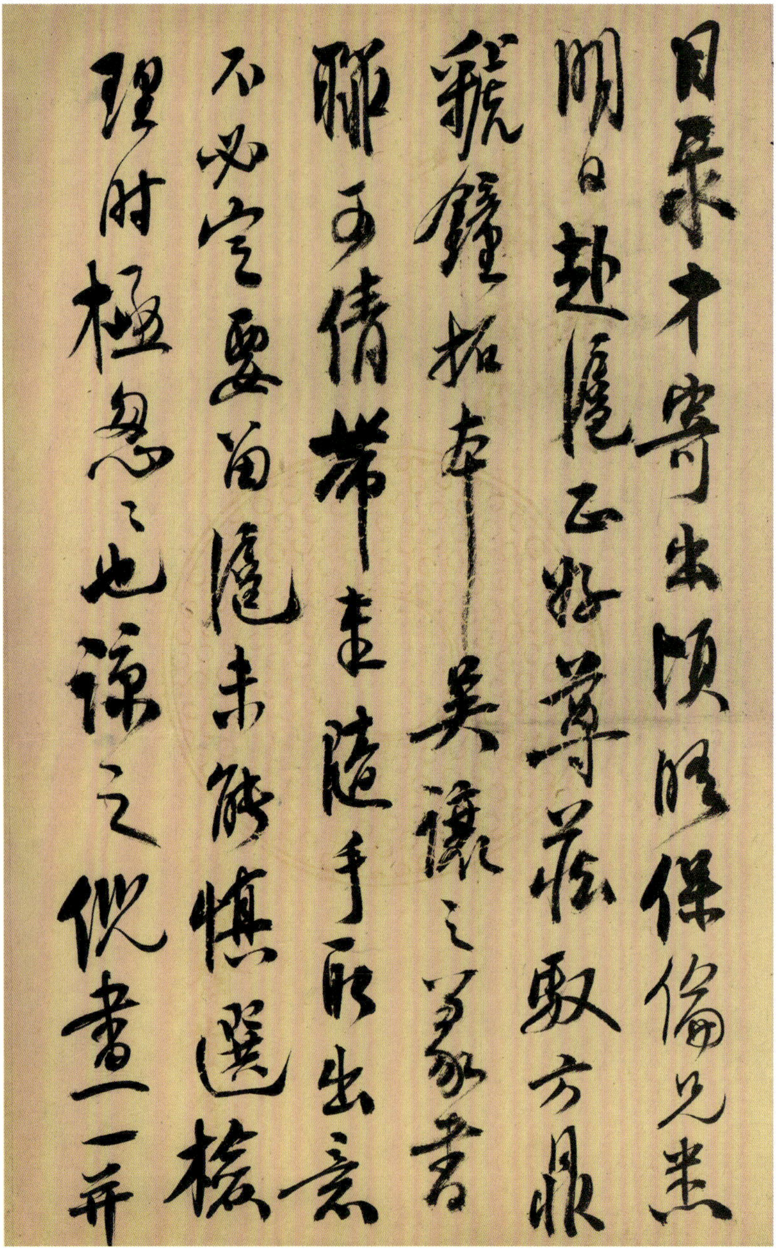

日來才寄出頃將保備足患
明日赴滬正好尊爵敦方鼎
彝鍾拓去 吳讓之篆書
聯五倩帶去隨手取出意
不必定要留滬未能慎選擇
理財極急急也讓之
似書畫一并

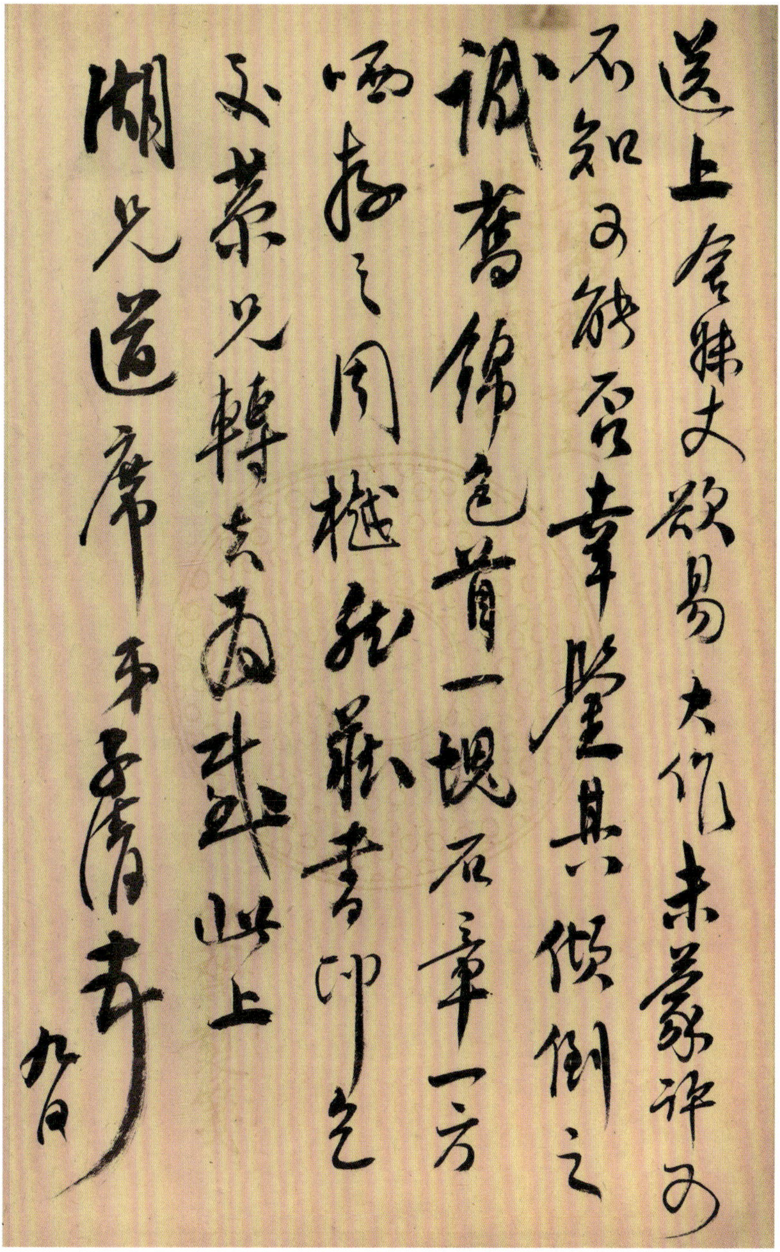

送上令叔丈欲易大作未蒙许可不知可能否章璧其傾倒之識舊錦色箋一幌石章一方倘承之同樾然蘇書即乞又葉兄轉去面致此上
湖兄道席 弟子清拜啓

十百晚向素

手書並瓻隆情二点恭甫及平子虔偉士

邀翁六石屬来陪敘々返滬大好為

上海文獻處此兄些村属事迪远兄及

偉士邓承舉挹邀有六僕及武

激之玉偉士大雨徐邀有美此九

呈到滬信宿之甘暑晨

不知嵘

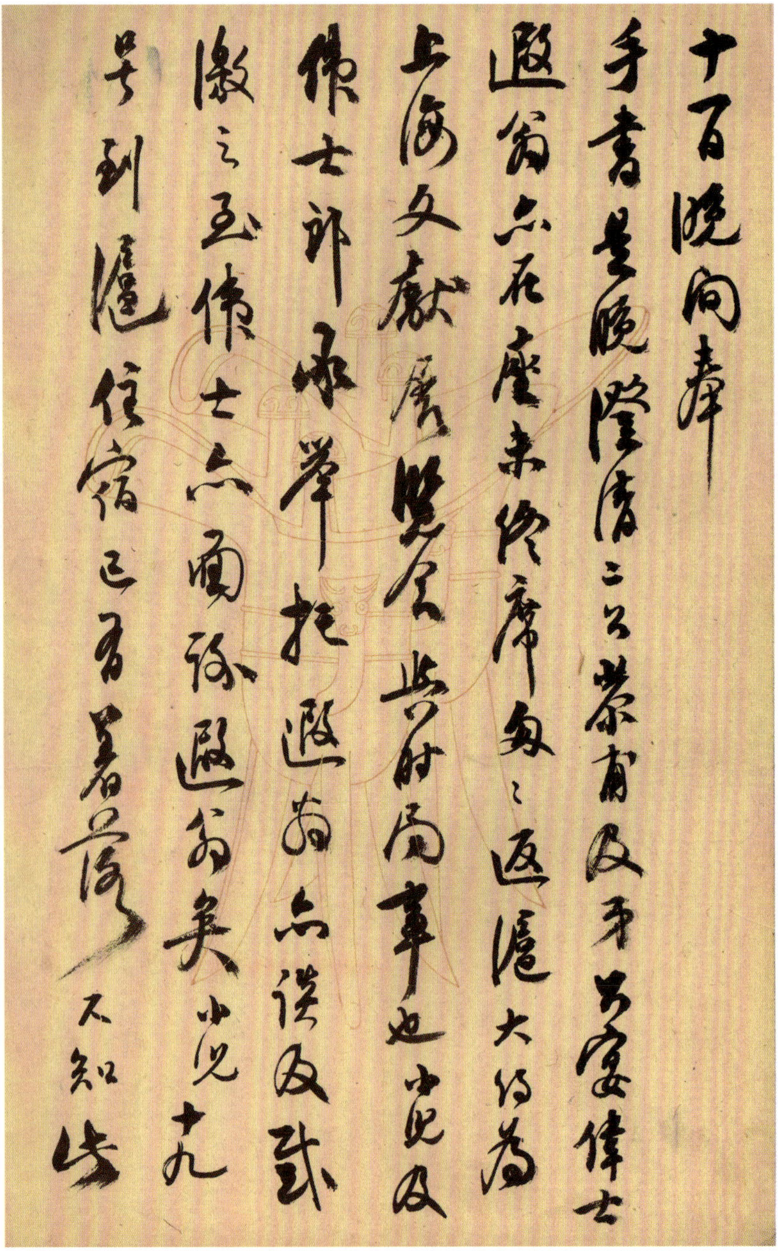

見邇氣魄為之不□□□□主稿補甲

乙集均包絡竟□向多所修葺本未畢

退示于群後須與河南刊本校均汲

優日可遠奉也□□吳人言華籍□用甚多

乃大宋刊北二部集之君手修理工極□

重刻不但好諸及□少需三十元也

湖帆兄之□□ 弟□□

十二月

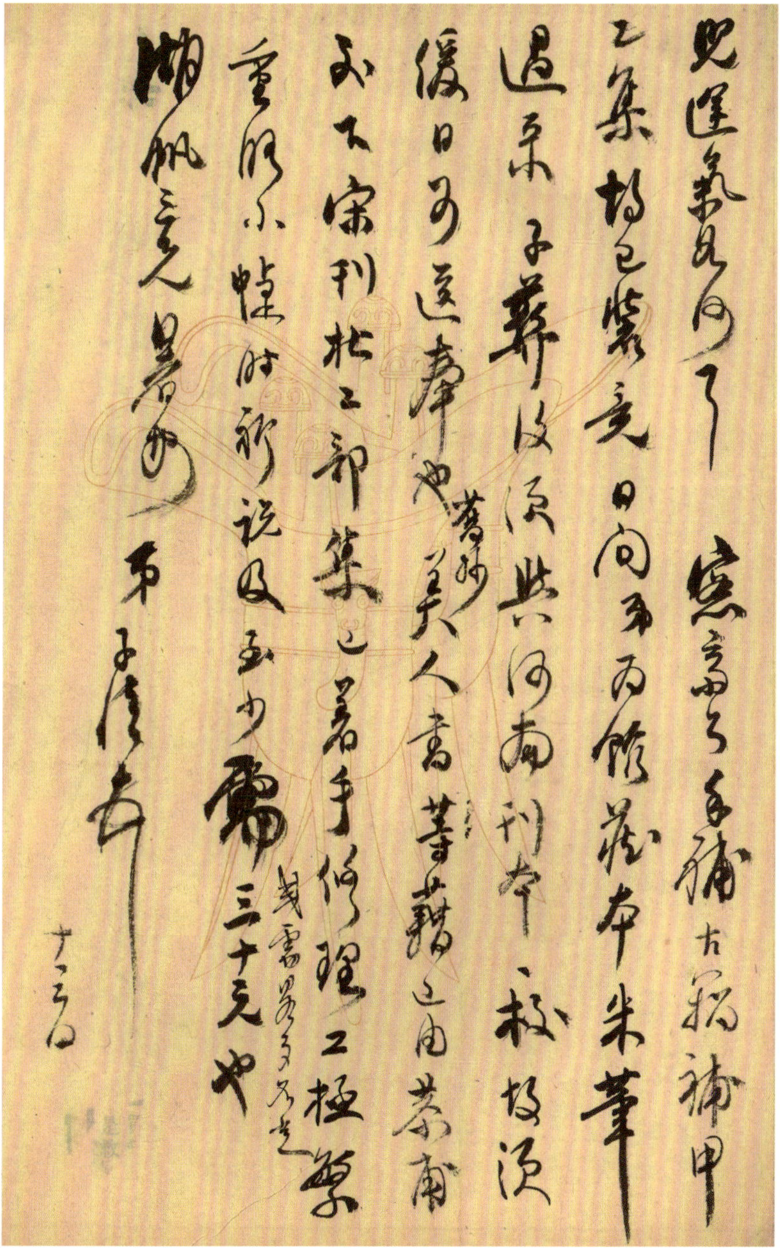

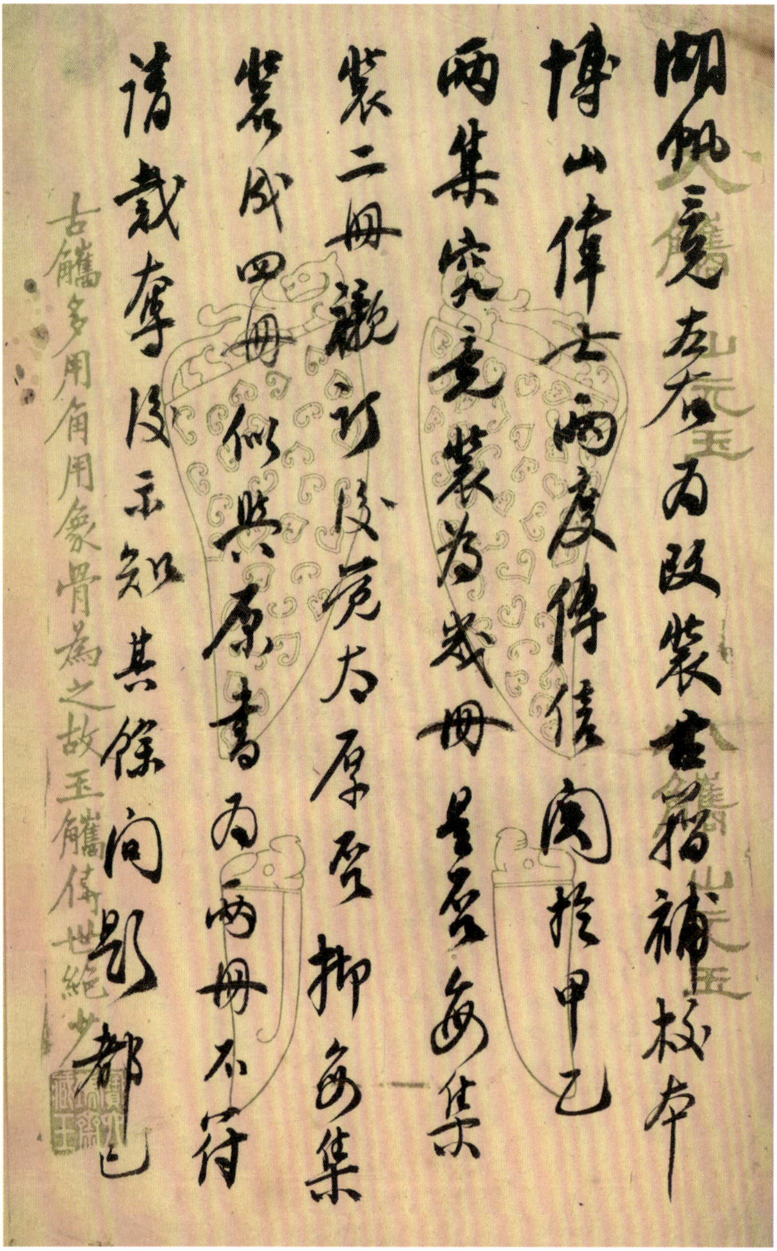

湖帆先生左右：兩改裝書籍補校本
博山律士兩度傳信閱於甲乙
兩集實完裝為幾冊其第無集
裝二冊觀訂後覺太厚登柳無集
裝成四冊似與原書兩冊不符
請裁奪後示知其餘面談鄧上

古觿多用角用象骨為之故玉觿傳世絕少

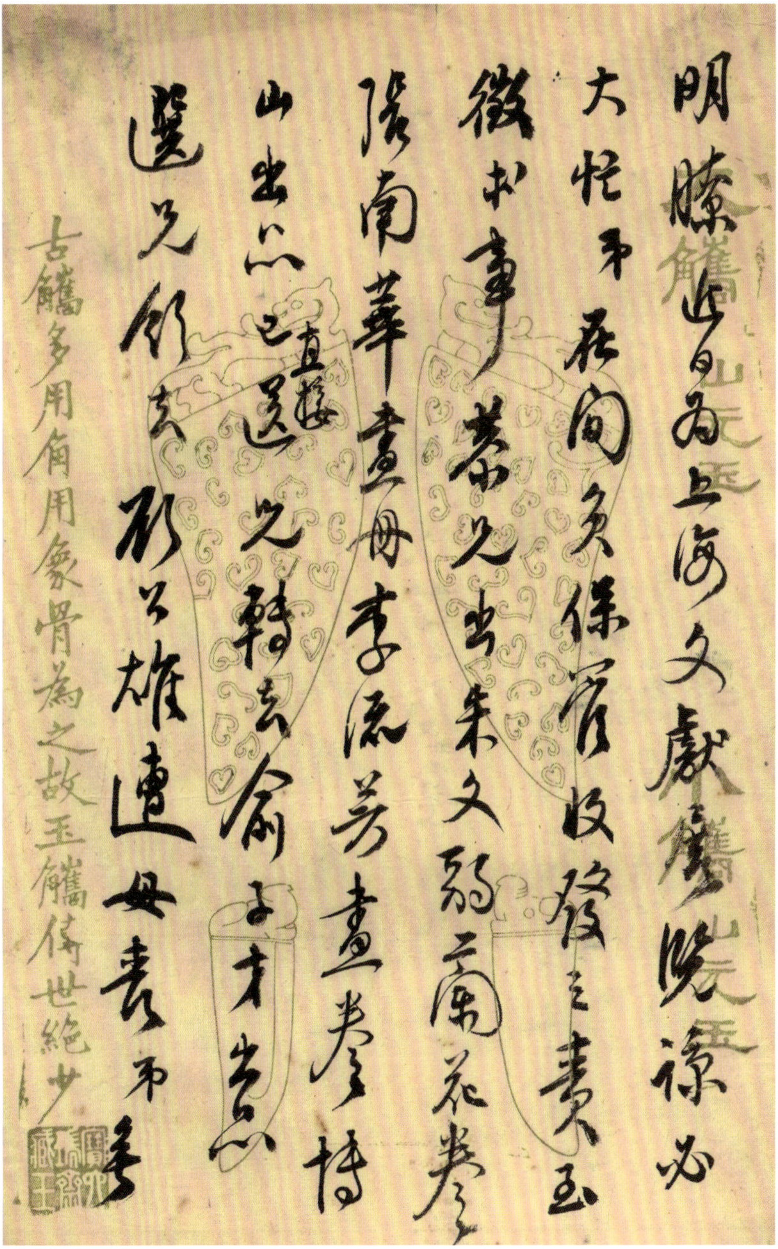
明瞭此自爲上海文獻所賜祿必
大忙中 萬詢多係官役發之貴玉
徵書事 茶之出朱文弱之蘭花卷
張南華畫册 李流芳畫卷 博
山出以之直接還之 轉去 命之可也
還之 領去 弟只雄遣 母責 弟 手
古觿多用角用象骨爲之故玉觿傳世絕少

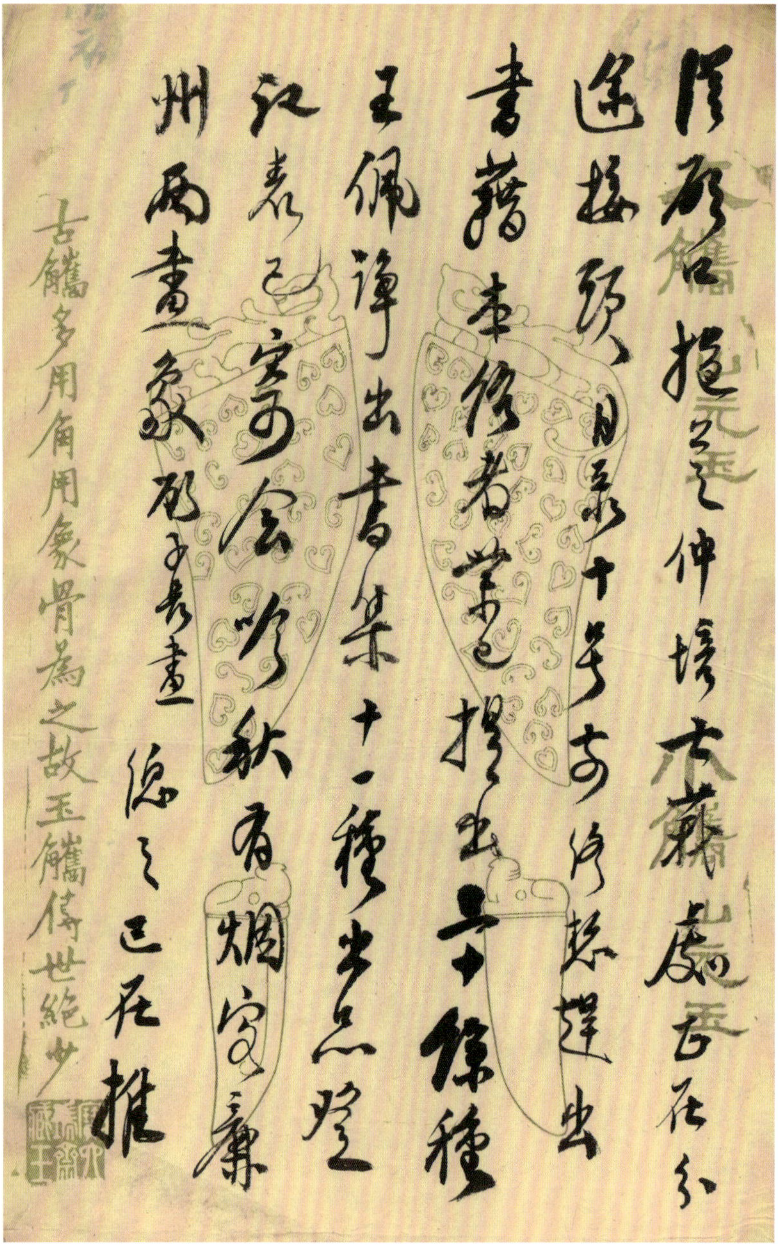
古觿多用角用象骨為之故玉觿傳世絕少

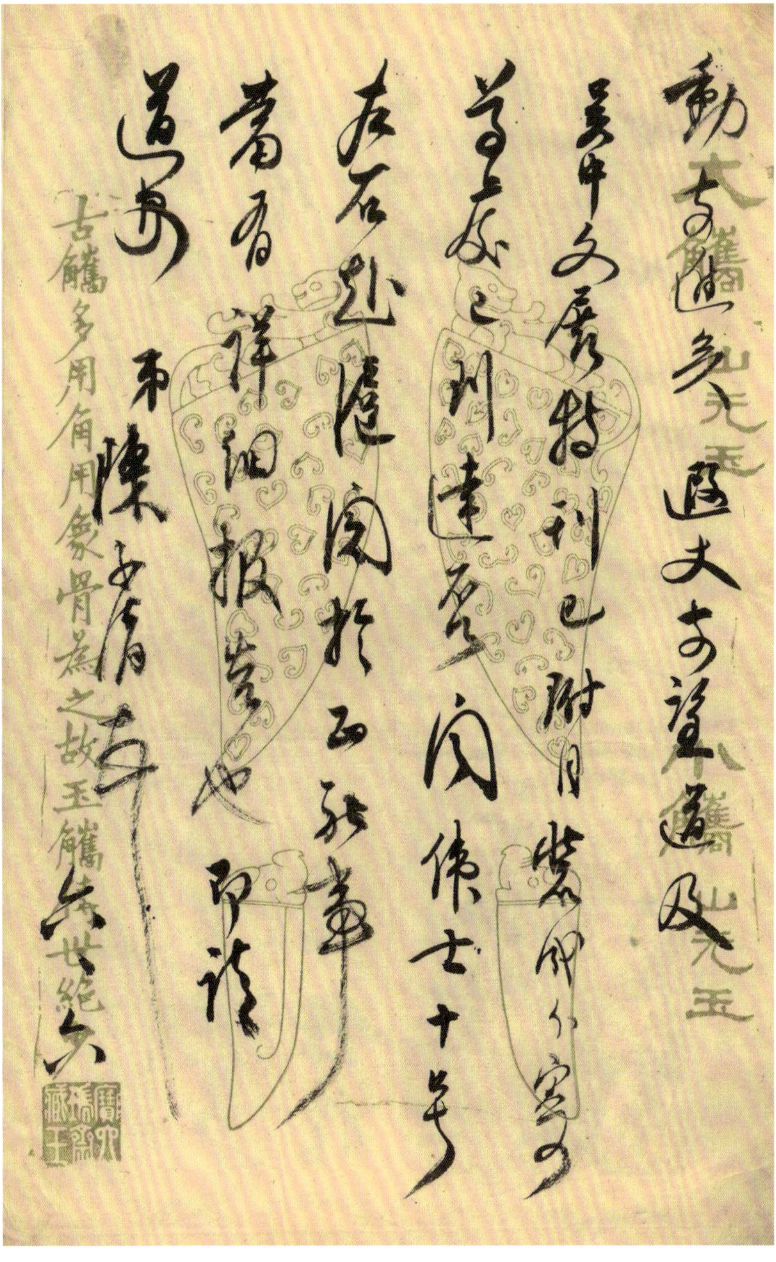
古觽多用角用象骨為之故玉觽稀世絕矣
弟 陳子清

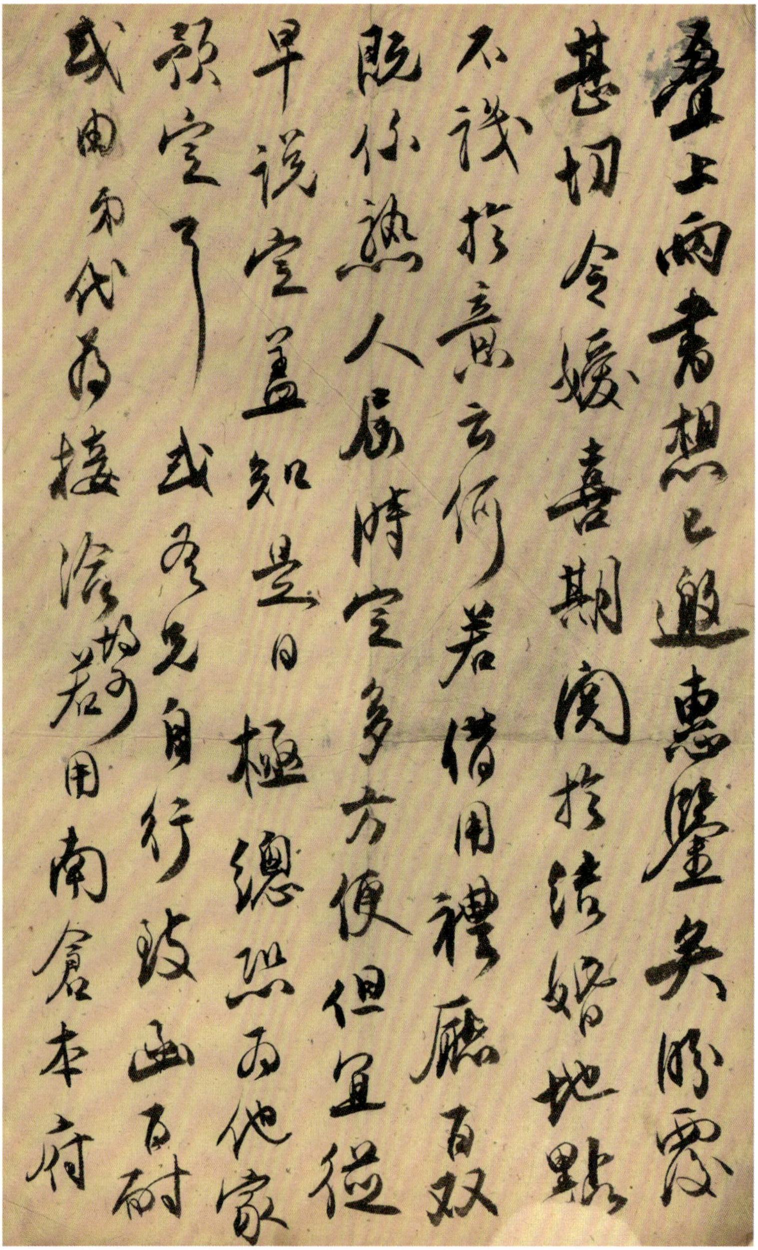

承上雨書想已過惠臨矣聯霞甚切令媛喜期閒於清婚地點不識於意云何若借用禮廳百奴既係熟人屆時定多方便但宜從早說定蓋知是日極總恐有他家預定了或是先自行設函面酌或由弟代為接洽若用南倉本府

癌事既多儔與亦紛麼

決寧及樞願政力也弟如前事勢若此

兵務熙滂戤贊助戡事（提一成銀補

足收件耄）頗看出入請而裁決弟近東

脳力宴看而不濟名事鄉去黨應之至不但不於

老友存呼一歔也弟清孝草

三面素過祭事多願

三面可解決矣

湘尖迵席

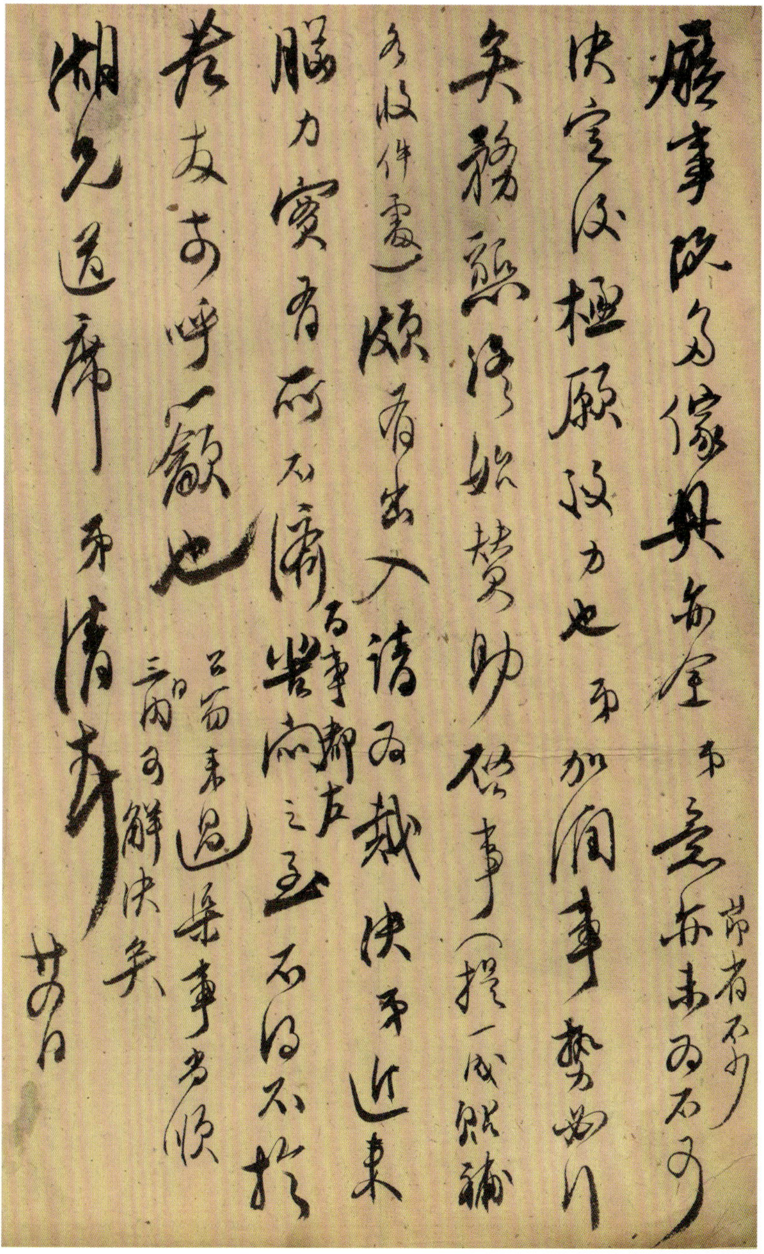

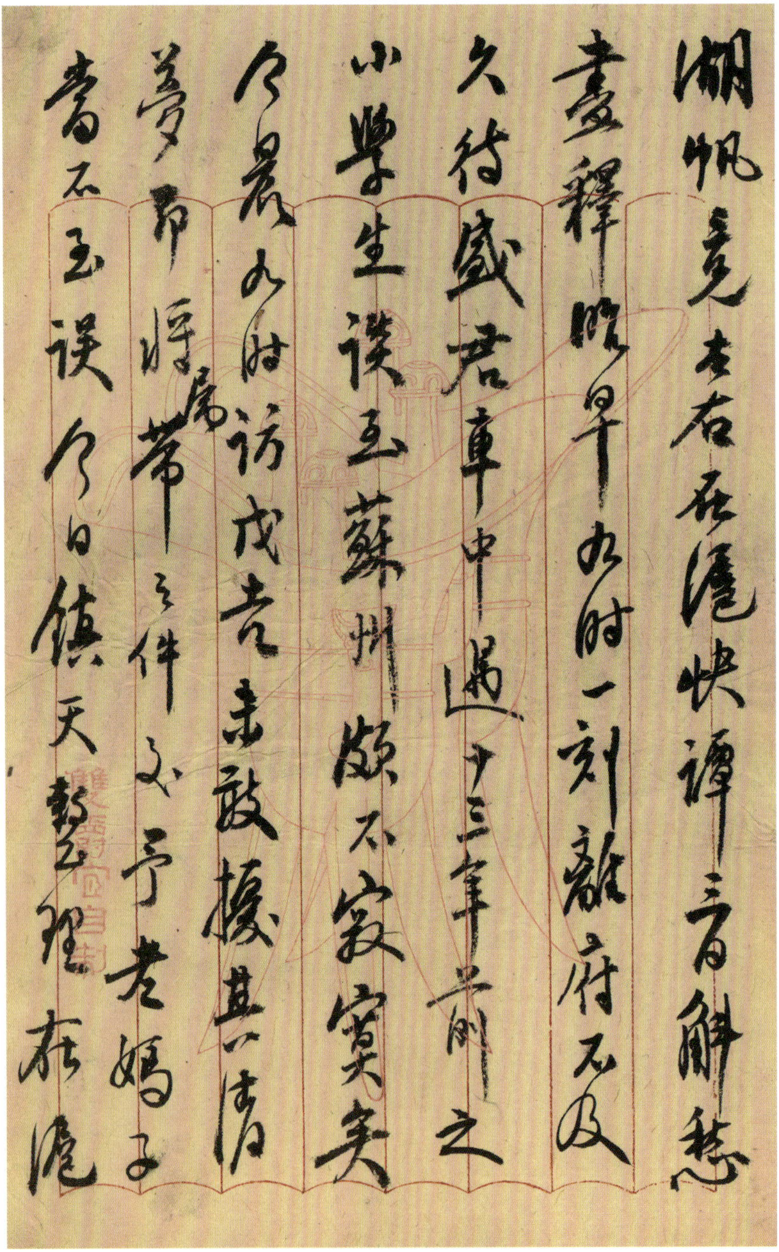

湖帆兄左右：在滬快譚，三日解愁盡釋。昨早九時一刻離府，不及久待。盛君車中偶遇十三年前之小學生，談至蘇州，頗不寂寞矣。今晨九時訪戊吉，未敢擾其清夢。即將屬帶之件交予老媽子，當不至誤。今日鎮天整理在滬

徵得之件 收總期垂轉轉手續

麻煩之至 而責任輕免不免為此

了 辛之甚 誤蒙垂樓牽率

佩彈 所以劉陵鼓吹 此行平面子

不必六是灣手日人而日的貳
念

考克之熱忱 此多矣 居後者漸之

而未去年六偶省 可託者十六

193

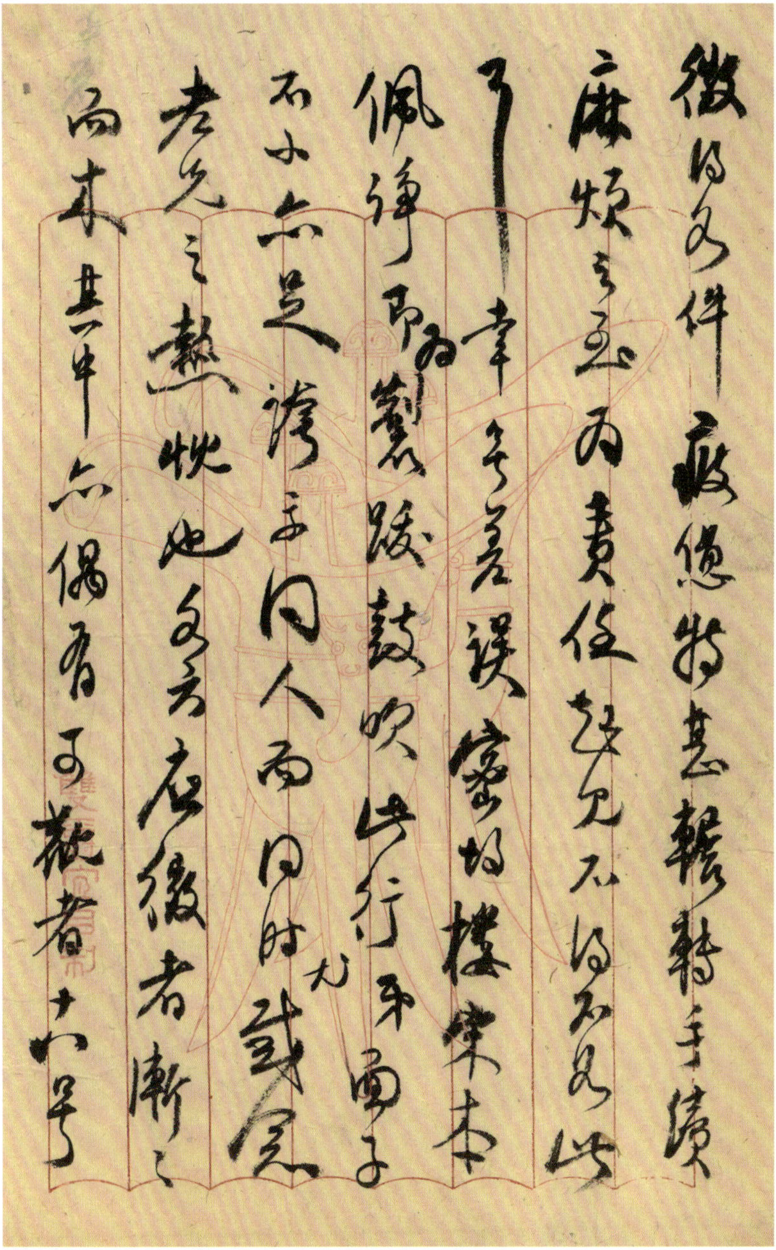

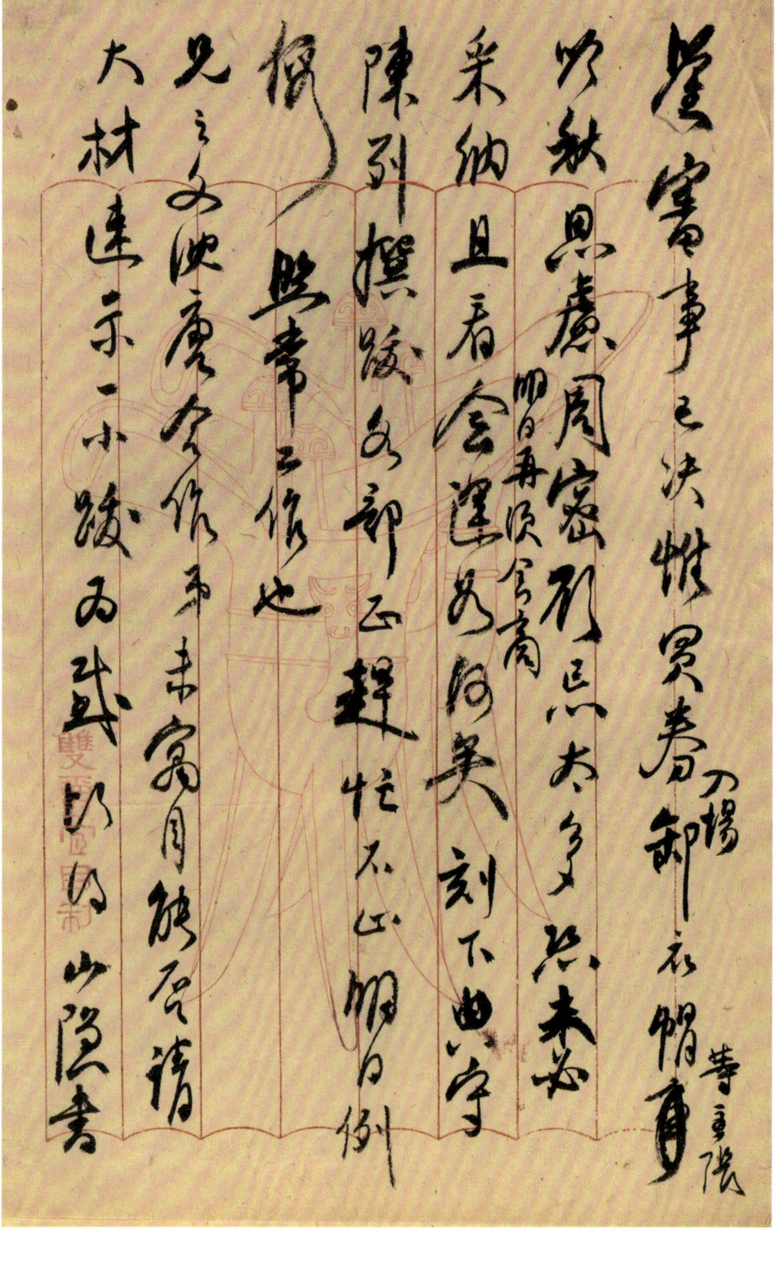

遵寓事已决，惟买春卿衣帽

吟秋思虑周密，列匠心大多照本必

采纳，且看会涅如何矣。刻下曲字

陈列撰跋，文部正赶忙，不及明日例

揆，照常工作也

兄之文决广大作弟来寓自能尽情

大材远示一小跋为式

出刊事决定め月万出版矣 再详容

将事 而 断只擴充数葉同住遠

成多且在断者文質之上 山隠又起

高商请择其志選擇编挑择

某事而興 子三人 柱之 或不五大

誤也见之 干一十洲逐山隠万于

車務底西々自 営业止上順必

遇あ 邢不唐 吉 七日�分下

此多年明題有譬書事訂

筆初の但事五麻領矣 八日

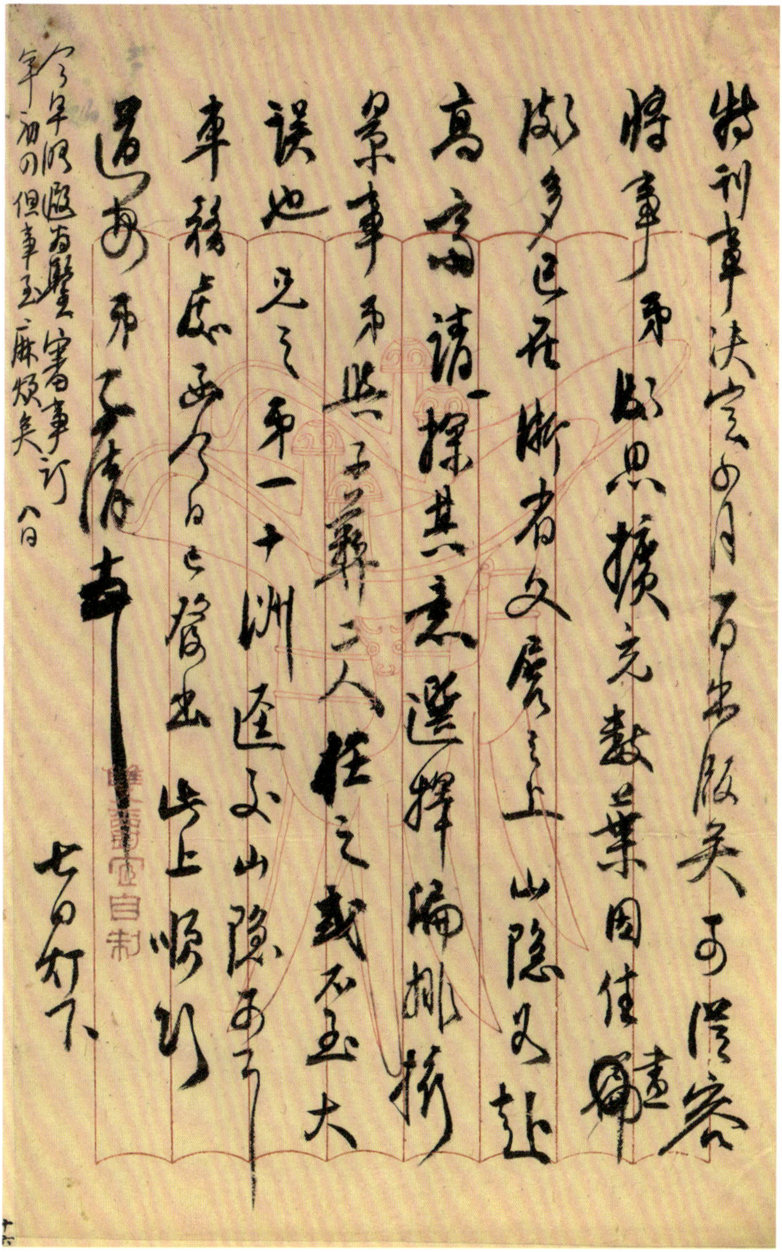

湘帆先生钧鉴 本月十一日

手谕拜悉 微词论画 如周玠

已分洽 吴兴 深味散文 一则记去

年与尊夫人 谈恨 形于文情

熙煦如 可传 宽已脱稿 失次 尚不

去大田一□ 以写可奉 彦平画已

送来 当即寄上 专信 同中搢麓

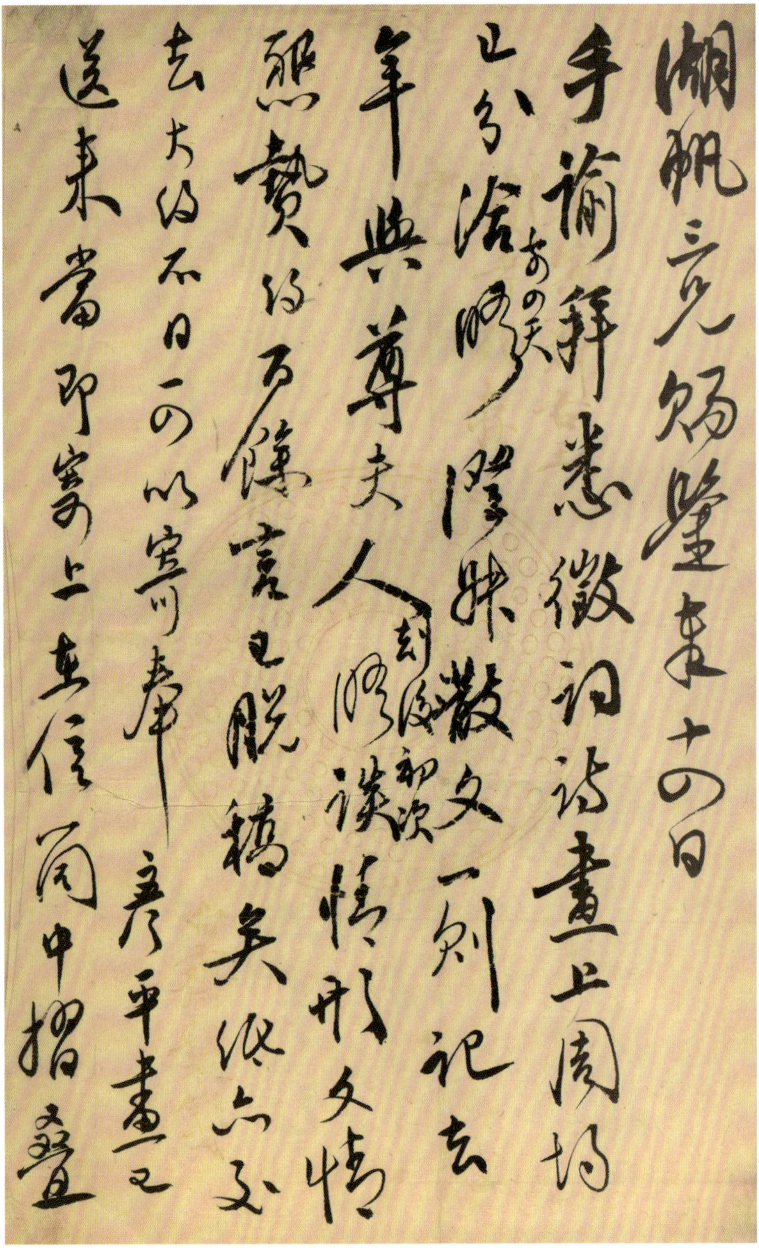

而其故六摺疊字而出矣

至之近日精神如何鎮畫以凡

猶之料理存於涼以而至幸之

善自慎且而於此良已讀

秋也　而清　報　廿日

蒙雲至愛托陸州催遇甚餘後數日

書再二催詢

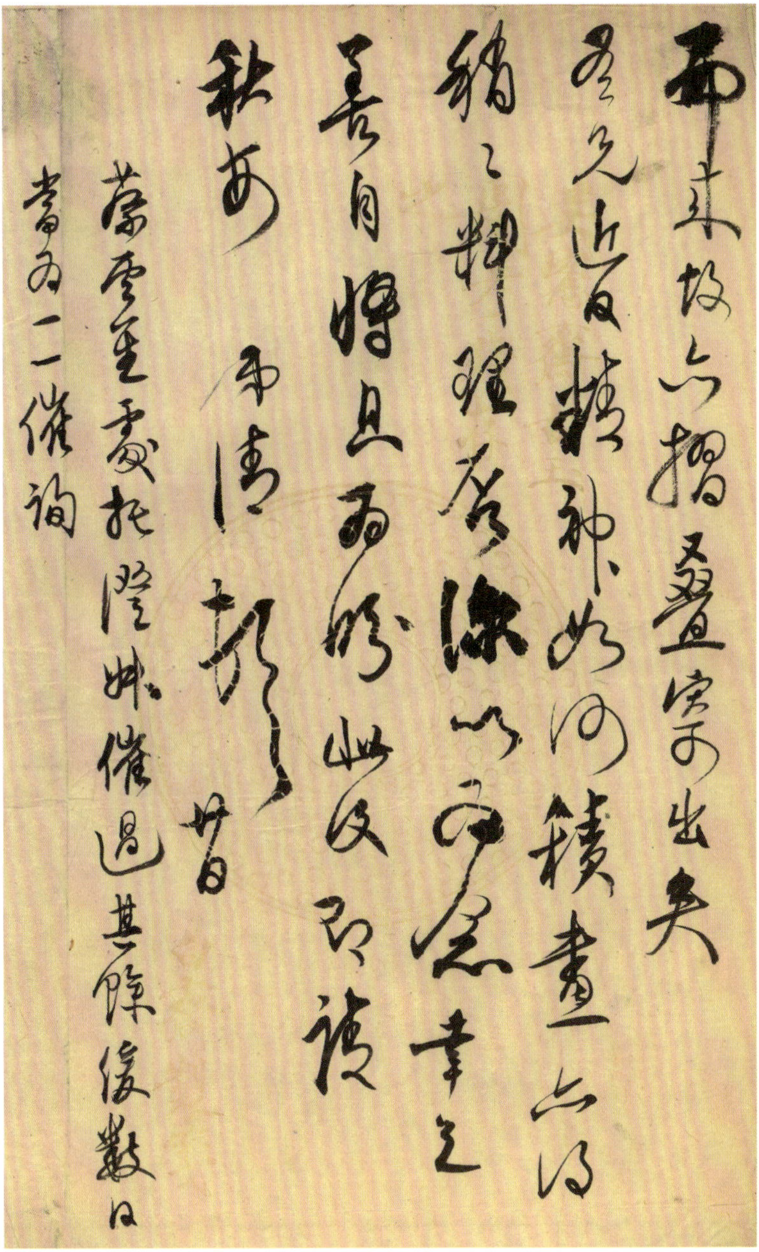

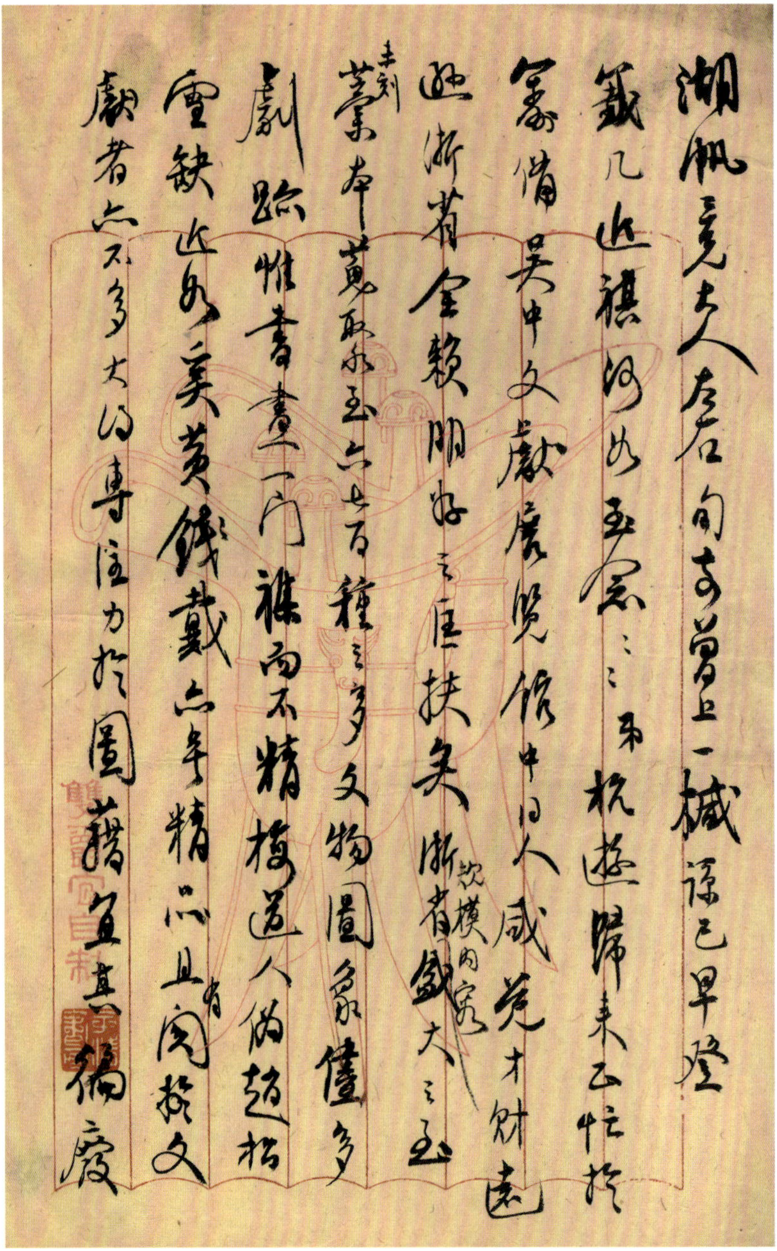
湖帆道兄大人左右：前奉箋上一緘，諒已早登
籤几。近祺諸如意為念為念。弟於杭游歸來，正忙於
寫備吳中文獻展覽，館中舊人咸覺才財遠
遜浙省，全賴朋好之匡扶矣。浙省（款模內容）鐵大之至
（未刻）叢本萬取而至六七百種之多，文物圖象僅多
劇跡，惟書畫一門，祺而不精，楷道人的趙松
雪缺，近頃美黄錢戴亦無精品，且闕（中）發文
獻者亦不多，大約專注力於圖籍，宜其偏廢

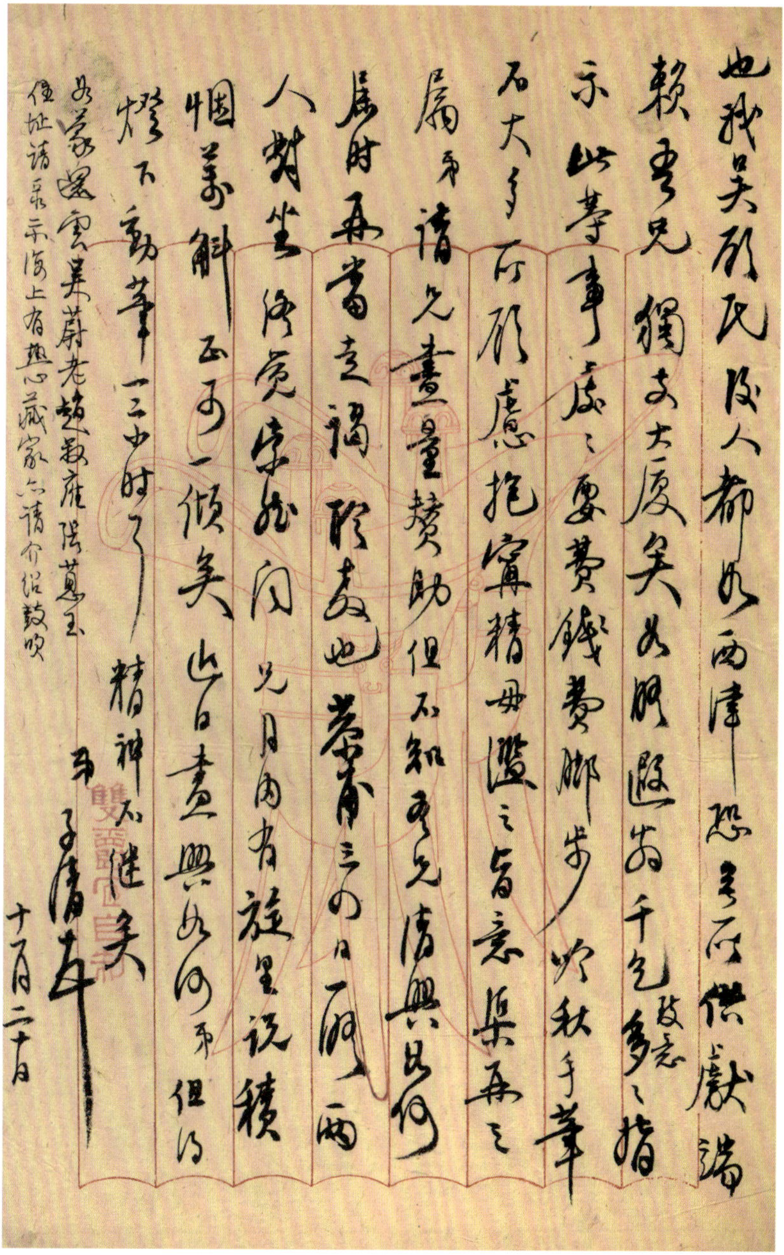
也我吳所以段人都如兩津 恐無所供獻諸
賴吾兄 獨支大厦矣如有服遊者千元之多之指
示此等事處之要費錢費鄉步 於秋手筆
石大多所顧慮抱寧精毋濫之旨意集再之
屬弟 請兄畫量贊助但不知吾兄清興見何
長時再當立論聯友也 蓉青之日展之兩
人對坐深覺快於 兄日內有旋里說積
悃莫解 至弟一傾矣 此日畫興如何 弟 但乃
燈下勤筆 一二也時了 精神不繼矣
如蒙 雲吳蔚老趙叔孺張葱玉 弟 子清頓首
住址請示示滬上有熱心藏家亦請介紹鼓吹 十月二十日

雨去者霞子不復来
盖精神甚好酬酬甚忙而
歷又视亦病榻支離不尽
都决真者多二病丙仙之
想必承询近状遂扉三具
乃道其詳蒙而弗作

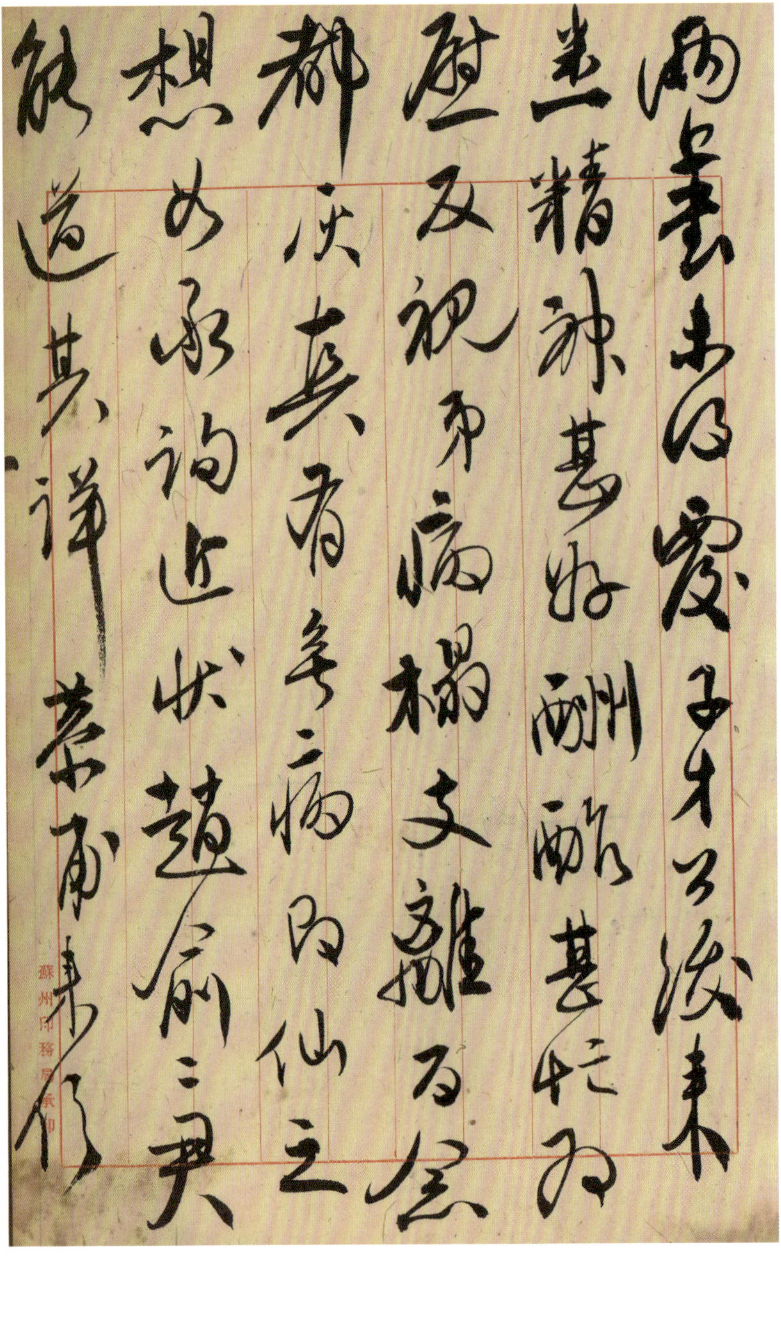

已米一雅意拜仰曾品宽可
专养修品弟价二笔完不谨
械缘此为拜把之入平日内
进医院疗养暂以停止
病菌之进行善兰陈
湖先道席不误毒世芯

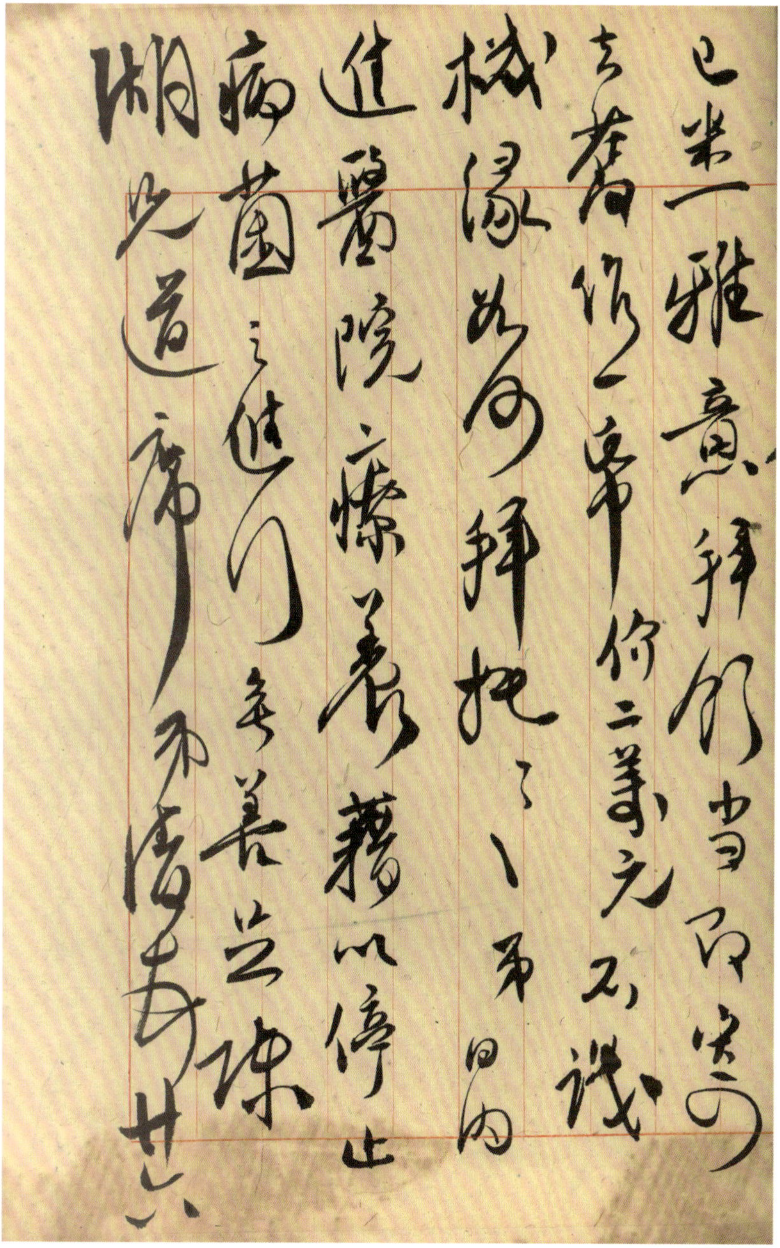

湖光景色加倍寬出不少意
旅連多新近家嚴時之小病
帆子懶不思動只以就地謀
生活了但積情甚深不
知將日内一快譚
足速迓於渡子才主寓小欲
園照

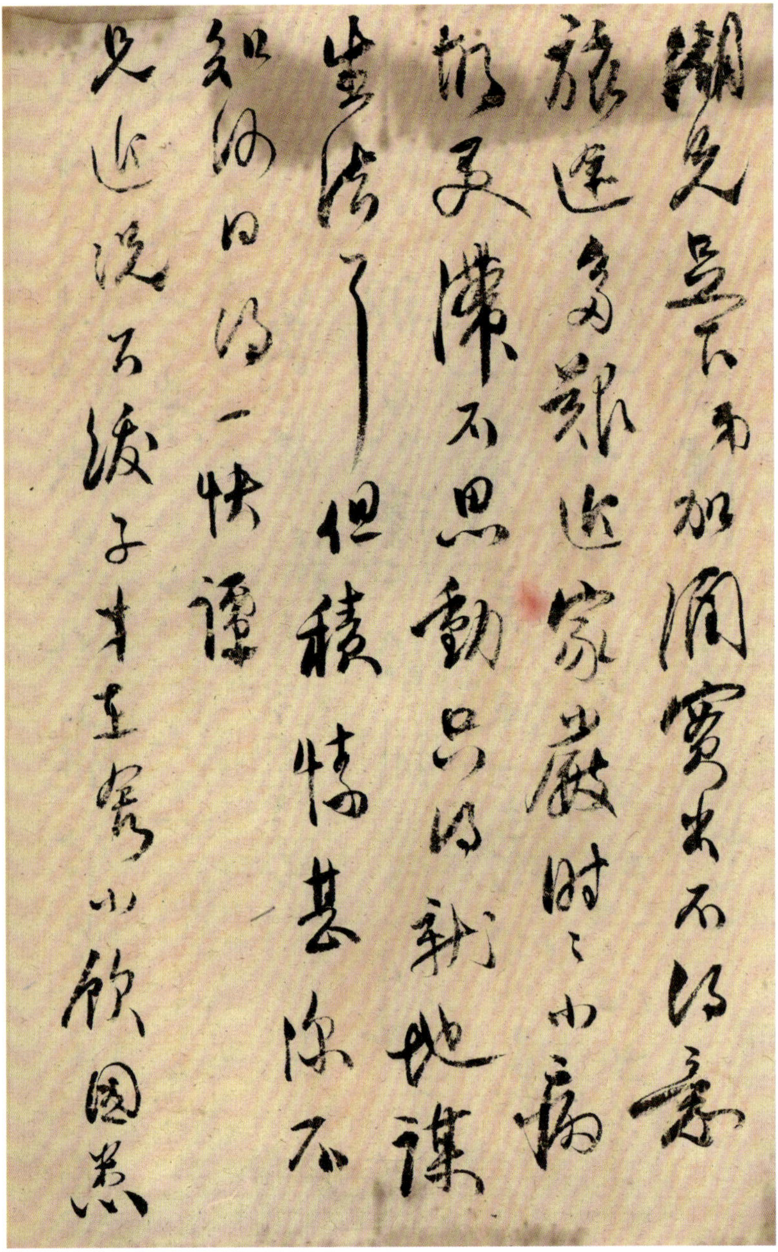

甚详情秋兰以庭竹环境便

是人生一乐正於道泛则以为之

欢察岁庆郎之周折左此

年即意谭白到风雅更

不知者便苦若寓一春宽屏贤

我知甚如不百一牢也特石老友

发一关而清吾

廿三

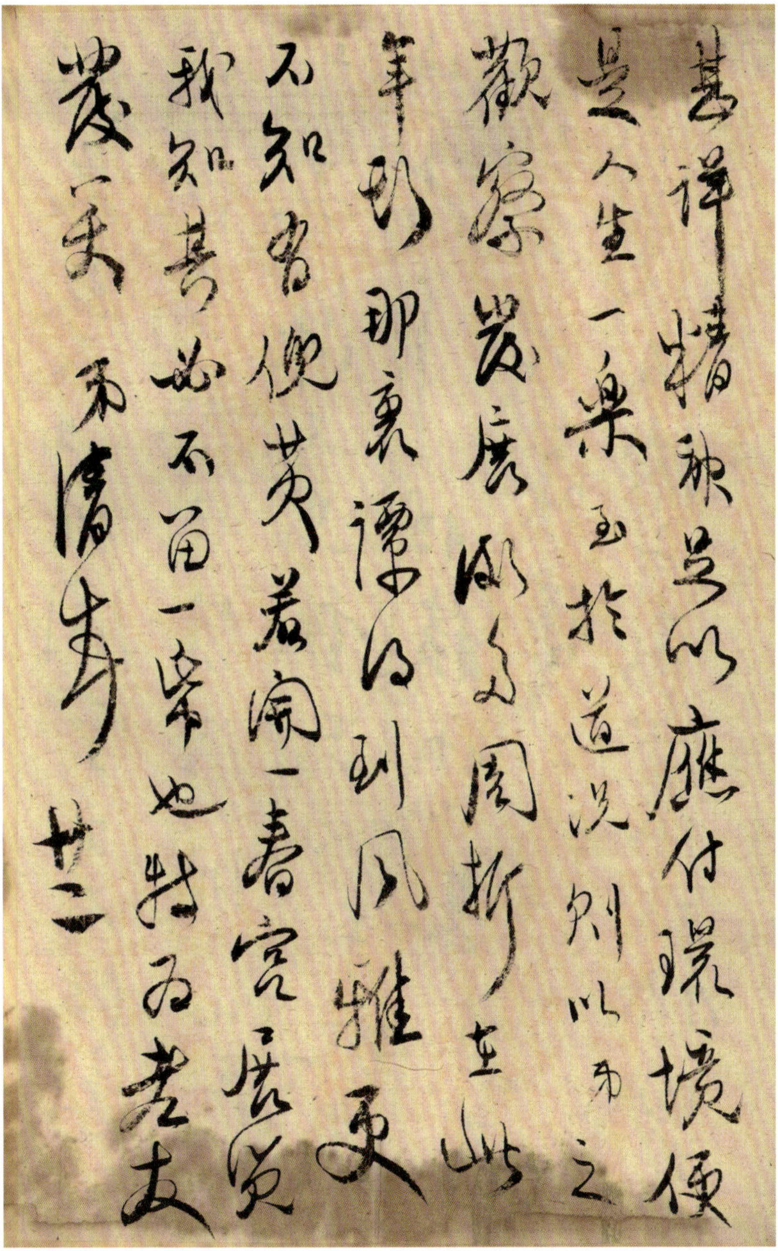

朋侪束克面见甚发愈严
益觉又情金深而
且极感激也但死药小身体
不自由之事弱似不值得家严
春间一病况身体大打折扣不

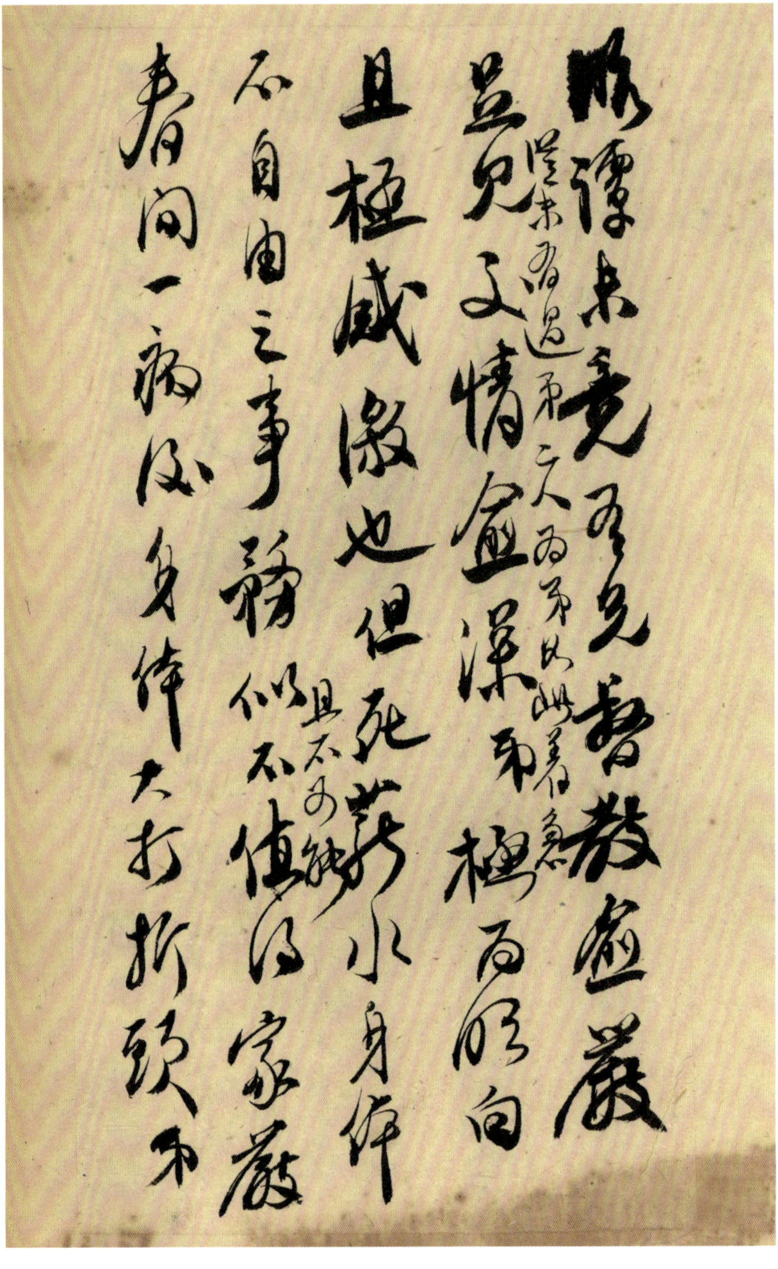

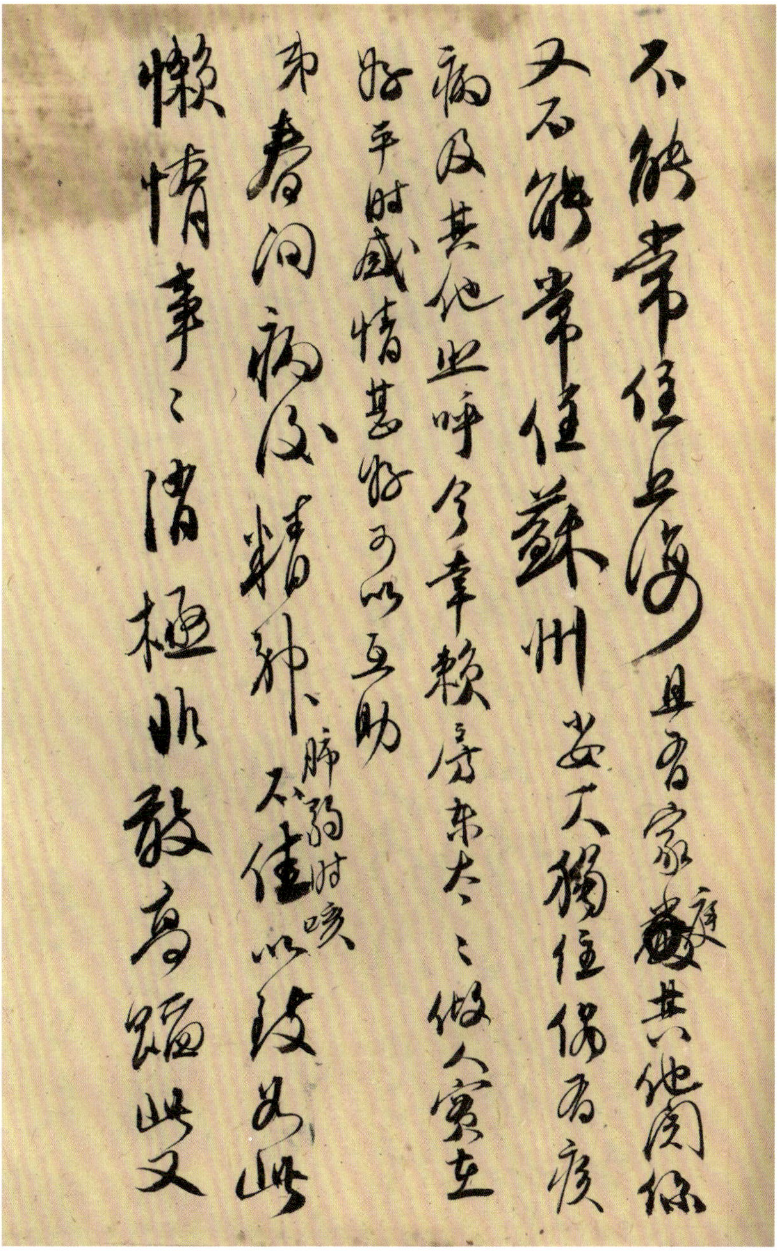

不能常住上海且有家務其他關係又不能常住蘇州安天獨住偶有疾病及其他照呼今章穀房東太太之姪人家去好平時感情甚好可以互助弟春間病後精神不佳肺弱時咳以後又此懶惰事之清極非敢專臨此文

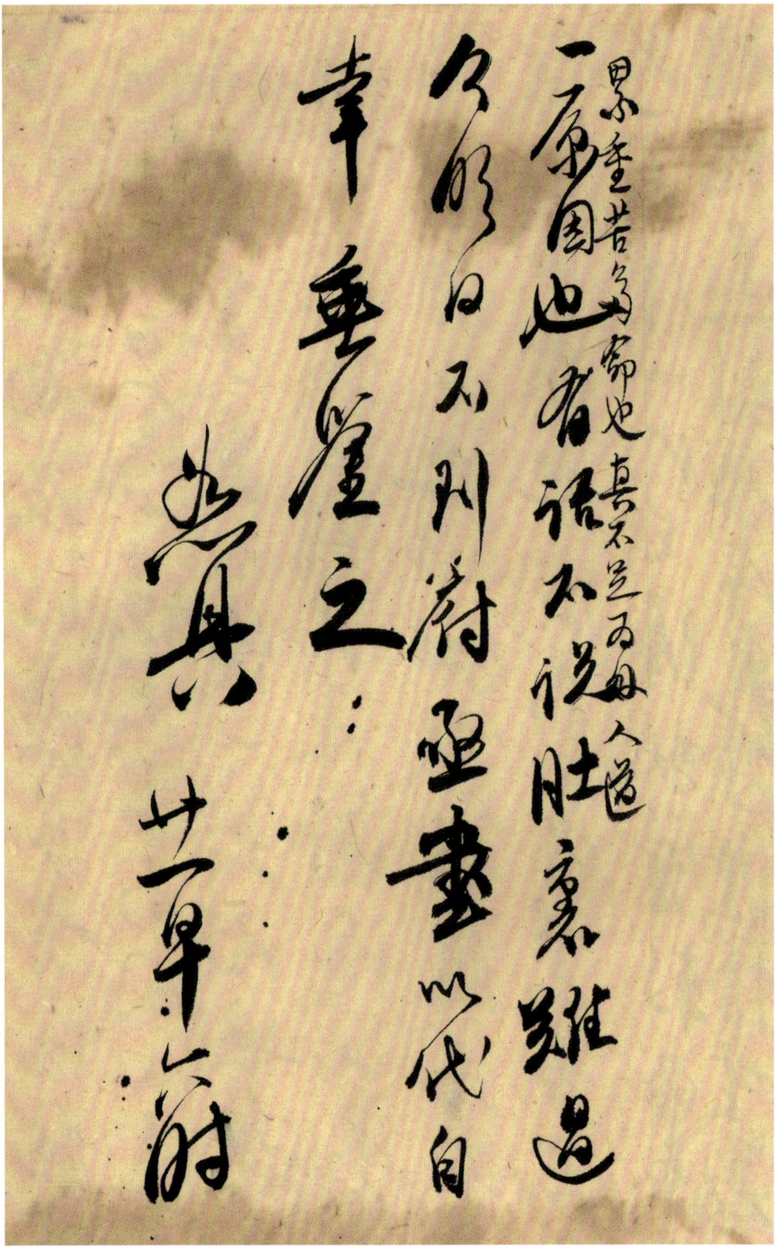
一庶国也者语不从肚里过 畢不重苦多窮也 喜不足為外人道
久睽日不到府晤画以代白
率垂覽之
兆共
廿一年六尉

子才来两度以读足耑慰驰情此日
和与兄正同一境况只可闲心儀命鸥鸥两
佛堂宜事果不值一笑两处逢崎岖差峰
惟有作入山之计两淹山水清麗真
是娱者之地而極欢迎迎左右偏若谭
藏以而棄也爛见小有美甚基屋如立与兄
此霎僅一内之备就当载而便宜珍重
湘兄道安幸幸济弟隆庆孽愚不尽霎

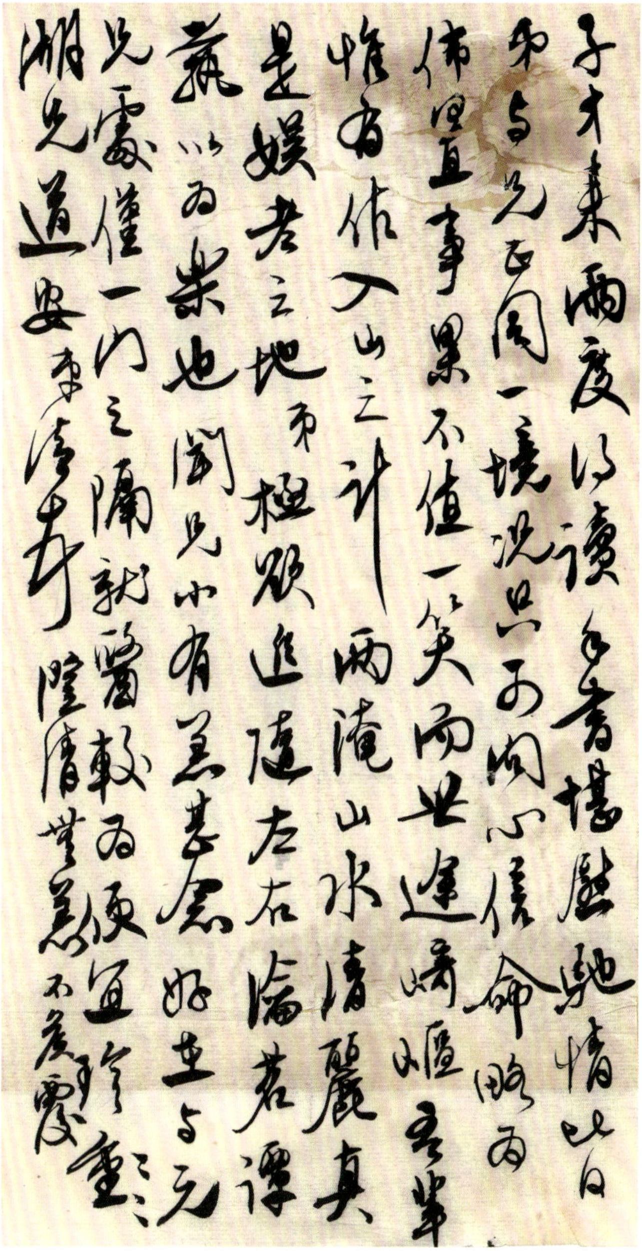

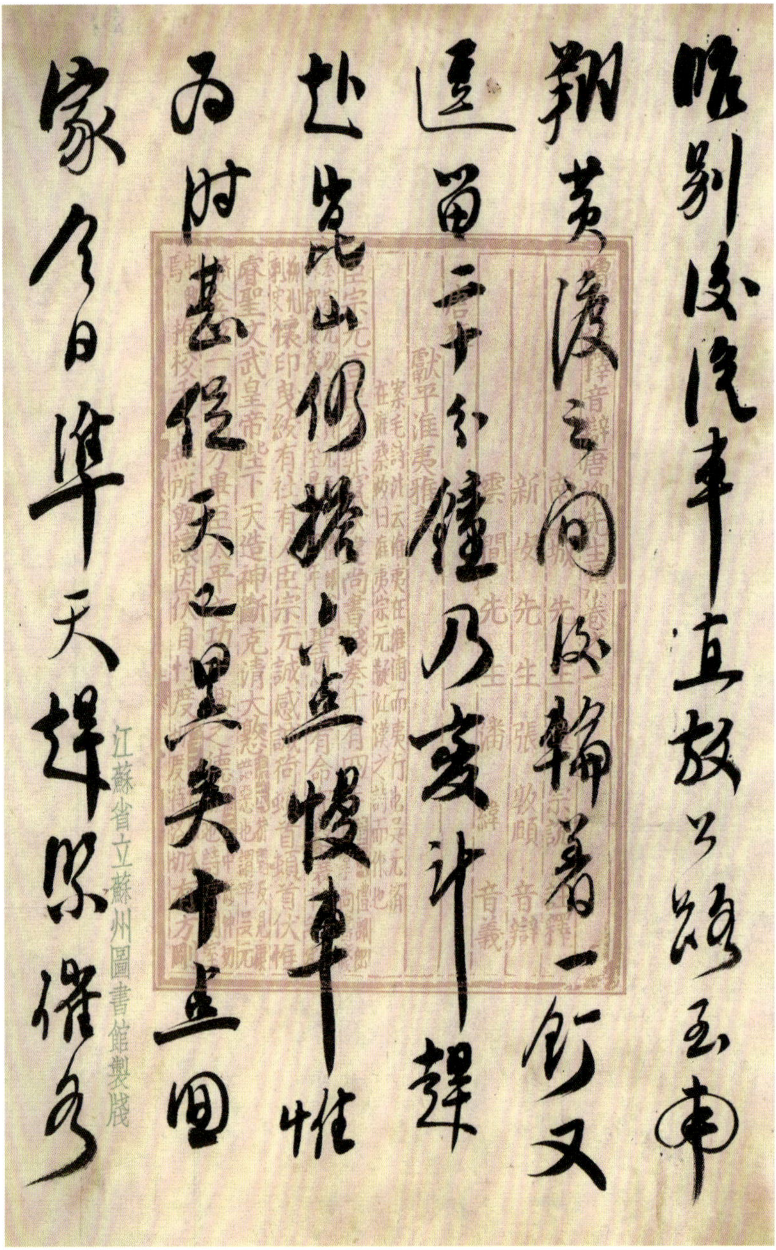
昨別後汽車直放，已歸至南翔、黃渡之間，後輪著一釘，又逗留二十分鐘乃發，計肆[illegible]抵北站，[illegible]六點慢車，惟為時甚促，天已黑矣，十點回家。今日[illegible]天[illegible]

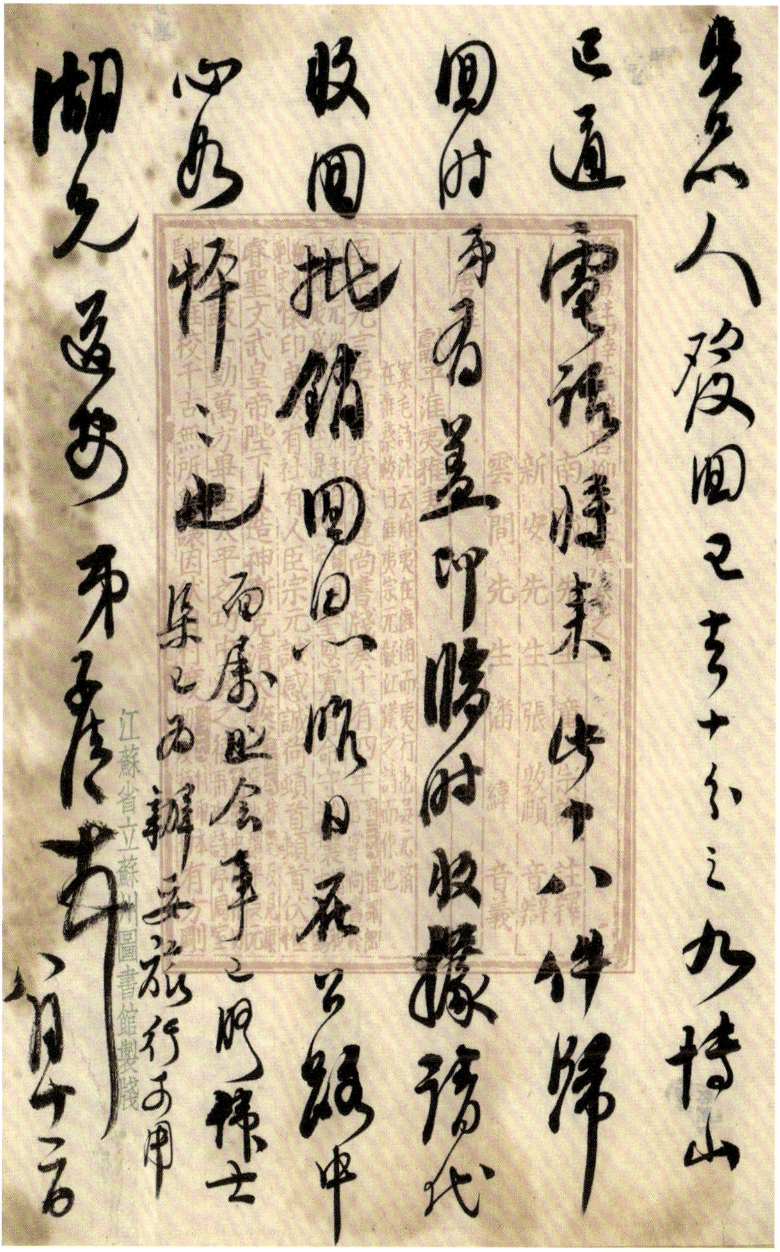
新安先生張敦頤音辯
雲間先生潘緯音義
江蘇省立蘇州圖書館鑒藏

湖帆吾兄鉴：前月廿左右在苏州上一书，不识已达逮
否？近况何如？至以为念。弟时往返城乡，十九、二十号
苏州文书递来办理，不适在乡，向不远，望敬撤回。鞠
肆应情绪之恶，可想而知。廿五号由乡返木渎，
西市耕，廿七日进城，又带了一批。廿九日至西山，乃居此行陈士同来，览属弟，则并嘱属也
山寺，其西联络关系责任，关系如争时。书谓入
山未能不深，今则直入深山矣。寺名欲度，建于
唐代，山门前有唐会昌二年陀罗尼经幢之宗寺额明季大龙从顺治御笔题额
宣德舍利塔一，寺内有宋高不兰基础未碎

菊末冬天風景佳絕但西航空僅恐僅一通年
上山三眺卯看敬槐運尾上山原尚開館掃射蘇州
手三次被轟炸　查
向山鳴谷應絕日冬の事惬道
湖山之下年長飯勝息更邢況寐難通蘇州信須
の日々到風水不便航船不通時隔日報紙無太
菽看四邊不空日節徑安
於中邢　甚苦常明尽乃向祷照一行
田書信空の川夜西山鎮夏石之飯店轉可也
於中邢　辟也而年勿
苓合仍居颽召
　　　　　　　未半清手

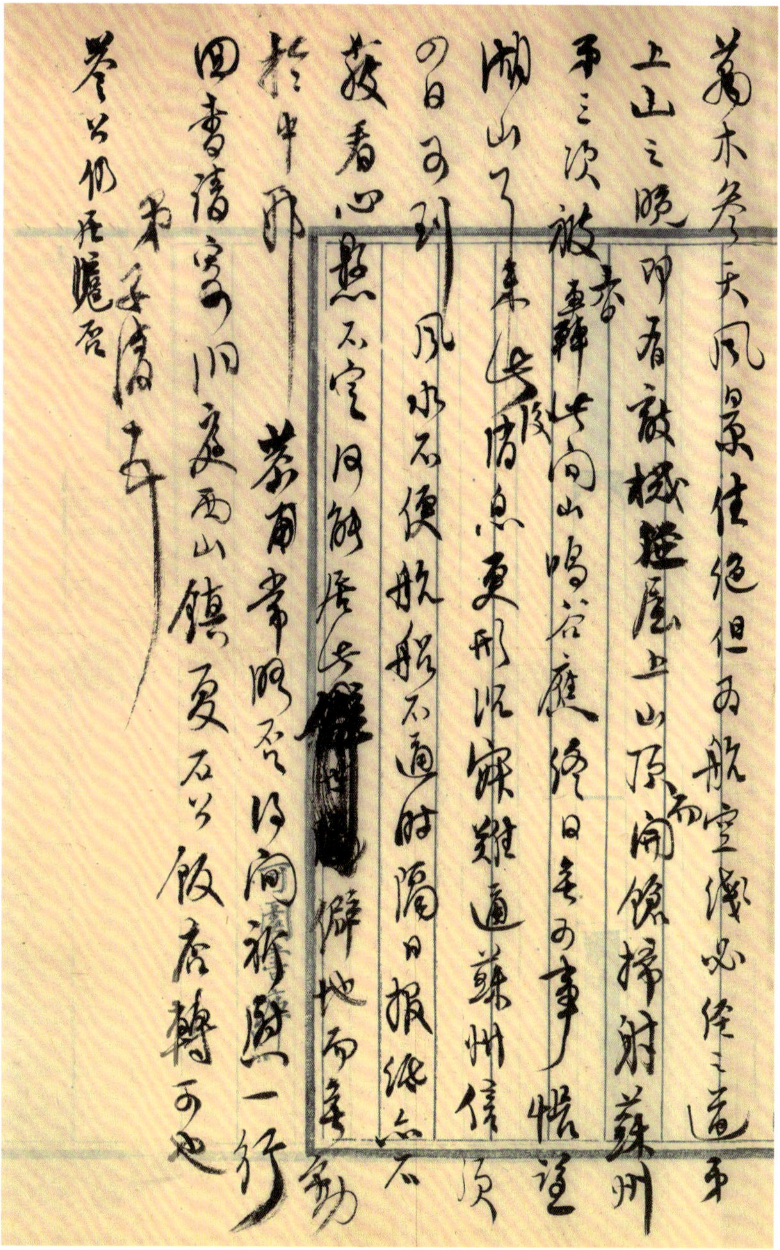

大示敬悉
高誼銘心五戢。小兒准十九日到滬（是時局勢大變化）
渠已准備半年，故暑期未去，因所差
者為國文，最為佛鄉多嘗搶起的事。
住宿問題已解決，遐者介紹書成先
行由郵寄下，或屬小兒走領，因而赴滬
與否一時尚未能決定也。文獻 會 廿日

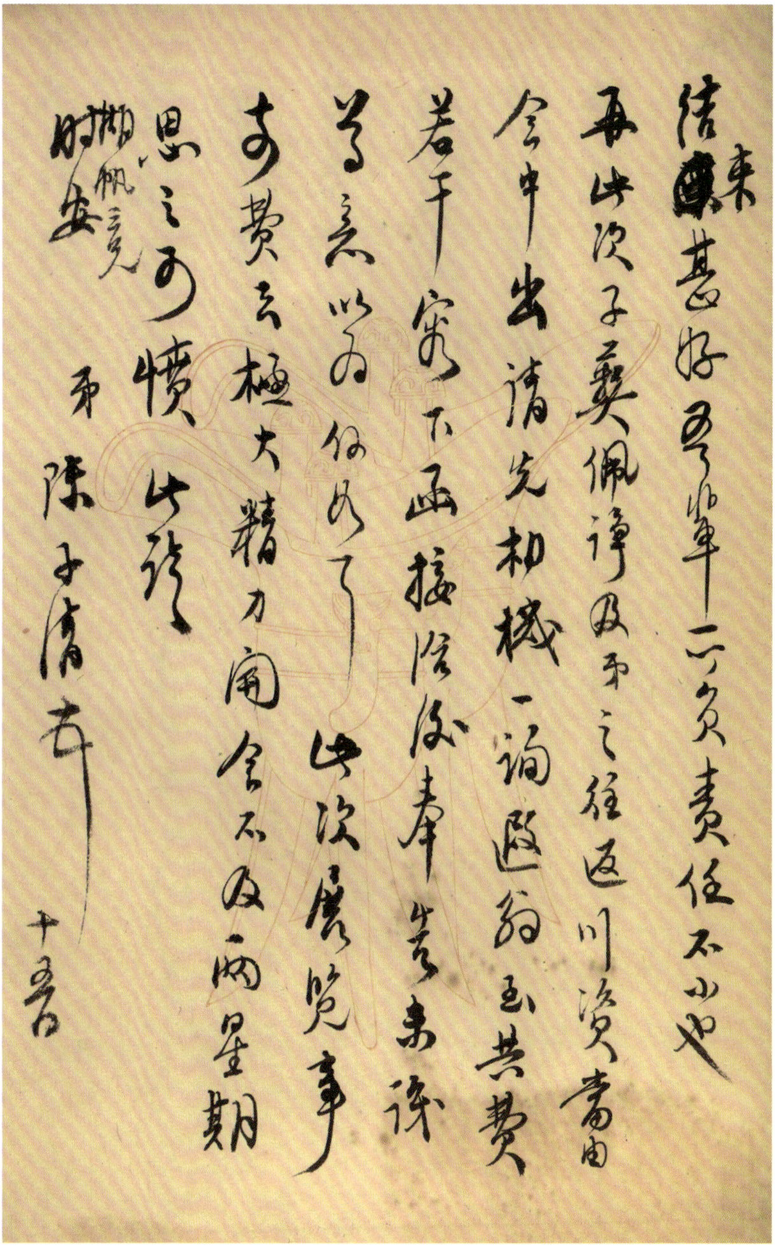

信来甚好。吾辈年一一负责任不小也。再此次子夔、佩诤及弟之往返川资，当由会中出。请先和机一询，遐翁亦共赞若干，实不必。接信后奉发来谈为感，以下何如了。此次展览事予费去极大精力，开会不及两星期，思之可愤。此请

湖帆吾兄时安

弟 陈子清拜

十五日

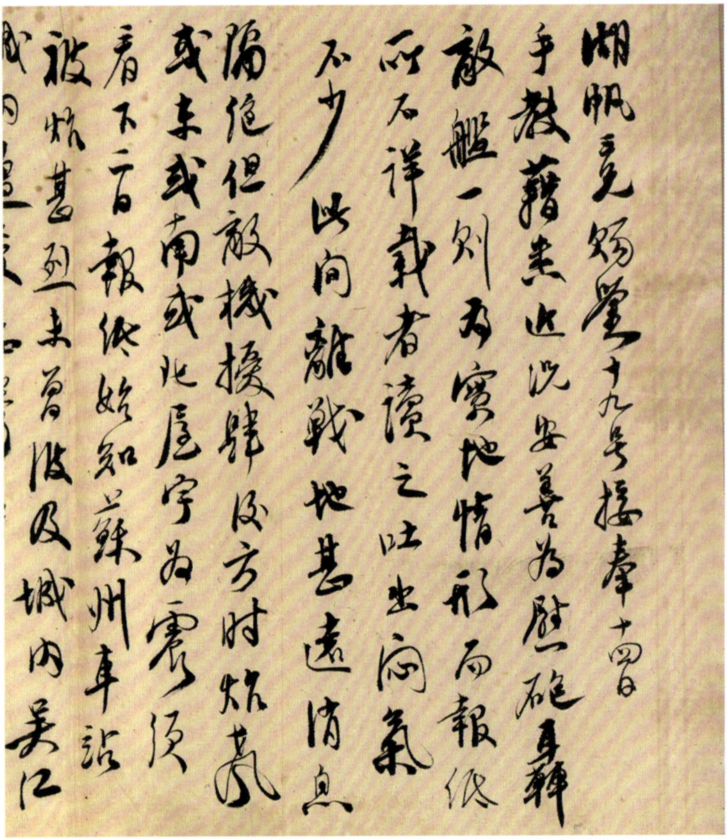
湖帆兄鑒十九日接奉十四日
手教藉悉近況安善為慰砲聲轟
敵艦一則為實地情形而報紙
所不詳載者讀之吐出胸氣
不少此間離戰地甚遠消息
隔絕但敵機擾肆後方時炸轟
或來或南或北屋宇為震須
看下二日報紙始知蘇州車站
被炸甚烈來函波及城內吳江

城內遺受甚悵卒望更甚

或轉展傳述不同皆兩我方

損失攻陷自戚為憂之我國空軍

雜殊神勇終免防不勝防上為方

兩三信戰將士實奇敢人以重大都

擊啟別收方更不了矣子座山極

武革調停中間事者三人多の

興談皆來天候事對興僧人

看竹似太魚客矣山寺主信周達

三千餘歲能說畫而兼防衛隊

長寮屬國絡中之難得者也

要平畫一六尺中堂那裏更長情

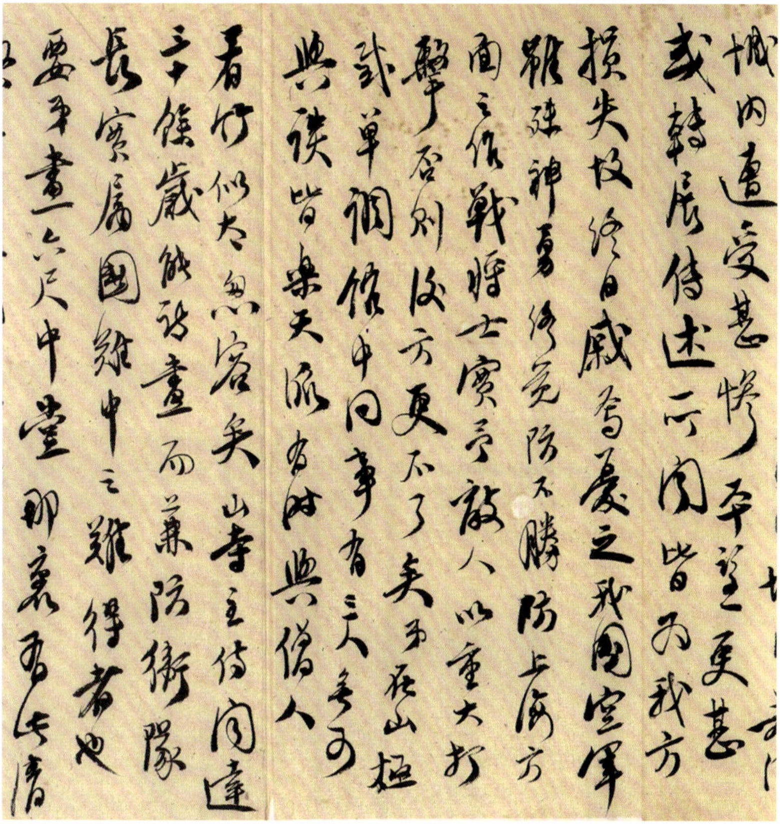

兴此僧六问名我兄平之盡事
不知吴径何處膀末若在順平
时春秋住日来住我天刻遂便公今
刻束之二日而来觉其膀良你心境之
無唐受不好了 云負責任甚重

處之須守密然而慎好不算
兄然他人六句諸及圖書館選其處
非有之勝小宴不好不謹慎也

修方者須尾以宣侍末字謹稿數
曲之類改受多家莊以且六廣
畫此心力天未明之逆天未黑之瞳
幸夜向俱有機束追境者不玉

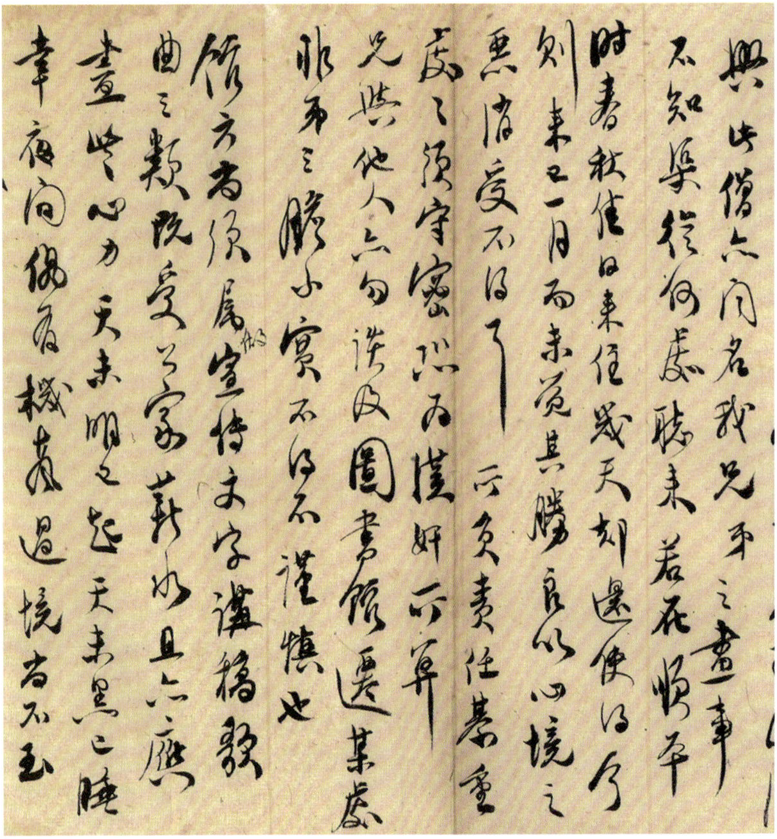

一夕數萬城中列百貨燈報

十保處次子丙復界弟家矣博兄
收毉會六百番當二信弟未嘗通
信托報章欠之此之正者丙可
佩仲老等於藥樣送福不以
否發之從方穫之應付何可輕

祝區文明聖肉丙收信海事甚忙
此係修書賣圖之收到明付
席有言及示者蓋章函示至可託
之葉共處今日午假後信覺
辛卿日百飾書友胡亂拄

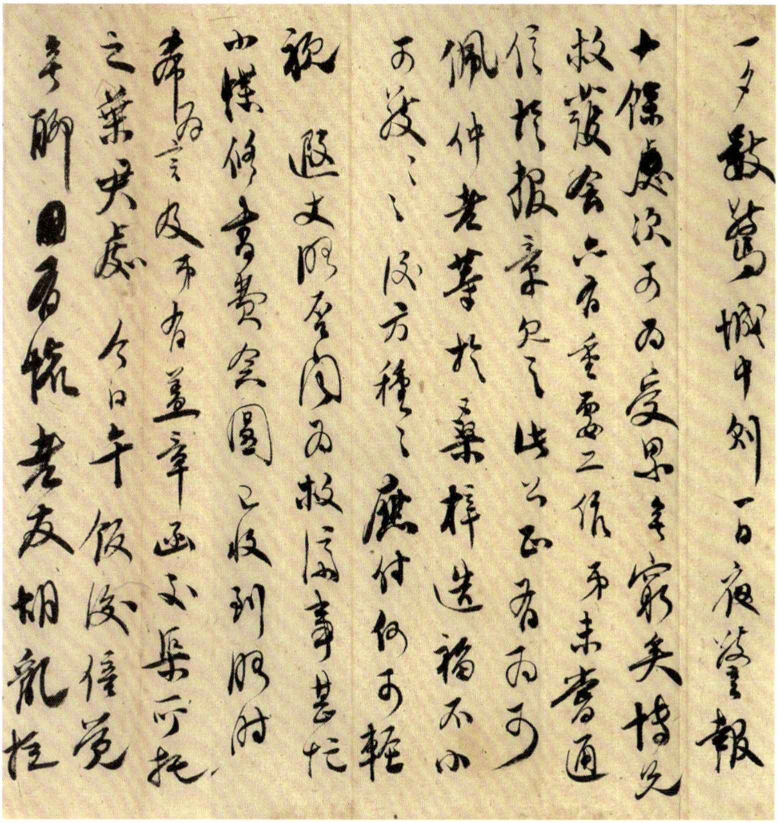

祺，前信笺无多，着媬以竹薄纸
横着信笺因数六七岁所郑书
信常用之，须向风吹之，樸厚
而知我此好信六日瓶不三
即请道安 不廖邦
茶兄亦尝言二画事及用时玫寅
廿四日

回市请寄 苏州洞庭西山、
镇夏、石子饭店转呈矣，
因此有邮政不通 镇夏乡
西两山三五不通邮港口

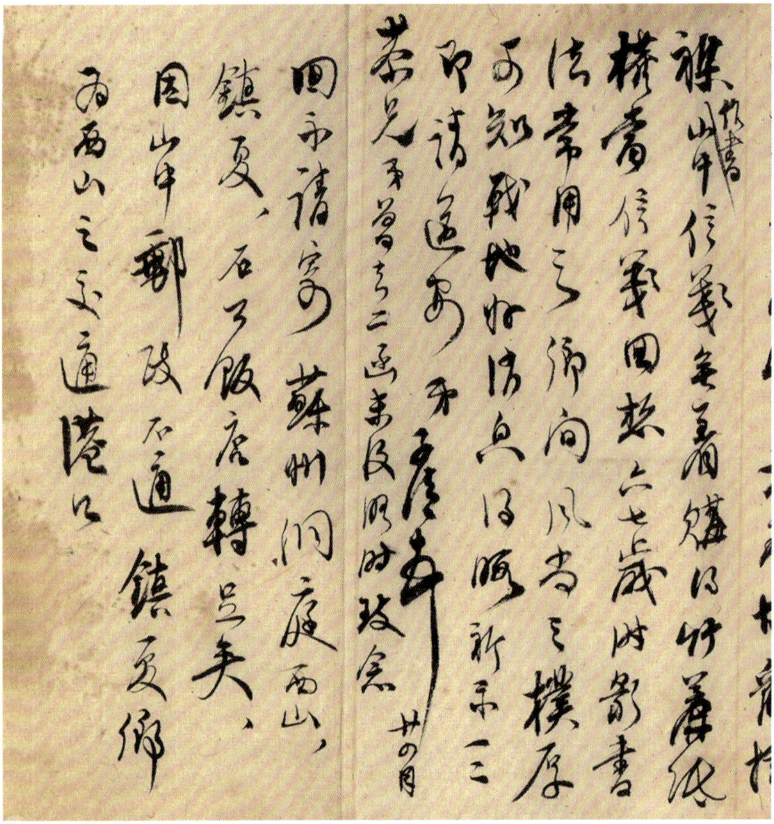

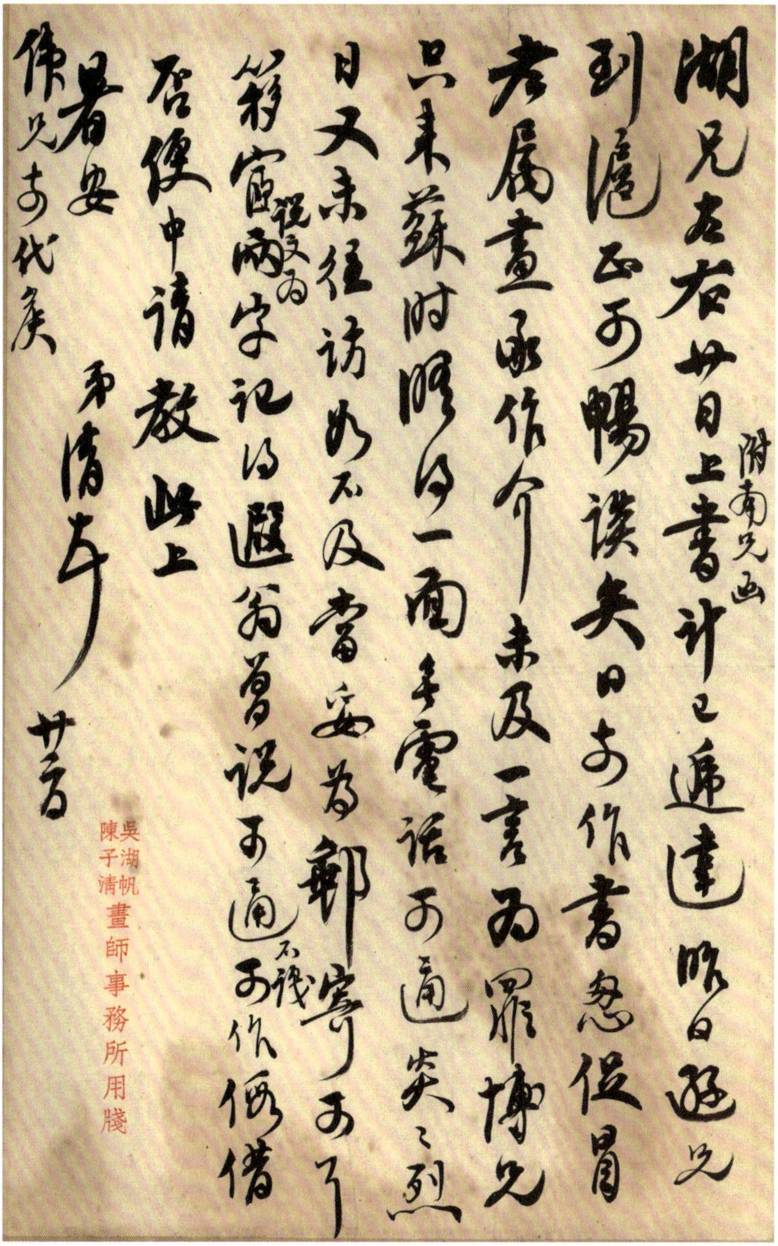

湖兄左右：廿日上書，計已達覽。昨日過兄（附南兄函）到滬，正可暢談，失日未作書，忽促冒老屬畫函作介，未及一言為羅博兄只來蘇時晤一面，手電話不通，突之烈日又來征訪，如不及當安為鄭寄了簃窗（疑又為）兩字，記以遐翁易說不適（不儀）作偶借啟復中請教。此上

著安

弟清年 廿三

伴兄可代候

吳湖帆
陳子清畫師事務所用牋

丙寅水災始歸坡主賑之茶庵

東鶺差二不克近服毋言為歷

初有目七八日返家不克再胃夜

一恙天復妄寒修曾彊好

慌抱殊悶損也倚枕而多

專此即

叚時堂床以書慌州此辛苦

湖帆尊兄偈册

和清

書

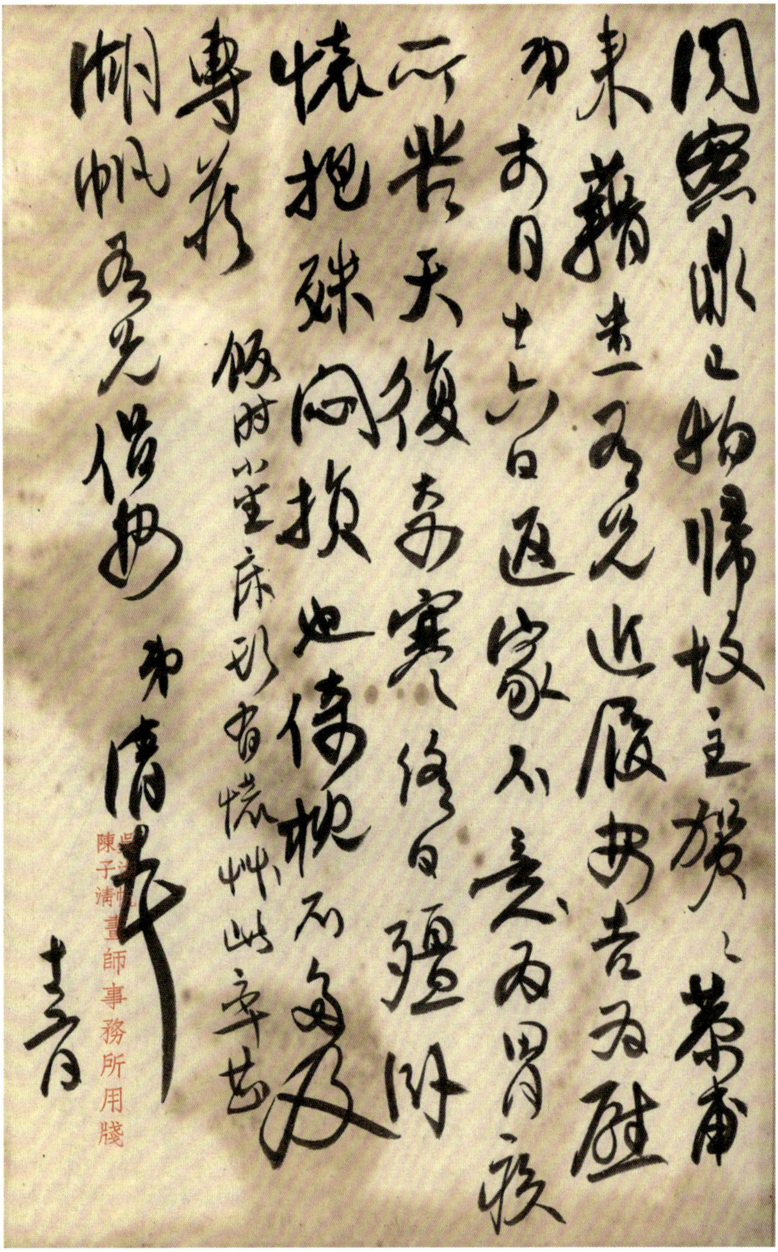

湖帆吾兄大人書誦悉遵即進呈

附布之新洞倒志保刊業不能

承之刪定年內需付印心諸

士遲欲各籍即料酌惜延仍速

室寓不再為照事趕處事公云

主筆畫品好畫有幅開一層

覽妙耶是看根據坡此極西

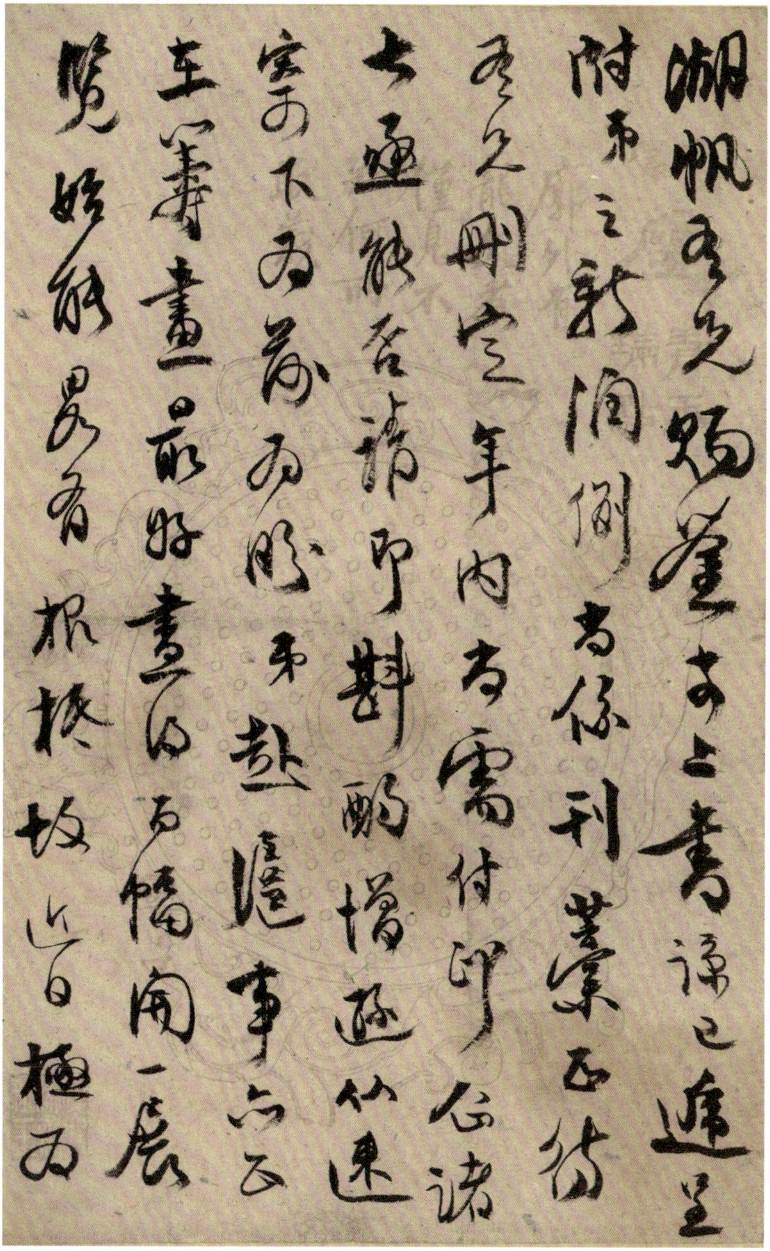

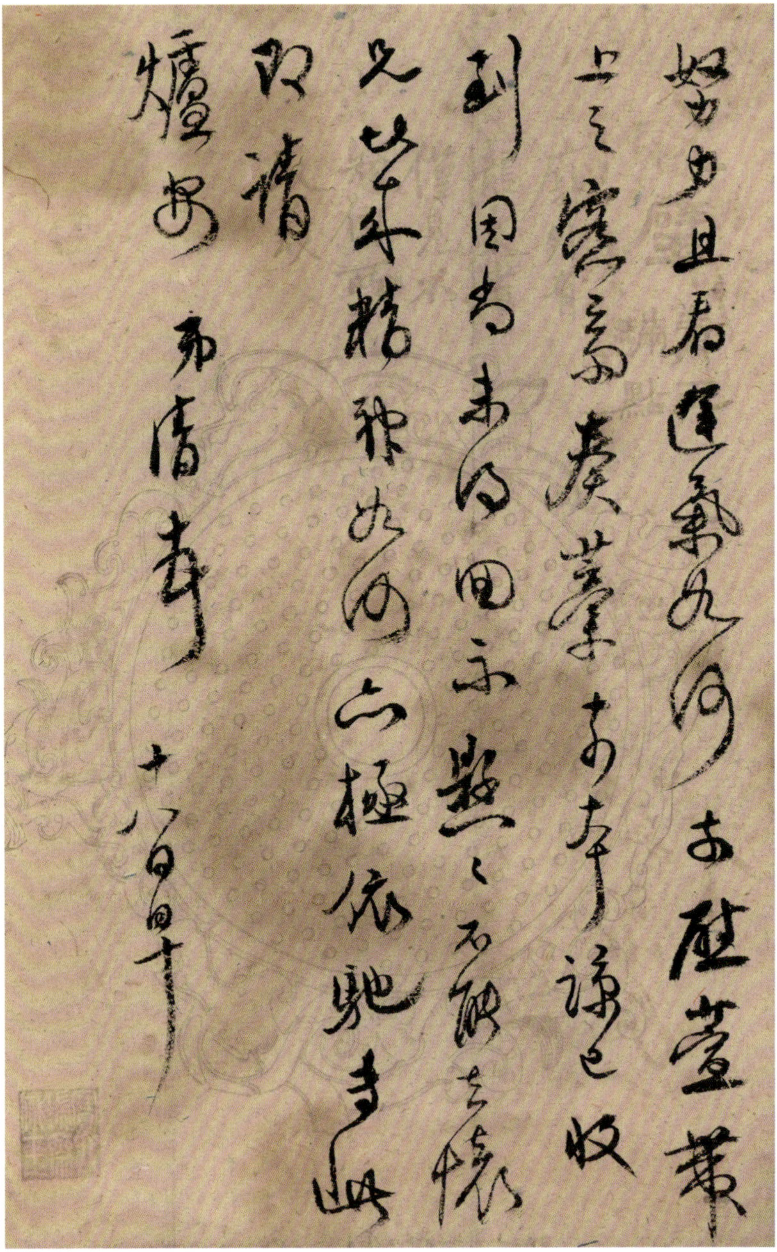

屡書無復暴近更為馳念
臨為和平消息大可慰事
賢兄可省避地之多蘇州亦
悶書是桃源此間無歌友到
慶報喜見變熱無多此
湖兄日內為清壽

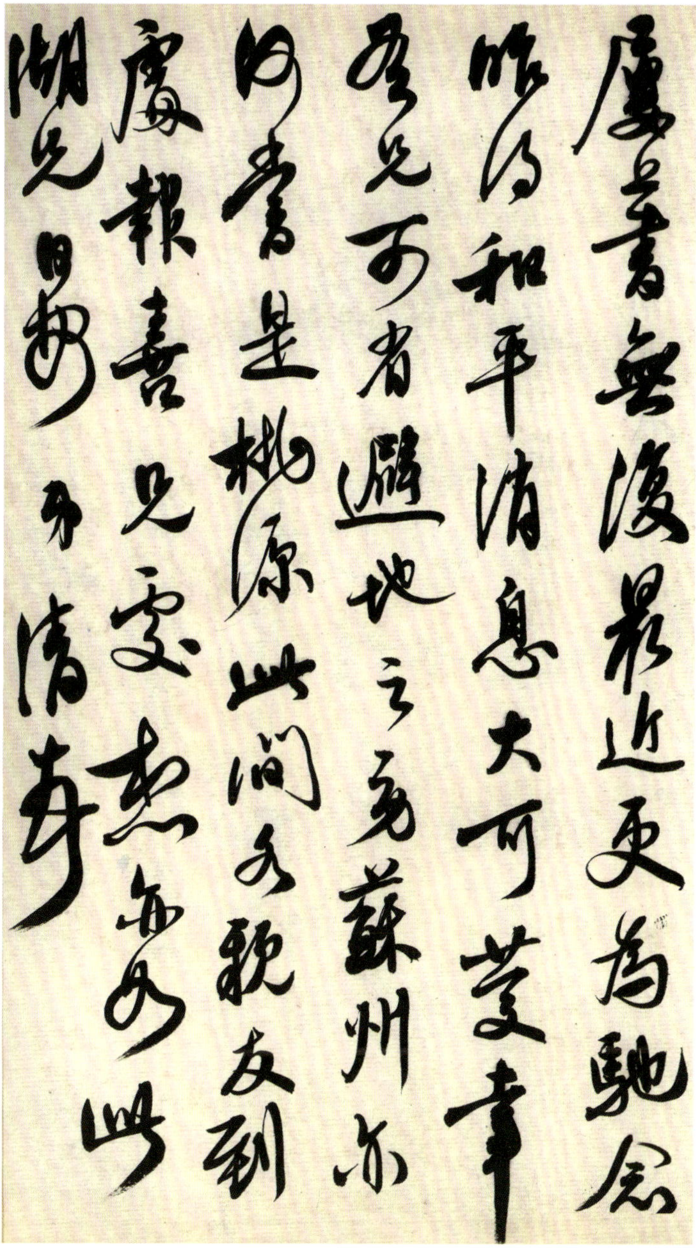

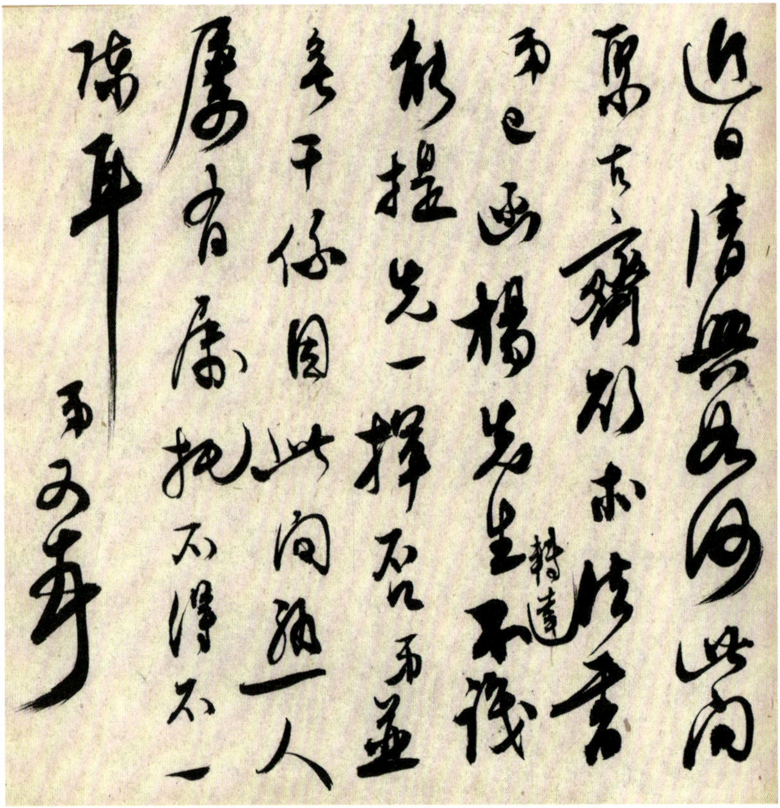

潮帆老友左右 三日及亥月廿五日雨止

諸已登

祀宴附壽區翁毋須承諾而用召老柳芋兴

宮盡失故魚你家且舒家之三希書悦

又送十每茶兄之送上启茶豆蘇书曰谋

面故極而擊金了

五书書曰詢

金將夫及予遷入子府事六亟你累及再

再三孝慮姑彀主陰地咐趋子嘉左仁权

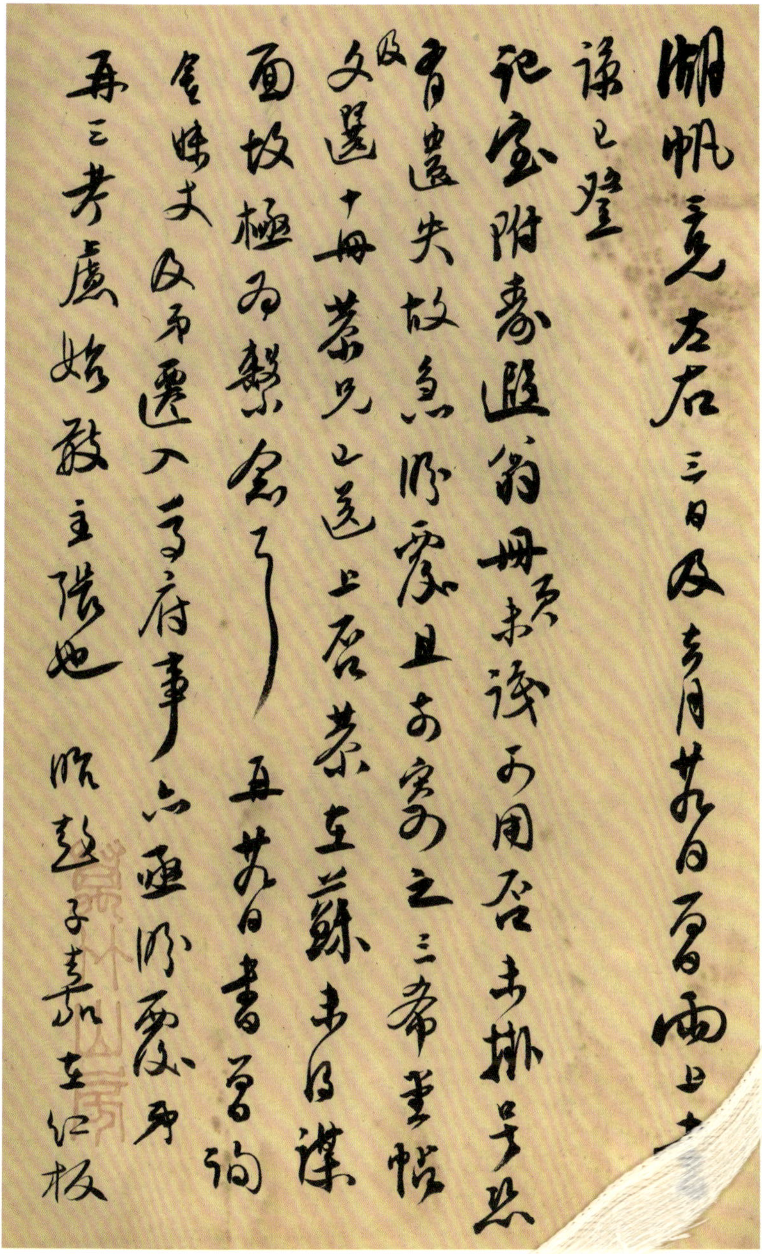

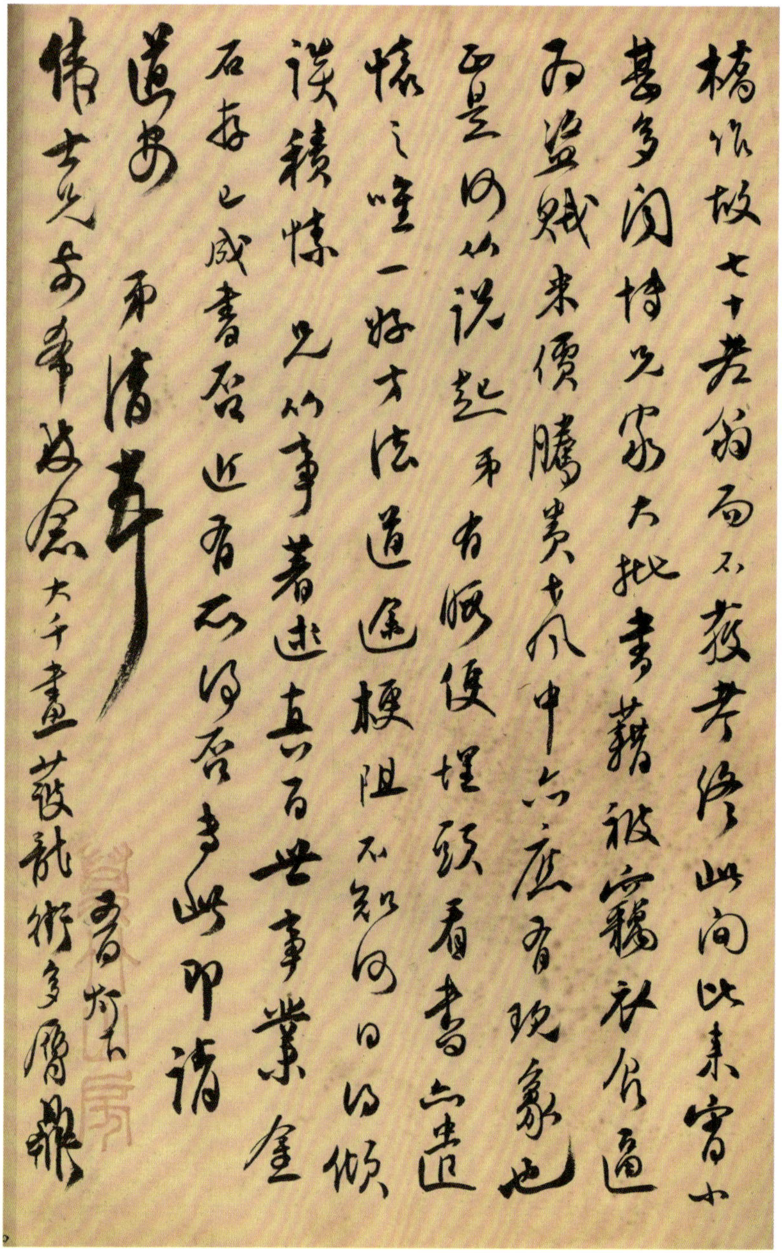
橋作故七十老翁而不蔡老修此向比來實小
甚多閑詩文家大批書籍被竊於倉遍
而盜賊來價騰貴七八中亦庶有致象也
要是何從說起 弟 者晚便埋頭看書亦遣
懷之唯一好方法道途梗阻不知何日得傾
談積懷之 以事著述立言世事業全
石存已成書否近有所作否幸寄此 即請
道安 弟 清 再拜
偉士先生 年前 大千畫 蓑龍衛多層帆
五月 灯下

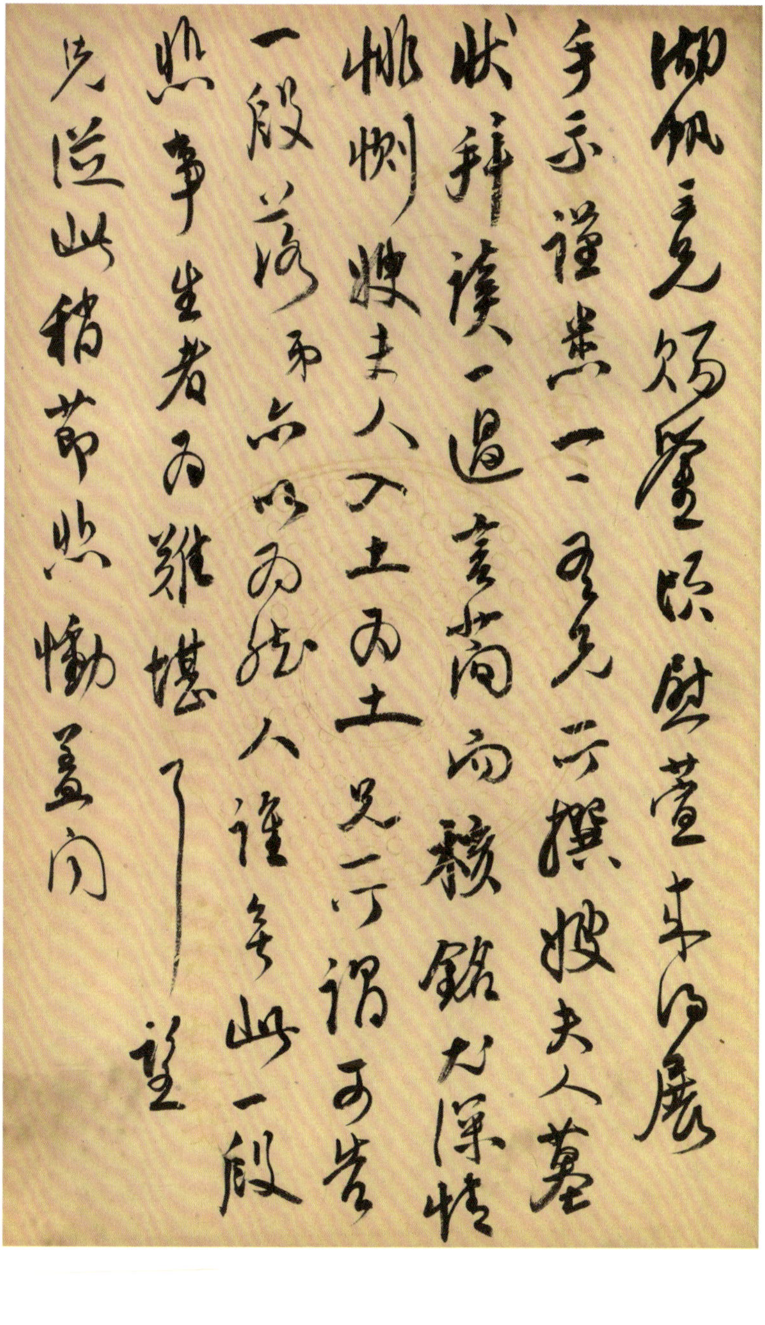

湖帆吾兄賜覽：頃獲惠來函展

手示，謹悉一一。吾兄所撰嫂夫人墓

狀，拜讀一遍，言簡而意賅，銘尤深情

悱惻。嫂夫人入土而土，又可謂吾告

一段落，而亦可為後人謹奉此一段

然事生者而難堪了　望

兄從此稍節悲慟為荷

兄时之病恙此卷刺激太深矣千万
善自保重勿再以肺患伤什交
曾与通信彼此战痛而知死云人生
宾尊一刻不是苦痛此苦痛无以
消磨人生憧糊墮人只是乐天派
遂欢此僅聊以自慰一得了
先以两先在于病子馀玉皆为吾
出内一步但已渐善而再告一玉期

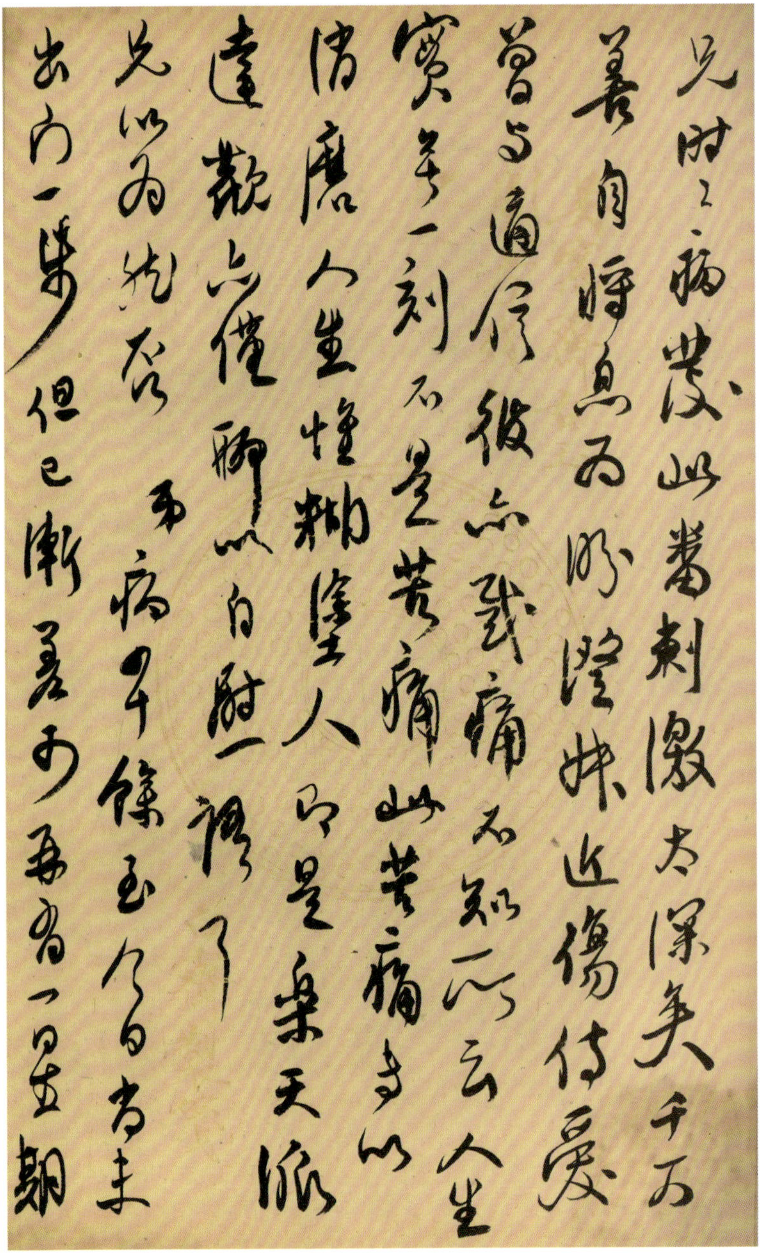

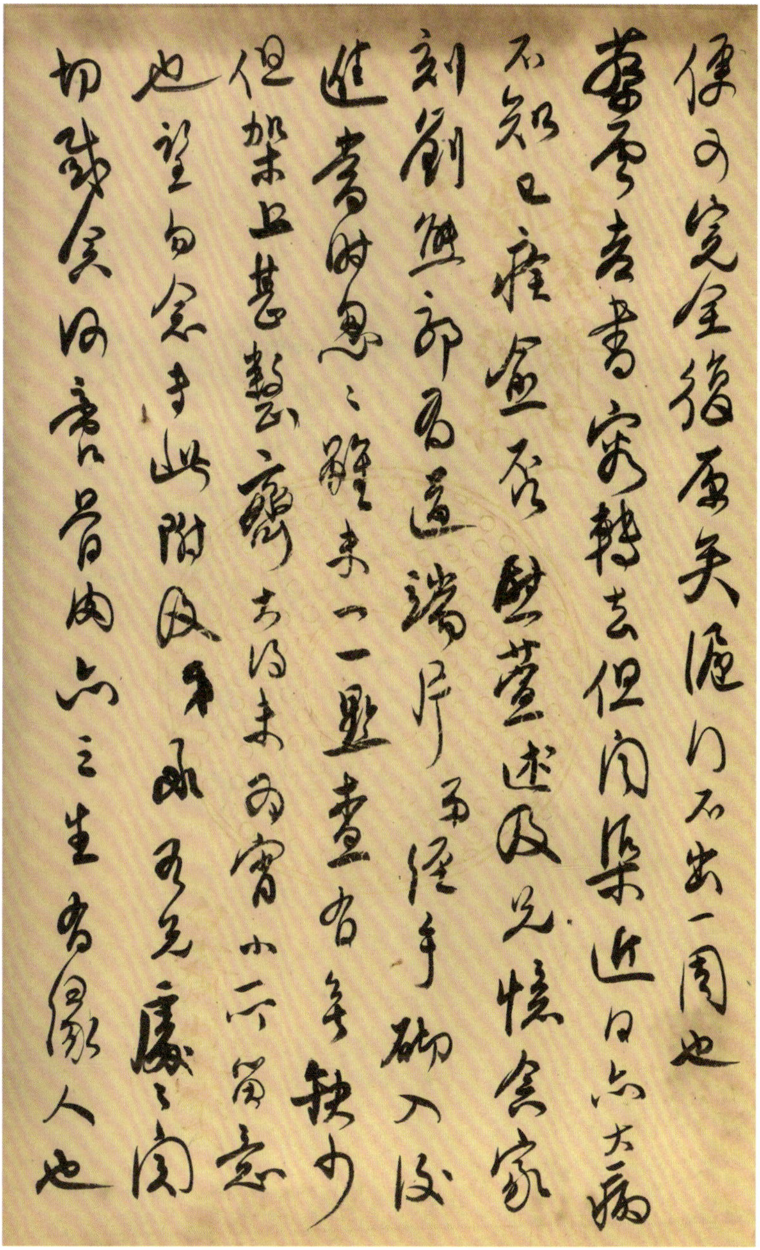
便可完全復原矣遲則不出一周也
蔡季者書寄轉去但內集近日亦大病
不知已痊愈否然屢述及兄懷念家
刻劉熊郎為道端斥弟經手御入段
近書附悉悉雖來一一照畫者年缺少
但架上甚鬆齋去得來為寄小小留意
也望自念手此附及弟承兄處之關
切感矣何意皆因亦之生為自緣人也

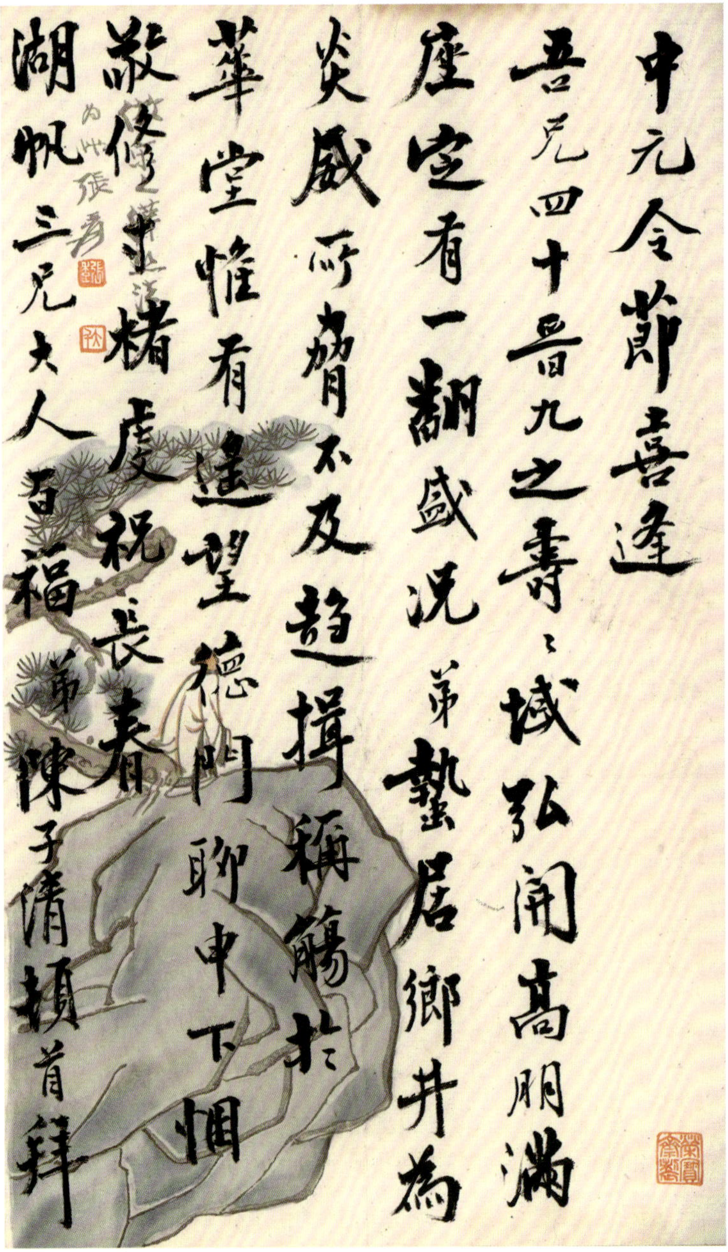
中元令節喜逢
吾兄四十晋九之壽，壽域弘開，高朋滿
座，定看一湖盛況。弟蟄居鄉井，為
炎威所脅，不及趋揖稱觴於
華堂，帷看遥望
德門，聊申下悃，
敬修寸楮，虔祝長春。
湖帆三兄大人百福
弟陳子清頓首拜

違侍十日而歲序更新敬維
五福百益為頌嵩山勝侶圍爐
清話此日想更為熱鬧也幽尚
湄水成冰而益形蕭縮但綱
師雪景亦不惡了　　壽生兄
又有歸欸之說大內整理不詳

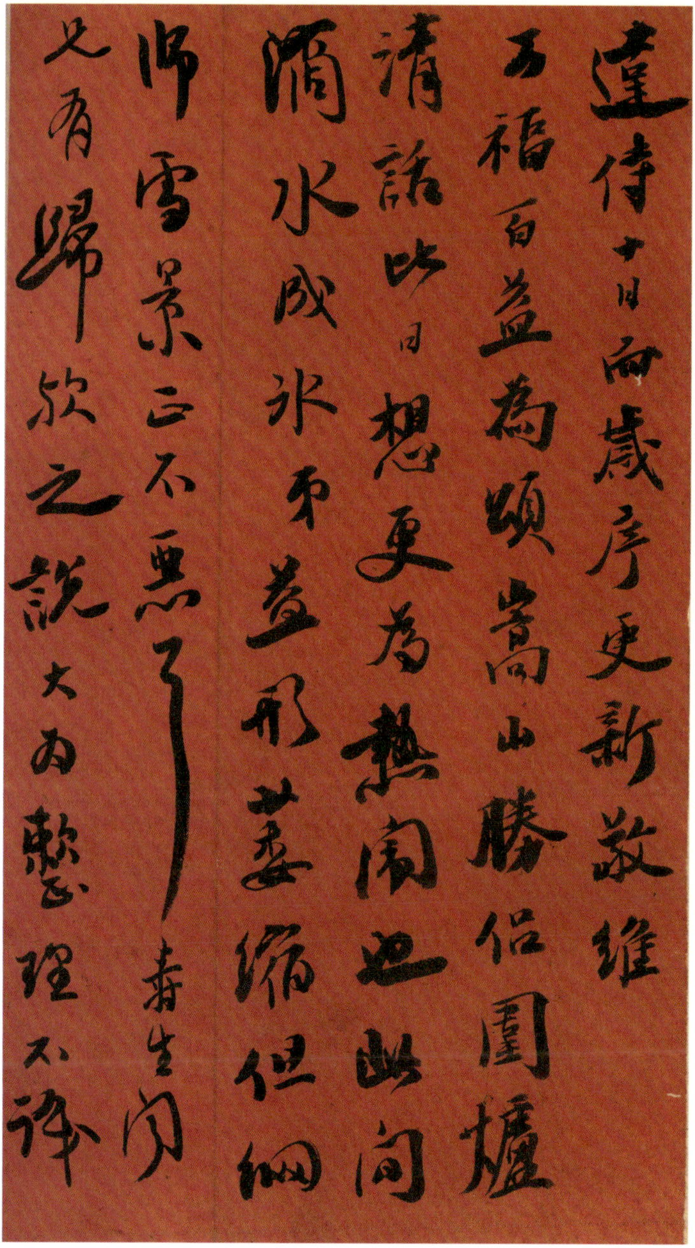

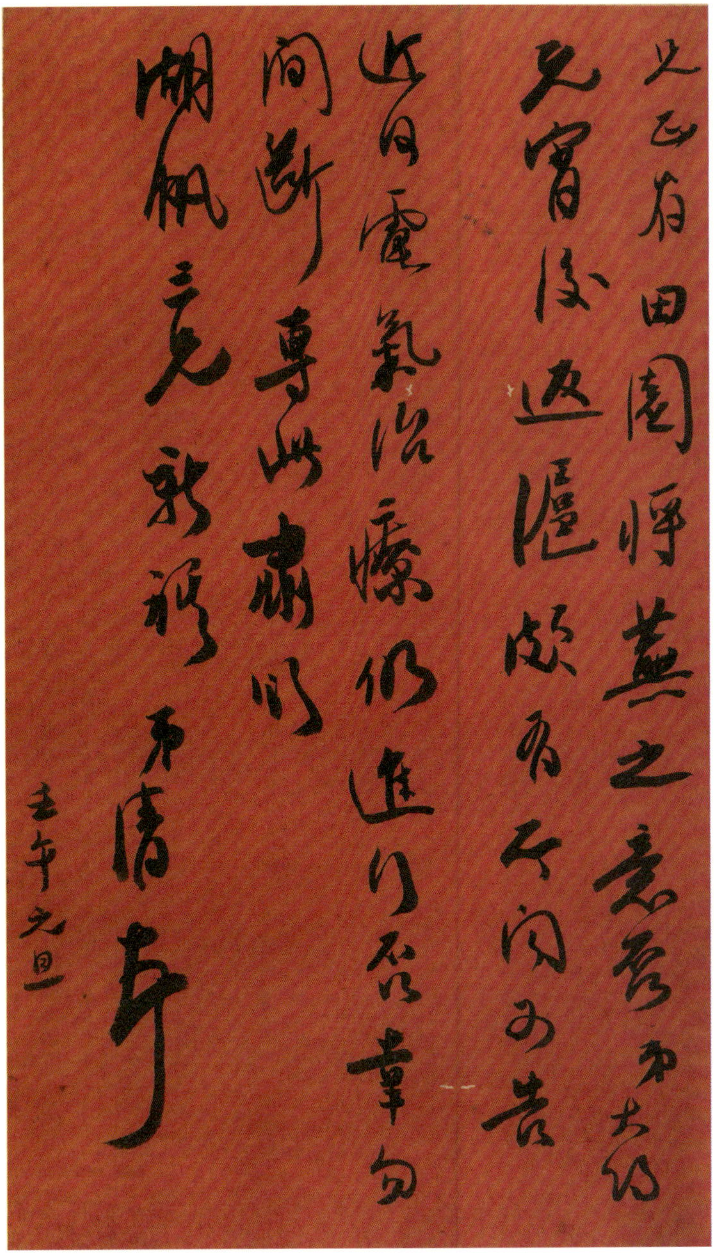

又正有田園將蕪之意，意[illegible]大約
又需後返滬，然[illegible]不問[illegible]苦。
近日靈氣治療仍進行，不[illegible][illegible]
間斷。專此肅頌
湖帆三兄新禧
弟清[illegible]
壬午元旦

日内上書译述

方覺外際兩末起收訂潤例

因如年兩度此其地附一弟

清審是之榮甫帝末清

讀染弟獨自極而清極

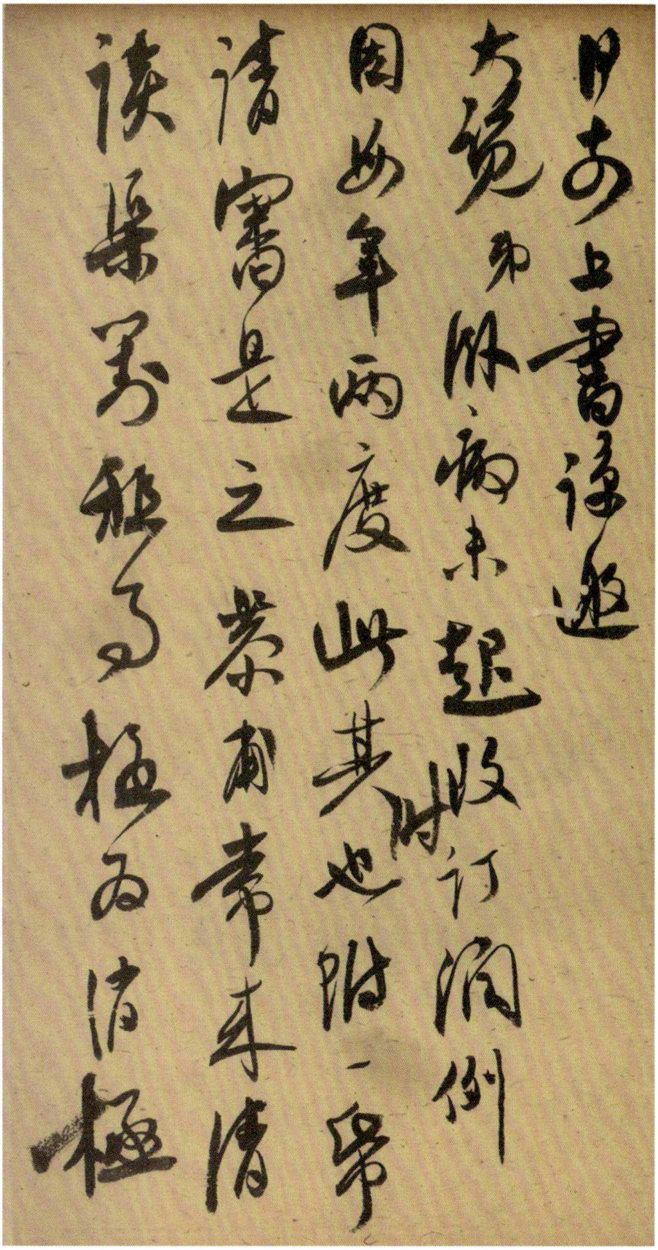

物价如此高涨真是骇目惊
心虽不近百年内当无此刻
来甚或不待三年之后之常至
比难与庆清泰而以
湖帆老兄足席　瓞清寿光

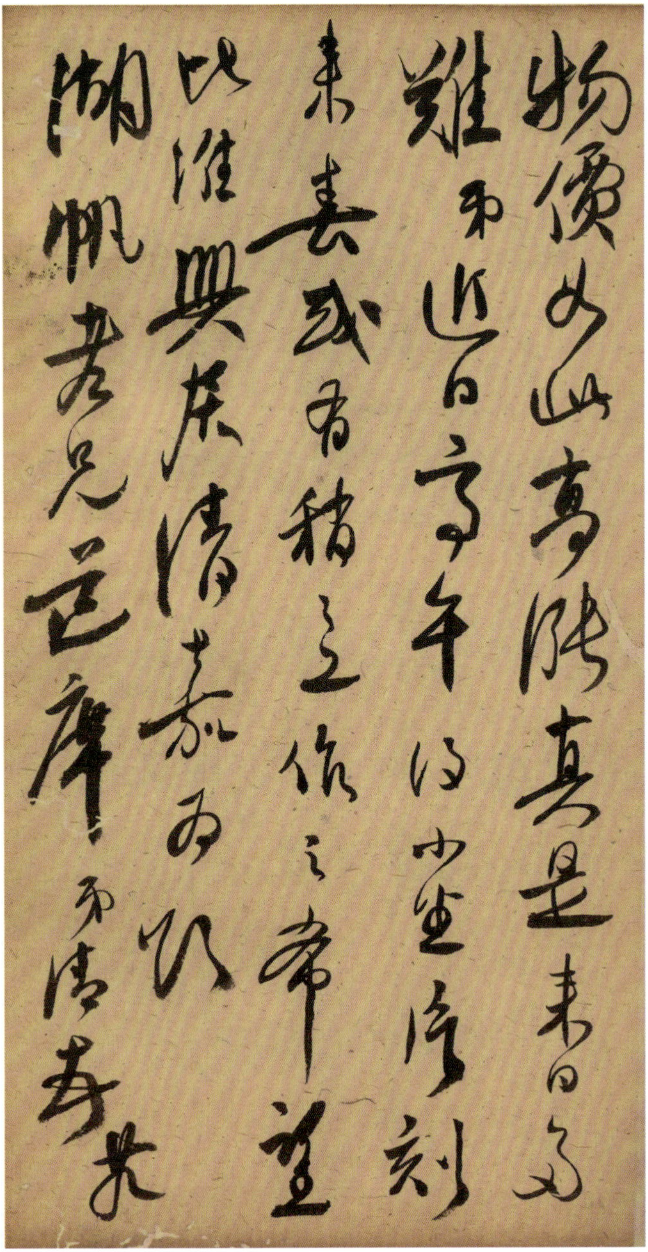

前書壹有未盡近來書畫
家決非應前一味高蹈而行
非有團結不可且出賣全
操於揭取捐客之手故非
有書畫店之役置不可買
畫者頗多且太識了全廉
言彼此層想光卑見利

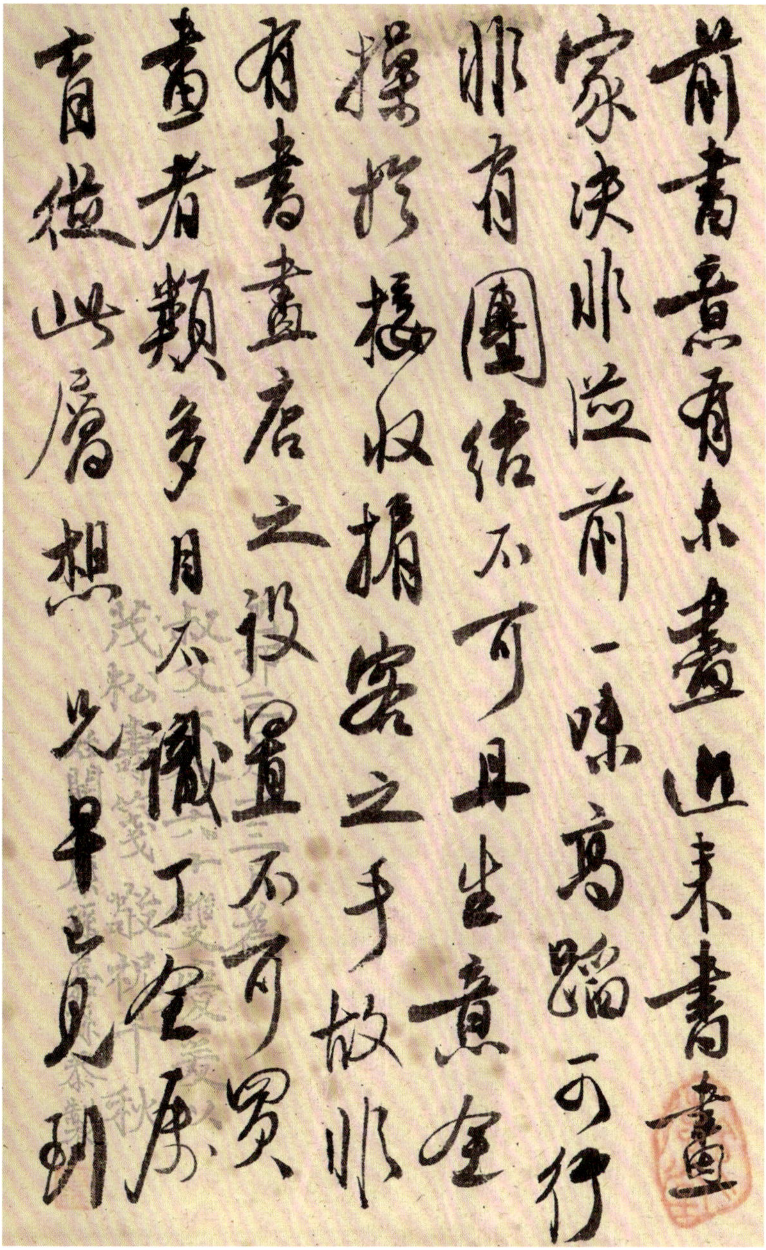

或以当而闹了睏醒宾列东卑
者此感觉也此间吴及所隆
赏者石而枥力所赞个片屋
己碻定字名为天籁阁知
兄各赞助□□股南兄恭兄乐
加入而喜於附漢汉纪韦荃理
其事正立寿备切但財

236

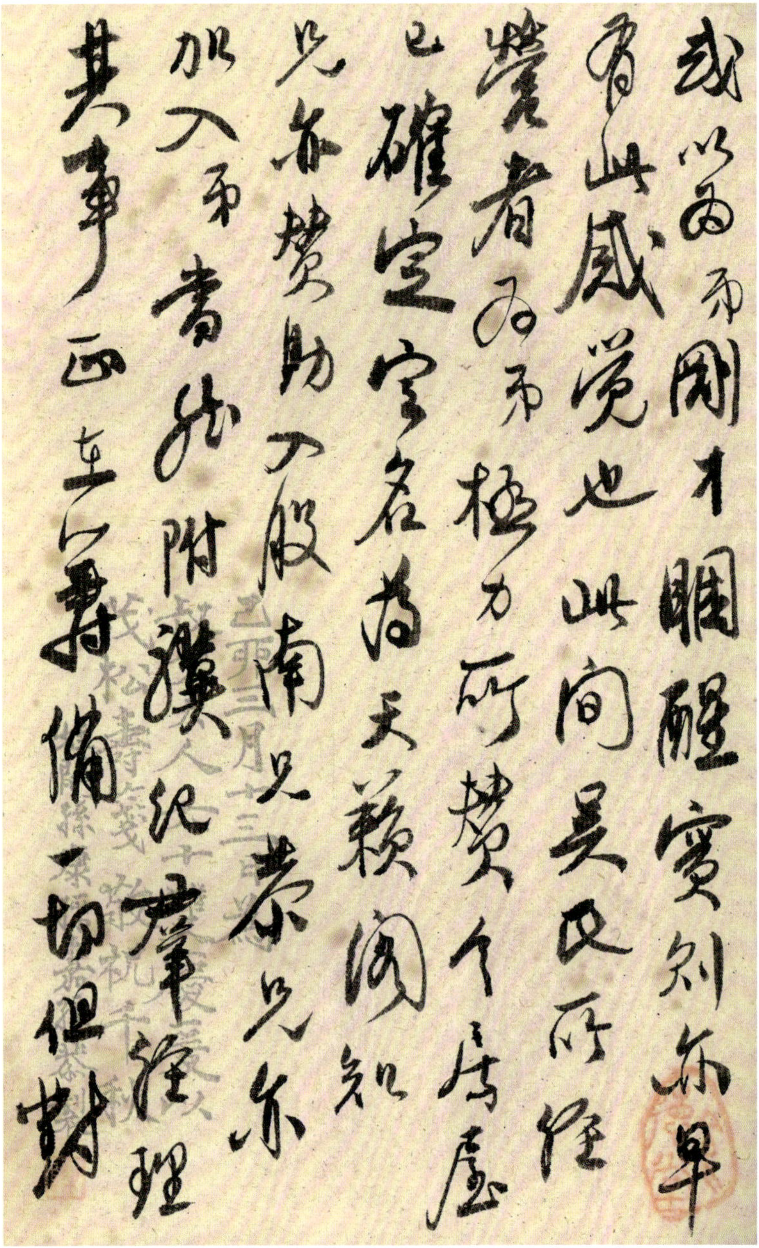

内地財千頭萬緒而為諸務而義不容辭
書畫方兩之決心兩顧私身已
利益之計　臨峙梅景高兩
□為竹歸八□□連兩一氣蘇
州之峙上海方面交秋甸之歌陸瑩者
不後至至進行各此中迩内
刻財若　尚某畫家甫今

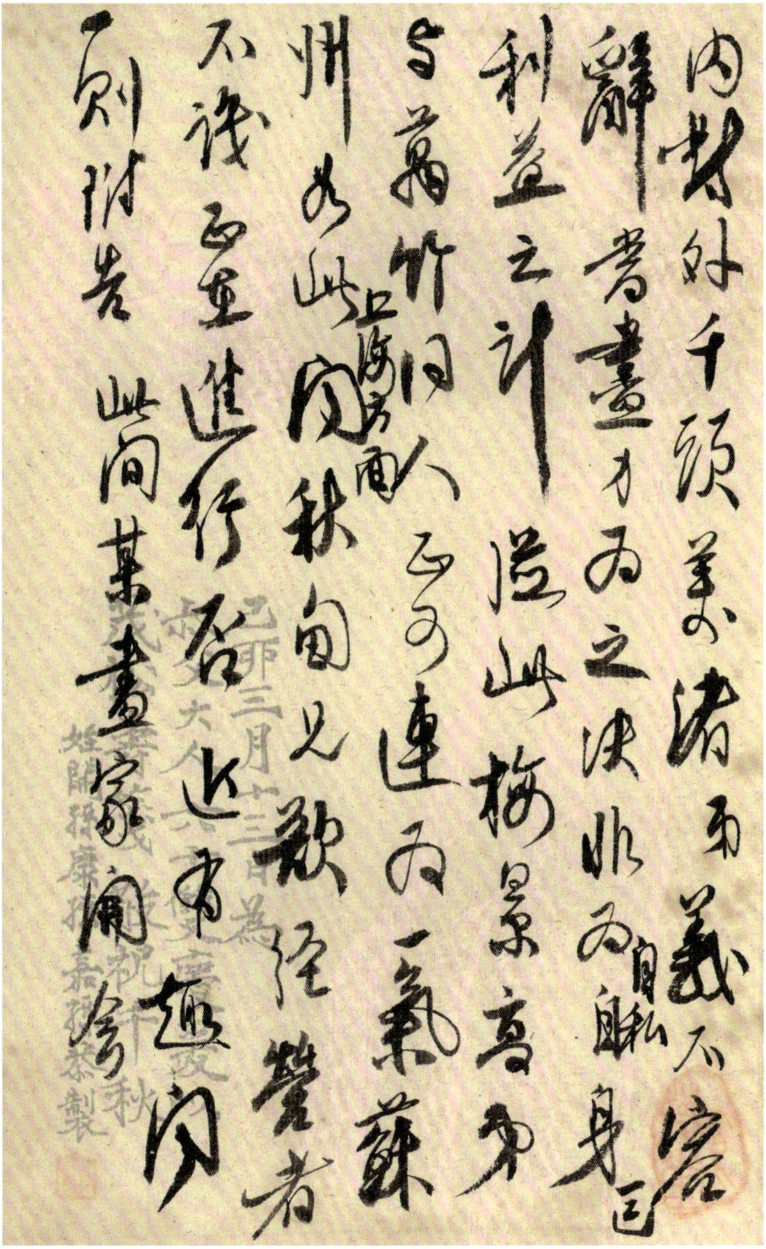

不及五千備贺了廿催万顾家普图子
裏人土膏帑債说西子买画拜去
玛子於是谋论你给不论其是
此好何並买画三场看来子消
成功那裏误作到风雅雨
字晚眼隆卿近来一天
写了字付財子急领奥高

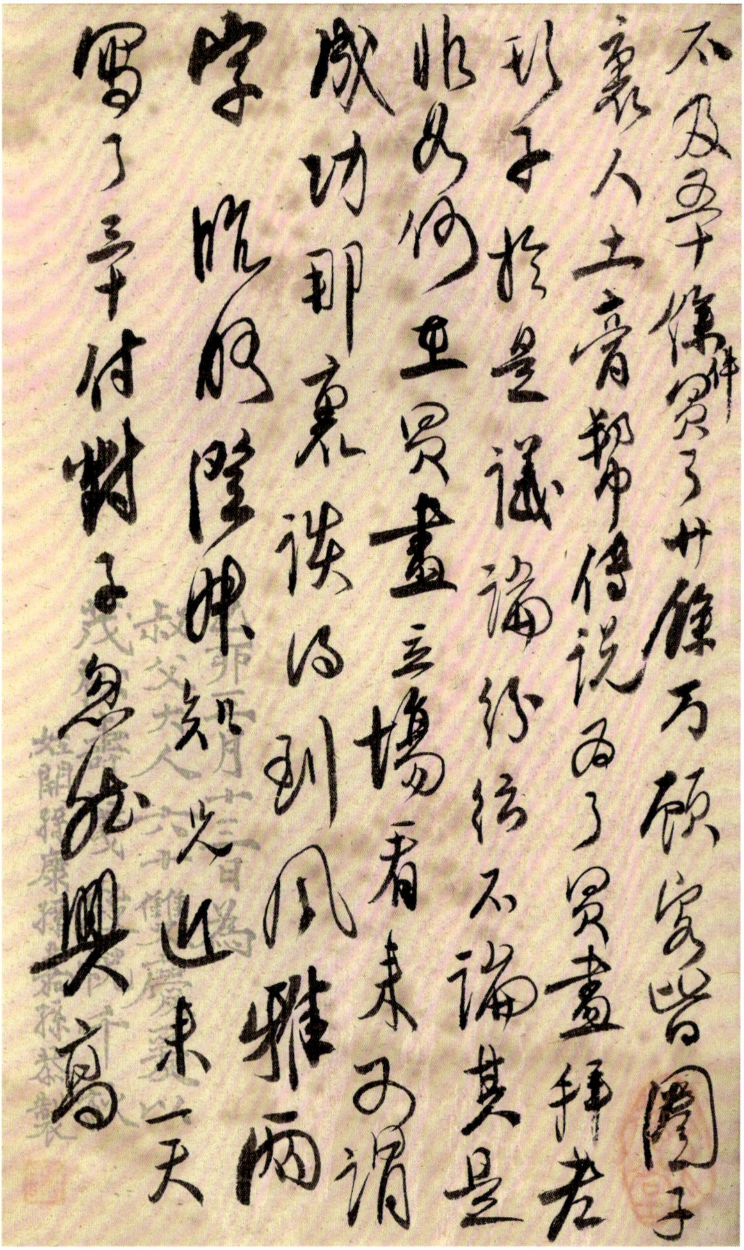

大有希望而近東來檄而如刀

力所有一試之意不復

足亥有以裁之否加油撥墨

肉足皆不甚為調不謹是尚

用熹謹而遊業尚幸

尊此順請

湘帆足道安 而屬寿安

叔父大人

戊松壽箋

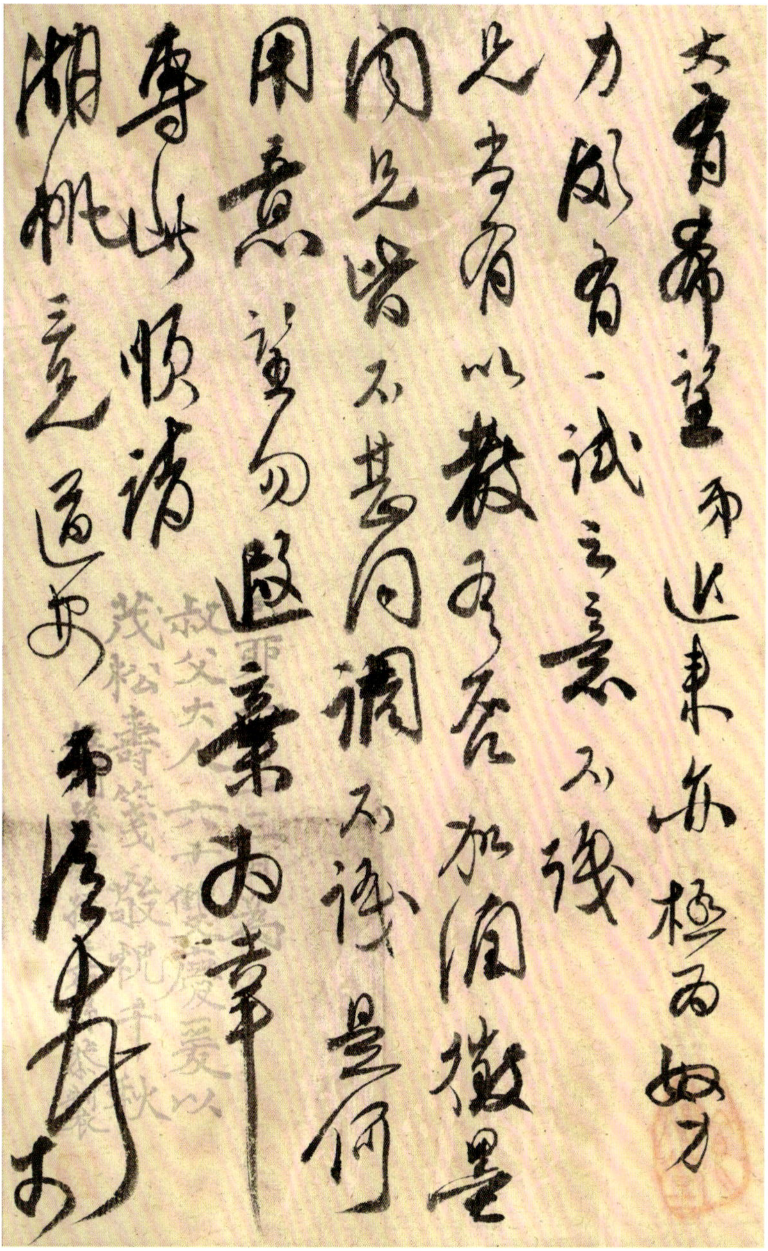

云颖风日进行筹备矣弟本拟作寿
启人被见一函纪孝陛望不肯新经理
全局未霸商及大局计不日大一试
偬小心但诚深感难庆吉多久刚惟书
苟进将望事先吾以招示以名请援之
庆幸加助力而不劂開一函会见生
滙颇长差及西愤了近脑忙手忙此举
石年 湖夗寿岁 弟潽寿

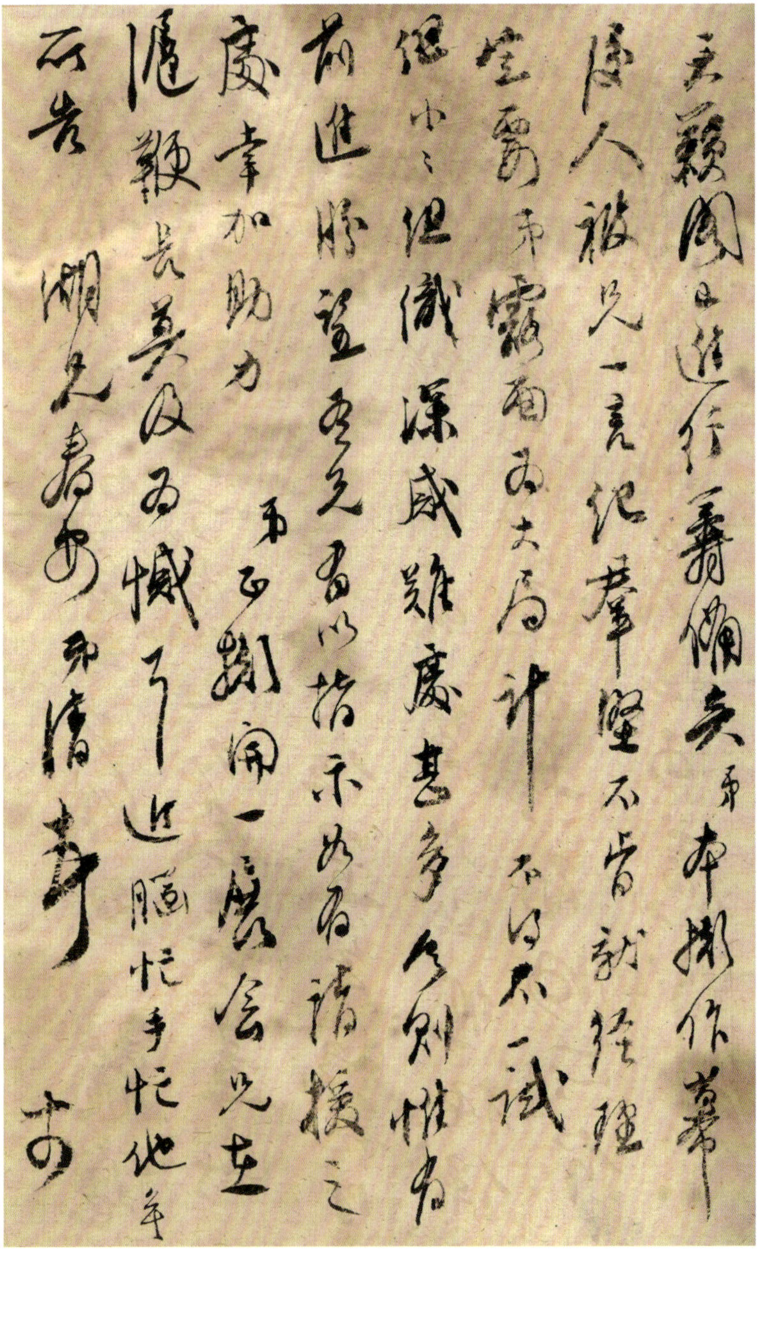

飄帆芳无鸡羹口明鸟之龍涎

今日到此二谋已及矣美此

次来者甚多而之位置多此各目

當纷之蝉眠希望大曲仍拖保

先筆云涟此送我其而日二个

意但勿物騰贵玉而虜

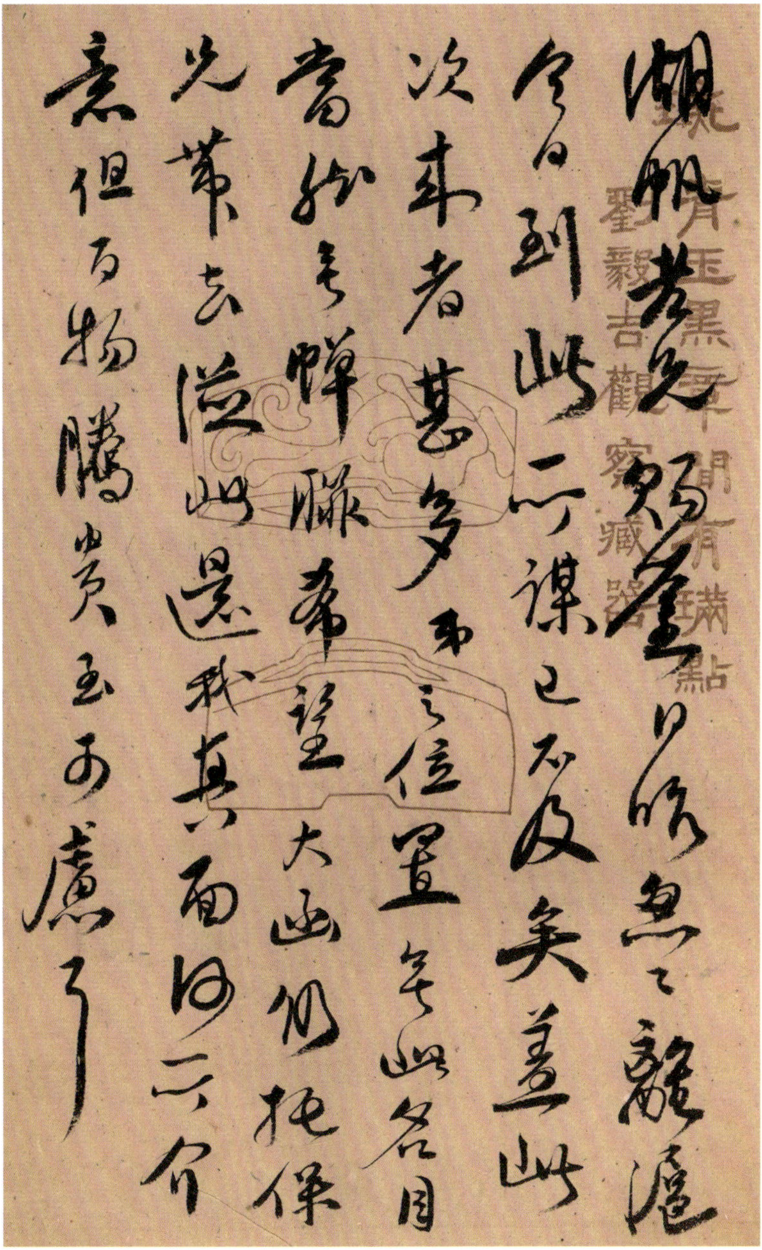

此陵岳沙畫沙畫空候進麈时

當祈助拭一層

情其何以拭之區

私安而情寺

呢帽一只水福畫冊二本均

尊處比来情緒而嗟

刘鹗吉

观察藏器

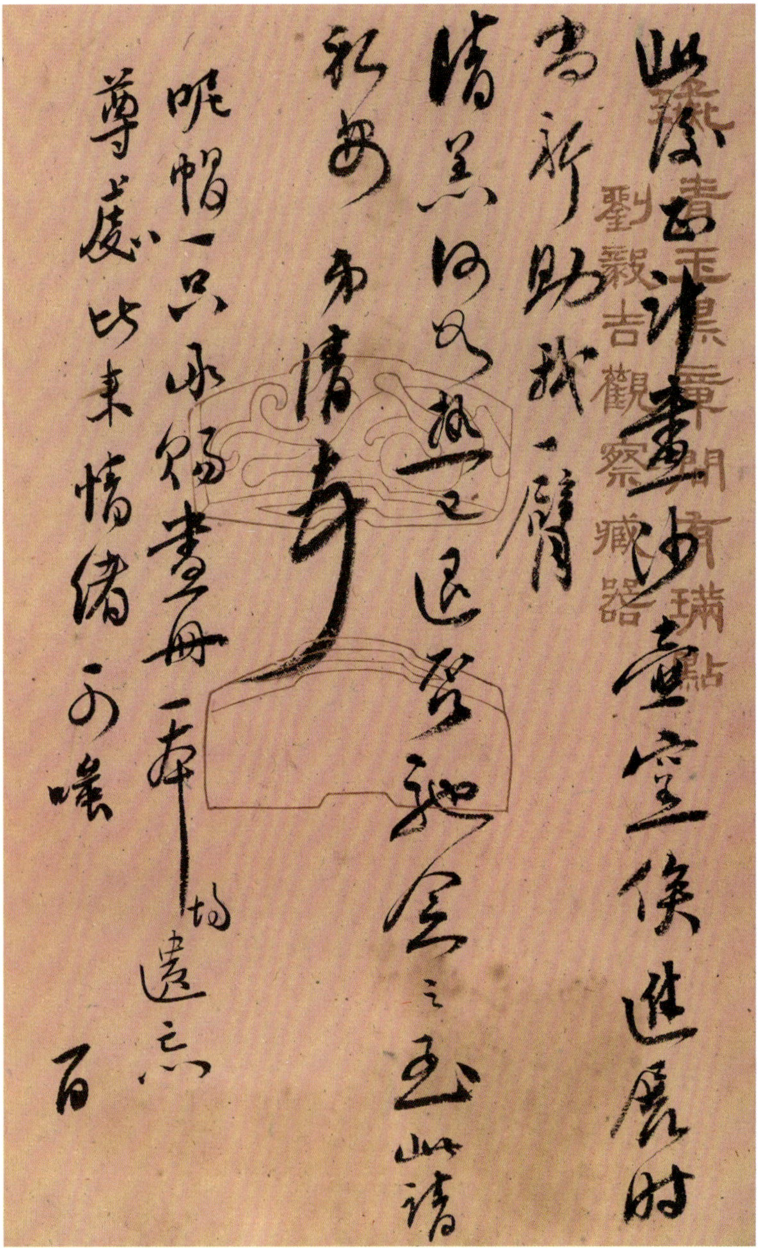

湘帆老兄經堂接兩手書始知十月一飛
之期已為遊屨定矣現在日內趕七月之
期而時甚促定之又不能脫此深感者
途荊棘叢叢必於弟輩誠自不待言
此弟之不接受函牘相左往往有不接頭
處總之弟不能早日到滬之故也十五當
決趨赴秋闈一切已裝據之一部份當呈

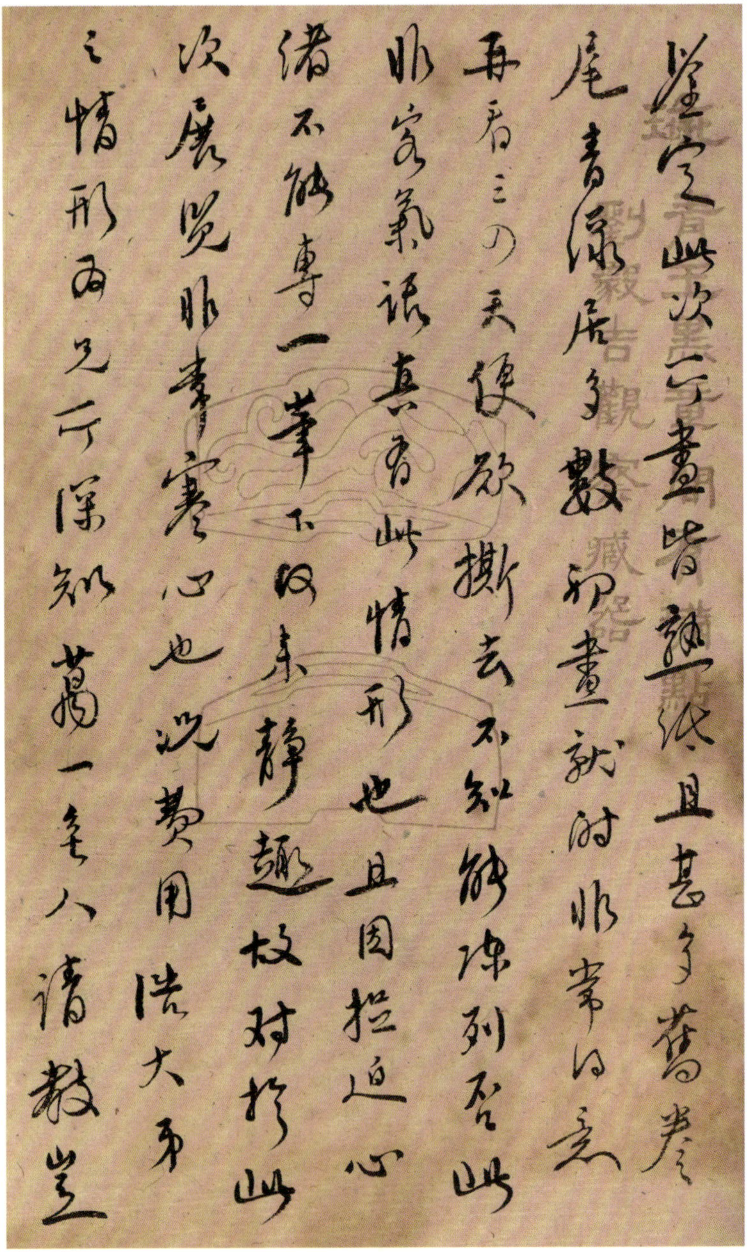
遂定此次所畫皆題跋且甚多舊卷
尾青綠居多數和畫就將非常得意
再看之又復欲撕去不知能諒列否此
非家氣象真有此情形也且因拙直心
緒不能專一筆下改來靜趣故對於此
次展覽非畫實心也況費用浩大弟
之情形兩見之所深知葛一並八請教豈

非要者玉架一層債臺在此筆頭日解

任此玉振清東即發茅事當屬小節

趕羅六氷大難事　再宣傳一事閤肉

童要帕有諸老友畫臺聊忙或可數

行內追去審刻帖有國字烈耐如忿多

此一筆　于十五日淮此匯圖只一讀也

此請　道安　于清手

十百

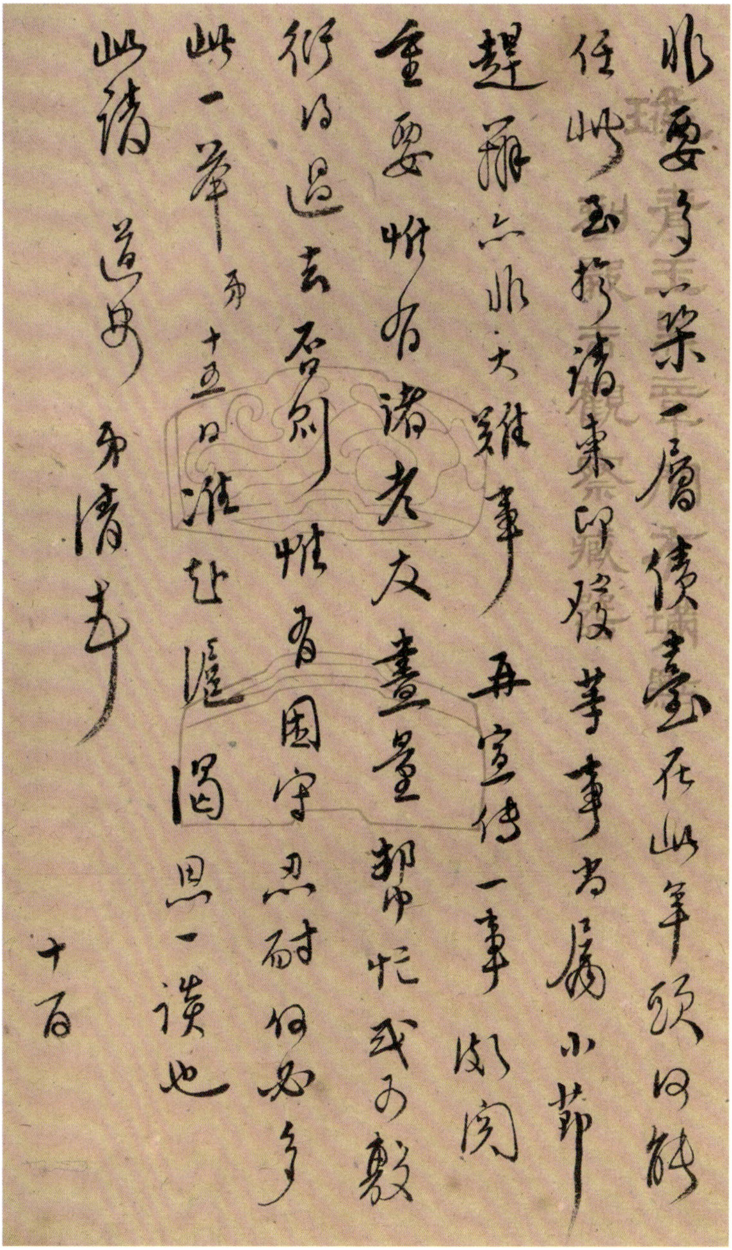

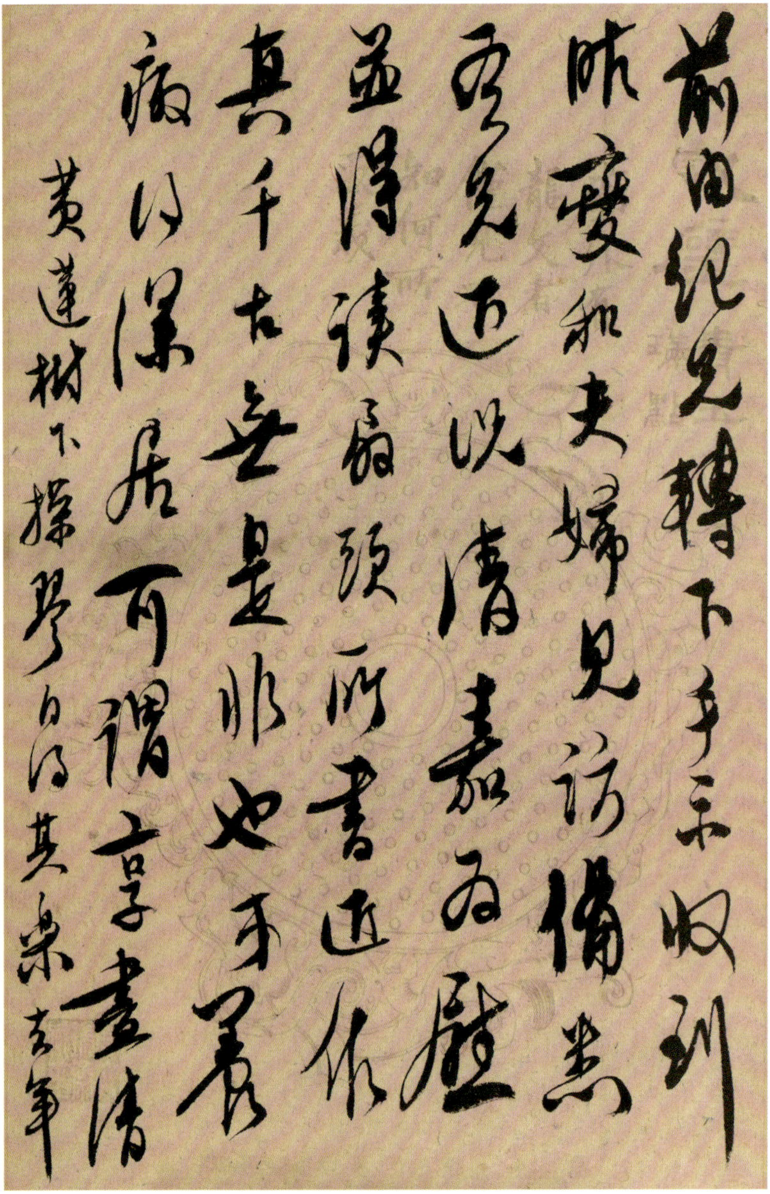
前由紀兄轉下手示收到
昨夔和夫婦見訪備悉
吾兄近況清嘉為慰
並得讀翁頌所書近作
真千古無是非也未[illegible]
病以濕居不謂享盡清
黃蓮樹下操琴自得其樂去年

福子題如已在一大覺如化人住□書籍
可暢諸興老痛廢極臥氣
或高不此殊不知究竟竟爲身
閒見新日悒欷歌主修蜀而
集蜀中無之不殘能每種
見頻一張爲諸不蓋甫布
不不可折斯若不宜碎耳

247

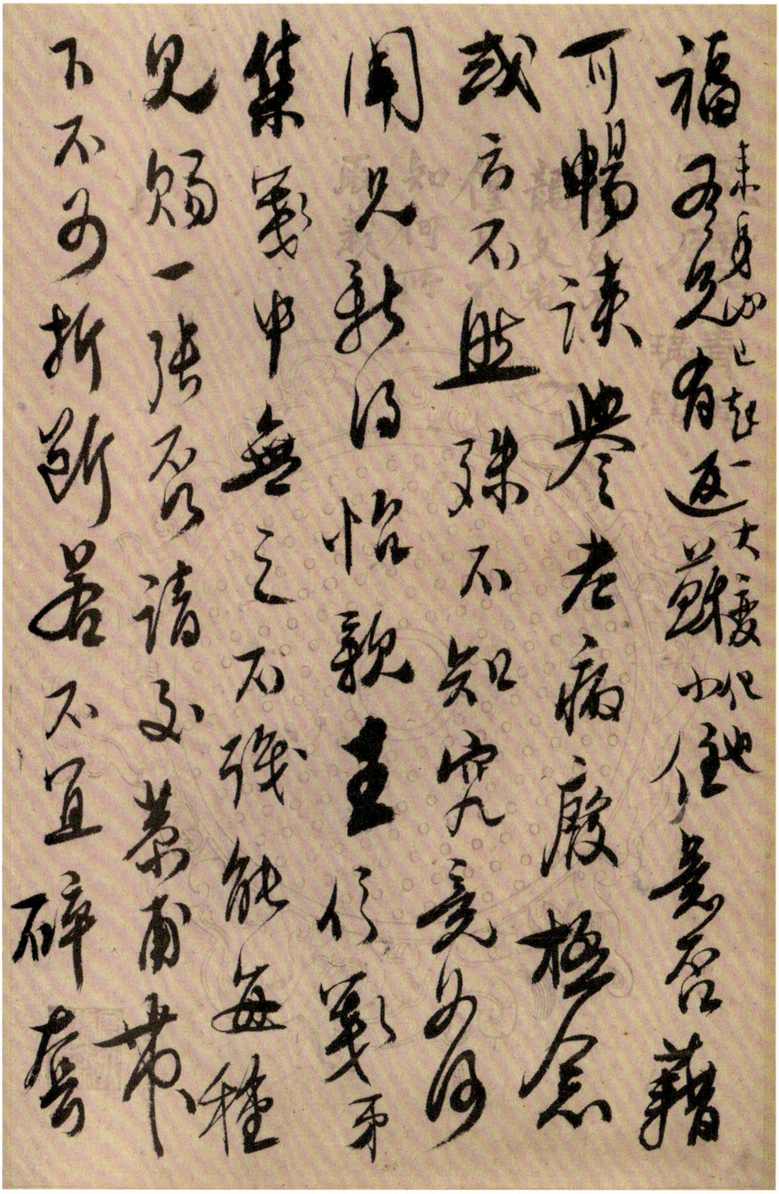

则不足珍贵耶
新收宝绘而恐参缘一读
盖不知每月以出内且每日可
以兼火车也
兹以尚少报告后吴委员会觉子
收钱宗土继心致左右也祖已者
情旦矣
湘见月安
再清安
廿一

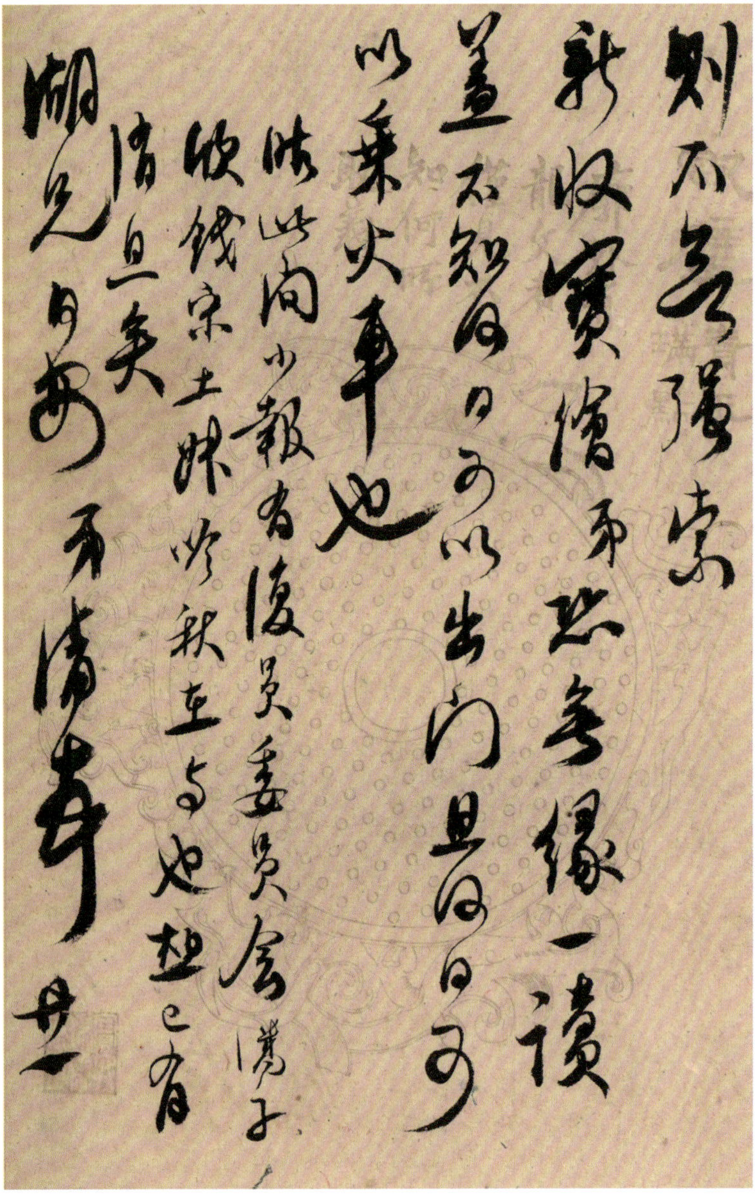

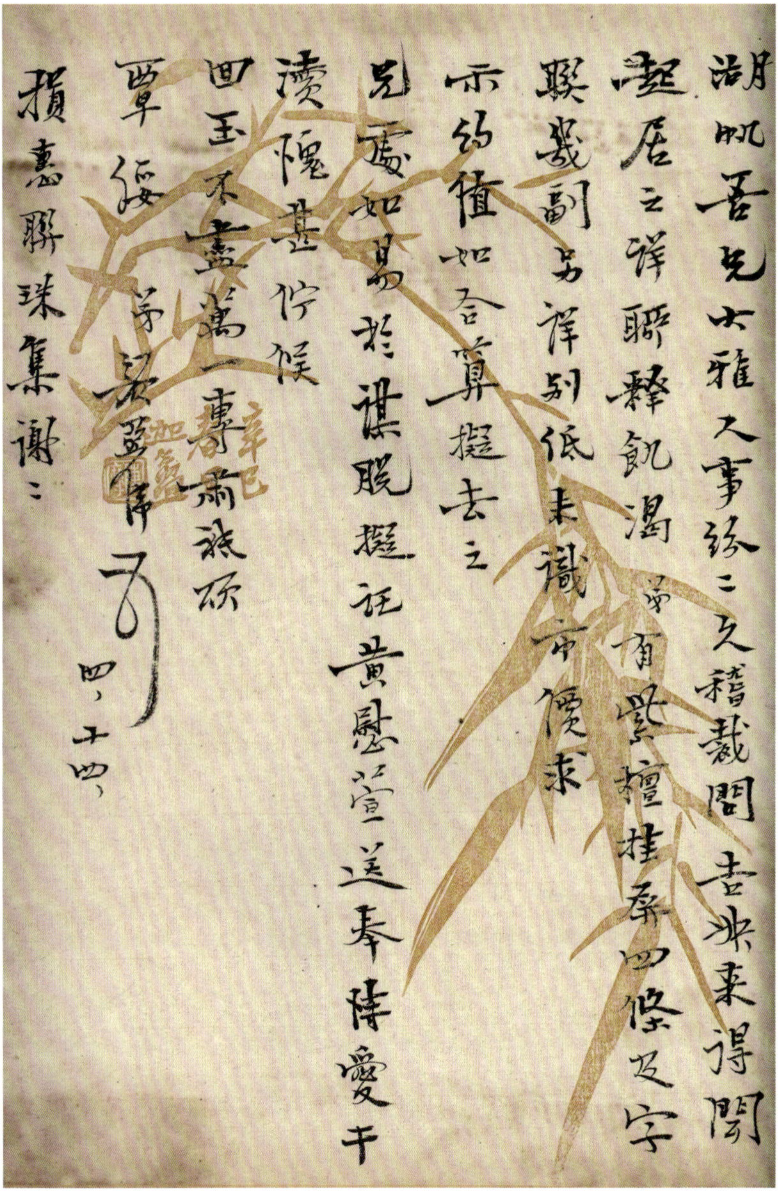

湖帆吾兄大雅：又事絲絲之久，稽裁聞吉，兆來得聞
起居之詳，聯繹飢渴。弟有覓檀挂屏四條及字
聯幾副，另詳別紙，未識肯便求
示約值，如合算，擬去之
兄處如易於謀脫，擬託黃懸堂送奉陳愛千
讀，愧甚。佇候
回玉，不盡萬一。專肅敬頌
覃綏　　弟張善孖頓首　四、十四、
損惠聯珠集，謝謝。

顾颉刚（1893—1980）

叶圣陶（1894—1988）

江小鹣（1894—1939）

雪

范烟桥（1894—1967）

王謇（1888—1968）

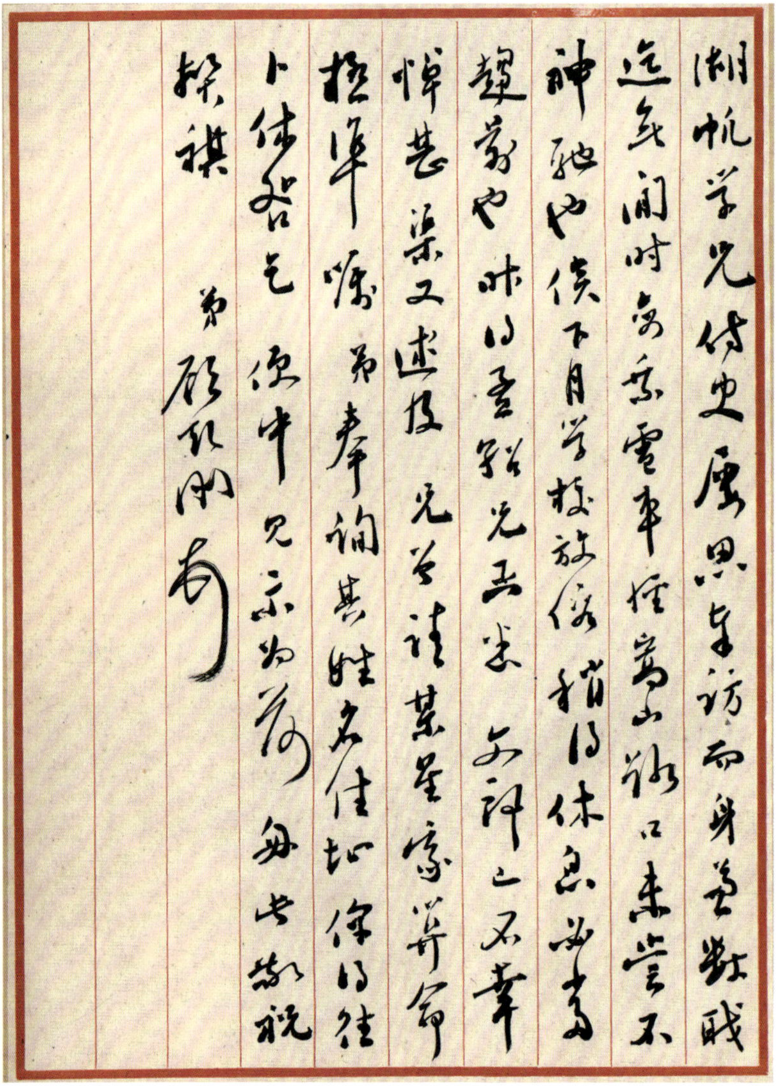
湖帆學兄侍史：屢思奉訪，而身兼數職，近又聞時為乘電車經寓所附近，未嘗不神馳也。俟下月學校放假，稍得休息，當走謁也。昨日晤郭光五先生，與談之，不勝悼甚。渠又述及兄曾請葉譽虎寫撰畢像，弟奉詢其姓名住址，俾得往卜借，乞便中見示為荷。匆此敬祝撰祺。弟顧頡剛頓

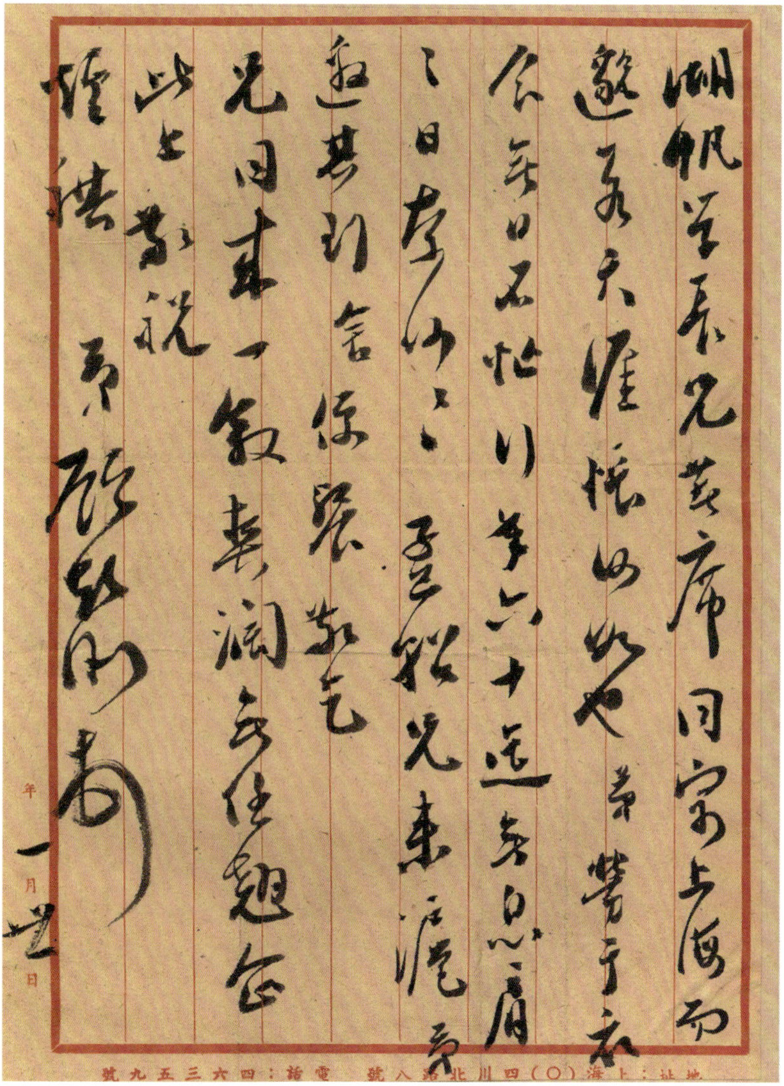

年 一月 廿日

地址：上海（〇）四川北路八號　電話：四六三五九號

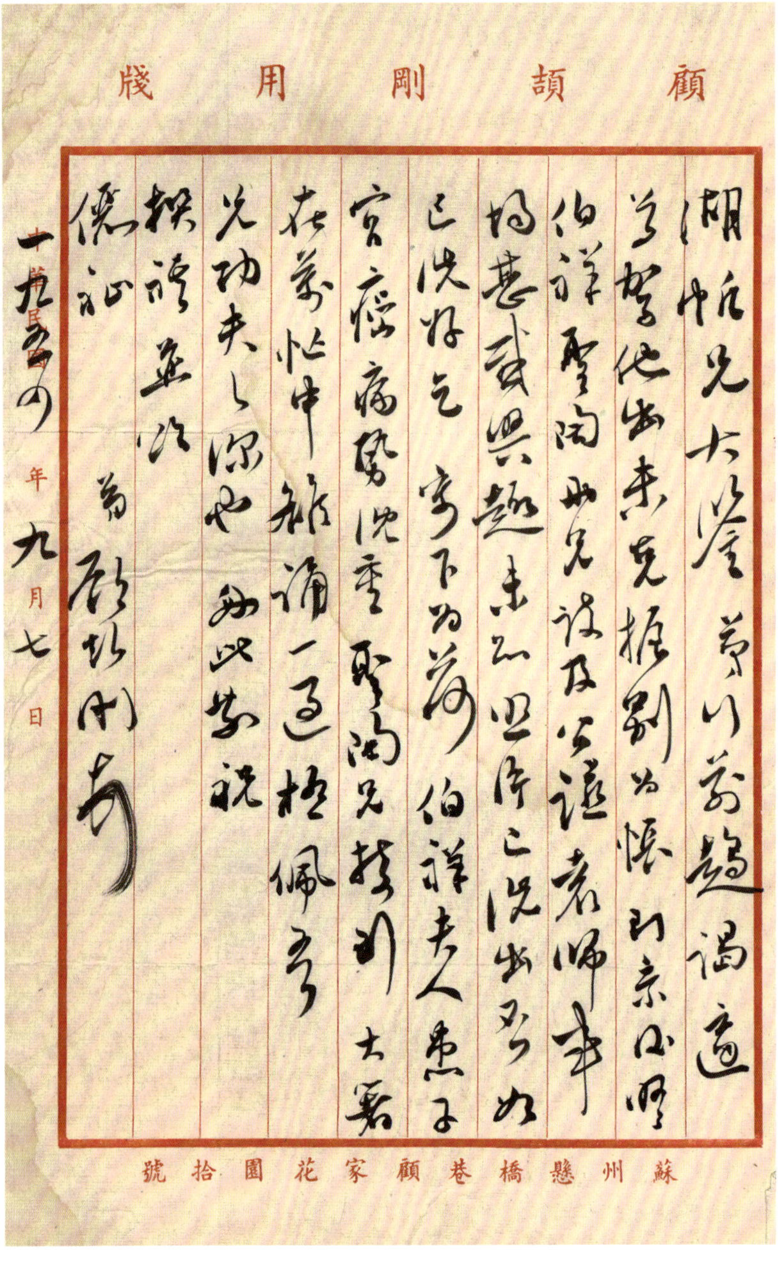

顧頡剛用牋

湖帆先生大鑒：前以葛趙謁適

爲賀作出來，先携劉爲懷到京，以呈

伯祥、聖陶兩兄讀及，公議者師年

均甚感興趣。來函因序已從出，即如

已從此乞寄下爲荷。伯祥夫人患子

宮癌，病勢沈重，聖陶兄於前月大喜，

夜夢忙中雜誦一過，極佩吾

兄功夫之深也。匆此寄謝，

敬請

儷祉

弟 顧頡剛 上

中華民國一九五四年九月七日

蘇州懸橋巷顧家花園拾號

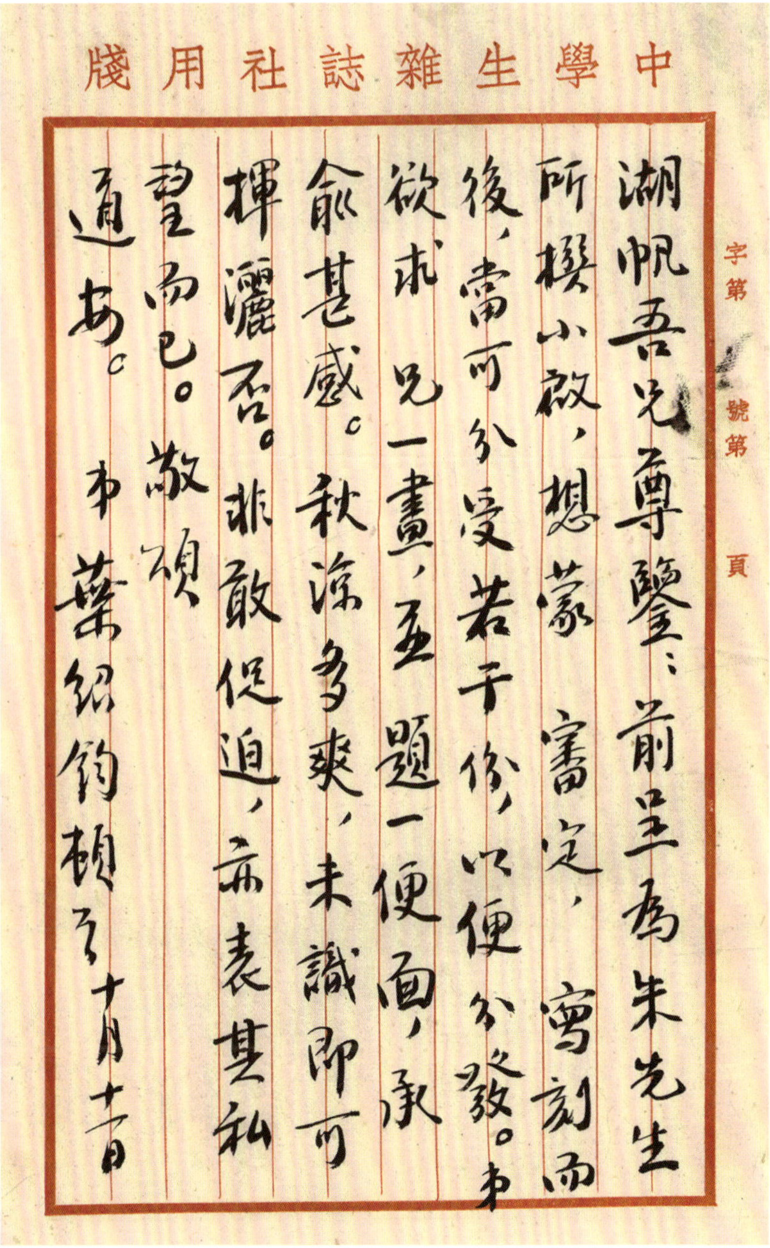

中學生雜誌社用箋

湖帆吾兄尊鑒：前呈為朱先生所撰小啟，想蒙審定，寫刻而後，當可分受若干份，以便分之致。弟欲求兄一畫，並題一便面，承俞甚感。秋涼多爽，未識即可揮灑否。非敢促迫，亦表其私望而已。敬頌

道安。

弟葉紹鈞頓首 十月十一日

第　字第　號第　頁

湖先如晤 到滇時曾有電上諒先達 覽 旬前
又有電經轉丁南洲先生未得復 不識有遺
誤否 弟到滇後各親友處均發信電而至今
未獲一復 悵念萬分 此地報紙有載滬
京江浙各地失陷消息而真象未可明瞭當
祈 賜示一二及各親友近狀如何 弟此次到昆明已非
上次情狀可比頗有人滿之患而江浙人猶多住所
之難覓出我意料 結果有凶宅一所大爲我所

嘗識凶宅也者非真凶宅也因不合雲南習慣
久空無人傢俱即房主亦未居住故相傳是
凶宅實則都是從無人住過之絕好摩登
式洋房一所水電衛生設備均全可知在此
是鳳毛麟角不易多得而有大廳三間亦已
爲弟之工作場所更有空地又可種植花木
此種機會都自凶而得未決可逢凶化吉
先之意為如何 葉玉老在滬否可否勸

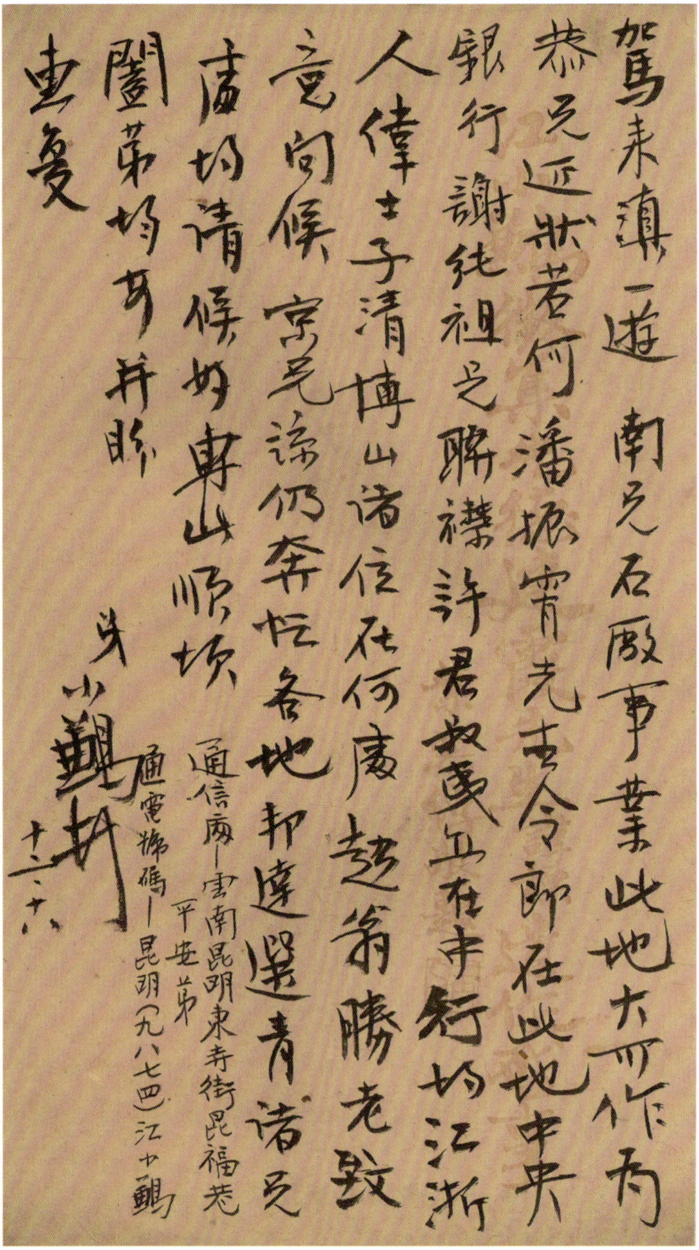

驾来滇一游 南兄石厂事业此地大可作为
恭兄近状若何 潘振霄先生令郎在此地中央
银行谢纯祖之联襟许君叔夷在本行均江浙
人伟士子清博山诸位在何处 赵翁胜老致
意问候 宗兄谅仍奔忙各地 邦达选青诸兄
处均请候好 寿山顺颂
阖第均安并盼
惠复

弟 小鹣拜 十二、十六

通信处：云南昆明东寺街昆福巷 平安第
通电报码：昆明（九八七四）江小鹣

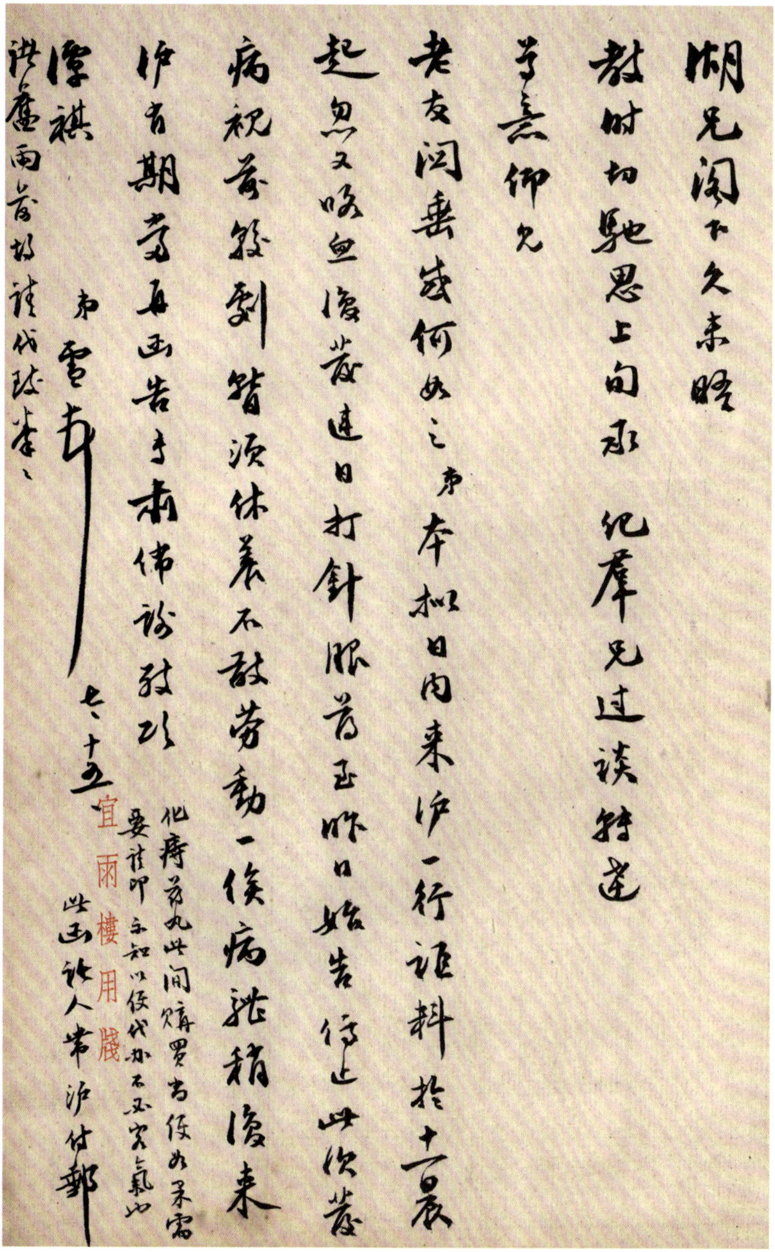
湖兄閣下久未晤
教 時切馳思 上旬承 紀羣兄過談 特述
芳意 仰見
老友關垂 感何如之 弟本擬日內來滬一行 詎料於十日晨
起忽又吐血 復發 連日打針服藥 至昨日始告停止 此次發
病視前較劇 醫須休養 不敢勞動 一俟病體稍復 來
滬有期 當再函告 專肅佈謝 敬頌
潭祺
弟 雪拜 七、十五
洪、廬兩兄均請代致候候
化痔藥丸此間購買甚便 如兄需
要 請即示知 以便代辦 不必客氣也
此函託人帶滬付郵
宜雨樓用牋

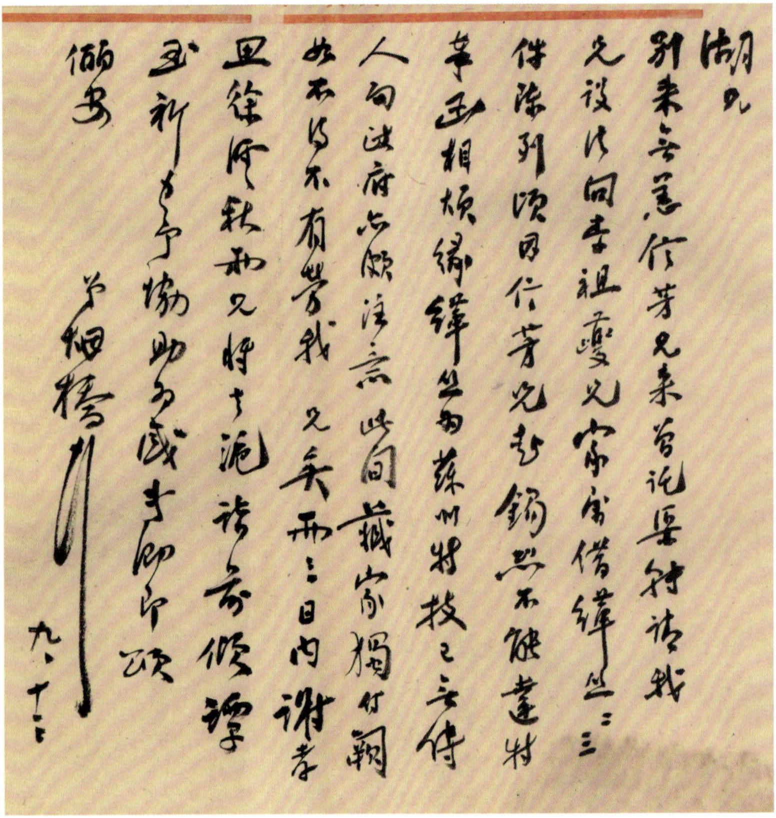
湖兄：
别来无恙。仲茅兄来曾托吾转请我
兄设法向李祖夔兄家商借缂丝二三
件，缘别项因仲茅兄赴锡，恐不能达，特
年即相烦。缘缂丝为苏州特技，已无传
人，向政府正欲注意。此间藏家独付阙
如，不得不有劳我兄矣。两三日内谢孝
思、徐[illegible]秋和兄将去沪，请为假译
或新年予协助为感，专此即颂
俪安
弟烟桥[illegible]
九、十三

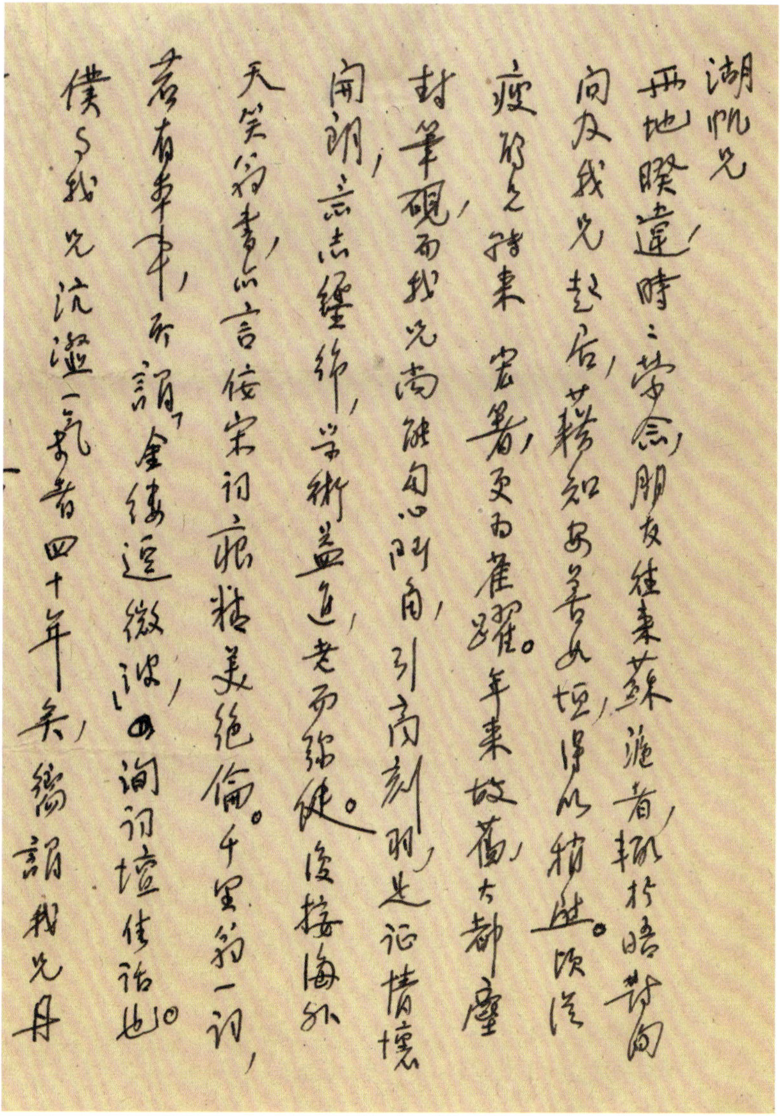
湖帆兄
兩地睽違，時時掛念，朋友往來蘇滬者輒於晤對間
向及我兄起居，藉知安善如恆，得以稍慰。頃從
瘦鵑處得來 宏著，更爲雀躍。年來故舊大都塵
封筆硯，而我兄尚能自心附角，引商刻羽，是記情懷
閒朗，言志經綸，學術益進，老而彌健。後接海外
天笑翁書，亦言佞宋詞瑰精美絕倫。千里翁一詞，
若有本末，可謂金縷遺徽，誠可謂詞壇佳話也。
僕與我兄沆瀣一氣，垂四十年矣。總謂我兄丹

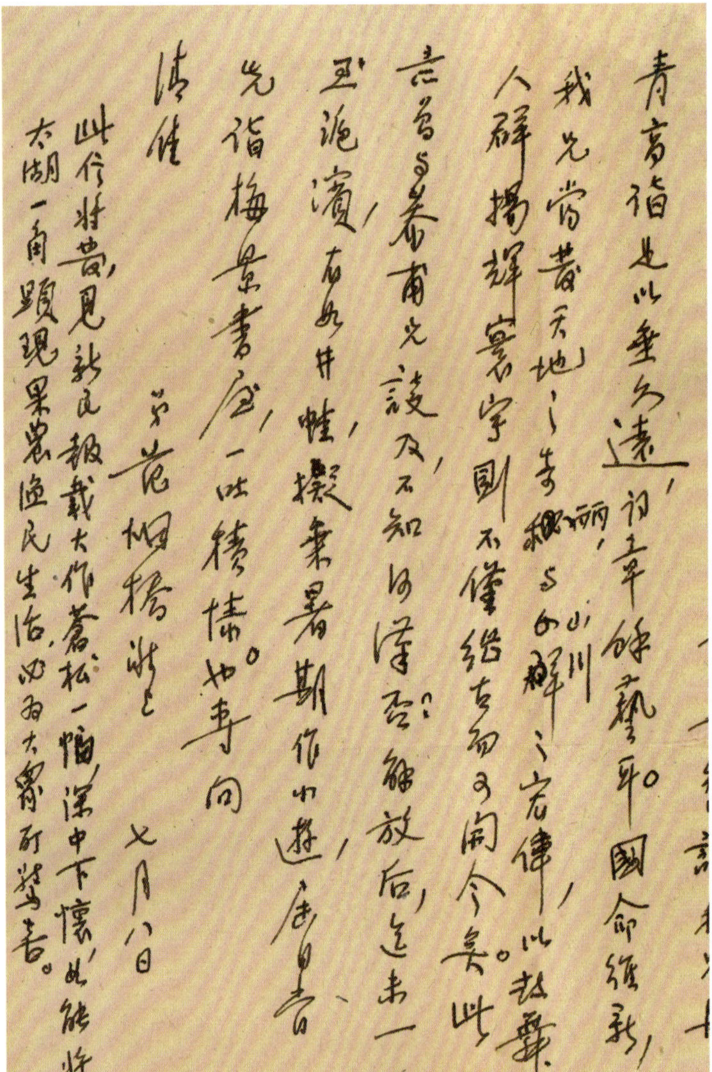

青育指足以垂久遠，詞三年餘，藝和國命維新，
我兄嘗黃天地之奇麗，山川之如群之宏偉，以鼓舞
人群揚輝寰宇，則不僅繼古而又開今矣。此
意曾與春甫兄談及，不知何從否，解放后，近來一
再施演，有如井蛙，擬乘暑期作小游，屆日當
先詣梅景書屋，一吐積愫也。專肅
請佳

弟范烟橋頓首　七月八日

此行將貴見新民報載大作蒼松一幅，深中下懷，如能將
太湖一角顯現果農漁民生活，必為大眾所贊喜。

湖兄

曩昔多多談得甚暢，覺頗倦倦，青再圖良晤。今
友持來蘇州十日京選目，容想也只合呈改，歸來後
發諸友新想不容寄轉也，辛辣論西方之問
之之，知能否結集？吳縣直若紅梅閣之有舊
時規模略張，仲老以去紅梅閣為筆記署名尚
已底，作品殊少見，另有閣蘇州文獻著錄
歉，一讀附寄詩從中寄和想老一詞常旅中趣
或一首寄上敬正，弟不會填詞，又不深知也
即頌
儷安
弟炯 六 廿八

标准稿纸　500格　(20×25)

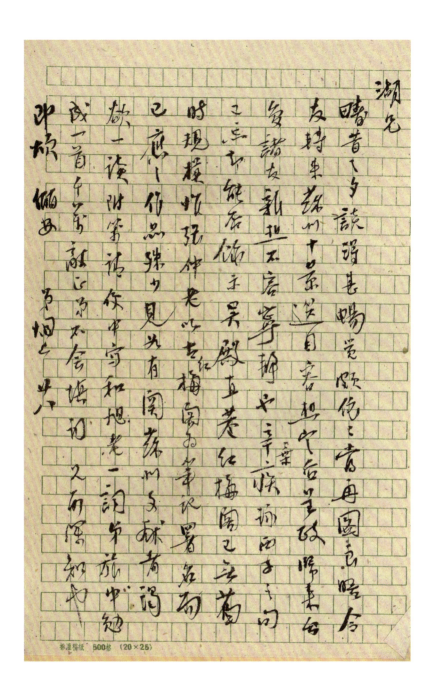

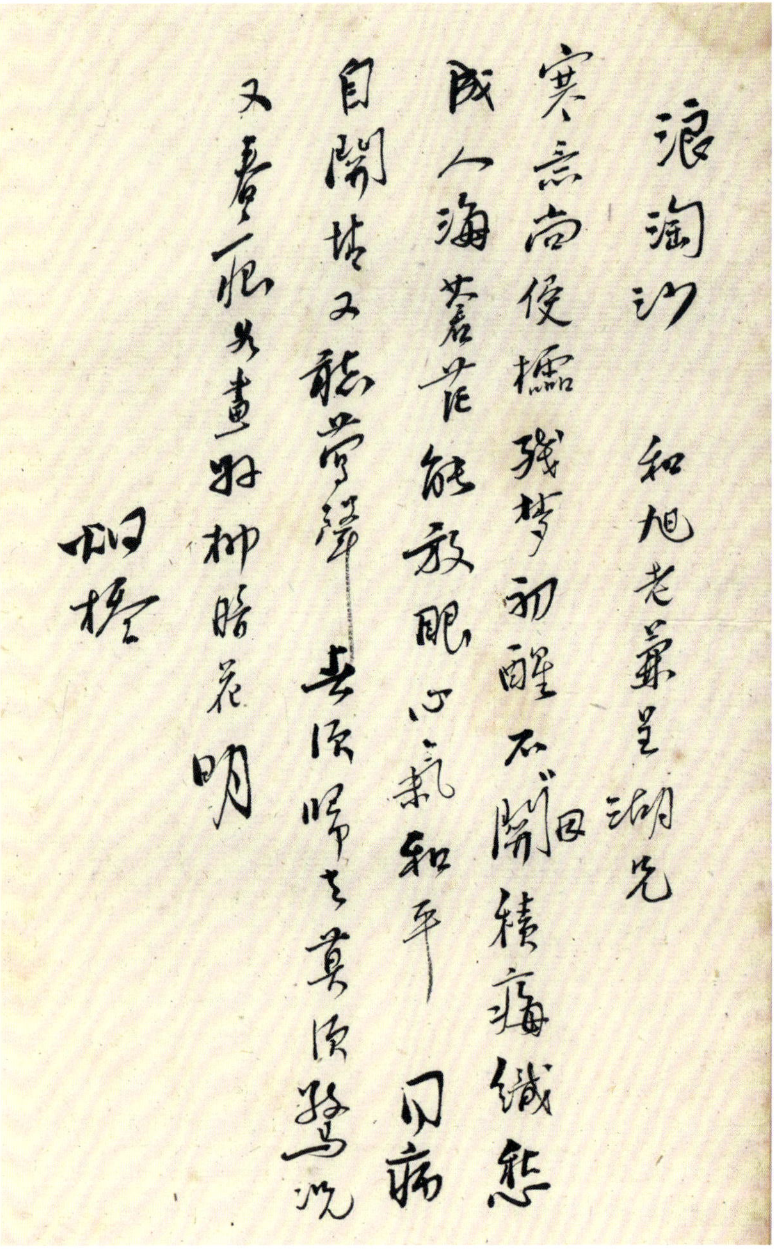

浪淘沙　和旭老兼呈湖兄
寒意尚侵襦，殘夢初醒，不因積病減纖態
賤人海蒼茫能放眼，心氣和平。同病
自開情又離帶。去須歸去，莫須騖沉
又春一眠共畫好，柳暗花明。
炯樓

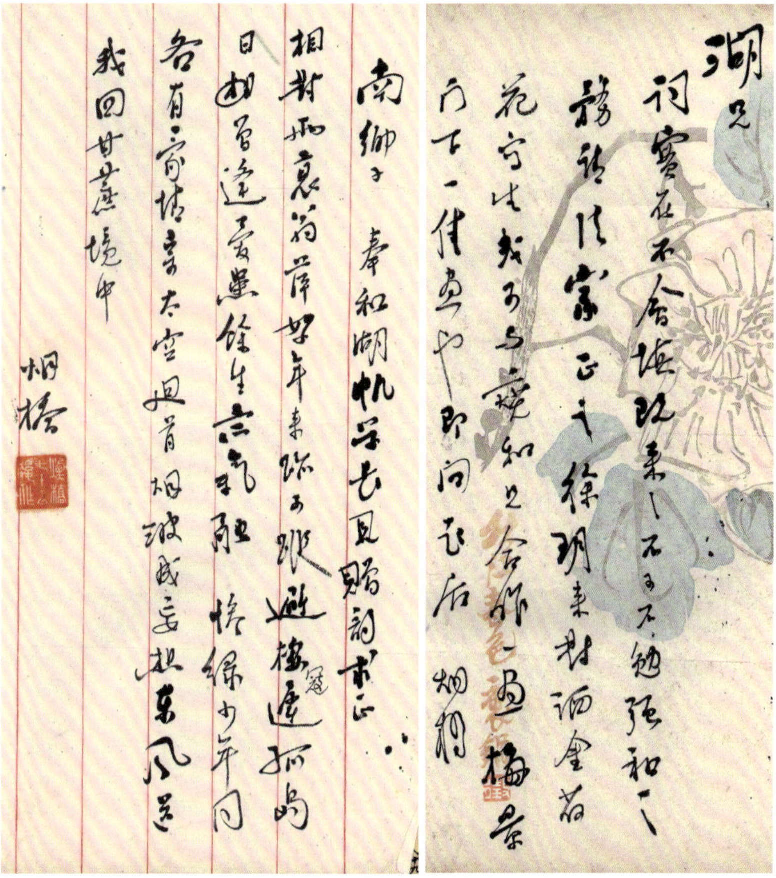
湖之
词寄在不合诗路来不可不勉强和一
韵请作家正徐玥来斟酒金荷
花宁比我可与咏和之令郎画梅景
丙下一件画也即问起居 桐桥

南乡子 奉和湖帆先生见赠词求正
相对两衰翁岸好年来踪不踪邂逅楼边孤屿
日曾逢笑与余生意气融怅绝少年同
各有前情寄太空回首湖波成妄想东风送
我回甘蔗境中
桐桥

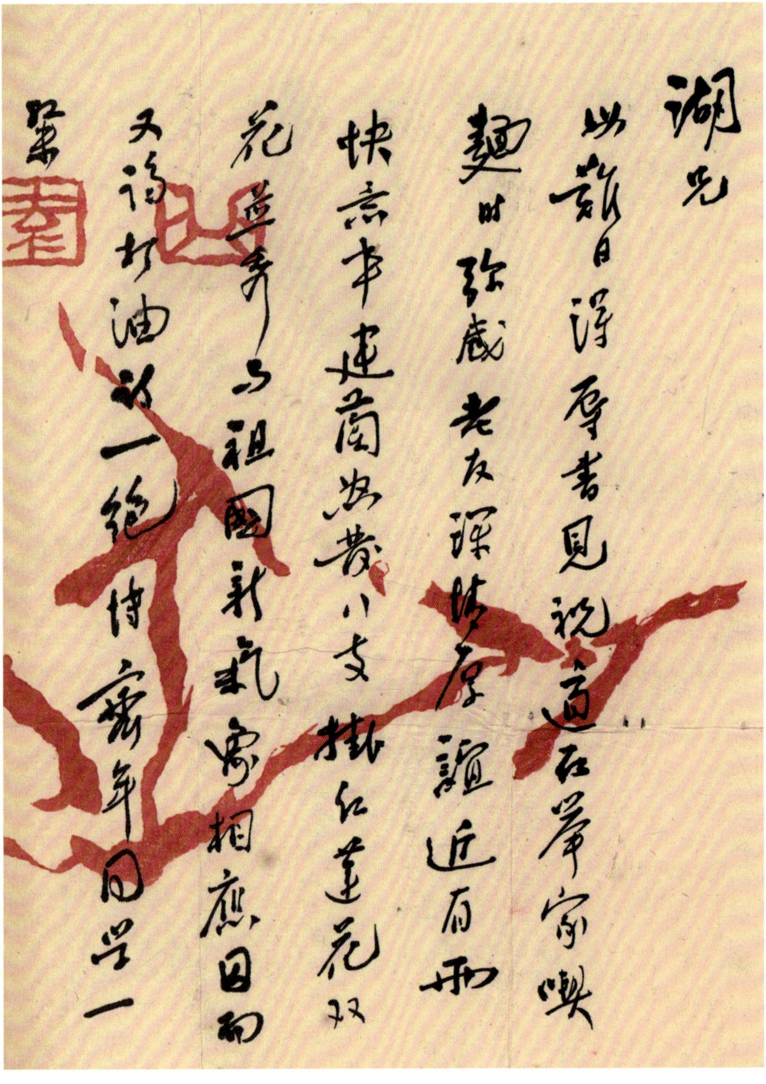

湖先

以前日詳厚書見貺道石岸家與

趣此珍藏老友深情厚誼近有兩

快意事速爲我畫八支拂紅蓮花雙

花並蒂乃祖國新氣象相應因兩

又詩於油詩一絕待寫年日呈一

笑

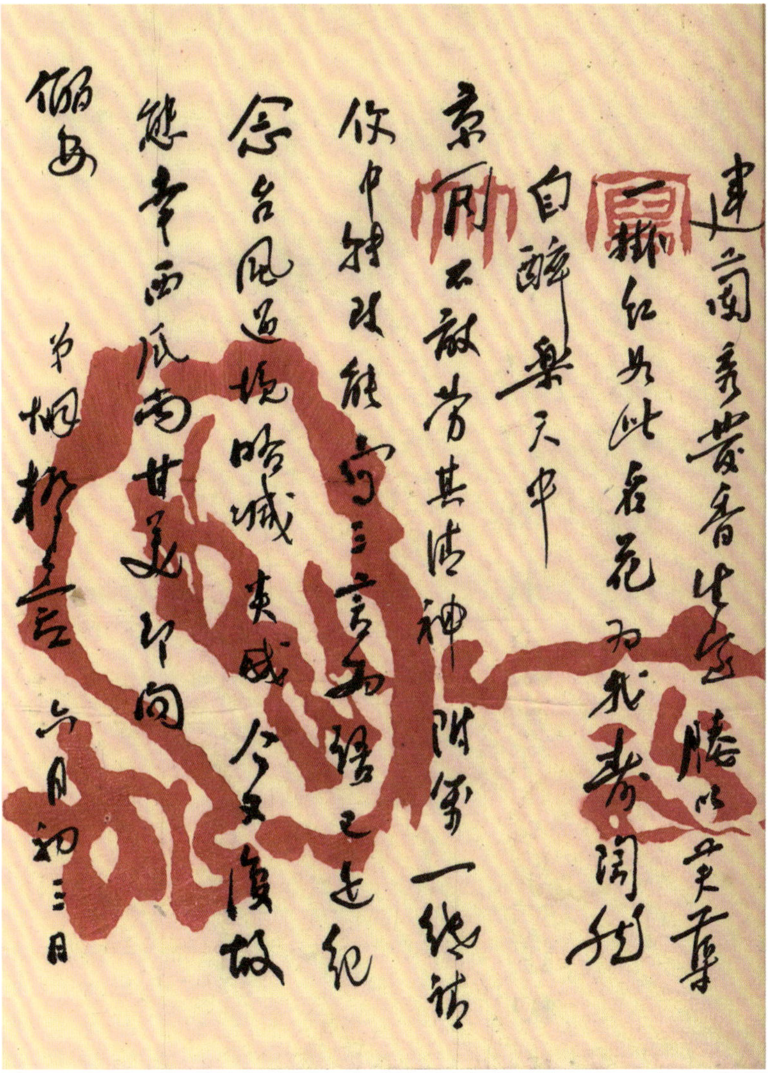
一株红如此名花为我寿陶然
自醉乐天中
俪安
弟烟桥上言
六月初三日

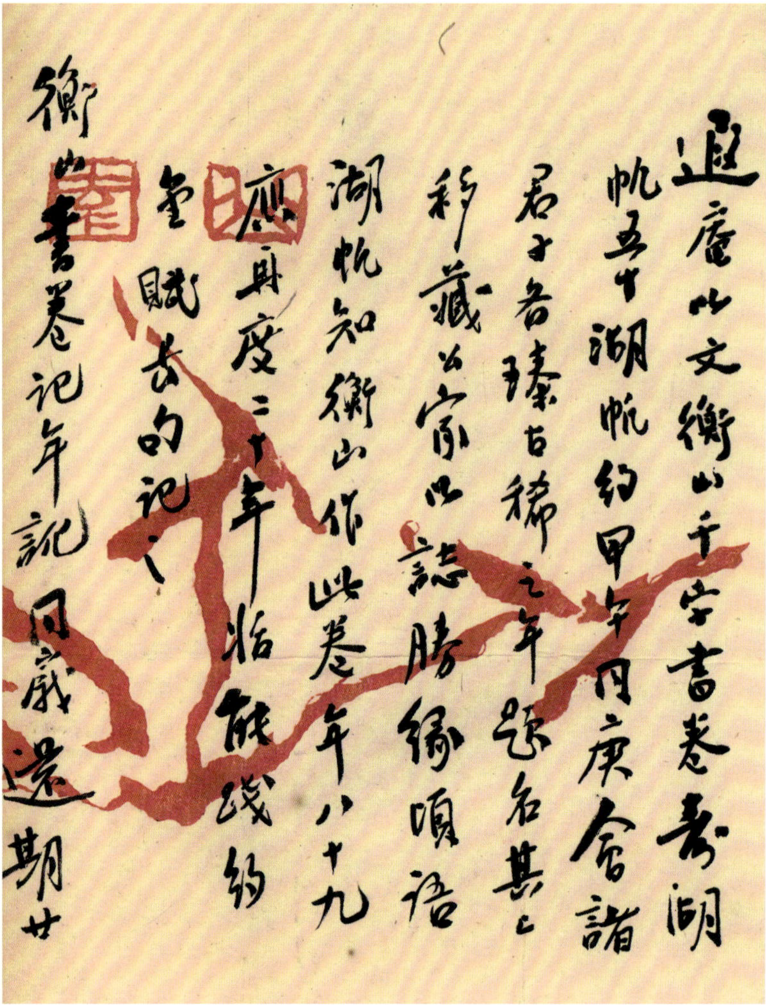

遐
庵此文衡山手寫書卷壽湖
帆五十湖帆約甲午丙庚合諸
君子各臻古稀之年題名其上
秘藏公家以誌勝緣須語
湖帆知衡山作此卷年八十九
應再度二十年始能踐約
望賦古句記之
衡山書卷記年訛 同歲遐 期廿

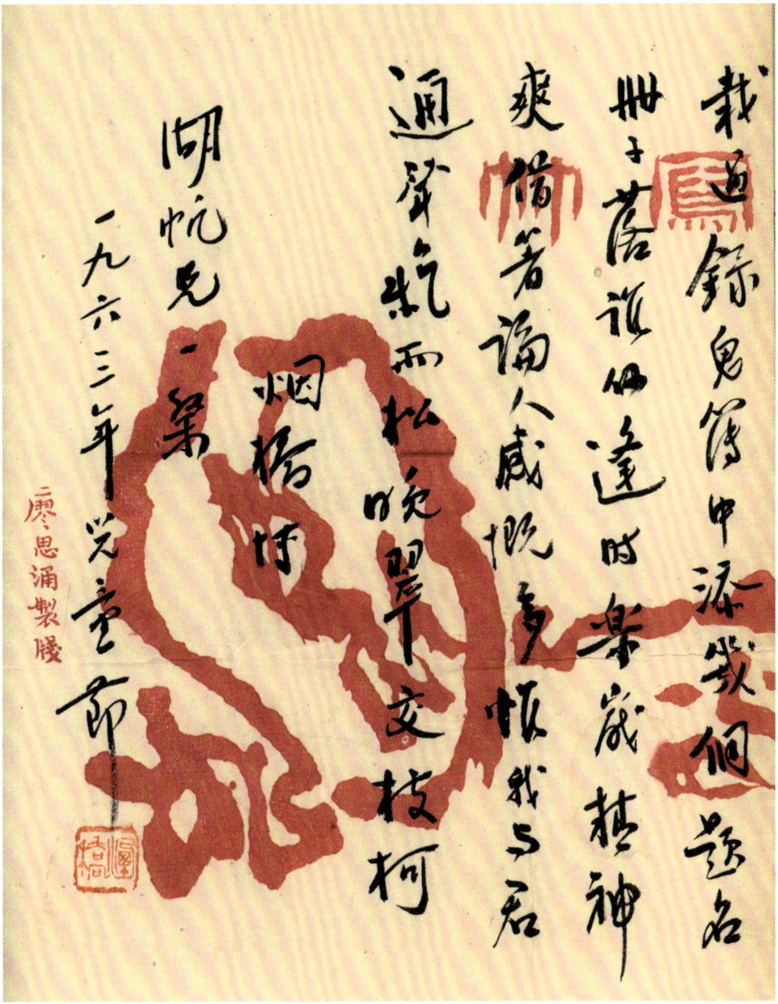

我过录鬼簿中添幾個题名
册子落後猶逢時樂歲精神
爽偏著論人感慨多恨我与君
通聲氣而松晚翠交枝柯
烟桥作
胡帆兄一粲
一九六三年兒童節

廖思涌製箋

湖兄

青函，適從醫院訪旭老歸，見精神尚壯，食欲稍增，而之心醉。弟並約健談，後西酒會，吾亦不識。在施又和其詞，並又得一首，一併錄呈。老友不宜客氣，隨寄說來，否則吾無能進步。

寒意尚侵襦，殘夢初醒，不因積病織愁成，人海蒼茫能放眼，心氣和平。

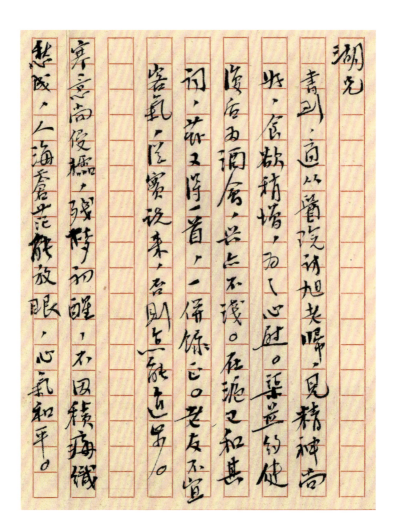

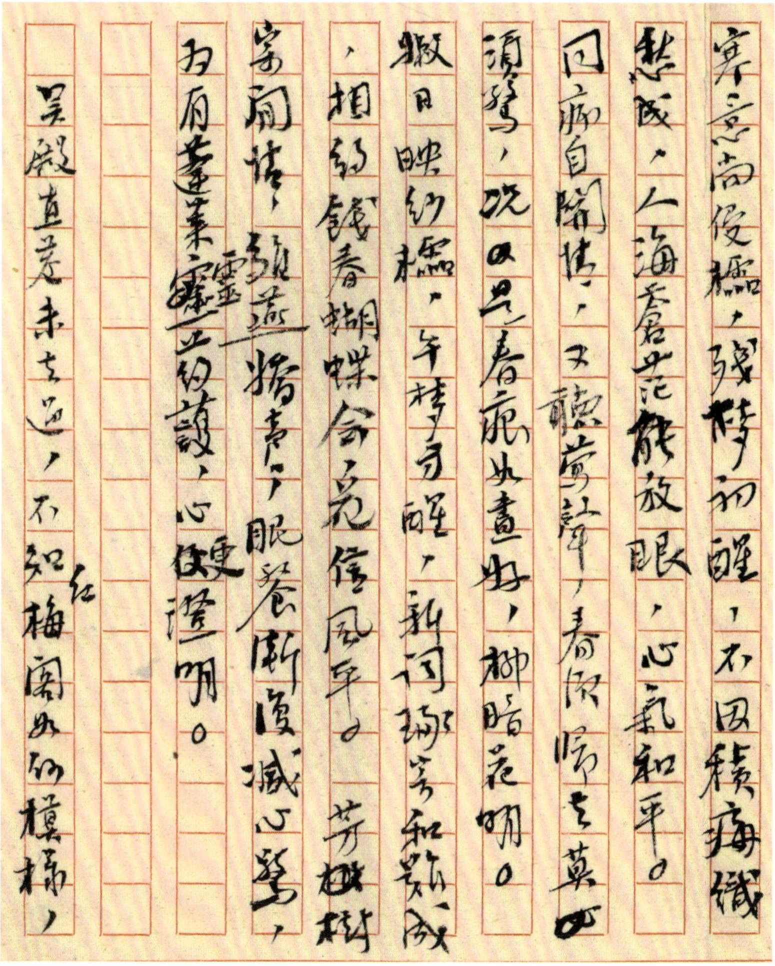

寒意尚侵欞，殘夢初醒，不因積痗織愁城，人海蒼茫能放眼，心氣和平。同病自關情，又聽鶯聲，春風吹去莫如須驚，況以是春痕如畫好，柳暗花明。

瞰日映紗欞，午夢方醒，新詞瑯筦和難成，相約錢春蝴蝶會，花信風平。芳樹家園情，鶯聲，眠餐斷復減心驚，可有蓬萊靈無約韻，心便澄明。

吳殿直差未去過，不知紅梅閣如何模樣，

仲老當有根據。蘇州十景擬名請正。

虎邱春曉

天平秋艷

寶帶垂虹

石湖烟水

鄧尉香雪

洞庭夏熟

葑溪遠香

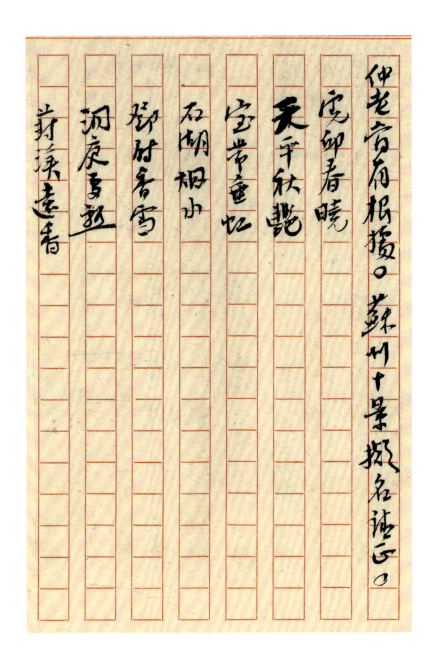

灵岩叠翠

寒山听钟

司徒古柏

园林可以除外，故另成一组。

拙政藤香　留园

沧浪小清　网师茶熟

狮林拜石

烟桥新稿

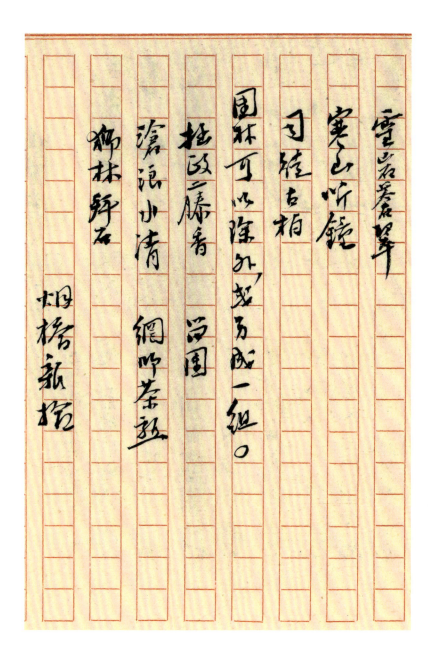

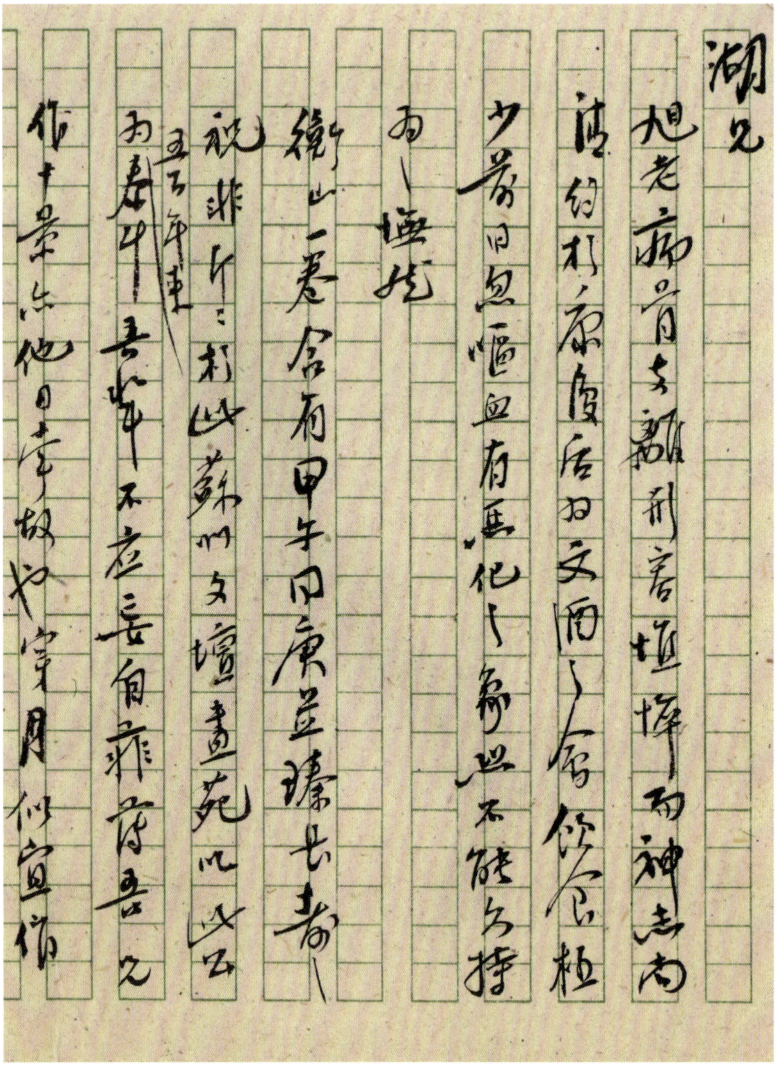

湖兄
想老病骨日支離，荊[illegible][illegible]懷，而神志尚
請約於康復後為文酒之會，欲[illegible][illegible]
少[illegible]日息嘔血，有匪他之[illegible]，[illegible]不能久持
雨之[illegible]
衡山一卷，合有甲午同庚並臻長壽之
祝，非斤斤於此，蘇州文壇畫苑以此公
為[illegible][illegible]吾輩不應妄自菲薄吾之　五五年重
作十景，[illegible]他日[illegible]故也，[illegible]月似宜作

半月定与丘头，但宜另易一处备色

括园林，然有树滿滿墙，本又另成一组

将特指胜概为图〻

灵岩于晚明来为东南名山，黄道周尝与

众儒讲学，师经理之日夜，不可不留一纪念

拟题以灵岩访古，如何

蔚小庄香亦另作一幅，画题请暖丈

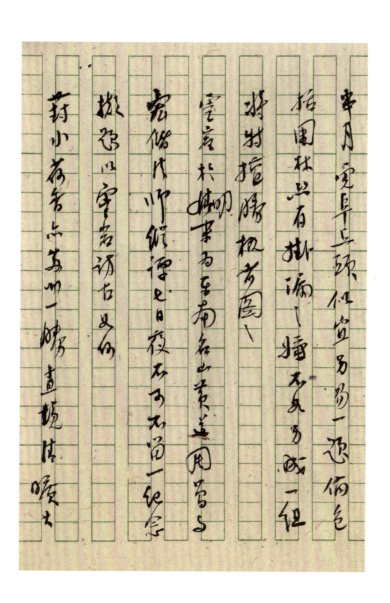

希之兄

承借四柏楼跋二幅，要否列入？再以斟

酌。君拟大范围集及有益罗缕词

湖帆亦宜有所插绘，庶采荼子佳。

此册乃多缀意趣画上，颇有文人意

兄于书甚广，乃谓大观。

附述怀一缕，不再求赐墨，先此奉

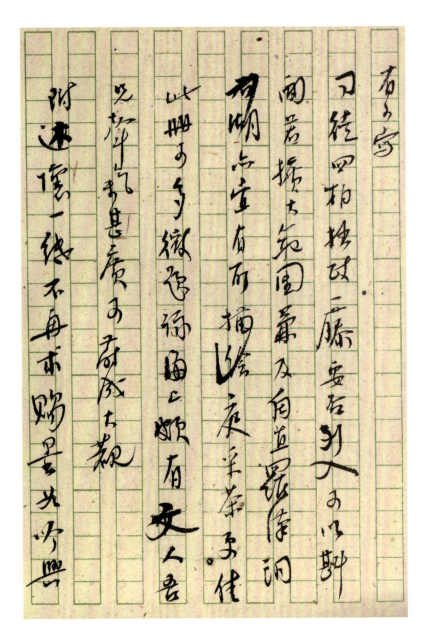

甚好能寫小詞記取人蹤跡固所願

也不敢請耳

在盧座談坡中西向明人所作微字

並親記載涉及歸去歌聲為誰作此

來之向多人尋來有知者收藏遂饋寄

即問

儷安

弟桐上 六月十三日

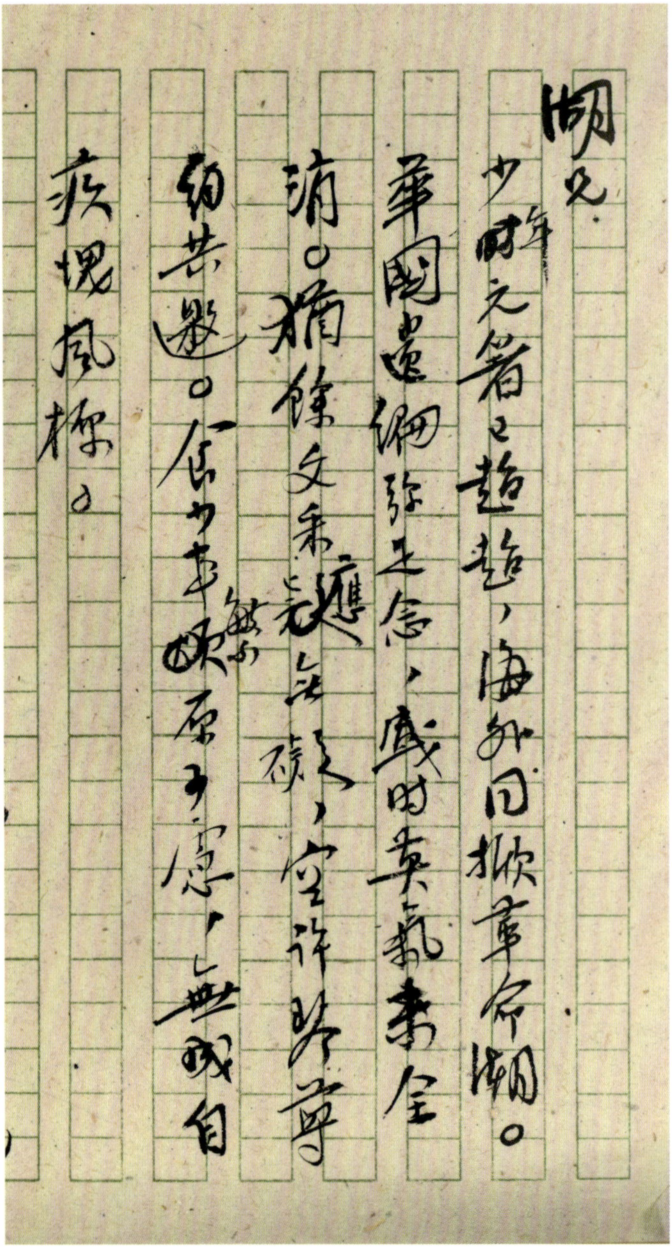

湖兄：

少年時之箸已超超，海外同掀革命潮。

華國遺徊彌足念，盛時英氣萃全清。

猶餘文采應無礙，宜許時尊自共遐。

一代少年歟原不慮，無或自疚愧風標。

昨简甫发，旋即闻旭老噩耗。病榻所言，竟成永诀，为之怃然。来函用其词中语，若故人自有思致也。前日出殡，闻须葬陆墓祖茔。前简所言之务，亦不缓了。即颂

日佳

弟 炯之 六月十四日午后

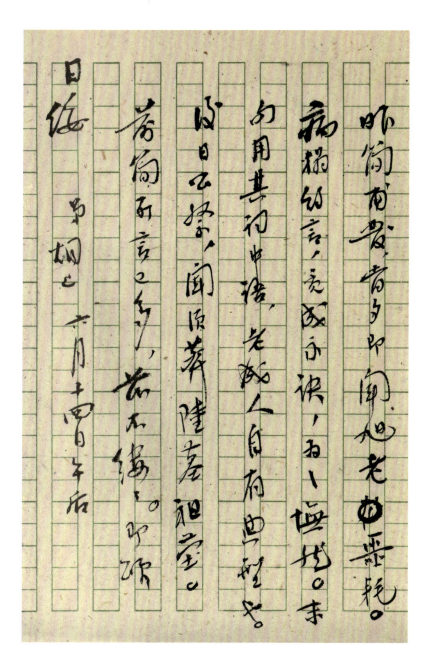

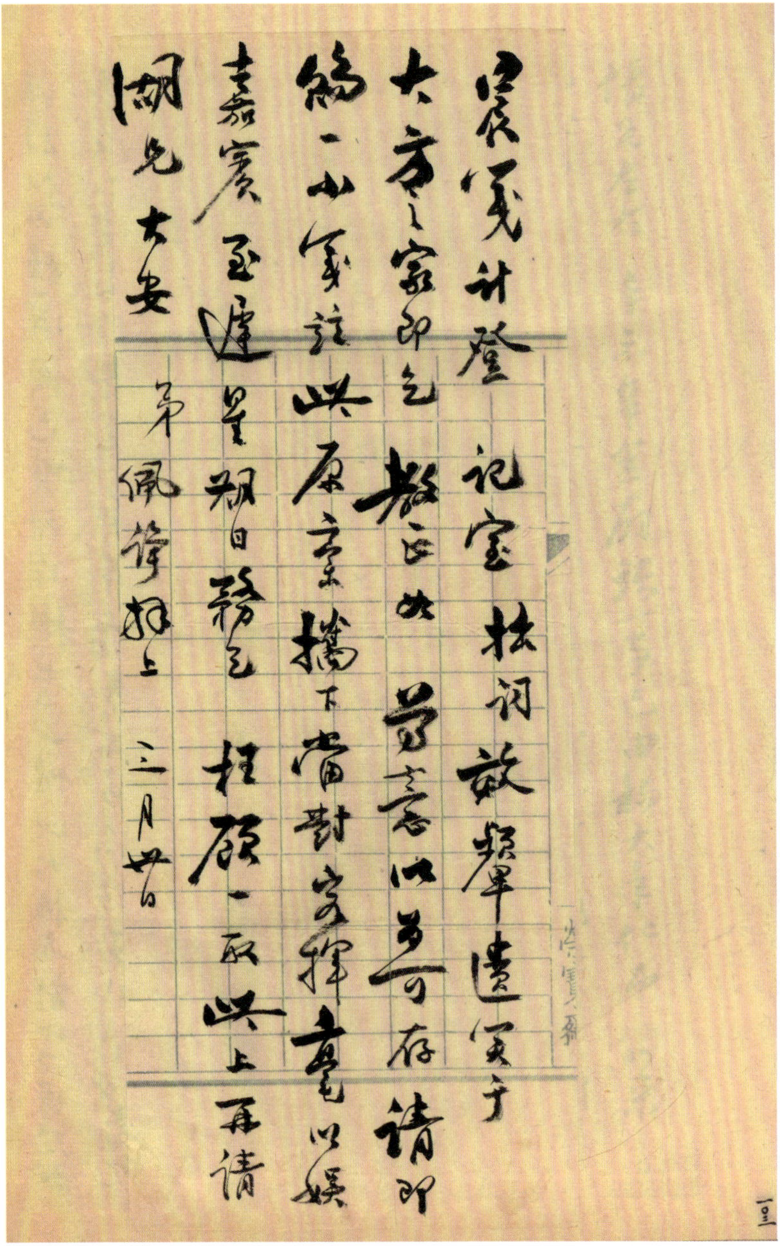
覆箋計登
記室。拙詞敬擬，遺寄于
大方之家，即乞
斧正。尊意以為可存，請即
錄一小箋，該與原稿攜下，當對客揮毫以娛
嘉賓。至遲星期日務乞
枉顧一敘，與上再請
湖兄大安
弟佩諍頓上　三月廿日

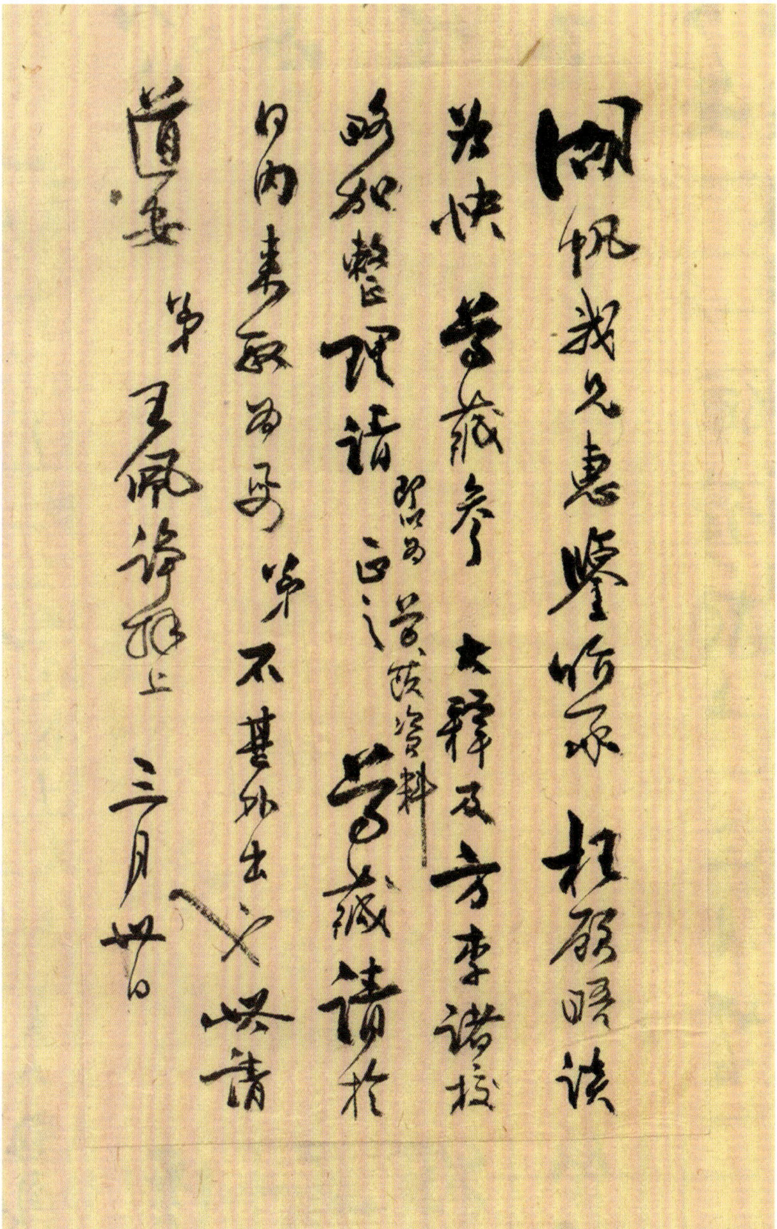

闻帆我兄惠鉴：昨承 枉顾畅谈甚快。黄藏卷子 大释及方李诸校务祈璧还。请 正之。附此为黄跋资料。黄藏请於日内来取为荷。弟不甚外出也。此请

道安

弟 王佩诤顿上 三月廿日

尤墨君（1895—1976）

尤植仁

郑逸梅（1895—1992）

吴仲培（1900—1970）

王季迁（1906—2003）

倩兄左右：手示章堂扇头一方，已由杨大年仁兄转来，并
已交与宗月居士矣。时在渠出罗之后也。此并非张心庐个中
别有曲折耳。橹船中有人呼之，于是此郎去郎来，过来讨曲，
尚可多词曲以奉赠。盖写同调，以数不记曲缀矣。此间能诗者
多能词者，如嘉某君展毕之可数。春社寄敦嘉的返里上新
故除时如大集已印就，托至萧蕤至便蔚蓬莲寸集能一
并交渠萧蕤家中手钞一道乎。又兄月必返里一次，渠常
与质君往还。故蔚蓬莲过寸集钞毕后，即可托交兄带中
交涵君倩人送还也。人甚可感。肃致再一揖再闻

拙

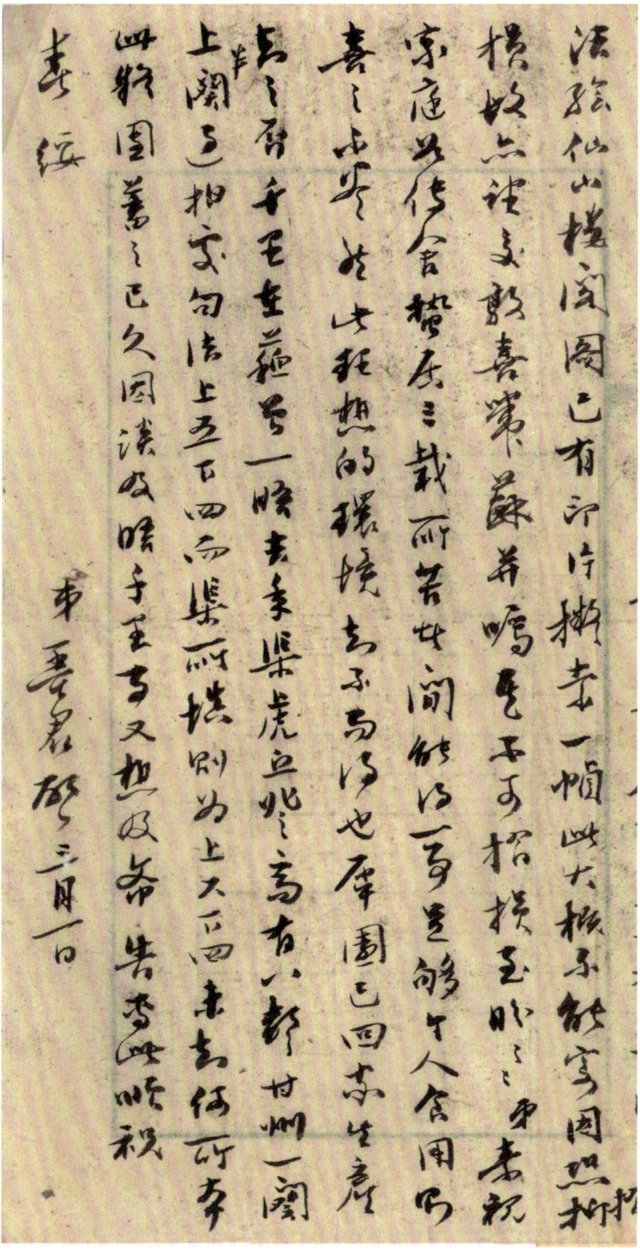

法绘仙山楼阁图已有印片撇去一幅此大概不能写图照拆
横披亦请文彭书篆苏并嘱毛子手摺横出之々再奉祝
家庭出傍舍赘屋三栽所苦共间能作一个足够个人食用
喜之正要是此种想的环境去不易得也卢园已回来生产
长之贤侪手王安藏另一幅去年渠虎丘北之高有八部甘州一阕
上半阕之迹相宜句法上五下四而渠所填则为上六下四来去何所本
此犹图叠之已久图谈收时手写又想及宗朱书慈晤说
奉绥

弟寿君启 三月一日

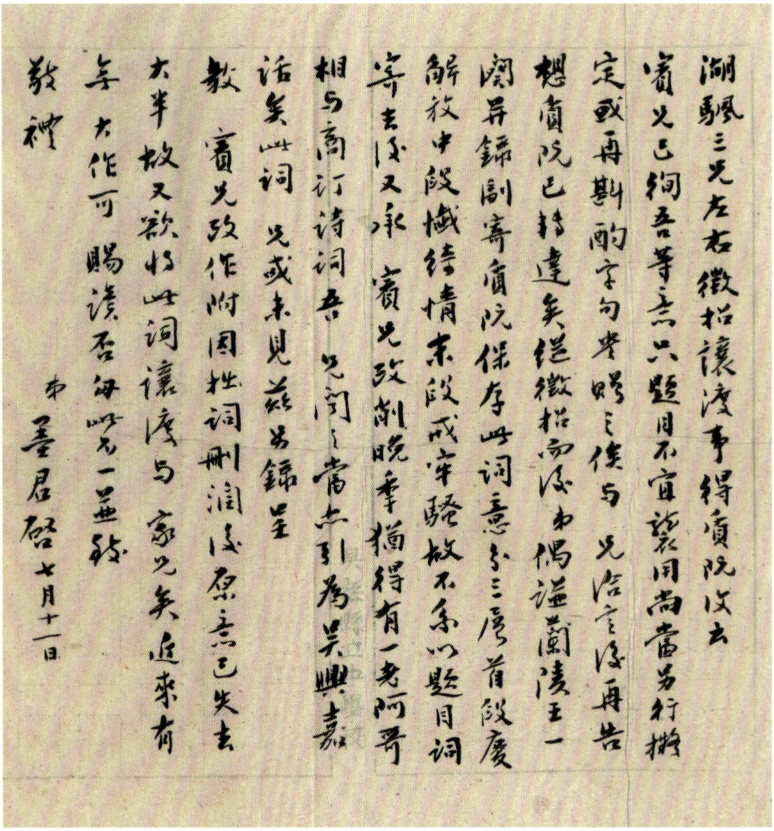

湖颿三兄左右徵招讓渡事得賓阮收去
賓兄已詢吾等意只題目不宜襲用尚當另行擬
定或再斟酌字句要略之俟與兄洽定後再告
想賓阮已轉達矣從徵招而後弟偶謅蘭陵王一
闋并錄副寄賓阮保存此詞意分三層首段慶
解放中段織綜情末段戒牢騷故不參以題目詞
寄去後又承賓兄改削晚年猶得有一老阿哥
相與商討詩詞吾兄聞之當亦引為吳興嘉
話矣此詞兄或未見茲另錄呈
教 賓兄改作附同拙詞刪潤後原意已失去
大半故又欲將此詞讓渡與家兄矣近來有
無大作可賜讀否每以為一無聊
敬禮
弟墨君啟 七月十一日

蘭陵王

玉繩直高映萋萋艸碧宵來夢秦塞控喉表裏山河好宮色京華鎮故國爭識壚坫上客承平象晨起看花還試腰間劍三尺

行藏縷觸追記按拍紅牙量酒瑤席晶盤羹膾分吳介使

俯仰今昔琵箏人遠天邊何處望櫻驛越南與吳北

休删

斛塵積有插架縹緗蟫伴孤寂悠悠此樂餘生極莫恨高囊紙擘殘哀笛光明重覩聽速曰簫漏滴

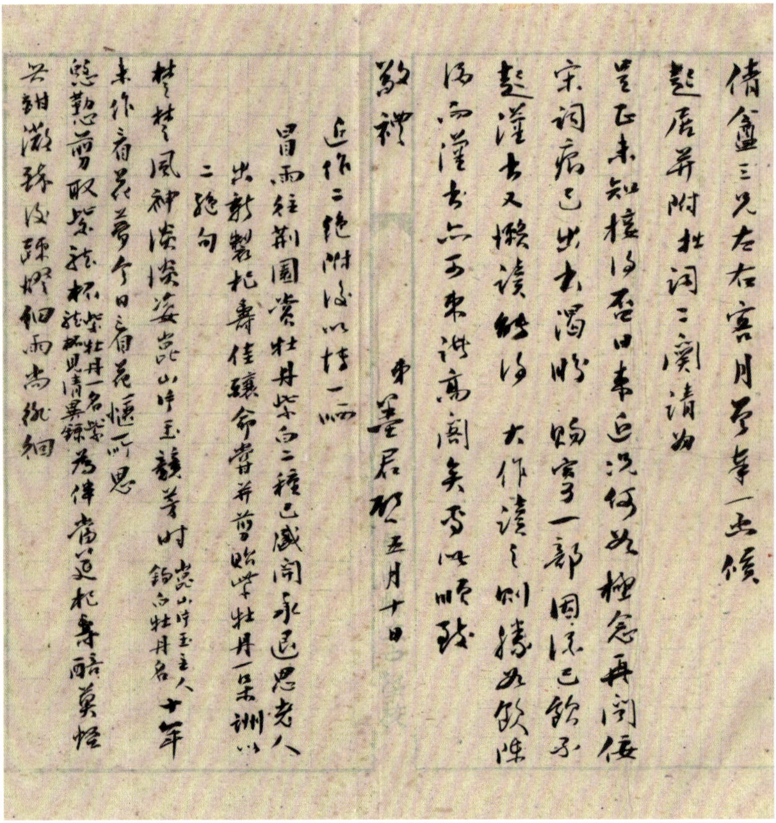

倩盦三兄左右：客月曾奉一函候
起居，并附拙词二阕请诲
是正，未知接得否？日来近况何如？极念。再闻倭
宋词府已出去蜀赠，购宫一部，同依已饮了。
赵汉书又换读终得。大作读之则拂如饮陈
酒，而汉书亦可束诸高阁矣。专此，顺颂
敬礼！
弟墨君顿 五月十日

近作二绝附后，以博一哂。
冒雨往荆园赏牡丹紫白二种，已盛开。承匡思老人
出新制杞寿佳酿命尝，并剪赠紫牡丹一朵，训以
二绝句
楚楚风神淡淡姿，崑山片玉韵华时。（崑山片玉主人，铁白牡丹名）十年
来作看花梦，今日看花惬所思。
惹勤思剪取紫绒杯（紫牡丹一名紫绒杯，见清异录），为伴当筵杞寿醅。莫怪
共甜滋味後醉归，细雨尚微绸。

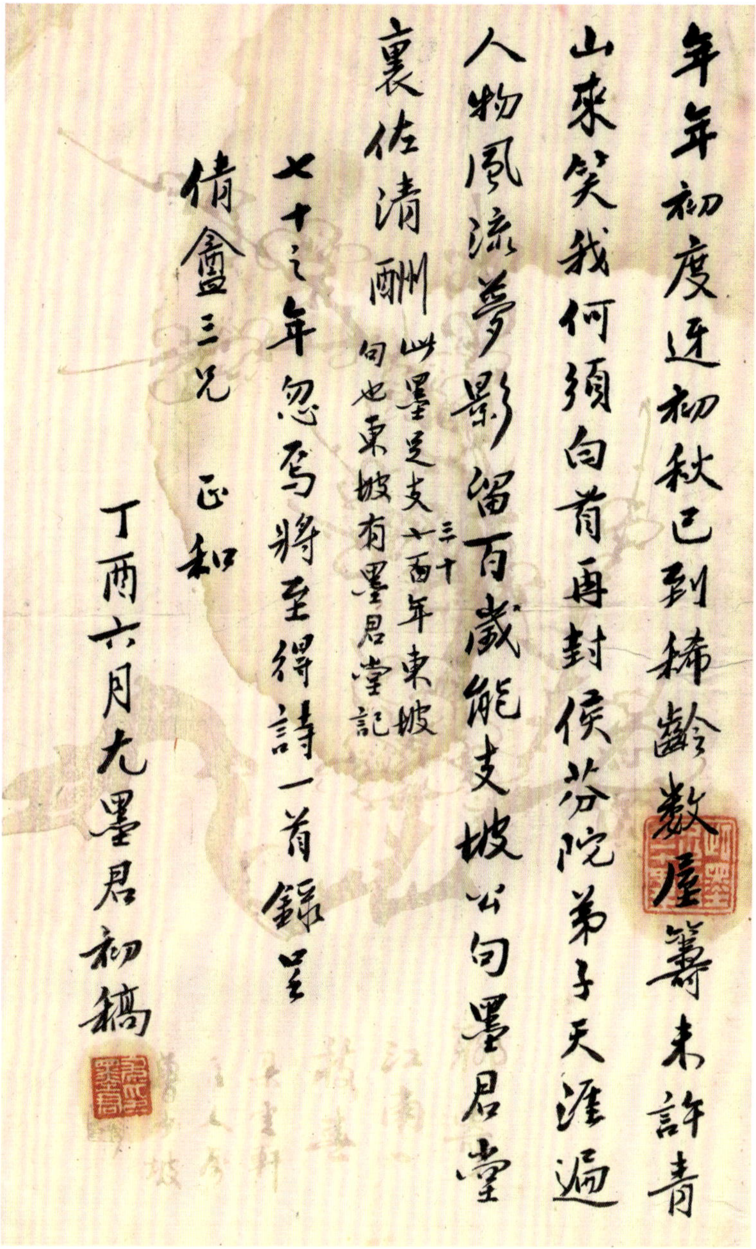

年年初度逐初秋已到稀齡數屋籌未許青山來笑我何須白首再封侯芬院弟子天涯遍人物風流夢影留百歲能支坡公句墨君堂裏佐清酬（此墨足支三十年東坡句也東坡有墨君堂記）七十之年忽焉將至得詩一首錄呈

倩盦三兄　正和

丁酉六月尤墨君初稿

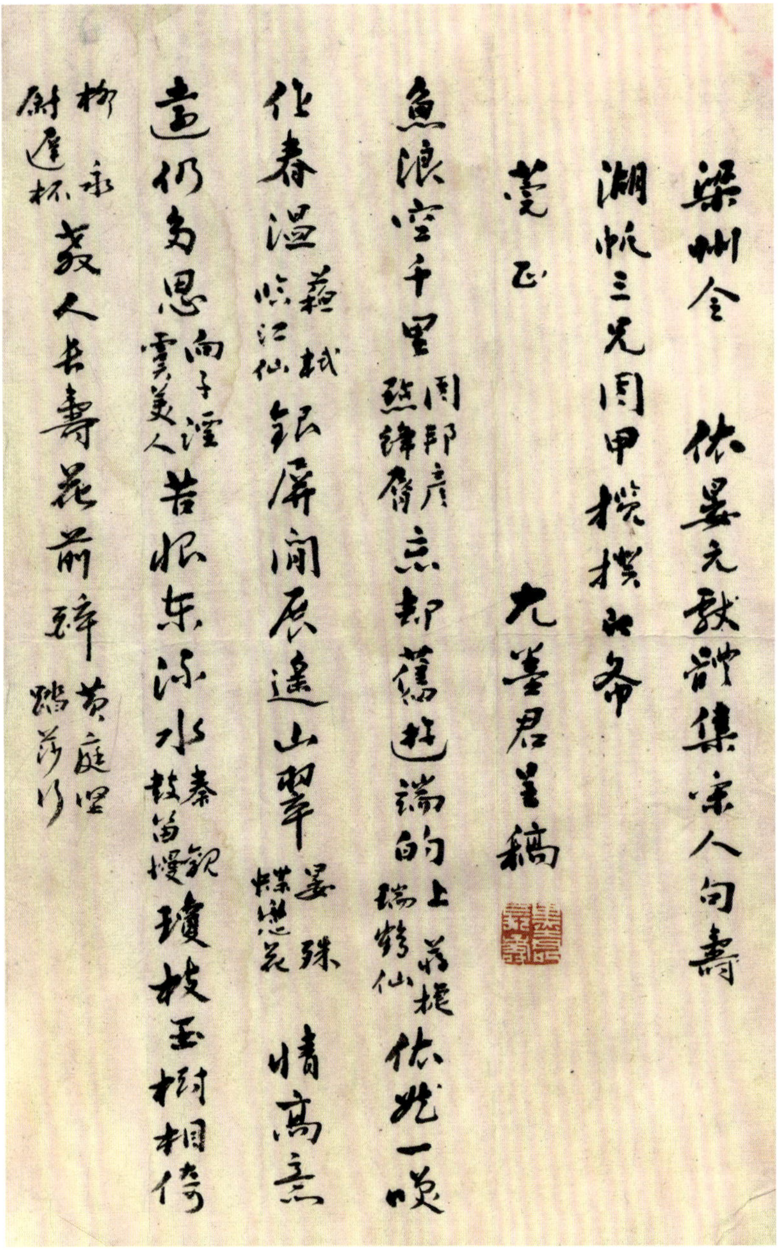

梁州令　依晏元獻體集宋人句壽

湖帆三兄周甲揆撰以備

莞正　九華君呈稿

魚浪空千里（周邦彥 鎖寒窗）忘卻舊游。端的上（蔣捷 瑞鶴仙）依然一笑作春温（蘇軾 臨江仙）銀屏閒展遠山翠（晏殊 蝶戀花）情高意遠仍多思（向子諲 虞美人）若恨東流水（秦觀 鼓笛慢）瓊枝玉樹相倚（柳永 尉遲杯）羲人老壽花前醉（黃庭堅 鷓鴣天）

倩庵三兄左右：久疏音候，殊歉。闻道
维摩小病，又无一字奉报，则更歉歉不
胜矣。上月以怀和兄处悉健康如常，
至慰。弟目疾日深，几难作字。去秋出
後忽感失常，动则气急，医断者
年阴虚，气血两亏，肝肾并耗，须长
期调摄而节劳静养，当在並約先圖

純一中學校

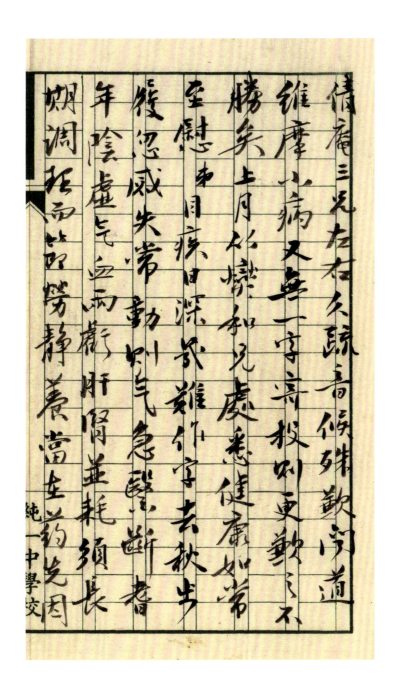

純一中學校

是

仍在長期休假服丸調理中若寂重

溫倚聲茲將近作另紙寫附乞

正近來想多 大作盼錄示西白塔子

巷自搬寓後寓處門牌已改廿三号

希洽秋漸涼諸希珍衛順祝

儷健 弟九墨君拜啓 九月四日

復示請寄西白塔子巷廿三号

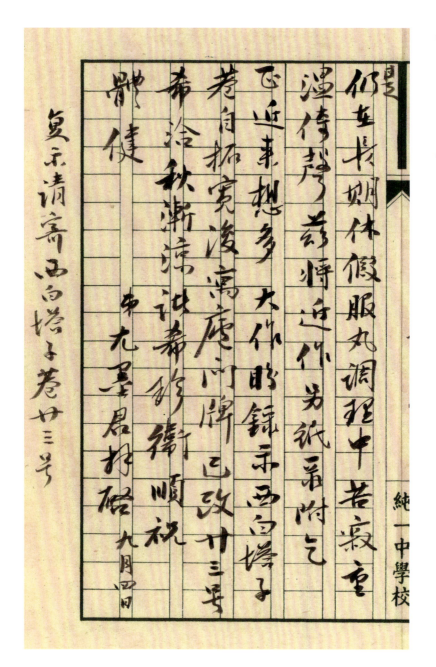

人月圓　諸母金太夫人百歲正壽

盛時福壽千春祝，聖善仰容儀。萱榮堂北，人看舞綵，星見期頤。　獻將金盞，頌篋迭奏，五世昌其。國恩家慶，瑤台仙聚，齊唱新辭。

滿庭芳　七旬晉四初度抒懷

蝶麝香銷，芰衣涼怯，花回扶夢詩留。年年今日，敧枕

純一中學校

思悠悠。虛度七旬晉四，虛憶昔、常儔登樓。夕陽裏，荒村遠鄣，蘸黍為誰收。　近晞新粉本，千山萬水，豆筆難搜。縱頻寬帶眼，漫動閒愁。且把吟尊斟滿，芳期數、點自添籌。春常在，看花次第，不斷到清秋。

菩薩蠻　遲津沾質君賡姪不至，為譜此解　書

籍花人比秋花老，簟痕知夢迷涼曉。別曲擬重彈，啼

習和也難。　津潮聽儔來，鄉思長天裏。征雁幾時回，音書足慰來。

玉漏遲　次草窗題吳夢窗霜花腴詞集原韻

遣寂

儔遊心事少，酒痕詩夢，舊憐人杳。浩劫頻經，今得一

純一中學校

清愁抱。歸向吳門小住，隣白塔、園林花繞。花也笑，晴枝拂帽，妝扶年少。　不堪憶邇從前，每一度登臨，景回長歎。離情惻惻，天遠望斷芳草。溢亂萬千情緒，欲扶背、入飛鳥。吟思惰，秋江數峰殘照。

近作錄呈

倩庵三兄正拍，自壽一闋，倚承

玉和示範，則更感矣。辛丑初秋墨君初稿

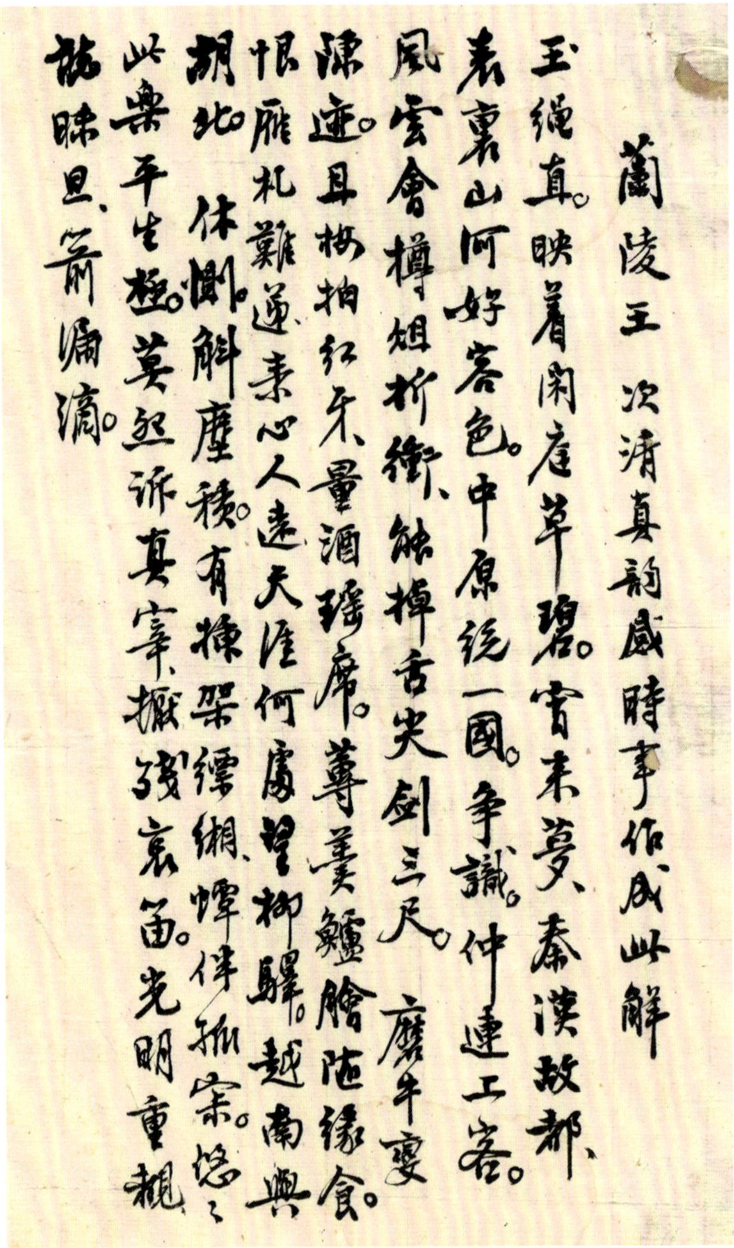
蘭陵王 次清真韵感時事作成此解
玉繩直。映着閑庭草碧。甞來夢、秦漢故都、表裏山河好容色。中原統一國。爭識。仲連工客。風雲會樽俎折衝、觥棹舌尖劍三尺。
磨牛憂陳迹。且按拍紅牙、量酒瑤席。蓴羹鱸膾隨緣食。恨雁札難通、素心人遠。天涯何處望柳驛。越南與湖北。
休惻。斛塵積。有棟架繆綢、嬋伴孤寂。悠悠此樂平生極。莫怨訴真宰、撫殘哀笛。光明重覩話睎旦、箭漏滴。

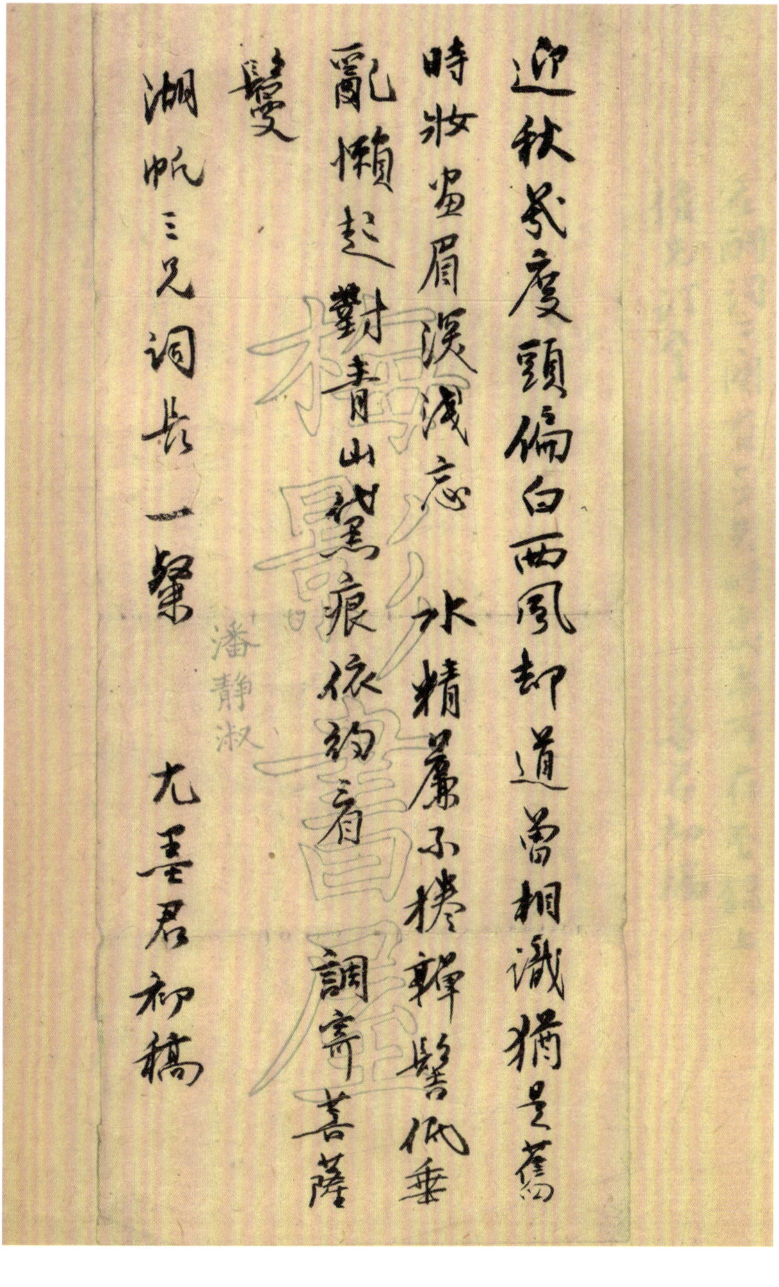

迎秋幾度頭偏白，西風卻道曾相識。猶是舊時妝，畫眉深淺忘。水精簾不捲，鞾髻低垂亂。懶起對青山，試黛痕依約。看調寄菩薩鬘

湖帆三兄詞長一粲

尤墨君初稿

潘静淑

倩々左右：今日就園例茶返，得　手教，喜甚。拙作壎吹簫詞
作九十七字體，罷補々候，宜興有此調，較前者作多二字，蔣有友人張
松身翁見示拜星月慢詞一闋，囑代呈吾
兄請為一正，其有字失叶處，原稿附奉，便希
示改。因作似太短，故并錄拙詞二調一并請為
訂正，至感。大作甚佩。十月一日來成國慶五律十詠，詩中多
綴新字面，如解放章、班等與　大作滿庭芳詞相較，何止隔十
萬八千里也。一笑。再，字之合門牌已改十九號，請於通訊录中更
正之。有得綠衣使者叩囑再來此，并頌　秋綏　弟　墨啓　十月十一日

应酬词二阕有字失叶处亦可存否录上
倩兄订定　臺君初稿

五福降中天　寓吴湖州俞瓶叟诗老出八十二吟索
和懒於次韵答之因倚此为寿
此翁只合湖州住偏来虎丘停屐七里波澄遥峯海涌
好遣扶筇晨夕（叟犹能扶筇往返虎丘）灵芝採得羡天赐康宁寿
臻耄耋　叟失聪来诗云天赐灵芝与北里恰为聋叟寿长
生自注云近稍寓马大箓巷灵芝之寿恰与天赐寿
与北相聋莫笑痴聋盏浮花乳溢胸膈（叟日品茗於金谷茶楼盏浮花乳轻圆东坡送茶
与王胜之西江月词中句）
西湖春在处处遍栽桃李树穠荫南

北（生弟任杭州中学有年造就人才不少）尚記前游還溫昔夢共道文章
巨擘從今秉筆再史續班馬（浙省設立文史研究館詠賡先生徵聘之列）
元白一闋新聲傳祝平年滿百
折丹桂　盧彬士詩老以預賦丙申重游泮水詩見示倚此闋酬之
芹香記擷春池泮千仞宮墻煥秀才州後話前游勝
幾個同庠案青衿一領休重辭留與松煤伴松煤
夢處尚痕新歲逐兩先申算

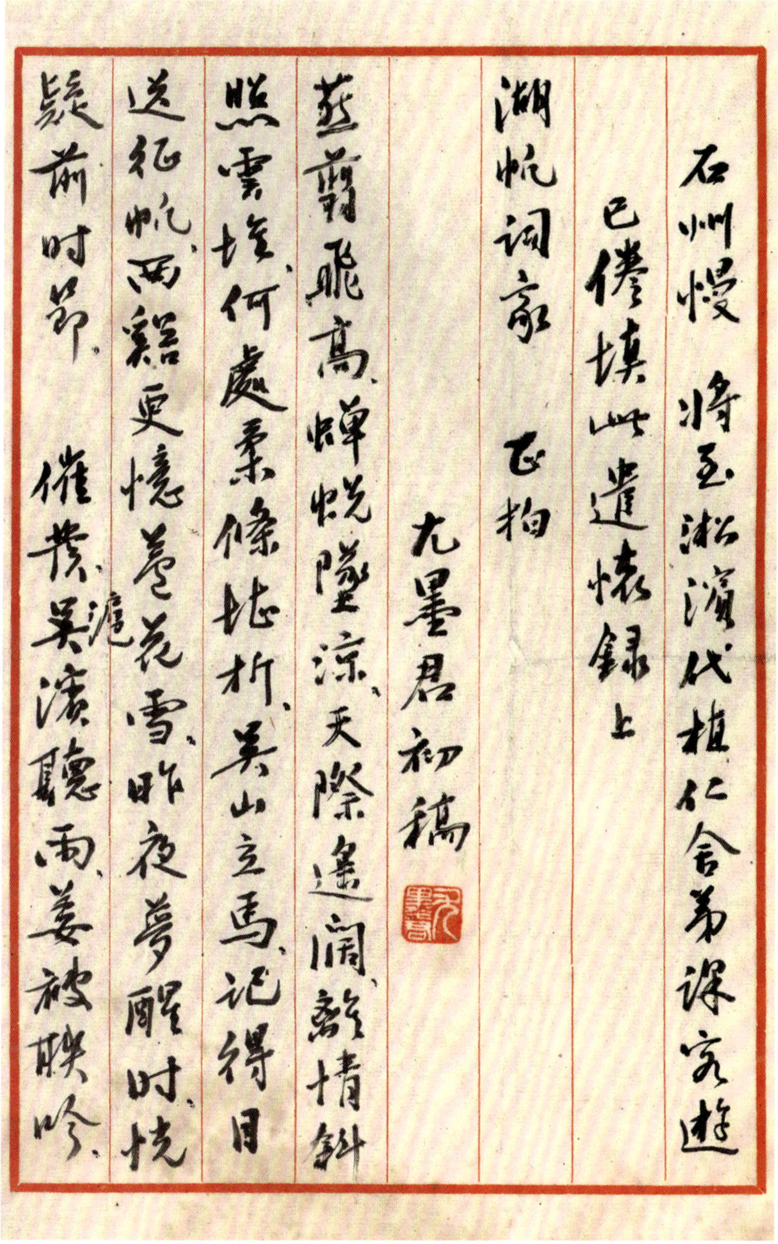
石州慢 將至淞濱代植仁合第課客遊
已僕填此遣懷録上
湖帆詞家 正拍
九墨君初稿
茲蘋飛高、蟬蛻墜涼、天際遙闊、離情斜
照雲埃、何處柔條堪折、吳山立馬、記得目
送征帆、兩岸更憶蘆花雪、昨夜夢醒时、枕
鬢前时節。 催裝、吳滬濱聽雨、姜被聯吟、

無端惜別，別了重逢，逢了別，還無絕。寸心

如繫，歡指翼扶風，回翔一解雙眉結。今

古視青頭厭帝圖明月。

素不工倚聲，右詞用賀方回原韻，音節

之間終覺未能脗合，獻醜獻醜。

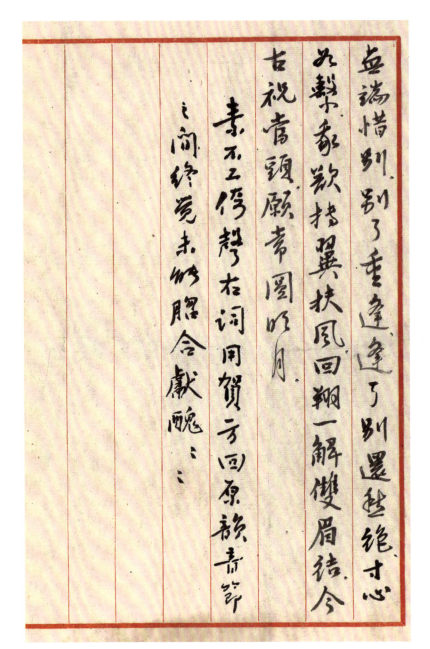

瑞龍吟 秋懷次清真韻

舊時路。還記遠抱青山，近依紅樹。悠悠秋水長天，汀鷺似識，低飛到處。情閒許目送渡頭浮鷗。小紅當户，調筝聲越淒清。天涯淪落，相看不語。

繁度萍飄蓬轉，鬢霜漸染，瘦腰慵舞。檢點粉脂羅衣，詩已非故。前塵夢幻，空憶尊前句。那堪問氍毹翩影。邯鄲學步。唱大江東去。誰能遣此。

柔腸寸緒化作愁千縷歸汎杳卜驚心西風
吹雨晚晴霧斂滿天雲紫
瑞龍吟調音節拗捩盪人迴腸
大作感懷意內言外慰貼蒼涼欽遲曷已
勉和一闋效顰而已即請
湖帆詞長　正拍
尤墨君初稿

地址東湖路二十一號

墨君

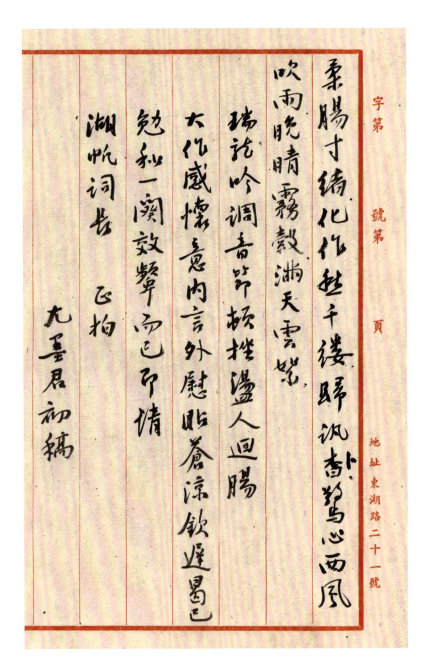

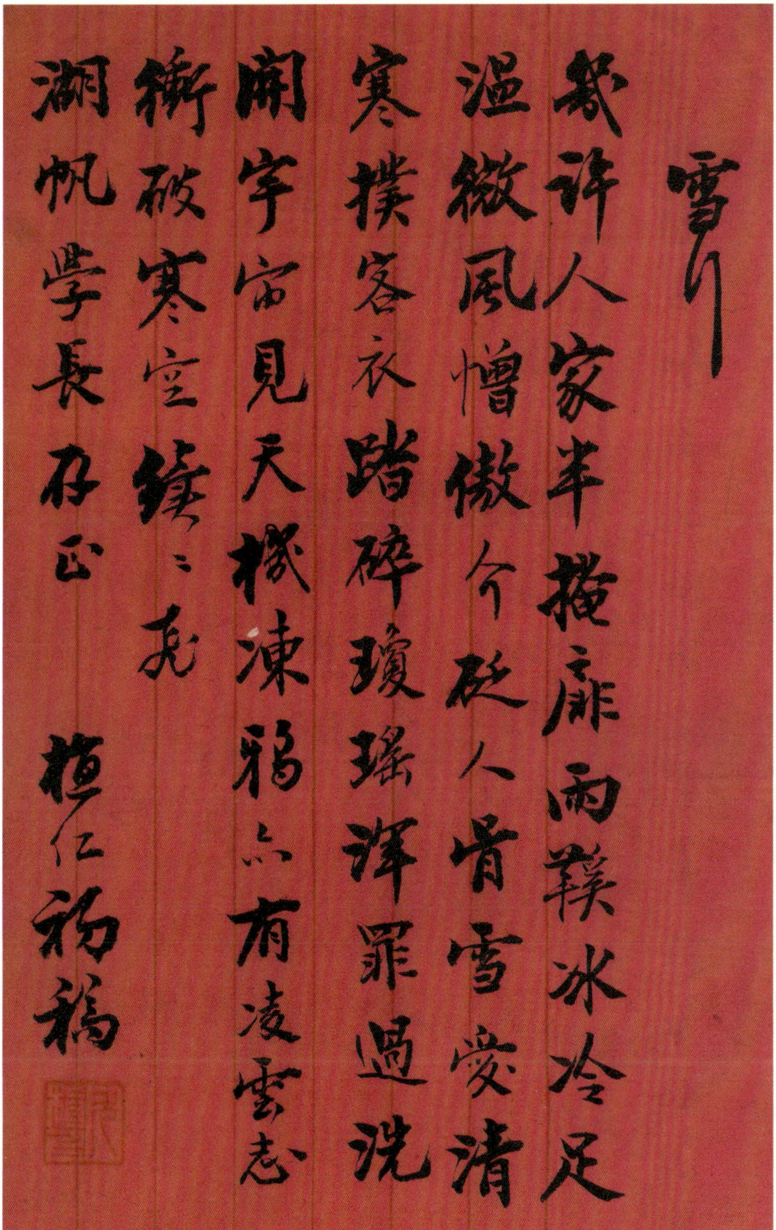
雪
幾許人家半掩扉雨粘冰冷足
温徽風憎傲介砭人骨雪愛清
寒撲客衣踏碎瓊瑤渾罪過洗
闌宇宙見天機凍鶴亦有凌雲志
衝破寒空纔纔飛
湖帆學長存正
植仁初稿

湖帆兄

大公報編者囑寫此間老人之幸福生活因用冷
香筆名妙耆年蔗境談首先即談及我
兄其次即自道鄭呈以博
一粲近來
健適否甚念念 天笑丈來函詢及
尊況有何新詞如此敬頌
道綏

弟鄭逸梅拜

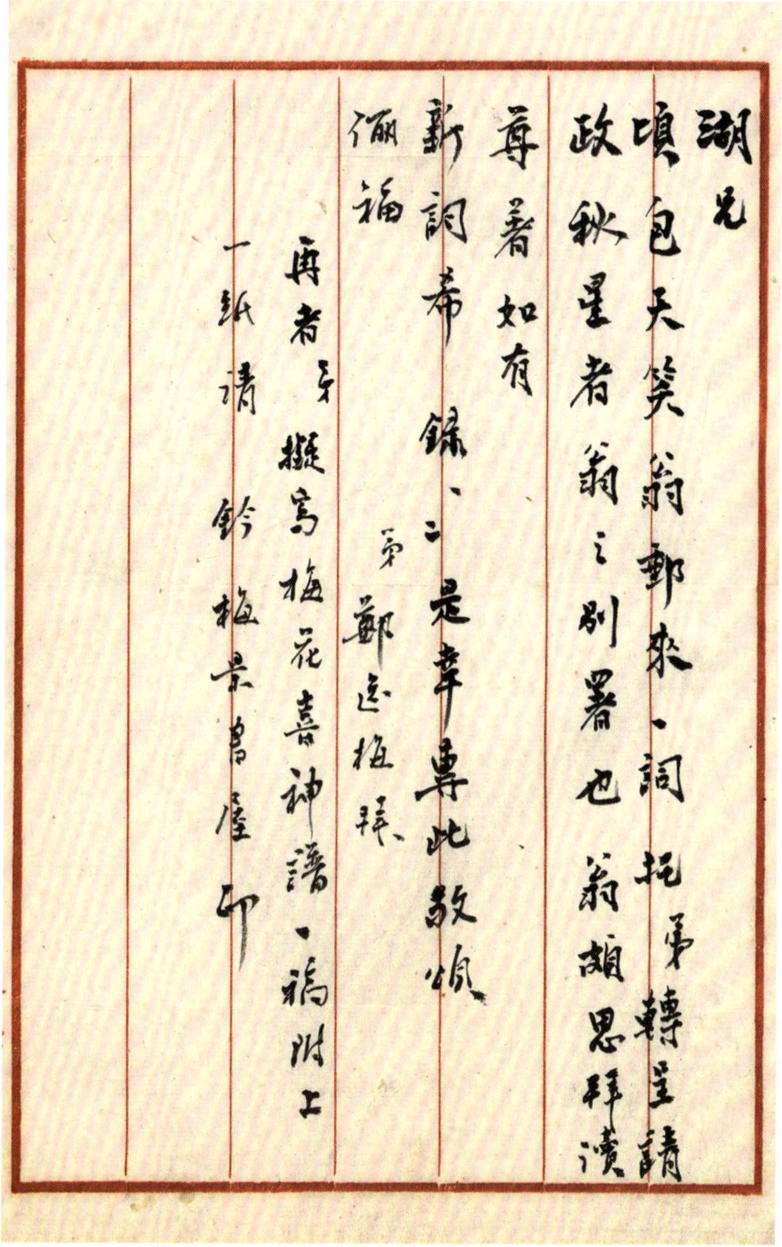

湖兄

頃包天笑翁郵來一詞托弟轉呈請

政秋星者翁之別署也翁頗思拜讀

尊著如有

新詞希錄一二是幸專此敬頌

儷福

弟鄭逸梅拜

再者弟擬寫梅花喜神譜一稿附上

一紙請鈐梅景書屋印

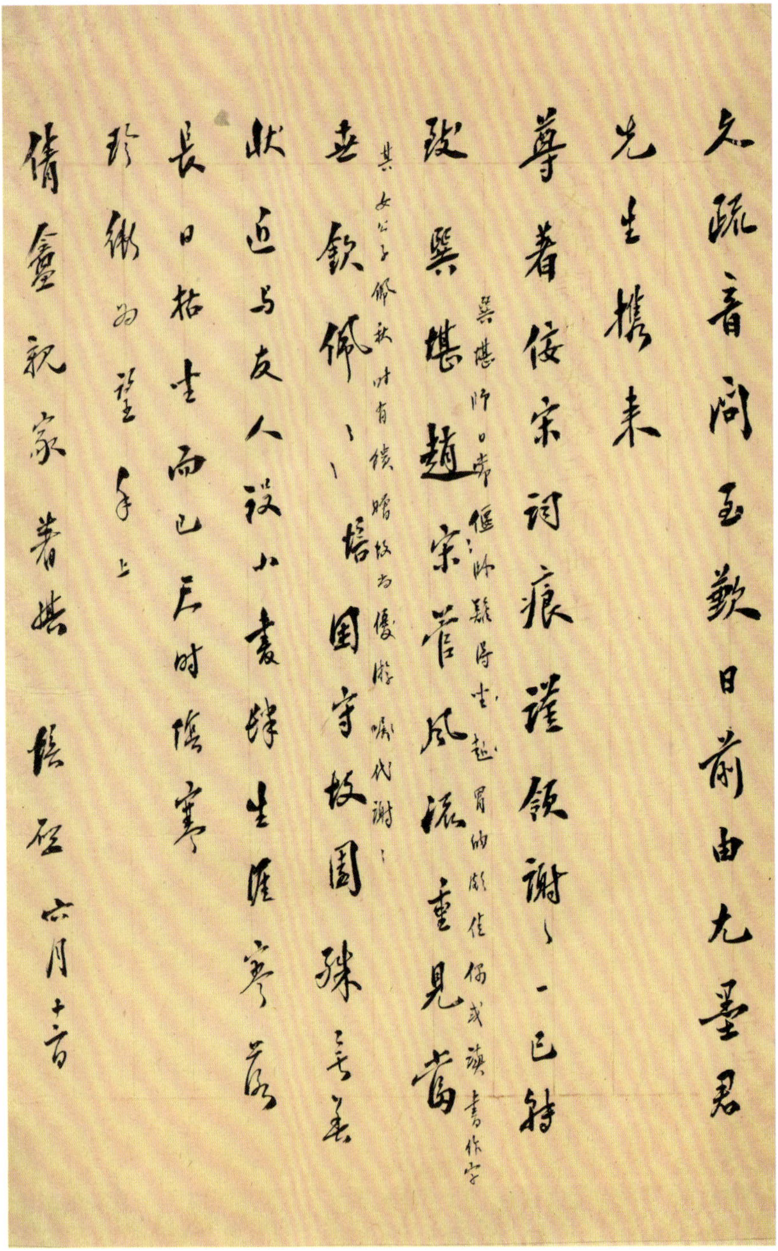

久疏音问，至歉。日前由尤墨君
先生携来
尊著《佞宋词痕》，谨领，谢谢。已转
致翼堪。赵宋菅风流，重见当（翼堪师日常偃偃卧，骤得尊赐，起胃纳渐佳，偶或读书作字）
世，钦佩钦佩。（其女公子佩秋时有信，赠故为优游，嘱代谢谢）培困守故园，殊乏善
状，近与友人设小书肆，生涯寥落，
长日枯坐而已。天时阴寒，
珍卫为望。手上
倩盦祝家著安
培启 六月十二日

王季迁

湖帆吾师赐鉴：叩别瞬将匝月，企念良深。生九日启椗，廿一日抵金山。因我侨吾国人民来此日众，故登岸时，移民局检问甚严。生等留舟中一昼夜，始获自由。闻至今尚有因手续不合或体格不足而禁止登岸者。功利主义之国家，不脱其本色也。生由碧寒居金山七日，即来洛山矶。沿途承亲友招待，均感便利。此间街道宽广，市况甚为热闹，公路四通八达，遍于全国，且平坦整洁，则处处一律，足见政府办事之认真。所谓取之于民，用之于民也。汽车甚为平民化，每三人平均有一辆，即闻电梯侍役亦有汽车代步。盖城市幅员广阔，非此不可。洛山矶一埠之大，约可包括上海至苏州如由数十英里之路程，不足为奇。回顾吾国国内建设之迟缓，殊可浩叹。洛山矶气候终年温暖如春，为美国之最佳住宅区。房屋向较亦相当困难，每间约须租金二十余美元，且极难租得。如吾师嵩山路住宅在此间，每须租二百余美金也。吾国广东菜馆则处处有，菜肴亦与上海相仿，惟江浙菜馆则绝无仅有。衣着较上海可廉平，饮食适相仿。生等来此人地生疏，费用至少在二百元左右。此间艺术气氛不甚浓厚，中国画在美国人因视之不过为装饰品，真有研究者尚未一见也。近闻上海金融大乱，不知确否？吾国国内内争不息，美人均引为憾事。因国际地位升而复降，为之痛心。生等远离祖国，关怀之心更深一层。不日何日始得重见太平也。草草不尽，敬叩 都阳先生及

海宁 生王季迁 百拜 二月十二日

日来应酬甚多，写信时间太少，草率之处，幸勿见责。诸同门均代言候，书不另。

【吴湖帆师友书札】·中册·第六卷

书札释文

182/183

目录才寄出，顷晤保伦兄，悉明日赴沪，正好尊藏驭方鼎、虢钟拓本，吴让之篆书联可倩带奉，随手取出，意不必定要留沪，未能慎选，检理时极匆匆也，谅之。倪画一并送上，舍妹丈欲易大作，未蒙许可，不知可能否，幸鉴其倾倒之诚。旧锦包首一块，石章一方哂存之。周樾然藏书印乞交恭兄转去为感。此上湖兄道席。　弟子清顿首。　九日。

184/185

十一日晚间奉手书，是晚澄、清二公，恭甫及弟公宴伟士。遐翁亦在座，未终席匆匆返沪，大约为上海文献展览会与时局事也。小儿及伟士郎承举托，遐翁亦谈及，感激之至，伟士亦面谢遐翁矣。小儿十九号到沪，住宿已有着落，不知此儿运气如何耳。愙斋公手补《古籀补》甲、乙集均已装竟，日间弟为馆藏本朱笔过录，子彝复须与河南刊本一校，故须缓日可送奉也。旧抄美人书藉已由恭甫交下，宋刊《杜工部集》已着手修理，工极繁重，晤小蜨时乞说及，至少需三十元也（或需略多，不定）。湖帆三兄暑安。　弟子清顿首。　十三日。

186/189

湖帆三兄左右：为改装《古籀补》校本，博山、伟士两度传信。关于甲、乙两集究竟装为几册，是否每集装二册，衬订后觉太厚否，抑每集装成四册，似与原书为两册不符，请裁夺后示知，其余问题都已明了。近日为上海文献展览谅必大忙，弟在间负保管收发之责。至征求事，恭兄出朱文豹《兰花卷》、张南华画册、李流芳画卷，博山出品已直接送兄转去，俞子才出品选兄领去，顾公雄遭母丧，弟无从启口，挹云、仲培、士莪处正在分途接头，目录十号前终想赶出。书籍本馆者业已提出二十余种，王佩诤出书集十一种，出品登记表已寄会，吟秋有烟客、廉州两画像（顾子长画），总之已在推动前进矣，遐丈前望道及。《吴中文展特刊》已附目装成，分寄尊处，已到达否？闻伟士十号左右赴沪，关于正社事当有详细报告也。即请道安。　弟陈子清顿首。　六、六。

190/191

叠上两书，想已邀惠鉴矣，盼覆甚切。令媛喜期，关于结婚地点，不识于意云何。若借用礼厅，百双既系熟人，届时定多方便，但宜从早说定，盖知是日极总，恐为他家预定耳。或吾兄自行致函百耐，或由弟代为接洽均可。若用南仓本府，厅事既多，家具亦全，弟意亦未为不可（节省不少），决定后极愿效力也。弟加润事势必行矣，务恳终始赞助。启事（提一成贴补各收件处）颇有出入，请为裁决。弟近来脑力实有所不济，百事都左，苦闷之至，不得不于老友前呼吁也。湖兄道席　弟清顿首。　廿四日。

公笏来过，渠事尚顺，三月内可解决矣。

192/195

湖帆三兄左右：在沪快谭三日，斛愁尽释。昨早九时一刻离府，不及久待盛君。车中遇十三年前之小学生，谈至苏州，颇不寂寞矣。今晨九时访戊吉，未敢扰其清梦，即将属带之件交予老妈子，当不至误。今日镇天整理在沪征得各件，疲惫特甚，辗转手续麻烦之至，为责任起见，不得不如此耳，幸无差误。密均楼宋本佩诤即为制跋鼓吹。此行弟面子不小，亦足夸示同人，而同时尤感念老兄之热忱也。各方应征者渐渐而来，其中亦偶有可观者。十八号鉴审事已决，惟买券入场，卸衣帽等主张，吟秋思虑周密，顾忌太多，恐未必采纳，且看会运（明日再次会商）如何矣。刻下典守、陈列、撰跋各部正赶忙不止，明日例假照常工作也。兄之文、沈、唐合作弟未寓目，能否请大材速示一小跋为感。顷得山隐书，特刊事决定四月一日出版矣，可从容将事。弟颇思扩充数叶，因佳画颇多，已在浙省文展之上，山隐如赴高斋，请一探其意。选择、编排、摄景事弟与子彝二人任之，或不至大误也。兄之『第一十洲』径交山隐可耳。车务处函今日已发出。此上，顺颂道安。　弟子清顿首。　七日灯下。

今早晤遐翁，鉴审事订年初四，但事至麻烦矣。　八日。

196/197

湖帆三兄赐鉴：奉十四日手谕，拜悉。征词、诗、画上周均已分洽。前四天晤澄叔，散文一则，记去年与尊夫人劫后初次晤谈情形，文情恳挚，约百余言，已脱稿矣。纸亦交去，大约不日可以寄奉。彦平画已送来当即寄上。在信筒中折叠而来，故亦折叠寄出矣。吾兄近日精神如何，积画亦得稍稍料理否？深以为念，幸乞善自将息为盼。此复，即请秋安。弟清顿首。　廿日。　蔡云笙处托澄叔催过，其余缓数日当为一一催询。

198/199

湖帆三兄大人左右：旬前曾上一缄，谅已早登签几。近祺何如？至念至念。弟杭游归来，正忙于筹备吴中文献展览，馆中同人感觉才财远逊浙省，全赖朋好之匡扶矣。浙省规模内容盛大之至，未刻稿本蒐聚至六七百种之多，文物、图像尽多剧迹，惟书画一门杂而不精，梅道人伪，赵松雪缺，近如奚、黄、钱、戴亦无精品，且有关于文献者亦不多，大约专注力于图籍，宜其偏废也。我吴顾氏后人都如西津，恐无所贡献，端赖吾兄独支大厦矣。如晤遐翁，千乞致意，多多指示。此等事处处要费钱费脚步，吟秋手笔不大，多所顾虑，抱宁精勿滥之旨意，渠再三属弟请兄尽量赞助，但不知吾兄清兴如何，届时再当走谒聆教也。恭甫三四日一晤，两人对坐，终觉索然，闻兄月内有旋里说，积悃万斛，正可一倾矣。近日画兴如何？弟但得灯下动笔一二小时耳，精神不继矣。弟子清顿首。　十一月二十日。　如蒙还云，吴蔚老、赵叔雍、张葱玉住址请录示。海上有热心藏家，亦请介绍鼓吹。

200/201

两上书未得复，子才、公绂来，悉精神甚好，酬酢甚忙，为慰。反视弟病榻支离，百念都灰，真有无病即仙之想。如承询近状，赵、俞二君能道其详。恭甫来信已悉，雅意拜领，当即寄去旧作一纸，价二万元，不识机缘如何，拜托拜托。弟日内进医院疗养，藉以停止病菌之进行，无善足陈。湖兄道席　弟清顿首。　廿六。

202/203

湖兄足下：弟加润实出不得意。旅途多艰，近家严时时小病，故更滞不思动，只得就地谋生活耳。但积愫甚深，不知何日得一快谭。兄近况公绂、子才在舍小饮，因悉甚详，精神足以应付环境，便是人生一乐。至于道况，则以弟之观察，发展颇多周折，在此年头，那里谭得到风雅，更不知有倪、黄，若开一春宫展览，我知其必不留一纸也。特为老友发笑。弟清顿首。　廿二。

204/206

昨谭未竟。吾兄督教愈严，益见交情愈深（从未有过第二人为弟如此着急），弟极为明白，且极感激也。但死薪水、身体不自由之事务，似不值得（且不可能）。家严春间一病后身体大打折头，弟不能常住上海（且有家庭其他关系），又不能常往苏州（小女一人独住，偶有疾病及其他照呼，今幸赖房东太太做人实在好，平时感情甚好，可以互助），弟春间病后精神不佳（肺弱时咳），以致如此懒惰，事事消极，非敢高蹈，此又一原因也（累重苦多，命也，真不足为外人道）。有话不说，肚里难过，今明日不到府，亟书以代白，幸垂鉴之。恕具。　廿一早六时。

207

子才来，两度得读手书，堪慰驰情。比日弟与兄正同一境况，只可问心信命，略为布置，事果不值一笑，而世途崎岖，吾辈惟有作入山之计。两淹山水清丽，真是娱老之地，弟极欲追随左右，瀹茗谈艺，以为乐也。闻兄小有恙，甚念，好在与元兄处仅一门之隔，就医较为便宜，珍重珍重。湖兄道安。　弟清顿首。　澄清无恙，不候覆。

208/209

昨别后汽车直放公路，至南翔、黄渡之间后轮着一钉，又逗留二十分钟，乃变计赶赴昆山，仍搭六点慢车，惟为时甚促，天已黑矣，十点回家。今日准天赶紧催各出品人发回，已去十分之九。博山已通电话，将来此十八件归回时，弟有盖印临时收据请代收回批销。回思昨日在公路中，心如怦怦也。面属照会事已晤伟士，渠已为办妥，旅行可用。湖兄道安。弟子清顿首。　八月十二日。

210/211

湖帆三兄赐鉴：前月十七在苏州上一书，不识已送递否。近况何如？至以为念。弟时往返城乡，十九、二十号苏州又遭轰炸，弟适在乡间，可远望敌机回翔肆虐，情绪之恶，可想而知。廿六号由乡还木渎西市杪，廿七日进城，又带了一批。廿九日至西山（此行伟士同来觅屋，弟则并眷属也），今居山寺，盖为职务关系、责任关系也。平时尝谓入山未恐不深，今则真入深山矣。寺名『显庆』，建于唐代，山门前有唐会昌二年陀罗尼经幢二、宋宣德舍利塔一，寺内有宋高不器墓碣，未碎。寺藏明本《大藏经》，顺治御笔题额，万木参天，风景佳绝，但为航空线必经之道，弟上山之晚即有敌机经屋上山顶而开枪扫射。苏州第三次被轰（六日），此间山鸣谷应。终日无可事，怅望湖山耳。来此后消息更形沉寂，难通苏州信，须四日可到。风水不便、航船不通时隔日报纸亦不获看，心悬不定，何能居此僻地而无动于中耶。恭甫常晤否？得间祈慰一行，回书请寄洞庭西山镇夏石公饭店转可也。 弟子清顿首。 誉公仍在沪否？

212/213

大示敬悉，高谊铭心，至感。小儿准十九日到沪（如时局无大变化），渠已准备半年，故暑期未去。因所差者为国文，最为佛脚无从抱起的事。住宿问题已解决。遐老介绍书或先行由邮寄下，或属小儿走领，因弟赴沪与否一时尚未能决定也。文献会廿日结束甚好，吾辈所负责任不小也。再，此次子彝、佩诤及弟之往返川资当由会中出，请先相机一询遐翁，至共费若干，容下函接洽后奉告，未识尊意以为何如耳。此次展览，事前费去极大精力，开会不及两星期，思之可愤。此请湖帆三兄时安。 弟陈子清顿首。 十五日。

214/218

湖帆三兄赐鉴：十九号接奉十四日手教，藉悉近况安善为慰。炮轰敌舰一则，为实地情形而报纸所不详载者，读之吐出闷气不少。此间离战地甚远，消息隔绝，但敌机扰肆后方时，炸声或东或南或北，屋宇为震，须看下二日报纸始知苏州车站被炸甚烈，未曾波及城内，吴江城内遭受甚惨，平望更甚，或转展传述，所闻皆为我方损失，故终日戚焉忧之。我国空军虽殊神勇，终觉防不胜防。上海方面之作战，将士实予敌人以重大打击，否则后方更不了矣。弟在山极感单调，馆中同事有三人，无可与谈，皆乐天派，有时与僧人看竹，似太从容矣。山寺主侍闻达三十余岁，能诗画，而兼防卫队长，实属国难中之难得者也。要弟画六尺中堂，那里有此清兴，此僧亦闻名我兄，弟之画事不知渠从何处听来。若在顺平时，春秋佳日，来住几天，却还使得，今则来已一月，而未觉其胜，良以心境之恶，消受不得耳。

214/218

所负责任綦重，处处须守密，恐为汉奸所算，兄与他人亦勿谈及图书馆迁某处，非弟之胆小，实不得不谨慎也。馆方尚须属做宣传文字，讲稿歌曲之类，既受公家薪水，且亦应尽些心力。天未明已起，天未黑已睡，幸夜间偶有机声过境，尚不至一夕数惊，城中则一日夜警报十余次，可为受累无穷矣。博兄救护会亦有重要工作，弟未尝通信，于报章见之，此公甚有为，可佩。仲老等于桑梓造福不小，可敬可敬，后方种种应付何可轻视。遐丈晤否？闻为救济事甚忙。小蜨修书费念圆已收到，晤时希为言及，弟有盖章函交渠所托之叶君处。今日午饭后倍觉无聊，有怀老友，胡乱拉杂作书。山中信笺无着，购得竹帘纸权当信笺，回想六七岁时影书法常用之，乡间风尚之朴厚可知。战地好消息得暇祈示一二。即请道安。　弟子清顿首。　廿四日。　恭兄弟曾去二函，未复，晤时致念。回示请寄苏州洞庭西山镇夏石公饭店转足矣，因山中邮政不通，镇夏乡为西山之交通港口。

219

湖兄左右：廿日上书（附南兄函）计已递达。昨日逊兄到沪，正可畅谈矣。日前作书匆促，冒老属画承作介，未及一言为罪。博兄只来苏时晤得一面，无电话可通，炎炎烈日，又未往访，如不及，当妥为邮寄可耳。『簃』『宧』《说文》为两字，记得遐翁曾说可通，不识可作假借否？便中请教。此上暑安。

弟清顿首。　廿二日。　伟兄前代候。

220

闻愙鼎已物归故主，贺贺。恭甫来，藉悉吾兄近履安吉为慰。弟前月十六日返家，不意为胃疾所苦，天复奇寒，终日僵卧，怀抱殊闷损也。倚枕，不多及（饭时小坐床头，有怀草此，率甚）。专候湖帆吾兄侣安。　弟清顿首。　十三日。

221/222

湖帆吾兄赐鉴：前上书谅已递呈。附弟之新润例，尚系刊稿，正待吾兄删定，年内尚需付印，企诸甚亟，能否请即斟酌增逊，从速寄下，为荷为盼。弟赴沪事亦正在筹画，最好画得百幅，开一展览，始能略有根柢，故近日极为努力，且看运气如何。前慰萱带上之《愙斋奏稿》十四本谅已收到，因尚未得回示，悬悬不能去怀。兄比来精神如何？亦极依驰。专此，即请炉安。

弟清顿首。　十八日早。

○223

屡上书无复，最近更为驰念。昨得和平消息，大可庆幸，吾兄可省避地之劳，苏州亦何尝是桃源。此间各亲友到处报喜，兄处想亦如此。　湖兄日安。　弟清顿首。

○224

近日清兴如何？此间聚古斋欲求法书，弟已函杨先生转达，不识能提先一挥否？弟并无干系，因此间熟人屡有属托，不得不一陈耳。　弟又顿首。

○225/○226

湖帆三兄左右：三日及去月廿九日曾两上书，谅已登记室。附寿遐翁册页未识可用否？未挂号，恐有遗失，故急盼复。且前寄之《三希堂帖》及《文选》十册，恭兄已送上否？恭在苏未得谋面，故极为系念耳。再，廿九日书曾询舍妹丈及弟迁入尊府事，亦亟盼覆，弟再三考虑，始敢主张也。昨彭子嘉在红板桥作故，七十老翁，而不获考终。此间比来宵小甚多，闻博兄家大批书籍被窃，衣食逼为盗贼，米价腾贵声中亦应有现象也，正是何从说起。弟有暇便埋头看书，亦遣怀之唯一好方法。道途梗阻，不知何日得倾谈积愫。兄从事著述，真百世事业。《金石存》已成书否，近有所得否？专此，即请道安。　弟清顿首。　五日灯下。　伟士兄前希致念。大千画护龙街多赝鼎。

○227/○229

湖帆三兄赐鉴：顷慰萱来，得展手示，谨悉一一。吾兄所撰嫂夫人墓状拜读一过，言简而核，铭尤深情悱恻。嫂夫人入土为土，兄所谓可告一段落，弟亦以为然，人谁无此一段悲事，生者为难堪耳。望兄从此稍节悲痛，盖闻兄时时病发，此番刺激太深矣，千万善自将息为盼。澄叔近伤侍爱，曾与通信，彼亦感痛，不知所云。人生实无一刻不是苦痛，此苦痛专以消磨人生，惟糊涂人即是乐天派，达观亦仅聊以自慰语耳，兄以为然否？弟病四十余，至今日尚未出门一步，但已渐差可，再有一星期便可完全复原矣，沪行不出一周也。蔡云老书容转去，但闻渠近日亦大病，不知已痊愈否。慰萱述及兄忆念家刻刘熊、郭有道端片，弟经手砌入后进，当时匆匆，虽未一一点查有无缺少，但架上甚整齐，大约未为宵小所留意也，望勿念。专此附及。弟承吾兄处处关切，感念何啻骨肉，亦三生有缘人也。

○230

中元令节，喜逢吾兄四十晋九之寿，寿域弘开，高朋满座，定有一翻盛况。弟蛰居乡井，为炎威所胁，不及趋揖称觞于华堂，惟有遥望德门，聊申下悃，敬修寸楮，虔祝长春。湖帆三兄大人百福。　弟陈子清顿首拜。

231/232

违侍十日，而岁序更新，敬维百福百益为颂。嵩山胜侣，围炉清话，比日想更为热闹也。此间滴水成冰，弟益形萎缩，但网师雪景正不恶耳。寿生闻兄有归欤之说，大为整理，不识兄正有田园将芜之意否。弟大约元宵后返沪，颇有所闻可告。近日电气治疗仍进行否？幸勿间断。专此，肃颂湖帆三兄新禧。弟清顿首。壬午元旦。

233/234

日前上书谅邀大览。弟卧病未起，改订润例因每年两度，此其时也，附一纸请审定之。恭甫常来清谈。渠对租事极为消极，物价如此高涨，真是来日多难。弟近日亭午得小坐片刻，来春或有稍稍工作之希望。比维兴居清嘉为颂。湖帆老兄道席　弟清顿首。廿九。

235/239

前书意有未尽。近来书画家决非从前一味高蹈可行，非有团结不可。且生意全操于接收捐客之手，故非有书画店之设置不可。买画者类多目不识丁，全属盲从，此层想兄早已见到，或以为弟刚才困醒，实则亦早有此感觉也。此间吴氏所经营者为弟极力所赞，今房屋已确定，定名为『天籁阁』，知兄亦赞助入股，南兄、恭兄亦加入，弟当然附骥。纪群经理其事，正在筹备一切，但对内对外千头万绪，弟义不容辞，当尽力为之，决非为自私自身一已利益之计。从此梅景高弟与万竹同人正可连为一气。苏州如此，上海方面闻秋甸兄欲经营者，不识正在进行否？近有趣闻一则附告：此间某画家开会，不及五十余件，买了廿余万，顾客皆圈子里人，土膏帮传说为了买画拜老头子，于是议论纷纭。不论其是非如何，在买画立场看来可谓成功，那里谈得到风雅两字。昨晤澄叔，知兄近来一天写了三十付对子，忽然兴高，大有希望。弟近来亦极为努力，颇有一试之意，不识兄当有以教吾否。加润微墨，闻兄皆不甚同调，不识是何用意，望勿遐弃为幸。专此，顺请湖帆三兄道安。弟清顿首。十四。

240

『天籁阁』已进行筹备矣。弟本拟作幕后人，被兄一言，纪群坚不肯就经理，定要弟露面，为大局计，不得不一试。但小小组织，深感难处甚多，今则惟有前进，盼望吾兄有以指示，如有请援之处，幸加助力。弟正拟开一展会，兄在沪鞭长莫及为憾耳。近脑忙手忙，他无所告。湖兄春安。弟清顿首。十四。

241/242

湖帆老兄赐鉴：日昨匆匆离沪，今日到此，所谋已不及矣，盖此次来者甚多，弟之位置无此名目，当然无蝉联希望。大函仍托保兄带去。从此还我真面，何所介意，但百物腾贵，至可虑耳。此后正计画沙壶窑，俟进展时尚祈助我一臂。清恙何如，热已退否？驰念之至。此请礼安。弟清顿首。呢帽一只、承赐画册一本均遗忘尊处，此来情绪可嗤。一日。

243/245

湖帆三兄赐鉴：接九日手书，始知十月一飞之期已为迦龕定去，现在只得赶七月之期，为时甚促，定之又不能装池，深感前途荆棘丛丛。兄于弟热诚自不待言，非弟之不接受，函牍相左，往往有不接头处，总之弟不能早日到沪之故也。十五日决趋前就商一切，已装裱之一部分当呈鉴定。此次所画皆熟纸，且甚多旧卷尾，青绿居多数，初画就时非常得意，再看三四天便欲撕去，不知能陈列否。此非客气话，真有此情形也。且因捉迫，心绪不能专一，笔下何来静趣，故对于此次展览非常寒心也。况费用浩大，弟之情形为兄所深知，万一无人请教，岂非要多筑一层债台，在此年头，何能任此。至于请柬印发等事，尚属小节，赶办亦非大难事。再，宣传一事颇关重要，惟有诸老友尽量帮忙，或可敷衍得过去，否则惟有困守忍耐，何必多此一举。弟十五日准赴沪，渴思一谈也。此请道安。弟清顿首。十一日。

246/248

前由纪兄转下手示收到。昨燮和夫妇见访，备悉吾兄近况清嘉为慰。并得读扇头所书近作，真千古无是非也。弟养病得深居，可谓享尽清福（黄莲树下操琴，自得其乐，去年来身心已起一大变化也），吾兄有返苏小住意否，藉可畅谈。誉老病发，极念，或云不然，殊不知究竟如何。闻兄新得诒亲王信笺，弟集笺中无之，不识能每种见赐一张否？请交恭甫带下，不可折断。若不宜碎套，则不欲强索。新收宝绘弟恐无缘一读，盖不知何日可以出门，且何日可以乘火车也。昨此间小报有复员委员会，潘子欣、钱、宋、土叔、吟秋在与也，想已有消息矣。湖兄日安。弟清顿首。廿一。

249

湖帆吾兄大雅：人事纷纷，久稽裁问。吉叔来，得闻起居之详，聊释饥渴。弟有紫檀挂屏四条及字联几副，另详别纸，未识市价，求示约值，如合算，拟去之。兄处如易于谋脱，拟托黄慰萱送奉。侍爱干渎，愧甚，伫候回玉，不尽万一。专肃，祇颂潭绥。弟颜亚伟顿首。四、十四。损惠《联珠集》，谢谢。

252

湖帆学兄侍史：屡思奉访，而身兼数职，迄无闲时。每乘电车经嵩山路口，未尝不神驰也。俟下月学校放假，稍得休息，必当趋前也。昨得孟韶兄函，悉文郎已不幸，悼甚。渠又述及兄曾请某星家算命，极准，嘱弟奉询其姓名住址，俾得往卜休咎，乞便中见示为荷。匆此，敬祝撰祺。弟顾颉刚顿首。

253

湖帆学长兄著席：同寓上海，而邈若天涯，怅何如也。弟劳于衣食，无日不忙，行年六十，迄无息肩之日，奈何奈何。孟韶兄来沪，弟邀其到舍便餐，敬乞兄同来一叙契阔，无任翘企。此上，敬祝炉祺。弟顾颉刚顿首。一月卅一日。

254

湖帆兄大鉴：弟行前趋谒，适尊驾他出，未克握别为怅。到京后晤伯祥、圣陶两兄，谈及公谶袁师事，均甚感兴趣。未知照片已洗出否？如已洗好，乞寄下为荷。伯祥夫人患子宫癌，病势沉重。圣陶兄接到大著，在万忙中雒诵一过，极佩吾兄功夫之深也。匆此，敬祝撰祺，并颂俪祉。弟顾颉刚顿首。一九五四年九月七日。

255

湖帆吾兄尊鉴：前呈为朱先生所撰小启，想蒙审定，写刻而后，当可分受若干份，以便分发。弟欲求兄一画，并题一便面，承俞甚感。秋凉多爽，未识即可挥洒否。非敢促迫，亦表其私望而已。敬颂道安。弟叶绍钧顿首。十月十一日。

256/258

湖兄如晤：到滇时曾有电上，谅先达览。旬前又有电恳转丁南洲兄，尚未得复，不识有遗误否。弟到滇后各亲友处均发信电，而至今未获一复，怅念万分。此地报纸有载沪、京、江、浙各地失陷消悉，而真相未可明了，尚祈赐示一二，及各亲友近状如何。弟此次到昆明，已非上次情状可比，颇有人满之患，而江浙人犹多，住所之难觅出我意料，结果有凶宅一所，大为我所赏识。凶宅也者，非真凶宅也，因不合云南习惯，久空无人顾问，即房主亦未居住，故相传定是凶宅，实则却是从无人住过之绝好摩登式洋房一所，水电卫生设备均全，可知在此是凤毛麟角，不易多得。尚有大厅三间，亦已为弟之工作场所，更有空地，又可种植花木。此种机会，都自『凶』而得来，决可逢凶化吉，兄意为如何？叶玉老在沪否，可否劝驾来滇一游？南兄石厂事业此地大可作为。恭兄近状若何？潘振霄先生令郎在此地中央银行，谢纯祖兄联襟许君叔夷亦在中行，均江浙人。伟士、子清、博山诸位在何处？超翁、胜老致意问候。京兄谅仍奔忙各地。邦达、选青诸兄处均请候好。专此，顺颂阖第均安，并盼惠复。弟小鹈顿首。十二、十八。通信处——云南昆明东寺街昆福巷平安第　通电号码——昆明（九八七四）江小鹈

○259

湖兄阁下：久未晤教，时切驰思。上旬承纪群兄过谈，转达尊意，仰见老友关垂，感何如之。弟本拟日内来沪一行，讵料于十一晨起忽又咯血复发，连日打针服药，至昨日始告停止。此次发病，视前较剧，暂须休养，不敢劳动，一俟病体稍复，来沪有期，当再函告。手肃布谢，敬颂潭祺。　弟雪顿首。七、十五。　化痔药丸此间购买尚便，如果需要，请即示知，以便代办，不必客气也。　诸旧雨前均请代致拳拳。此函托人带沪付邮。

○260

湖兄：别来无恙。信芳兄来，曾托渠转请我兄设法向李祖夔兄家属借缂丝二三件陈列，倾因信芳兄赴锡，恐不能达，特奉函相烦。缘缂丝为苏州特技，已无传人，而政府亦颇注意，此间藏家独付阙如，不得不有劳我兄矣。两三日内谢孝思、徐沄秋两兄将去沪诣前倾谭，至祈力予协助为感。专泐，即颂俪安。　弟烟桥顿首。　九、十三。

○261/○262

湖帆兄：两地睽违，时时萦念，朋友往来苏沪者，辄于晤对间问及我兄起居，藉知安善如恒，得以稍慰。顷从瘦鹃兄转来宏著，更为雀跃。年来故旧大都尘封笔砚，而我兄尚能勾心斗角，引商刻羽，足证情怀开朗，意志缠绵，学术益进，老而弥健。复接海外天笑翁书，亦言《佞宋词痕》精美绝伦。千里翁一词，若有本事，所谓『金缕逗微波』，洵词坛佳话也。仆与我兄沆瀣一气者四十年矣，向谓我兄丹青高诣足以垂久远，词章余艺耳。国命维新，我兄当发天地之奇丽，与山川之宏伟，以鼓舞人群，扬辉寰宇，则不仅继古而又开今矣。此意曾与恭甫兄谈及，不知河汉否？解放后迄未一至沪滨，有如井蛙，拟乘暑期作小游，届日当先诣梅景书屋，一吐积愫也。专问清健。　弟范烟桥敬上。　七月八日。

此信将发，见《新民报》载大作《苍松》一幅，深中下怀。如能将太湖一角，显现果农渔民生活，必为大众所惊喜。

○263

湖兄：畴昔之夕谈得甚畅，觉颇依依，当再图良晤。令友转来『苏州十景』选目，容想定后呈政。归来分复诸友新想，不容宁静也。辛弃疾咏西子之句已忘却，能否录示？吴殿直巷红梅阁已无旧时规模，惟张仲老以『古红梅阁』为笔记署名而已。应之作品殊少见，如有关苏州文献者，渴欲一读。附笺请便中写和旭老一词，弟旅中勉成一首，千万敲正。弟不会填词，兄所深知也。即颂俪安。　弟烟上。　廿八。

264

浪淘沙　和旭老兼呈湖兄

寒意尚侵棂，残梦初醒，不因积痾织愁成。人海苍茫能放眼，心气和平。同病自关情，又听莺声，春秋归去莫须惊。况又春痕如画好，柳暗花明。烟桥

湖兄：词实在不会填，既来之，不可不勉强和之，务请法家正之。徐玥来，对洒金荷花写生，或可与燮和兄合作一画，梅景门下一佳画也。即问起居。　烟桥。

265

南乡子　奉和湖帆学长见赠韵求正

相对两衰翁，萍絮年来迹可踪。避寇栖迟孤岛日，曾逢忧患，余生意气融。

惨绿少年同，各有豪情寄太空。回首烟波成妄想，东风送我回，甘蔗境中。　烟桥

266/267

湖兄：母难日得辱书见祝，适在举家吃面时，弥感老友深情厚谊。近有两快意事：建兰怒发八支，挂红莲花，双花并秀，与祖国新气象相应，因而又诌打油诗一绝，博齐年同学一粲：建兰秀发香生室，媵以芙蕖一挂红。如此名花为我寿，陶然自醉乐天中。京周不敢劳其清神，附笺一纸请便中转致，能写三言两语，已是纪念。台风过境，略减炎威，今又复故态，幸西瓜尚甘美。即问俪安。　弟烟桥上言。　六月初三日。

268/269

遐庵以文衡山《千字》书卷寿湖帆五十，湖帆约甲午同庚会诸君子，各臻古稀之年，题名其上，移藏公家，以志胜缘。顷语湖帆，知衡山作此卷年八十九，应再度二十年始能践约，重赋长句记之。衡山书卷记年讹，同岁还期廿载过。录鬼簿中添几个，题名册子落谁何。逢时乐岁精神爽，借箸论人感慨多。惟我与君通声气，两松晚翠交枝柯。　烟桥博湖帆兄一粲。一九六三年儿童节。

270/273

湖兄：书到，适从医院访旭老归，见精神尚好，食欲稍增，为之心慰。渠并约健复后为酒会，兴亦不浅。在沪已和其词，兹又得一首，一并录正。老友不宜客气，从实说来，否则怎能进步。　寒意尚侵棂，残梦初醒，不因积痾织愁成。人海苍茫能放眼，心气和平。　同病自关情，又听莺声，春须归去莫须惊。况是春痕如画好，柳暗花明。　嫩日映纱棂，午梦方醒，新词琢寄和难成。相约饯春蝴蝶会，花信风平。　芳树寄闲情，雏燕娇声，眠餐渐复减心惊。为有蓬莱灵药护，心更澄明。　吴殿直巷未去过，不知红梅阁如何模样，仲老当有根据。苏州十景拟名请正：虎丘春晓、天平秋艳、宝带垂虹、石湖烟水、邓尉香雪、洞庭夏熟、葑溪远香、灵岩苍翠、寒山听钟、司徒古柏。园林可以除外，或另成一组：拙政藤香、留园、沧浪水清、网师茶熟、狮林拜石。　烟桥新拾。

274/277

湖兄：旭老病骨支离，形容憔悴，而神志尚清，约于康复后为文酒之会。饮食极少，前日忽呕血有恶化之象，恐不能久持，为之怃然。衡山一卷，含有甲午同庚并臻长寿之祝，非斤斤于此，苏州文坛画苑以此公为五百年来泰斗，吾辈不应妄自菲薄。吾兄作『十景』，亦他日掌故也。『穿月』似宜作『串月』『虎阜丘头』似宜另易一题，倘包括园林，恐有挂漏之嫌，不如另成一组，将特擅胜概者图之。灵岩于明末为东南名山，黄道周曾与宏储法师纵谭七日夜，不可不留一纪念，拟题以『灵岩访古』，如何？『葑水荷香』亦苏州一胜，画境清旷，大有可写。司徒四柏、拙政一藤要否列入，可以斟酌。若扩大范围，兼及甪直罗汉、洞庭采茶更佳。此册可多微题咏，海上颇有文人，吾兄声气甚广，可蔚成大观。附述怀一纸，不再求赐墨，如吟兴甚好，能写小词记两人踪迹，固所愿也，不敢请耳。在宾座清谈中为问明人所作《微云堂杂记》，涉及『归奇』『顾怪』为谁何，此事已问多人，尚未有知者，以为遗憾。即问俪安。弟烟上。六月十三日。

278/279

湖兄：少年元箸已超超，海外同掀革命潮。华国遗编弥足念，盛时英气未全消。犹余文采应无碍，空许琴尊约共邀。食少事繁原可虑，无成自疚愧风标。昨简甫发，当夕即闻旭老噩耗。病榻约言，竟成永诀，为之怃然。末句用其词中语，老成人自有典型也。后日公祭，闻须葬陆墓祖茔。前简所言已多，兹不缕缕。即颂日绥。弟烟上。六月十四日午后。

280

晨笺计登记室。拙词效颦，遗笑于大方之家，即乞教正。如尊意以为可存，请即赐一小笺，并此原稿携下，当对客挥毫，以娱嘉宾。至迟星期日，务乞枉顾一取。此上，再请湖兄大安。弟佩诤拜上。三月卅日。

281

湖帆我兄惠鉴：昨承枉顾晤谈为快。尊藏参大释及方、李诸校略加整理，请正之（即以为尊跋资料）。尊藏请于日内来取为要，弟不甚外出也。此请近安。弟王佩诤拜上。三月卅日。

284/285

倩兄左右：手示奉悉。扇头一事已由杨大年仁弟转来，并已交与寒月居士矣，时在渠函催之后也。此并非张心急，个中别有曲折耳。征招中有人呼之欲出，然耶否耶？弟近来诗兴尚可，词兴则索然，盖无同调则鼓不起兴趣矣。此间能诗者多，能词者则真若晨星之可数。春社前敦嘉将返里上新坟，届时如大集已印就，托其带苏至便。麝尘《莲寸集》能一并交渠带苏，容弟手钞一过乎？安如兄月必返里一次，渠常与质君往还，故麝尘《连寸集》钞毕后即可托安兄带申交质君倩人送还。此二人甚可靠，故敢再一提。再，闻汪绘《仙山楼阁图》已有印片，拟索一帧。此大概不能寄，因恐折损，故亦望交敦喜带苏，并嘱其不可折损，至盼至盼。弟素视家庭如传舍，蛰居三载，所苦者闲，能得一事，足够个人食用，则喜之不尽，然此理想的环境却不易得也。犀园已回家生产，知之否？千里在苏曾一晤。去年渠虎丘登高，有《八声甘州》一阕，上半阕过拍处句法上五下四，而渠所填则为上六下四，未知何所本。此疑团蓄之已久，因谈及晤千里事又想及，希告。专此，顺祝春绥。 弟墨君启。 三月一日。

286/287

湖帆三兄左右：征招让渡事得质阮复，云宾兄已徇吾等意，只题目不宜袭用，尚当另行拟定，或再斟酌字句书赠之，俟与兄洽定后再告，想质阮已转达矣。继征招而后，弟偶谱《兰陵王》一阕并录副寄质阮保存。此词意分三层，首段庆解放，中段忏绮情，末段戒牢骚，故不系以题目。词寄去后，又承宾兄改削，晚辈犹得有一老阿哥相与商订诗词，吾兄闻之，当亦引为吴兴嘉话矣。此词兄或未见，兹另录呈教，宾兄改作附。因拙词删润后原意已失去大半，故又欲将此词让渡与家兄矣。近来有无大作可赐读否？匆此，不一，并致敬礼。弟墨君启。 七月十一日。

兰陵王 玉绳直，高映萋萋草碧。宵来梦，秦塞控喉，表里山河好容色。京华镇故国，争识壇坫上客。承平象，晨起看花，还试腰间剑三尺。 行藏绻蜗迹，记按拍红牙，量酒瑶席，晶盘羹脍分吴食。便俯仰今昔，理筝人远，天边何处望柳驿，越南与吴北。 休恻，斛尘积。有插架缥缃，蟫伴孤案。悠悠此乐余生极，莫恨写蛮纸，厌残哀笛。光明重睹，听逮旦，箭漏滴。

288

倩盦三兄左右：客月曾奉一函候起居，并附拙词二阕请为呈正，未知接得否。日来近况何如，极念。再，闻《佞宋词痕》已出书，渴盼赐寄一部。因酒已饮不起，《汉书》又懒读，能得大作读之，则胜如饮陈酒，而《汉书》亦可束诸高阁矣。专此，顺致敬礼。弟墨君启。五月十日。近作二绝附后以博一哂。冒雨往荆园赏牡丹，紫、白二种已盛开，承退思老人出新制杞寿佳酿命尝，并剪贻紫牡丹一朵，酬以二绝句

楚楚风神淡淡姿，昆山片玉竞芳时。（『昆山片玉』，主人锡白牡丹名。）十年未作看花梦，今日看花惬所思。

殷勤剪取紫龙杯，（紫牡丹一名『紫龙杯』，见《清异录》。）为伴当筵杞寿醅。莫怪兴酣微醉后，疏灯细雨尚徘徊。

289

年年初度迓初秋，已到稀龄数屋筹。未许青山来笑我，何须白首再封侯。芬陀弟子天涯遍，人物风流梦影留。百岁能支坡公句，墨君堂里佐清酬。（『此墨足支三十年』，东坡句也。东坡有《墨君堂记》。）七十之年，忽焉将至，得诗一首，录呈倩盦三兄正和。丁酉六月尤墨君初稿。

290

梁州令 依晏元献体集宋人句寿湖帆三兄周甲揽揆，即希莞正 尤墨君呈稿

鱼浪空千里（周邦彦《点绛唇》），忘却旧游端的（上 蒋捷《瑞鹤仙》）。依然一笑作春温（苏轼《临江仙》），银屏闲展遥山翠（晏殊《蝶恋花》）。情高意远仍多思（向子諲《虞美人》），苦恨东流水（秦观《鼓笛慢》）。琼枝玉树相倚（柳永《尉迟杯》），教人长寿花前醉（黄庭坚《踏莎行》）。

291/292

倩庵三兄左右：久疏音候，殊歉。闻道维摩小病，又无一字寄投，则更歉之不胜矣。上月从燮和兄处悉健康如常，至慰。弟目疾日深，几难作字，去秋步履忽感失常，动则气急，医断耆年阴虚，气血两亏，肝肾并耗，须长期调理，而节劳静养，当在药先，因是仍在长期休假服丸调理中。苦寂，重温倚声，兹将近作另纸录附乞正。近来想多大作，盼录示。西白塔子巷自拓宽后寓庐门牌已改廿三号，希洽。秋渐凉，诸希珍卫，顺祝体健。弟尤墨君拜启。九月四日。复示请寄西白塔子巷廿三号。

293

人月圆　诸母金太夫人百岁正寿　盛时福寿千春祝，圣善仰容仪。萱荣堂北，人看舞彩，星见期颐。献将金盏，埙篪迭奏，五世昌其。国恩家庆，瑶台仙聚，齐唱新辞。

满庭芳　七旬晋四初度抒怀　螺麝香销，芰衣凉怯，几回扶梦诗留。年年今日，攲枕思悠悠。虚度七旬晋四，空忆昔、常倦登楼。夕阳里，荒村逶郭，菰黍为谁收。　近眸新粉本，千山万水，画笔难搜。纵频宽带眼，漫动闲愁。且把吟尊斟满，芳期数点自添筹。春常在，看花次第，不断到清秋。

菩萨蛮　迟津沽质君族侄书不至为谱此解　簪花人比秋花老，簟痕和梦迷凉晓。别曲拟重弹，啼蛩和也难。　津潮听倦未，乡思长天里。征雁几时回，音书足系来。

玉漏迟　次草窗题吴梦窗霜花腴词集原韵遣寂倦游心事少，酒痕诗梦，旧欢人杳。浩劫频经，今得一清愁抱。归向吴门小住，邻白塔、园林花绕。花也笑、晴枝拂帽，妆扶年少。不堪忆溯从前，每一度登临，几回长啸。离情恻恻，天远望断芳草。恼乱万千情绪，欲扶毗入飞鸟。吟思悄，秋江数峰残照。　近作录呈倩庵三兄正拍，自寿一阕倘承玉和示范则更感矣。　辛丑初秋墨君初稿。

294

兰陵王　次清真韵感时事作成此解　玉绳直，映着闲庭草碧。宵来梦，秦汉故都，表里山河好容色。中原统一国，争识仲连上客。风云会，樽俎折冲，能掉舌尖剑三尺。　磨牛变陈迹，且按拍红牙，量酒瑶席，箪羹鲈脍随缘食。恨雁札难递，素心人远，天涯何处望柳驿，越南与胡北。　休恻，斛尘积。有插架缥缃，蟫伴孤寂。悠悠此乐平生极，莫怨诉真宰，厌残哀笛。光明重睹，听昧旦，箭漏滴。

295

迎秋几度头偏白，西风却道曾相识。犹是旧时妆，画眉深浅忘。　水精帘不卷。亸髻低垂乱。懒起对青山，黛痕依约看。　调寄菩萨蛮　湖帆三兄词长一粲。尤墨君初稿。

296

倩兄左右：今日龙园例茶返，得手教，喜甚。拙倚《忆吹箫》调□九十七字体，晁补之侯寘有此调，较易安作多二字。兹有友人张松身翁见示《拜星月慢》词一阕，嘱代呈吾兄，请为一正，其有无失叶处，原稿附奉，便希示复。因信似太轻之故，并录拙词二调，一并请为订正，至感。大作甚佩。十月一日弟成国庆五律十咏诗，中多缀新字面如『解放』『重点』等，与大作《满庭芳》词相较何止隔十万八千里也，一笑。再，寒舍门牌已改十九号，请于通讯录中更正之，省得绿衣使者叮嘱耳。专此，并颂秋绥。　弟墨启。　十月十一日。

应酬词二阕，有无失叶处，亦可存否？录上倩兄订定。墨君初稿　五福降中天　寓吴湖州俞瓶叟诗　老出八十二吟索和，懒于次韵答之，因倚此为寿　此翁只合湖州住，偏来虎丘停屐。七里波澄，遥峰海涌，好遣扶筇晨夕。（叟犹能扶筇往返虎丘。）　灵芝采得羡天赐，康宁寿臻耄耋。（叟失聪，来诗云：『天赐灵芝南北望，恰教聋叟学长生。』）自注云：『近移寓马大箓巷灵芝弄，恰与天赐弄南北相望。』）莫笑痴聋盏，浮华乱荡胸臆。（叟日品茗于金谷茶楼。『盏浮花乱轻圆』，东坡送茶与王胜之《西江月》词中句。）　西湖春在，处处遍栽桃李树。秾荫南北，（叟曾任杭州中学有年，造就人才不少。）尚记前游，还温昔梦。共道文章巨擘。从今秉笔，再史续班马。（浙省设立文史研究馆，叟在征聘之列。）咏赓元白，一阕新声，倚祝平年满百。　折丹桂　卢彬士诗叟以预赋丙申重游泮水诗见示，倚此阕酬之　芹香记撷春池泮，千仞宫墙焕。秀才州俊话前游，剩几个、同群案。　青衿一领休重浣，留与松煤伴。松煤芬处尚痕新，岁迓雨、先申算。

297/298

石州慢　将至淞滨代植仁舍弟课，客游已倦，填此遣怀，录上湖帆词家正拍　尤墨君初稿　燕翦飞高，蝉蜕坠凉，天际遥阔，离情斜照云堆。何处柔条堪折。吴山立马，记得目送征帆。西溪更忆芦花雪。昨夜梦醒时，恍疑前时节。　催发，沪滨听雨，姜被联吟，无端惜别。别了重逢，逢了别还愁绝。寸心如系，我欲抟翼扶风，回翔一解双眉结。今古祝当头，愿常圆明月。　素不工倚声。右词用贺方回原韵，音节之间终觉未能吻合，献丑献丑。

299/300

瑞龙吟　秋怀次清真韵　旧时路，还记远挹青山，近依红树。悠悠秋水长天，汀鸥似识，低飞到处。　悄闲伫，目送渡头浮鹢，小红当户。调筝声越凄清，天涯沦落，相看不语。　几度萍飘蓬转，鬓霜渲染，瘦腰慵舞。检点粉脂罗衣，讶已非故。前尘梦幻，空忆尊前句。那堪问，氍毹顾影，邯郸学步。唱大江东去，谁能遣此。柔肠寸绪，化作愁千缕。归讯卜，惊心西风吹雨。晚晴雾谷，满天云絮。　『瑞龙吟』调音节顿挫，荡人回肠。大作感怀意内言外，慰贴苍凉，钦迟曷已，勉和一阕，效颦而已，即请湖帆词长正拍。　尤墨君初稿。

301/302

雪行　几许人家半掩扉，雨鞋水冷足温微。风憎傲介砭人骨，雪爱清寒扑客衣。踏碎琼瑶浑罪过，洗开宇宙见天机。冻鸦亦有凌云志，冲破寒空续续飞。　湖帆词长存正。植仁初稿。

303

湖帆兄：《大公报》编者嘱写此间老人之幸福生活，因用『冷香』笔名草《耆年蔗境谈》。首先即谈及我兄，其次即自道，邮呈以博一粲。近来健适否？甚念甚念。天笑丈来函，询及尊况，有何新词？匆此，敬颂双绥。　弟郑逸梅拜。

304

○305

湖兄：顷包天笑翁邮来一词，托弟转呈请政。『秋星』者，翁之别署也。翁颇思拜读尊著，如有新词，希录一二是幸。专此，敬颂俪福。　弟郑逸梅拜。　再者，弟拟写《梅花喜神谱》一稿，附上一纸，请钤『梅景书屋』印。

○306

久疏音问，至歉。日前由尤墨君先生携来遵著《佞宋词痕》，谨领，谢谢。一已转致巽堪。（巽堪师日常偃卧，难得起坐，胃纳颇佳，偶或读书作字。其女公子佩秋时有馈赠，故尚优游。嘱代谢谢。）赵管风流，重见当世，钦佩钦佩。培因守故园，殊无善状，近与友人设小书肆，生涯寥落，长日枯坐而已。天时阴寒，珍卫为望。手上倩盦亲家著祺。　培启。六月十二日。

○307

湖帆吾师赐鉴：叩别瞬将匝月，企念良深。生九日启椗，廿一日抵金山。因战后吾国人民来此日众，故登岸时移民局检问甚严，生等留舟中一昼夜始获自由，闻至今尚有因手续不合或经济不足而禁止登岸者。功利主义之国家，不脱其本色也。生与碧寒居金山七日即来洛山矶，沿途承亲友招待，均感便利。此间街道宽广，市况甚为热闹，公路四通八达，遍于全国，且平坦整洁，到处一律，足见政府办事之认真，所谓取之于民，用之于民也。汽车甚为平民化，每三人平均有一辆，即开电梯佣役亦有汽车代步，盖城市幅员广阔，非此不可。洛山矶一埠之大小约可包括上海至苏州，数十英里之路程不足为奇。回顾吾国国内建设之迟缓，殊可浩叹。洛山矶气候终年温暖如春，为美国之最佳住宅区，房屋问题亦相当困难，每间约须二十余美元，且极难租得，如吾师嵩山路住宅亦须租二百余美金也。吾国广东菜馆到处皆有，菜肴亦与上海相仿，惟江浙菜馆则绝无仅有，衣着较上海可廉一半，饮食相仿。生等来此人地生疏，一人费用至少在二百元左右。此间艺术气氛不甚浓厚，中国画在美国人目光□□过为装饰品，真有研究者尚未一见也。近闻上海金融大乱，不知确否？吾国国内内争不息，美人均引为憾事，国际地位升而复降，为之痛心。生等远离祖国，关怀之心更深一层，不日［知］何日始得重见太平也。草草不尽，敬叩诲安。　生王季迁百拜。二月十二日。　日来应酬甚多，写信时间太少，潦草之处，幸勿见责。邦瑞先生及诸同门均代言请安，不另。